Marie-Thérèse Schins

Kommt mit in eine
wunderbare Welt

Inhalt

6

Aufbrüche, Abschiede und: Danke

Für Gottfried

Vorwort von Fredrik Vahle, Liedermacher und Poet

Es gibt Menschen, die leben ihr Leben so dahin.

Bei anderen fängt das Leben erst an, wenn sie das und das erreicht haben ... Wieder andere betrachten ihr Leben als eine große Entdeckungsreise, und zu denen gehört – soweit ich es sehen kann – Marie-Thérèse Schins. Eine Entdeckungsreise zu sich selbst und, was Marie-Thérèse betrifft, ganz bestimmt auch zu anderen. Solche in ihrer nächsten Nähe (gerade habe ich eine wunderbare Geschichte über ihre dreiundneunzigjährige Nachbarin gelesen), aber auch zeitlebens solche ganz weit weg. Sei es in Südindien, in Afrika, in den USA, in Sri Lanka, Tasmanien oder wo auch immer. Ich könnte auch sagen, Marie-Thérèse hat ihr ganzes Leben den Büchern und dem Lesen gewidmet. Dass sie ausgebildete Kinderbibliothekarin ist, sei nur am Rande bemerkt. Aber da ist sie nicht stehen geblieben. Sie hat eine gestalttherapeutische Ausbildung, hat sich intensiv mit freier Malerei beschäftigt und immer wieder in sehr unterschiedlichen Situationen gearbeitet, mit Migranten und Flüchtlingskindern, mit inhaftierten Jugendlichen, mit alten Menschen und, und, und. Man hat manchmal sogar den Eindruck, ihre vielfältigen Aktivitäten, ihre Reisen und dann wieder ihre Werkstätten im heimischen Raum ... das alles ist viel zu viel für ein einzelnes Leben. Und doch ist es so, dass alles irgendwie zusammenpasst, denn sie ist mutig, gerade auch in Kontexten, in denen es nicht so einfach ist, mutig zu sein. In ihren Büchern und Berichten kann man das mitunter zwischen den Zeilen lesen. Ihr Humor scheint sie auch in schwierigen Situationen nicht zu verlassen, und um ein herzlichen Lachen von ihr zu bekommen, muss man sie nicht extra kitzeln. Und plötzliche Überraschungen, so wie das mutige Aufgreifen von tabuisierten Themen: Davor ist man bei Marie-Thérèse nie sicher. Das alles kann hier nur angedeutet werden. Aber eins lohnt sich ganz bestimmt: Neugier und Entdeckungsfreude für das, was sie aus ihrem Leben zu berichten weiß. In diesem Sinne wünsche ich Marie-Thérèse für ihre Lebensreise guten Fahrtwind und eine gewogene Leserschaft.

Dr. Fredrik Vahle
Salzböden, 20. Februar 2020

Nicht nur ein Bäumchen pflanzen. Einführung

Ich hatte das große Glück, in frühester Jugend an das Lesen und Schreiben, an Bücher herangeführt zu werden.

Und es ist meine feste Überzeugung, dass dies mir die Chance eröffnet hat, die Welt mit vielen Augen zu sehen und zu erleben.

Ich wünschte, alle hätten diese Chance.

In mir wurde ein Lese- und Reisebäumchen gepflanzt, das immer noch wächst.

Jetzt, wo der Verleger Klaas Jarchow mich gebeten hat, mein Leben aufzuschreiben, ist mir bewusst geworden, dass durch Lesen, Schreiben und Bücher mein Leben seinen Lauf nahm und im Mittelpunkt das geschriebene Wort stand, egal wo ich gerade unterwegs war auf dieser Welt.

Mit vier Jahren fing die Sehnsucht nach Schreiben und Lesen an und hörte nicht mehr auf. Alles, was mir in die Finger kam, las ich, auch wenn ich es nicht immer verstand.

Mit acht Jahren dann die ersten selbstgeschriebenen Kurzgeschichten.

In der Bibliothek zu Hause, aber auch durch Literatur aus der öffentlichen Bücherei lernte ich andere Kulturen kennen.

Mit zwölf Jahren entschied ich abends, oben auf den Dünen in Noordwijk aan Zee stehend, als ich das erste Mal einen Sonnenuntergang an der Nordsee sah, dass ich reisen und darüber schreiben und malen wollte.

Der Weg dorthin war lang, aber ich konnte meine Leidenschaft weitergeben, als Kinderbibliothekarin und durch meine Ausbildung in Gestalttherapie und Freier Malerei.

In Seminaren und Workshops arbeitete ich fünfunddreißig Jahre lang mit Studierenden der Sozialpädagogik an der Hochschule für Angewandte Wissenschaften (HAW) in Hamburg, mit trauernden Menschen, mit Jugendlichen im geschlossenen Bereich in Vollzugsanstalten, mit Klinik-Clowns, mit Migranten- und Flüchtlingskindern, mit alten Menschen und Kindern in einem generationsübergreifenden Projekt, mit Trauernden in anderen Kulturen, in Mal- und Schreibwerkstätten mit Schülern nicht nur in Europa, sondern unter anderem in Indien, Zentralafrika, Hongkong, China, Libanon und Syrien.

Tagebücher führte ich, schrieb Hunderte von Briefen, sammelte alles, was ich für erlebte Geschichten brauchte, fotografierte und dokumentierte unentwegt.

Reisen rund um die Welt inspirierten mich zu eigenen Büchern. Jahrzehntelang las ich erzählende Reiseliteratur, durch die ich mich vorbereitete, zum Beispiel auf die USA, Kanada und für die allererste, schwierige Reise nach Zentralafrika, später dann Sri Lanka, Indien, China, Australien und Tasmanien, Neuseeland und Polynesien, die Seychellen, Madeira.

Wenn ich nach den weiten Reisen rund um den Globus überlegte, wie ich das Erlebte, die Erfahrungen, die Tagebucheintragungen, die ich machte, zu Papier bringen konnte, überkamen mich manchmal Zweifel, sogar Ängste und Befangenheit.

Oft war ich verunsichert, ob ich es auch so darstellte und aufschrieb, dass ich niemanden verletzte, weil ich vielleicht während der Begegnungen und dem Austausch mit den Menschen vor Ort etwas falsch verstanden oder nicht begriffen hatte.

Unsicherheit auch bei Einladungen in gastfreundlichen Familien: Wie sollte ich mich verhalten? Was ich vermeiden wollte war, Fehler zu machen. Hin und wieder war es gefühlsmäßig vergleichbar mit einem Seiltanz oder einem Gang auf dünnem Eis. Die Sorge, dabei nicht abzustürzen oder hinzufallen, begleitete mich beim Notieren und Umarbeiten zu längeren Texten ständig.

Die Ambivalenz der lernenden Reisenden wohnte in mir und ist immer noch da, auch während ich die eigenen Reise-Texte erneut lese. Vieles versuchte ich durch meinen Humor auszugleichen, der mich selbst tröstete und auch half, Brücken zum gegenseitigen Verständnis zu bauen.

Ich wünschte mir für Kinder zu schreiben, ihnen eine andere Welt zeigen, und zwar so, wie ich sie selbst erlebt hatte, auch für den *Ohrenbär* im RBB, WDR und NDR, Artikel für Zeitungen und Zeitschriften.

Und Reiseromane für Kinder sollten es auch noch werden.

In Indien, wo ich mit dem Geld eines Freundes innerhalb von zwanzig Jahren fünfzehn Schulen restaurieren oder neu bauen durfte, zusammen mit dem Round Table India, achtete ich darauf, dass immer eine Bücherei eingerichtet wurde. Und lernte unendlich viel, vor allem von den Kindern in den Slums, aber auch aus der ›Upperclass‹.

Als siebtes von zehn Kindern habe ich all das, was ich bislang erleben durfte, meinen Eltern, aber auch anderen wichtigen Wegbegleitern zu verdanken, die ebenfalls einen Raum in meiner Lebensgeschichte haben sollen.

Episoden der Kindheit, Begegnungen, die ich nie vergesse, weite Reisen rund um den Erdball, Briefwechsel, vieles, was mich zu dem gemacht hat, was ich heute bin, habe ich nun in kurzen und längeren Kapiteln aufzuschreiben versucht.

Es ist eine bunte, vielleicht quirlige Geschichtenwelt geworden. Aber so war es halt, das kann ich nicht mehr ändern ...

Das Glück durch Lesen und Schreiben und was ich daraus zu machen versucht habe, dieses Glück begleitet mich bis heute. Die Samenkörner meines Lebensbäumchens habe ich weiterzugeben versucht. Daraus wurde *Kommt mit in eine wunderbare Welt. Meine Lebensreise*

Kindheitserinnerungen

So fing alles an (1943)

Es war in einer heißen Sommernacht, und zwar am 21. August 1943, als meine Mutter Wehen bekam. Kurz nach sechs Uhr am frühen Morgen war ich ohne große Komplikationen da.

Eine Stunde später gab es Bombenalarm.

Immer wieder gab es Bombenangriffe auf Venlo, in der Nähe der deutschen Grenze. Venlo mit seinem von den Deutschen angelegten Flugplatz war ein wichtiger strategischer Ort.

Vater, meine sechs älteren

Geschwister und Mutter, gerade frisch entbunden von mir, sie alle mussten sofort in die Kellerräume im Haus fliehen.

Dort wurde ich in einen Wäschekorb gelegt. Die traditionelle Wiege im elterlichen Schlafzimmer musste auf mich warten. Der Hausarzt und die Hebamme konnten sich gerade noch nach Hause retten, ehe die Luftangriffe richtig losgingen.

Meine Mutter hat in der Zeit nach Hitlers Machtübernahme in Deutschland viele Kinder geboren: 1935, 1937, 1939, 1940, 1942, 1943. Wir kamen alle zu Hause zur Welt.

Vorher, im Jahr 1931, wurde meine Halbschwester Elly geboren. Ellys Mutter verstarb kurz nach ihrer Geburt. Vierzehn Jahre lang habe ich nicht gewusst, dass mein Vater schon mal verheiratet und verwitwet war. Für solche Informationen (wie auch für Aufklärung) war meine Mutter zuständig. Sie hatte schlichtweg vergessen, es mir zu erzählen.

Eines Tages kamen völlig unerwartet deutsche Wehrmachts-soldaten ins Haus gestürmt und wollten meinen Vater abholen. Er sollte zur Wehrmacht eingezogen werden. Geistesgegenwär-tig schob meine Mutter unseren Vater in die Toilette, stellte sich mit mir auf dem Arm vor die Tür, versammelte blitzschnell alle Kinder um sich herum. Die Begeisterung des Abholkommandos für den Kindersegen in Hitlers Sinn war groß.

Mein Vater sei unterwegs, um Essen zu besorgen, informierte Mutter den ungebetenen Besuch in Uniform. Sie kamen nicht wieder.

An ein Erlebnis aus frühester Kindheit erinnere ich mich noch. Ich muss achtzehn Monate alt gewesen sein, denn seitdem konnte ich ohne Hilfe gehen. Mutter schob den Kinderwagen durch dunkle Straßen. Ein großes Risiko, denn nach Einbruch der Dunkelheit sollten wegen der drohenden Bombenangriffe alle im Haus bleiben. Der Kinderwagen war ein schwarz lackiertes Ungetüm mit aufklappbarem Sonnenschutz über dem Kopfende. Im Kinderwagen lag viel, was genau, weiß ich nicht mehr. Auf jeden Fall kein Kind, denn das Jüngste war ich, und ich musste mich irgendwo am Kinderwagen festhalten.

Ab und zu wurde ich von jemandem getragen.

Wir waren zu Fuß unterwegs nach Tegelen, einem kleinen Ort, etwa vier Kilometer entfernt von unserem Haus in Venlo. Die Stadt war komplett in deutscher Hand.

In Tegelen fand unsere kinderreiche Familie für einige Tage Unterschlupf in einem großen, kalten und düsteren Haus.

Später fand ich heraus, dass die Brücke über der Maas zwischen Venlo auf der Ostseite und Blerick auf der Westseite, wo die Alliierten schon waren, bombardiert werden sollte. Die Situation war viel zu gefährlich, um im eigenen Haus zu bleiben. Aber lange waren wir nicht evakuiert.

Es war kurz vor der Befreiung durch die Alliierten im März 1945.

All das weiß ich nur aus Erzählungen, hauptsächlich von meiner Mutter.

Nach 1945 wurden noch drei Kinder geboren. Schließlich waren wir zehn Kinder insgesamt. Bei der schweren Geburt des jüngsten Kindes, das ungefähr zehn Pfund wog, war meine Mutter fast vierzig Jahre alt.

Im Nachhinein frage ich mich immer wieder, wie Mutter es mit Vater schaffte, uns alle in so schwierigen Zeiten großzuziehen.

Mein Vater war Mitbegründer und Direktor der staatlichen Krankenkasse in einem Teil der südlichen Niederlande: *ZNL – Ziekenfonds Noord Limburg*.

Wir wohnten günstig in einem riesigen Haus mit Garten.

Jeden Tag nahmen wir gemeinsam drei Mahlzeiten ein, Mutter kochte selber das Mittagessen. Alles, was die Familie an Lebensmitteln brauchte, wurde täglich frisch von Gérard van Soest, *Gerard de Groenteboer* (Gemüsemann), ins Haus geliefert.

Auch die Milch (ca. zwölf Liter pro Tag) vom Milchmann, der auch Gérard hieß, wurde angeliefert. Er hieß für uns *Gérard de Melkboer* (Milchmann). Die Milch musste in einem großen Topf gekocht werden, ehe wir sie trinken durften.

Nur das Brot mussten wir beim Bäcker abholen.

Die Eltern unserer Mutter lebten in Venlo. Vaters Eltern lebten in Vijlen/Vaals, im Dreiländereck.

Den Großvater in Venlo haben wir geliebt, die Großmutter weniger. Sie war unzufrieden, klagte und nörgelte viel, ein bisschen Schuld hatte Opa daran schon: Er trug sie auf Händen. Nach seinem Tod wollte sie unbedingt bei uns einziehen, aber meine Mutter hat sich mit Händen und Füßen dagegen gewehrt. Zehn Kinder reichten ihr.

Oma blieb in ihrer großen Wohnung mit Tante Catoo, die ein lautes Stimmorgan hatte und uns regelmäßig zusammenbrüllte, wenn sie sonntags nach der Kirche bei uns im Wohnzimmer ihren Aperitif trank, zusammen mit mehreren Großtanten und ihrer Mutter, also unserer unbeliebten Oma.

Tante Catoo verschwand irgendwann, um das Sonntagsessen bei sich zu Hause vorzubereiten. Alle atmeten tief durch.

Doch dann musste einer von uns die schlecht gelaunte Oma am Arm nach Hause bringen. Derjenige musste dort auch zum Mittagessen bleiben.

Im Hintergrund lief *Radio Brussel* mit Opernmusik. Es gab immer Sonntagssuppe, eine Rinderbrühe mit viel Gemüse, danach Erbsen, gekochte Kartoffeln und einen Rinderbraten, zum Schluss Schokoladenpudding mit Schlagsahne.

Eigentlich alles ganz lecker. Trotzdem war der Oma-Posten nach Opas Tod nicht sehr beliebt. Als Opa noch lebte schon eher, der war nett und witzig und geduldig. Manchmal zauberte er Münzen aus der Hosentasche hervor und steckte sie uns heimlich zu.

Kurz nach dem Krieg, ich war drei Jahre alt, wurde ich an der Hand meines Bruders in die Montessori-Ganztagsschule mitgenommen. Eine kleine Schule, die ich geliebt habe. Dort lernte ich schnell das Lesen und das Schreiben. Ein einschneidendes Erlebnis, das mein Leben stark beeinflusste und völlig auf dem Kopf stellte.

Bis ich dann mit sechs Jahren auf die katholische Grundschule wechseln musste und in der dritten, vierten und später noch einmal in der sechsten Klasse unter unsäglichen, unglaublich strengen Lehrerinnen schwer zu leiden hatte, denn das war ich von den ersten zwei Schuljahren nicht gewohnt.

Mit zwölf Jahren ging es in der Oberschule wieder aufwärts, mit lockeren, vertrauten und kreativen Unterrichtsmethoden aus der frühen Kindheit, die denen von Maria Montessori ähnelten.

Es war nicht immer einfach, mit meinen Geschwistern

alles teilen zu müssen, unerfüllte Wünsche zu ertragen, die Konkurrenz auszuhalten, die es unter uns zehn Kindern gab. Trotzdem, die Zeit der Schul- und Berufsausbildung innerhalb dieser großen Gemeinschaft war für uns alle Grundlage für das ganze Leben.

Schon wieder ein Kind (1951)

Unser Haus war groß, stabil und aus roten Backsteinen gebaut. Es stand in einem Garten voller hoher Bäume, üppiger Sträucher und Blumenbeete. In der hinteren Ecke gab es eine Schaukel, eine Wippe und einen Sandkasten. Platz zum Spielen war reichlich da. Über die Mauer wuchsen aus Nachbars Garten Zweige einer knorrigen Trauerweide und mehrerer Obstbäume. Wer hoch genug schaukelte, konnte sich im Sommer von den grasgrünen, säuerlichen Äpfeln bedienen. Wenn ein Glücklicher endlich einen Apfel erwischt hatte, hätte er niemals zugegeben, dass er nicht schmeckte.

Zu ebener Erde befanden sich die Büroräume, die für uns tabu waren. In den Mittagspausen und an den Wochenenden schlichen wir aber durch die vielen Keller und verschiedenen Abteilungen. Kein Schreibtisch war vor uns sicher, kein Schrank blieb ununtersucht, jede Maschine wurde ausprobiert. Wir ließen abgestempelte Briefmarken, Papier, Reißzwecken, Büroklammern, Bleistifte, Klebeband und andere Schätze mitgehen. Dabei sprachen wir uns ab, wer was verschwinden lassen durfte, denn sonst könnte es bei der Menge auffallen. Das wäre zu riskant gewesen. Väter kannte da kein Pardon.

Im ersten Stock gingen von einem riesenlangen Flur Wohn-

zimmer, Spielzimmer, Schlaf- und Badezimmer der Eltern und die Küche ab. Von der Küche und dem Spielzimmer aus gelangte man auf eine große Terrasse, wo wir Rollschuh liefen, Hunde und Katzen herumrannten und jeden Tag an endlosen Leinen die Wäsche baumelte.

An heißen Tagen setzten wir die Terrasse unter Wasser und spielten Schwimmbad. An frostigen Tagen war es leider nicht erlaubt, ein Eisstadion zu eröffnen; die Fliesen wären sonst kaputtgefroren.

Im zweiten und dritten Stock gab es etliche Kinderschlafzimmer mit vielen Einbauschränken, in denen wir Versteck spielten und eine Rundfunkanstalt bauten.

Unter dem Dach befand sich der finstere Boden, der nur mit einer steilen Leiter zu erreichen war.

Bis auf meine älteste Schwester kamen wir alle in diesem Haus auf die Welt. Wenn ein neues Kind unterwegs war, holte meine Mutter die Schaukelwiege vom Dachboden und stellte sie ins elterliche Schlafzimmer. Winzige Deckchen und Laken wurden ausgewaschen, die Wickelkommode auf Vordermann gebracht und uns pausenlos gesagt, dass wir ruhig sein sollten. Mutter lief in weiten Kitteln herum und war ziemlich gereizt. Wer nicht aufpasste, erhielt versehentlich eine Strafe, die er eigentlich nicht verdient hatte, denn sie hörte sich Entschuldigungen und Ausreden erst gar nicht lange an. Wir wurden früher als üblich ins Bett gesteckt, Wasch- und Zahnputzkontrolle fiel aus.

Wir wussten genau, wann das Baby da war. Denn üblicherweise kam Mutter jeden Morgen nach oben, riss die Vorhänge auf, zog die Bettdecken weg und rief energisch: »Aufstehen!« Wenn sie im letzten Zimmer gewesen war, fing sie wieder von vorne an, denn jeder zog sich die Decke sofort wieder über die Ohren. Im Winter kam uns Mutters Methode fast barbarisch vor, aber bis sie schließlich alle aus den Betten hatte, war sie mit ihrer Geduld am Ende. »Aufstehen«, hieß es da, und zwar schleunigst. Komischerweise gehorchten wir alle.

Wenn Vater sich nach oben verirrte und den Kopf in die Tür steckte, gab es nur zwei Gründe für sein Erscheinen. Entweder war Mutter krank oder ein neues Kind war geboren. Dann flogen wir aus den Federn, versammelten uns im Flur und hörten was los war. Wenn Mutter krank war, was selten vorkam, dann hieß es: »Seid ganz leise und streitet euch bitte nicht. Wer hat Frühstücksdienst? Wer zieht die Kleinen an? Mutter ist krank.« Wenn Mutter nicht krank war, sondern ein Kind bekommen hatte, hörten wir schon an Vaters Stimme, dass etwas Besonderes geschehen war. »Seid ganz leise und drängelt euch nicht. Ihr dürft herunterkommen und das Baby ansehen.«

In Nachthemden und Pyjamas rasten wir hinunter, mussten aber vor der elterlichen Schlafzimmertür anhalten. Jeweils zwei zur gleichen Zeit wurden zur Besichtigung hereingelassen, sonst hätten wir einander die Füße plattgetreten und Mutter hätte Angst um das neue Kind gehabt.

Im Zimmer duftete es nach Baby, Blumen und Obst. Mutter da plötzlich im Bett liegen zu sehen, war für uns ein ungewohnter Anblick. Wir flüsterten vor Ehrfurcht. Aber nicht lange. Zwei Wochen später lärmte es wieder in allen Räumen und draußen im Garten. Alles ging seinen gewohnten Gang.

Als zehn Kinder da waren, da meinte Vater, dass es nun wohl genug sei. Der Hausarzt fand das auch. Wir fragten Mutter. »Na ja«, sagte sie, »mir macht es nichts aus, noch ein paar Kinder mehr zu haben. Fragt doch mal Vater.« Aber der blieb bei seiner Meinung, und so blieb es bei zehn Kindern. Das reichte ihm. Und uns manchmal auch.

Ich fürchte mich vor Lieschen (1950)

Als ich Lieschen bei der Einschulung in die katholische Grundschule das erste Mal sah, fürchtete ich mich ein bisschen vor ihr. Sie war größer als ich, hatte wilde, dunkel glänzende Locken, die bei jeder Bewegung hin und her wippten. Lieschen roch irgendwie anders, und unter ihren langen Fingernägeln saß schwarzer Dreck, den sie langsam und demonstrativ mit einer Haarklammer wegkratzte.

Wir wurden zu Hause jede Woche in die Badewanne gesteckt. Die Prozedur fing am Freitagnachmittag gegen vier an, gleich nach der Schule. Die Großen kamen zuerst in die Wanne. Sie durften sich anschließend wieder anziehen, aber Spielen war von diesem Moment an nur noch im Haus erlaubt, weil sie sich sonst wieder dreckig gemacht hätten. Die Kleinen und die Kleinsten wurden gleich fürs Bett zurechtgemacht.

Um Geld zu sparen, wurde das Badewasser so lange wie nur möglich benutzt, denn Heizung und heißes Wasser schluckten viel Energie. Bekam das Wasser eine zu dunkle Farbe, wurde neues eingelassen. Im Sommer war das Badewasser natürlich schneller verschmutzt als im Winter. Mutter nörgelte dann leise vor sich hin, weil die Kinder-Bade-Arbeit wesentlich länger dauerte.

Wir wurden, bis auf die Älteren, fast immer zu zweit in die Wanne gesteckt. Ich musste jahrelang mit der jüngeren Schwester baden, mit der ich schon ein Bett teilte. Warum durfte ich nie allein oder wenigstens mit einer großen Schwester baden? Wann hatte ich endlich mal Ruhe vor der jüngeren?

Nach dem Baden sah sich Mutter mit scharfem Blick sämtliche Nägel an, griff zur Schere, und ritsch, ratsch schnitt sie alles radikal kurz. Da konnte sich leider kein Dreck ansammeln wie bei Lieschen. Ich brauchte die Haarklammer erst gar nicht aus meiner Frisur zu pulen.

Meinen ersten Schultag habe ich nicht vergessen. Wir waren insgesamt sechzig Mädchen. Mit frischen Kleidern und gestärkten Schleifen betraten wir aufgeregt den Klassenraum. In den vielen Reihen der breiten Schulbänke wurde uns ein Platz zugewiesen.

Ich sah Lieschen sofort. Sie hatte kein frisches Kleid an und erst recht keine gestärkte Schleife in den pechschwarzen Haaren. Neben ihr stand ein Mädchen, das ab und zu nach ihrer Hand griff und sie wie eine Verschworene ansah. Sie trug in den glatten Haaren zwar eine Schleife, aber die war zerknittert, und ihre gräulichen Söckchen erinnerten nur noch entfernt daran, dass sie ursprünglich einmal weiß gewesen waren.

Lieschen und ihre Begleiterin bekamen einen Platz in der ersten Reihe, dicht vor dem Pult der Lehrerin.

»Ich will aber hinten sitzen«, sagte Lieschen, und ihre Locken zitterten, »und Lenchen auch.« Dabei sah sie das Mädchen neben ihr beschwörend an. Also hieß die andere Lenchen.

Lenchen nickte sofort.

»Hinten gibt's keine freien Plätze mehr«, sagte die Lehrerin.

»Dann tauschen wir mit denen da«, sagte Lieschen forsch.

Das verschlug der Lehrerin zunächst die Sprache. »Ich möchte euch in meiner Nähe haben«, meinte sie dann ebenso bestimmt.

»Ich sag's meinem Vater, dass ich und Lenchen nicht hinten sitzen dürfen«, sagte Lieschen.

Trotz der vielen Kinder wurde es mucksmäuschenstill in der Klasse. Das war sehr aufregend! Uns hatte man eingeschärft, dass wir genau das tun mussten, was uns die Lehrerin sagte. Nur so würde man gute Zensuren bekommen und versetzt werden.

Wir warteten ab. Die Lehrerin ging lächelnd auf Lieschen und Lenchen zu und schob sie in die Bank der ersten Reihe. Sie mussten!

Sie brauchten nur die Arme auszustrecken, dann hätten sie das Pult anfassen können. Verbittert hockten sie da, die beiden, vor allem Lieschen. Sie brummelte immerzu etwas in sich hinein und weigerte sich, die Arme zu verschränken, so wie es uns die Lehrerin vormachte. Und als wir beten sollten, presste Lieschen ihre Lippen zusammen.

Sie gefiel mir. Besser als meine Banknachbarin, die immerzu

weinte und jammerte und nach Hause wollte. Sie rückte noch weiter von mir weg und wollte schließlich die Bank ganz für sich allein haben.

»Lucie, du bleibst dort sitzen«, sagte Fräulein Dorp zu ihr. »Deine Banknachbarin hat keine ansteckende Krankheit.« Was meinte denn die Lehrerin damit?

Mir kam der Platz gelegen. Ich saß glücklicherweise nicht ganz vorne in der ersten Reihe, konnte aber Lieschen und Lenchen gut beobachten.

Der erste Schultag war alles andere als langweilig. Das kam hauptsächlich durch Lieschen und Lenchen. Jeder von uns durfte erzählen, wo er wohnte, wie viele Geschwister er hatte und was der Vater beruflich machte.

Als Lieschen dran war, schwieg sie. Da wurden wir ebenfalls ruhig und vor allem neugierig. Die Lehrerin versuchte nachzuhelfen, aber dann schrie Lieschen mit einem Mal: »Unsere Familie ist nicht groß. Wo wir wohnen, wissen Sie, denn das musste meine Mutter auf einen Zettel schreiben, und meinem Vater, dem geht's gut. Und Lenchen wohnt nebenan!«

Ihre Lockenpracht glänzte. Sie leckte sich mit der Spitze ihrer dunkelroten Zunge den Rotz von der Oberlippe.

Lenchen drehte sich halb um und grinste über ihre Schulter in die Klasse. Lieschen trat ihr auf den Fuß.

An diesem Tag wurde sie nicht mehr gefragt.

Sie wurden überhaupt während der Schulzeit wenig gefragt. Es gab nur bestimmte Dinge, die ihnen aufgetragen wurden. Und die erledigten sie, weil sie mussten. Das blieb während unserer ganzen gemeinsamen Schulzeit so.

Lieschen und Lenchen wohnten in der Nähe vom Marktplatz in einer Gegend, in die wir nicht gehen, geschweige denn uns darin aufhalten durften. Ich verfolgte die beiden, die wie Kletten zusammenklebten, nach dem Schulschluss. Sie gingen über den großen Marktplatz, ein Stückchen durch eine kleine Geschäftsstraße, und danach bogen sie in eine unscheinbare Nebenstraße, an der wir beim Stadtbummel immer vorbeikamen. Die Häuschen sahen grau aus und lehnten müde aneinander. Ich versuchte das Straßenschild zu lesen und wollte mir den Namen unbedingt merken.

»Was wohnen eigentlich für Leute in der Höllengasse?«, fragte ich Mutter beim Abendbrot.

»Wie kommst du darauf?«

»Ich wollte es nur wissen«, antwortete ich.

Meine Geschwister antworteten an Mutters Stelle. Ich löste eine wahre Lawine aus, denn die Geschichten rund um die Gasse waren haarsträubend.

»In meine Klasse geht auch einer aus der Straße, und der stinkt vielleicht!«, sagte mein Bruder Hammie.

»Ich glaube, dass die dort gar keine Badewannen haben.«

»Vielleicht noch nicht einmal ein Klo …«, sagte ein anderer.

»Na, dann gehen die wohl auf den Eimer!«, schrie irgendwer.

»Und was machen sie damit?«, fragte ich.

»Ruhe!«, schrie Mutter und schlug mit der flachen Hand auf den Tisch. Das Geschirr klirrte. Gut, dass Vater noch nicht da war.

»Ich möchte nicht, dass ihr in diese Straße geht«, sagte sie, »ihr habt dort nichts zu suchen.«

Mehr sagte sie nicht.

Ich würde schon noch dahinterkommen, was es mit der Straße auf sich hatte.

Eines Tages im Winter stand ich im Klassenraum Schlange,

als wir uns am Pult ein Lesebuch abholen sollten. Wir standen dicht gedrängt, es war eng in den Räumen unserer Schule, die Klassen waren überfüllt. Im Sommer konnte man großzügig lüften, im Winter musste die teure Wärme möglichst im Raum bleiben. Ich stand hinter Lieschens Haaren. Ich ging noch näher ran, sah genauer hin und entdeckte kleine schwarze Käferchen. Das war vielleicht lustig! Ob die reingeweht waren? Sie krabbelten in den Tälern und auf den Hügeln der dicken Haarbüschel auf und ab.

Ich tippte ihr auf die Schulter. »He, Lieschen«, sagte ich vorsichtig und zeigte auf ihre Haare.

»Schnauze!«, zischte sie. »Siehst du nicht, dass ich warten muss?«

»Aber auf deinem Kopf«, flüsterte ich.

»Was geht dich meine Birne an?«, sagte sie leise und schaute mich drohend an.

Ich hielt den Mund. Ich fürchtete mich immer noch vor Lieschen, denn wenn sie Prügel verteilte, waren die nicht zu verachten. Und sie drohte mit ihrem großen Bruder, der noch besser hauen konnte.

Am Freitag, dem Badetag bei uns zu Hause, saß ich mit meiner jüngeren Schwester in der Wanne, und Mutter seifte mir gerade den Kopf ein.

»Au!«, schrie ich. »Die Seife piekst, du tust mir weh!«

»Das sehe ich mir nachher noch genauer an«, sagte Mutter, während sie die Schwester einseifte. Mit der Brause spülte sie uns gemeinsam ab.

»So, du kommst als Erste raus«, meinte sie. »Zeig mir mal deinen wehleidigen Kopf«.

Sie rubbelte mich kräftig ab, hielt meinen Kopf in die Nähe des Fensters und kämmte mein Haar. Plötzlich hielt sie an. »Du hast Läuse! Wo hast du die denn her?«

»Was sind Läuse?«

»Das sind kleine Tierchen, die sich auf unsauberer Kopfhaut wohlfühlen.«

Sie zupfte an meinen Haaren und zeigte mir ihre Fingerspitze. Dort krabbelte etwas winzig kleines Schwarzes. So sahen auch die Käferchen auf Lieschens Kopf aus! Ach du liebe Zeit, ob die zu mir rübergesprungen waren, als wir am Pult Schlange standen?

Ich verriet Lieschen aber nicht. In der Apotheke wurden eine übelriechende Flüssigkeit und ein Läusekamm besorgt. Alle zehn wurden wir behandelt. Mutters Kinder-Bade-Arbeit nahm überhaupt kein Ende. Diesmal nörgelte sie nicht. Jedes

Mal, wenn sie eine Laus erwischt hatte, legte sie sie auf die Fensterbank im Badezimmer und rief: »Alle mal herhören!« Wir waren ganz still, wenn sie mit dem Läusekamm den Fund mit einem knirschenden Geräusch vernichtete.

Lieschen kam am nächsten Montag mit kürzeren, frisch gewaschenen Haaren zur Schule, obwohl ich sie nicht verraten hatte. Sie sah uns mit finsteren Blicken an, damit keiner es wagte, etwas über die Frisur zu sagen. Lieschen und Lenchen waren Kummer gewohnt und hatten gelernt, sich zur Wehr zu setzen. Sie fürchteten sich nicht vor der Lehrerin. Wenn sie wütend wurde, schlug sie immer laut mit dem Anzeigestock auf den Bretterfußboden. Dabei brach meistens die Spitze ab. Lieschen und Lenchen blieben ganz ruhig. Einige Schülerinnen zitterten aber derart vor Angst, dass wir manchmal ein plätscherndes Geräusch in der Klasse hörten. Ein Bächlein kroch über den abschüssigen Holzfußboden bis vorne ans Pult. Da hieß es dann immer: »Lieschen, hol mal den Eimer und das Wischtuch.«

Lieschens Schultern krümmten sich. Ob sie wollte oder nicht, ihre Zensuren duldeten keinen Widerspruch. Sie stand seufzend auf, holte Wasser und Putzmittel und wischte den peinlichen Bach weg. Die Schülerinnen, denen das passiert war, wurden nie gebeten aufzuwischen. Sie wurden nur nach Hause geschickt, um trockene Wäsche anzuziehen. Auch Lenchen musste ab und zu wischen. Ehe sie aufstand, drehte sie den kleinen Finger mit seinem überlangen Nagel einmal im Ohr herum und flüsterte Lieschen zu: »Schon wieder so eine vornehme Hosenpisserin.«

Lenchens kralliger Nagel war ihr besonderes Markenzeichen. Damit konnte sie erfolgreich in der Nase bohren, hatte sie mir mal anvertraut. Trotzdem fand ich Lieschen viel aufregender als Lenchen.

Als ich neun Jahre alt war, bekam ich zum Nikolaustag ein wunderschönes, knallrotes Poesiealbum. Ich bat mehrere Klassenkameradinnen, in mein Album zu schreiben. Ich wusste, dass Lieschen nie gefragt wurde.

An einem eiskalten Januartag traf ich Lieschen vor der Schule.

Ich holte mein Poesiealbum aus meiner Schulmappe und hielt es Lieschen vor die Nase. Der rote Umschlag blitzte in der Sonne.

»Hau ab!«, sagte Lieschen.

»Ich wollte dich fragen, ob du in mein Poesiealbum schreibst«, sagte ich vorsichtig, denn man wusste nie, wie Lieschen reagieren würde. Meistens zog sie ein mürrisches Gesicht, wenn sie angesprochen wurde.

Doch sie wurde nicht böse. »Ehrlich?«, fragte sie.

»Doch, ich möchte es.«

»Gut, mache ich.« Sie riss mir das Poesiealbum aus der Hand und steckte es in den alten Beutel, den sie ständig bei sich hatte. Ich wagte nicht, sie darum zu bitten, mein Album vorsichtig zu behandeln.

Am nächsten Tag, als ich sie im Schulflur traf, stürzte ich auf Lieschen zu. Ich hatte die halbe Nacht nicht geschlafen, weil ich um mein Album bangte. Zu Hause hatte ich niemanden erzählt, dass ich einem Kind aus der Höllengasse mein Poesiealbum gegeben hatte.

»Bist du fertig?«

»Du hast wohl nicht alle Tassen im Schrank«, sagte Lieschen ruhig, und das war alles. Sie drehte sich auf den Absätzen um und ging in die Klasse.

Das ich klein und kurzsichtig war, saß ich immer in Lieschens Nähe. Lieschen saß vorne, ich auch. Lieschen sah mich an dem

Tag nicht mehr an, obwohl ich öfter versuchte, sie auf mich aufmerksam zu machen. Mein Album, mein wunderschönes neues Poesiealbum. Was machte sie damit, bei sich zu Hause? Ich wusste nur die Straße, in der sie wohnte, sonst gar nichts.

Am Nachmittag hatte sie das Album wieder nicht mit.

»Ich musste abwaschen und die Küche wischen«, sagte sie mürrisch.

Abends stand ich tausend Nöte aus, dass irgendwer von den Geschwistern auf die Idee kommen könnte, in mein Album schreiben zu wollen. Ich hatte alle darum gebeten, und erst vier hatten etwas hineingeschrieben. Doch ich hatte Glück, keiner verspürte die Lust dazu.

»Und?«, fragte ich am nächsten Morgen. »Hast du rein-geschrieben?«

»Ich bin fast fertig«, sagte Lieschen. »Willste eine Oblate reingeklebt haben?«

»Gern«, stotterte ich.

Lieschen kratzte sich am Kopf. »Die hab ich nicht. Kannste mir eine geben?«

Ich öffnete meine Mappe, in der ich die bunten Oblaten für mein Album in einem Briefumschlag sorgfältig aufhob. Sie fasste mit ihren schwarzgeränderten Fingernägeln alle Bildchen Stück für Stück seelenruhig an. Ich fragte mich, wie mein Album wohl aussehen würde, wenn sie es mir zurückgab.

Endlich wählte sie ein grün umranktes Herz mit blühenden Tulpen aus. Es war meine Lieblingsoblate. Ich schluckte.

»Morgen?«, fragte ich vorsichtig.

»Ja, morgen.«

Aber am nächsten Morgen war Lieschen nicht pünktlich. Sie kam zu spät, hatte verweinte Augen.

In der Pause fragte ich sie, was los sei und ob sie mein Album hätte.

»Du kannst nachher mitkommen, es dir abholen«, sagte sie nur.

Die Rechenarbeit ging mir daneben. Ich sollte mein Poesiealbum bei Lieschen abholen … Keiner von uns Kindern war jemals in einem der Häuser in der Höllengasse gewesen. Ob mir was passieren würde?

Nach der Schule ging ich neben Lieschen her. Das schmuddelige, kalte Wetter regte nicht gerade zum Sprechen an.

»Mein Vater wollte dich sehen«, sagte Lieschen wortkarg und zog die Nase hoch. Ich wurde steif vor Schreck. Was wollte der denn von mir? Es wurden solche scheußlichen Geschichten von ihrer Gegend erzählt, dass ich es noch mehr mit der Angst bekam.

Wir schlurften weiter, jeder in Gedanken versunken. Lieschen bog in die Höllengasse ein. An einem Holztor blieb sie stehen.

»Hier geht's rein«, brummte sie. Wir kamen in einen Hinterhof, der schlammig war und düster wirkte. Ein Hund kam kläffend auf mich zugeschossen.

»Zieh Leine, Bobbie«, sagte Lieschen.

Wir standen in einem engen, muffigen Hausflur. Eine Tür war angelehnt. Ich hörte Stimmengewirr und lautes Auflachen.

»Ich bin's!«, rief Lieschen.

»Bring das Kind mal rein!«, schrie jemand.

Lieschen zog mich in das Zimmer. Von der Decke baumelte eine nackte Birne. Rund um den Tisch saßen drei Männer und eine Frau. Sie tranken Bier aus einer Flasche, mitten am Tag. Durch den Zigarettenqualm konnte ich die Gesichter kaum erkennen.

»Das ist sie«, sagte Lieschen und schob mich nach vorne, »und ich durfte in ihr Poesiealbum schreiben.«

»So komm doch mal näher«, sagte einer der Männer. Ich ging an den Tisch. Er sah mich genau an. Ich roch den Bierdunst.

»So sieht also eine von der Allee am Stadtpark aus«, sagte er. »Sauber, sauber.«

Ich zitterte aufgeregt. Wie kam ich hier bloß wieder raus? Und mein Poesiealbum?

Aber schon war Lieschen wieder da und drückte mir ein eingewickeltes Päckchen in die Hand.

»Hier«, sagte sie, »es ist fertig. Ich war sehr vorsichtig mit deinem Poesiealbum. Wenn ich mal eins bekomme, dann darfst du als Erste reinschreiben.«

Sie brachte mich schweigend zum Marktplatz, wo ich dann sofort zu rennen anfing, während ich das Päckchen fest umklammert hielt.

Zu Hause aß ich, ohne zu murren, die sonst verhasste Bratwurst. Dann schlich ich ins Schlafzimmer und öffnete das Päckchen. Lieschen hatte ganz sauber mit Feder und Tinte ein Gedicht von einem Engel geschrieben, der sie im Garten weckte, während sie schlief. Und dieser Engel erinnerte sie, dass sie einen bunten Blumenstrauß für mich pflücken wollte. Lieschen hatte neben meiner Lieblingsoblate noch hinzugeschrieben: »Den elften Januar bitte nicht vergessen!« Da hatte sie also Geburtstag! Sie hatte es bisher noch keinem verraten, weil bei ihr zu Hause kein Geld da war, um an diesem Tag in der Klasse Süßigkeiten zu verteilen …

War das das gleiche Lieschen? Mit einem Male fürchtete ich mich gar nicht mehr vor ihr.

Die Höllengasse gibt's nicht mehr.

Aber Kinder wie Lieschen gibt es noch ganz viele, auch wenn man versucht, sie wie die lästigen Läuse loszuwerden

Wie ich Lesejunkie wurde: Der geheime Garten (1952)

Zu Büchern habe ich ein inniges, ich wage sogar zu behaupten, ein sinnliches Verhältnis. Seitdem ich denken kann. Seitdem ich lesen kann. Und vor allem nach dem Lesen eines bestimmten Buches, als ich neun Jahre alt war. Der Geruch von einem neuen, aufgeklappten Buch, in dem die Seiten knistern, der Leim im Buchrücken duftet und gleichzeitig leise knirscht, berauscht mich regelrecht.

Die Erinnerung an die sanfte Stimme meiner Mutter, wenn sie damals abends am Kamin im Wohnzimmer für uns zehn Kinder vorlas, löst in mir immer noch Glücksgefühle aus. Sie brachte mich dazu, so schnell wie möglich selber lesen zu wollen. Ganz allein in Buchstaben schwimmen zu dürfen, war mein Ziel.

Als ich im Alter von drei Jahren an der Hand meines um ein Jahr älteren Bruders von Montag bis Samstag in die Montessori-Ganztagsschule ging, standen dort Holzbrettchen in einem Regal, auf die Buchstaben aus Sandpapier geklebt waren. Genau die hatten es mir angetan. Ich wusste, dass aus diesen aufregenden Zeichen ganze Wörter und daraus Sätze entstanden, die es auf den Seiten unserer Bücher in der Hausbibliothek in den Regalen neben dem Kamin gab.

Meine Leidenschaft für die Wörter fing mit einem X an, wegen der schönen, abgerundeten Form in Schreibschrift. Der Zeigefinger zog die weichen Formen mit Wonne nach. Weitere Sandpapierbuchstaben wurden unter den Fingerkuppen lebendig, und bald bekam ich einen Bleistift und ein Stück Papier auf mein Tischchen gelegt. Endlich durfte ich diese Wunderwerke nachzeichnen! Während der kurzen Entspannungspausen, in denen eines der Fräuleins auf dem Klavier spielte und wir frei tanzen durften, schwebte ich selig mit der Triangel in der Hand ausgelassen vor Begeisterung über den Fußboden, weil ich ahnte, einer Sache auf der Spur zu sein, die sich bald lösen würde! Es dauerte nicht mehr lange, bis ich begriff, wie die einzelnen Zeichen zu Wörtern zusammengefügt werden konnten. Diesen Augenblick der Eroberung vergesse ich nie. Mit vier Jahren hatte ich begriffen, wie die Geheimnisse des Lesens sich für mich öffneten und ich selber damit zaubern konnte.

Meine Brüder waren stolze Besitzer eines Filmvorführapparats mit einem glänzendem Gehäuse aus schwarzem Metall, einer *Duxinette*, in dem einzelne, stehende Bilder auf Zelluloidstreifen in einer beleuchteten Linse per Hand weitergeschoben wurden und auf dem aufgehängten Bettlaken im abgedunkelten Kinderzimmer erschienen. Eines der schwarz-weißen Bilder in *Ali Baba en de 40 rovers* zeigte Ali Baba, der ungewollt ein Zauberwort hört. In der Sprechblase dazu stand: *»Sesam open je!«* Und im nächsten Bild: *»Aha, daar gaat de grot!«* Genau, der Felsen öffnete sich, und für Ali Baba in seinem Versteck und die vierzig Räuber wurden atemberaubende, glitzernde Schätze greifbar.

Genau das war der magische Augenblick, in dem ich selber diese kurzen Sätze in den Sprechblasen ohne Hilfe meiner Brüder plötzlich lesen konnte und mich wie Ali Baba fühlte, der die Schätze nur einzusammeln brauchte. Das tat auch ich mit unzähligen Büchern, die ich einfach öffnete und darin oft komplett verschwand. Bücher wurden der Mittelpunkt meines Lebens und ich für immer süchtig danach. Alles las ich, was mir in die Finger kam, auch wenn ich das meiste noch gar nicht verstand.

Mit sechs Jahren wurde ich stolze Besitzerin einer Bibliothekskarte in unserer Kleinstadt, denn eigene Bücher gab es nur am Geburtstag und zum Nikolaustag am 6. Dezember. An den beiden Tagen, an denen die Bibliothek für Kinder nur drei Stunden geöffnet war, saß ich schon eine Stunde vorher auf dem eiskalten Marmorboden vor der Tür, weil ich die neuesten Bücher erwischen wollte. Freihandbibliothek war damals ein Fremdwort. Das hieß, dass wir Kinder nur aus einem kleinen Bücherstapel etwas aussuchen durften, und das störte mich! In meiner Praktikumszeit dort, während des Studiums für Bibliothekswesen an der *Sociale Akademie* in Sittard, stellte ich den kompletten Bestand der Kinderbibliothek sofort auf Freihand um.

Doch eines Tages hielt ich das Buch *Der geheime Garten* von Frances Hodgson Burnett in der Hand. Es war noch funkelnagelneu. In unserem großen Haus, in dem zehn Kinder alle Räume rund um die Uhr gnadenlos in Anspruch nahmen, suchte ich mir einen stillen Ort, an dem ich ganz für mich sein konnte mit dem geheimen Garten. Irgendwo auf dem Dachboden gab es hinter einer aufgeklappten Schranktür und neben einer Wäschetruhe eine Ecke, die nicht so oft frequentiert wurde. Erwartungsvoll und mit wild klopfendem Herzen schlug ich das Buch auf, und schon der erste Satz irritierte mich:

Später im Buch gab es nicht nur für Mary, sondern auch für mich ein Schlüsselerlebnis:

Mary wusste, dass sie diesen Morgen, an dem sie den Schlüssel fand und ihren geheimen Garten zum ersten Mal betrat, nie in ihrem Leben vergessen würde.

Durch diese Schicksalsgeschichte öffnete sich auch für mich eine Tür. Zum ersten Mal erlebte ich seelische und körperliche Empfindungen, wie ich sie vorher während des Lesens noch nicht mit so einer Wucht, mit so einer Intensität erlebt hatte. Ich las mit allen Sinnen. Manchmal tat mir das Gelesene körperlich weh. Nicht selten stockte mir der Atem. Sätze ließen mich weinen um das traurige Schicksal zweier einsamer Kinder in einem düsteren, geheimnisvollen Herrenhaus irgendwo in England. Erst durch den naturliebenden Jungen Dickon wurden sie von ihren Ängsten und Zwängen erlöst. Eine überwältigende Erfahrung, die mir Flügel gab und die später meistens nicht mehr so intensiv war.

Mein erstes selbstgekauftes Buch war *Heidi* von Johanna Spyri, mit Fotos aus dem Film. Lange hatte ich dafür gespart, und es wurde Grundstock für eine große, eigene Bibliothek, in der drei verschiedene Ausgaben von *Der geheime Garten* stehen. Unseren Großonkel Jacques, bei dem wir alle Klavierunterricht hatten, besuchte ich fast jeden Tag nach der Schule. Er machte mich mit unendlicher Geduld vertraut mit Text- und Bildbänden zur niederländischen Literatur- und Kulturgeschichte. Einige der Bildbände mit seiner handgeschriebenen Widmung trösten mich, wenn ich Heimweh nach meiner Heimat habe.

»Bücher sind deine Seele«, sagte eine Freundin neulich. Das stimmt, das sind sie, Nahrung für meine lesende Seele.

Lesen kann ich überall: als Beifahrerin im Auto, im Bus, in U- und S-Bahnen, in Zügen, in Flugzeugen, im eigenen

Bett oder fremden Betten, am Strand, in Cafés, Restaurants, in Wartezimmern, beim Frisör. Dafür brauche ich nur raschelndes Papier zwischen den Fingern und hoffe, Worte, Sätze und Seiten zu finden, die mich wieder komplett eintauchen lassen ins Lesen mit allen Sinnen, so wie damals in *Der geheime Garten.*

Mein allererstes Buch, Gesamtauflage 1 Exemplar (1952)

Vorsichtig öffne ich die Glastüren meines Erinnerungs- und Lebensschranks. So nenne ich den Vitrinenschrank aus hellem Holz, der wirklich nur mir ganz allein gehört.

Ihn brauchte ich mit niemandem meiner Geschwister zu teilen wie so vieles, eigentlich fast alles, während der Kindheit. Allein schon der besondere Schrankduft lässt sofort Bilder kommen, für die ich mir jetzt Zeit nehmen möchte.

Ich nehme die schmalen Handschuhe aus samtweichen, weißen Wildleder in die Hände, die meine Großmutter nur zu Konzertbesuchen oder in der Oper trug.

Daneben, in einem aufgeklappten, schwarzen Lacketui mit Perlmuttintarsien, liegt das Pincenez des geliebten Großvaters, den wir zweimal im Jahr auf dem höchsten Berg (hundertsechsundzwanzig Meter) im Süden der Niederlande besuchten. Ehe wir uns wieder in den riesigen, geliehenen Chevrolet quetschten, setzte Opa seinen kleinen Nasenkneifer auf, sah seine Enkelkinder liebevoll an und drückte jedem von uns eine große Silbermünze mit dem Porträt der Königin in die Hand.

Ich schlage Mutters Poesiealbum auf. Sie schenkte es mir bei einem ihrer Besuche hier in Hamburg. Mehrere mit Oblaten

geschmückte Seiten waren von mir als Vierjährige begeistert mit krakeligen Buchstaben und Bildern übermalt. Es waren meine allerersten Schreibversuche, und Mutter war mir nicht böse.

Dann sehe ich mir Vaters Fotografie an. Mit ernstem Gesicht sitzt er hinter einem wuchtigen Schreibtisch im seinem absolutem Heiligtum: DAS Büro.

Als Zehnjährige durfte ich sonntags stundenweise an seinem heiligen Schreibtisch auf der sperrigen Schreibmaschine tippen. Mit großer Beharrlichkeit und einem Finger.

Dabei versank ich in Wunschtraumgeschichten ohne Geschwister, und niemand störte mich.

So entstand mein allererstes, kleines Buch, mit eigenen Scherenschnitten illustriert. Titel: *De verloren Pop* (Die verlorene Puppe), Gesamtauflage des Erstlingswerks: 1 Exemplar.

Ich verarbeitete darin meinen sehnlichsten Wunsch nach einer kostbaren Puppe, die ich nie bekommen würde, aus Kostengründen.

Dann kam aber eine Chance, die ich mir nicht entgegen ließ: die Hummel-Puppe.

Die Hummel-Puppe (1953)

Geburtstage bedeuteten angenehme Ausnahmesituationen, der Tag verlief anders als sonst, und das Geburtstagskind stand im Mittelpunkt.

Wünsche durften geäußert werden. Ob sie auch erfüllt wurden, blieb abzuwarten. Es hing außerdem davon ab, wie groß sie waren und ob der Inhalt vom Haushaltsportemonnaie ausreichte. Mutter dachte sich mit wenigen Mitteln immer tolle

Überraschungen aus. Es fiel ihr bestimmt nicht leicht, jedem Kind gerecht zu werden.

Am Abend vorher gab es schon die Geschenke. Dieser Brauch war üblich, solange ich mich erinnern kann. Das Geburtstagskind wurde in den schönsten Wohnzimmersessel gepflanzt und dann für einige Minuten allein gelassen. Die Spannung stieg.

Dann öffnete sich ganz langsam die Tür, mit feierlicher Miene kamen alle nacheinander herein, stellten sich vor dem Sessel auf und sagten mit tiefer Stimme: »Heute Abend ist dein Abend, und morgen ist dein Tag, an dem du deinen Geburtstag feiern magst.«

Wie man sich auf den Moment gefreut hatte! Nachdem alles ausgewickelt war, stellte die Hauptperson ihre Gaben auf den Kamin, damit sie von den übrigen bewundert werden konnten.

Verschiedene meiner Geschwister hatten großzügige Pateneltern, von denen sie immer reichlich bedacht wurden. Ich nicht. Die Patentante, eine Schwester meines Vaters, sah ich vielleicht zweimal in meinem ganzen Leben.

Nun muss erwähnt werden, dass die Verwandtschaft zahlreich war. Mütterlicherseits gab es zwei Tanten und einen Onkel, väterlicherseits sieben Tanten und sieben Onkel, und zusammen brachten sie es auf zweiundvierzig Kinder, uns nicht mitgerechnet. Großonkel und -tanten waren auch noch reichlich vorhanden. Und die Omas und Opas. Es war wirklich eine Wissenschaft für sich, sich hier zurechtzufinden und einen Kontakt aufrechtzuhalten. Meine Cousins und Cousinen kannte ich gar nicht alle, dafür sahen wir uns zu selten.

Sollte die ganze Familie meiner Eltern es sich jemals einfallen lassen, ein Familientreffen zu organisieren, dann hätten wir wahrscheinlich mit Leichtigkeit das städtische Theater gefüllt.

Meine geheimnisvolle Patentante schickte mir ein einziges Mal einen Zehnguldenschein, und der sollte für mein ganzes Leben reichen.

Mit meinem Patenonkel war das wieder eine andere Sache. Auch ihn hatte ich nie bewusst gesehen. Er starb kurz nach meiner Geburt und hinterließ eine reiche Witwe mit einem einzigen Sohn.

Warum hatte ich bloß das Pech gehabt, ausgerechnet diese beiden als Pateneltern zu haben?

Wenn ich sah, wie die anderen Geschwister regelmäßig von ihren Paten absahnten, dann kam mir die Wut.

Das sollte sich ändern und zwar schleunigst, also fing ich an, meiner Patentante zu Weihnachten, zum Geburtstag und zu Ostern zu schreiben.

Es nützte überhaupt nichts. Dann schrieb ich ihr sogar aus den Ferien, doch nichts geschah. Ich nahm noch verschiedene Anläufe, dann gab ich die Hoffnung auf. Blieb mir also noch die reiche Witwe.

In einem kunstgewerblichen Laden in der Stadt hatte ich eine Puppe entdeckt, die so schön, aber auch so teuer war, dass ich schon fast nicht mehr glaubte, sie jemals in meinen Besitz bekommen zu können.

Von meinen Eltern würde ich sie ganz bestimmt nicht kriegen, das hatten sie mir schon längst klar gemacht.

Sie lag in einer holzgeschnitzten Schaukelwiege unter einem blau-weiß karierten Deckchen und sah mich aus ihren hellblauen Babyaugen an. An der Wiege hing ein Schildchen, auf dem geschrieben stand: *Bertha-Hummel-Produktion*.

»Oh!«, sagte die Haushälterin einer meiner Großonkel, die mal Klosterschwester werden wollte, es sich später anders

überlegt hatte, aber immer noch sehr fromm war, »Bertha Hummel war eine Nonne, die wunderbar malen und zeichnen konnte und sogar Puppen entwarf.« Als wenn ich das nicht schon längst gewusst hätte!

Ich sah mir meine Puppe jeden Tag im Schaufenster bei Herrn Meyers an und stand tausend Ängste aus, dass sie eines Tages verkauft sein könnte. Ich musste und sollte die Puppe haben, egal wie. Zu Hause war nichts zu holen, jetzt musste endlich die reiche Witwe meines Patenonkels dran glauben.

»Mutter«, fragte ich dann eines Tages so harmlos wie nur möglich, »kannst du Tante Hélène nicht mal einladen?«

Mutter sah mich sprachlos an. »Wie kommst du denn darauf?«

»Ich möchte sie mal kennenlernen und sie mich vielleicht auch«, log ich ziemlich schlecht.

Mutter begriff nicht ganz, was dahinter steckte, denn Onkel

und Tanten waren mir sonst ziemlich egal. Tante Hélène wurde nicht eingeladen. Sie kam von allein. Ganz zufällig. Auf einer Durchreise von Maastricht nach Arnhem geruhte sie, uns zu besuchen. Als ich das hörte, geriet ich völlig aus dem Häuschen.

Die Puppe lag noch im Schaufenster, ich sah meine Chance gekommen. Als Tante Hélène mit Mutter bei einer Tasse Tee im Wohnzimmer saß, machte ich absichtlich-versehentlich die Tür auf und tat ganz erstaunt. Sie auch.

»Ach«, sagte sie, »ist das nicht das Patenkind von meinem Joseph?«

Und ob ich das Patenkind war! Ich zog sämtliche Register meiner Liebenswürdigkeit und gab ihr sogar die Hand, lächelte und erkundigte mich, wie es ihr ginge. Von so viel guter Erziehung müsste sie doch entzückt sein. Und siehe da, es klappte!

»Das Kind hat eigentlich wenig von seinem Patenonkel gehabt«, meinte sie.

In mir fing es an zu flattern.

»Möchtest du dir etwas wünschen?«

Das gab es doch nicht! Viel zu schnell antwortete ich: »Die Hummel-Puppe!«

Sie erkundigte sich, was das denn nun sei. In den schönsten Farben schilderte ich ihr meine Babypuppe. »Und was kostet sie?«

Bis auf den letzten Cent nannte ich ihr den Preis. Tante Hélène schwieg. Dann besann sie sich und sagte: »Ist gut Kind, hol sie dir.«

Ich zog ihr fast das Geld aus der Hand. »Bleib noch da, ich zeig' sie dir gleich«, und weg war ich.

Wie ich zu dem Geschäft gekommen bin, weiß ich nicht mehr genau, es muss wohl ziemlich schnell gegangen sein.

Die Wiege war nicht mehr da! Mir blieb das Herz stehen. Ich stürzte in den Laden und die Messingglöckchen bimmelten so laut, dass Herr Meyers sofort aus den hinteren Räumen gerannt kam.

»Wo brennt's?«, wollte er wissen.

»Die Hummel-Puppe, die Hummel-Puppe …«

»Was ist mit der Hummel-Puppe?«, fragte er.

»Sie ist nicht mehr im Schaufenster«, stotterte ich und fing fast an zu weinen.

»Ach die, ich hab' sie ins Regal gelegt, es ist umdekoriert worden.«

»Wo ist sie?«, rief ich. Ich hatte in meiner Aufregung völlig vergessen zu sagen, dass ich sie kaufen wollte.

»Was willst du denn mit der Puppe?«, fragte er geduldig. Da erst besann ich mich, dass ich mich wie eine Verrückte benahm.

»Ich möchte sie haben«, sagte ich, ein wenig ruhiger geworden.

»Kannst du auch«, erklärte er und zeigte mir den Karton, in dem sie lag. Ich hielt den Atem an, drückte ihm dann das Geld in die Hand und lief mit meinem heiß ersehnten Schatz zur Tür.

»Soll ich sie nicht einwickeln?«

»Nein, nicht nötig!«

Schon war ich draußen.

Ich zeigte sie Tante Hélène. Die meinte: »Das Kind hat einen guten Geschmack.«

Obwohl ich gar keinen Geburtstag hatte, kam ich zu einem Geschenk, das mir als das schönste und wundervollste meines ganzen Lebens erschien. Die Puppe durfte auf dem Kamin stehen und nur mit meiner Erlaubnis heruntergeholt werden. Ich wurde heftig beneidet, und das tat gut.

Am nächsten Morgen wollte ich sie in die Schule mitnehmen. »Tu es lieber nicht«, riet mir Mutter, »es könnte ihr was passieren.«

Ich hörte nicht auf sie und nahm sie mit. Ich platzte fast vor Stolz, als ich die Lehrerin fragte, ob ich meine neue Puppe zeigen durfte. Sie trug einen schneeweißen Babyanzug mit einem hellblauen Bändchen am Hals.

Als die Puppe herumgegangen war, war der Anzug graubeige, und sie hatte einen Kratzer auf der Wange. Sie war aus einem gummiähnlichen Material gemacht, und das Gesicht war mit der Hand bemalt. Die obere Farbschicht war ab, und das ließe sich bestimmt nicht mehr reparieren ... Ich war entsetzt. Erst einen Tag alt und schon eine Narbe im Gesicht! Eine hässliche braune Gummischicht schimmerte durch. Ich legte sie in den Karton zurück und wagte nicht mehr, sie anzusehen.

Zu Hause legte ich die Schachtel unter mein Bett. »Na, was sagten denn die Kinder zu deiner Puppe?«, erkundigte sich Mutter.

Da brach ich in Tränen aus und gestand schnoddernd, was passiert war.

»Zeig mal her.«

Ich holte sie. Der Kratzer war immer noch da. »Damit wird sie leben müssen«, meinte Mutter, »aber den Anzug, den wasche ich dir aus.«

An den Kratzer gewöhnte ich mich allmählich und versuchte ihn mit meinen Buntstiften zu übermalen. Das Resultat war nicht überwältigend.

Ich liebte sie trotzdem und keiner durfte sie anrühren.

Sie wurde noch ein weiteres Mal beschädigt, als ich sie in der Nähe einer Vase hinsetzte, die mit knospenden Kastanienzweigen gefüllt war. Als ich sie hochnahm, streifte sie mit der anderen Wange eine klebrige Knospe.

Meine Puppe war wohl nur zum Anschauen und nicht zum Spielen gedacht. Nach verschiedenen Waschvorgängen begann sie merkwürdig zu riechen. An einigen Stellen fühlte sie sich feucht an und löste sich allmählich auf. Ich setzte sie nur noch zum Anschauen hin und spielte nicht mehr mit ihr, aus Angst, sie könnte mir unter den Händen auseinanderfallen.

Und das tat sie, sie verrottete langsam, aber sicher und landete in der hintersten Ecke meines Kleiderschranks. Eines Tages war sie verschwunden. Ich fragte nicht nach, wohin.

Vor Tante Hélène brauchte ich mich nicht zu verantworten, die kam sowieso nicht mehr.

Lisa kommt nicht mehr (1954)

Lisa war warm, weich, groß und gut. Ihre tiefe, verrauchte Stimme faszinierte uns. Lisa gehörte zu uns. Lisa war jeden Tag von früh bis spät da. Wenn wir unsere Fahrräder morgens aus dem Schuppen holten, stand ihres schon da. Aber Lisa war noch nicht zu sehen. Wahrscheinlich saß sie irgendwo in einem der Kellerräume, um noch in Ruhe eine Tasse Kaffee zu trinken und eine Zigarette zu rauchen. Diese Muße brauchte sie, ehe sie sich in den wirbeligen Familientrubel stürzte.

Lisa half mit im Haushalt. Ich liebte sie ganz besonders und ich fand sie aufregend. Wie alt Lisa war, wusste ich nicht. Was an ihr für mich wichtig war, das hatte ich noch nicht herausgekriegt. Lisa hatte einen Freund, der mich in die Kunst des Laubsägens einweihte. Er hieß Mathieu. Wir nannten ihn Math.

Math hatte einen ruhigen Arbeitsplatz. Er passte tagsüber auf die abgestellten Fahrräder vor dem öffentlichen Schwimmbad auf. Schwerfällig hockte er auf seinem Stuhl zwischen den vielen Drahteseln, kassierte und schielte aus seinen schmalen, listigen Augen auf alle Kinder, die ihm ihr Rad anvertrauten. Wir durften unsere Räder fast immer umsonst bei ihm abstellen. Dafür belieferten wir ihn dann mit duftenden Zigarren, die wir aus dem wohlbehüteten, temperierten Tabaksschränkchen des Vaters stibitzten. Darin lagen so viele aufgestapelt herum, das würde Vater wohl nicht weiter auffallen. Math war auch interessant. Er hatte nämlich ein Holzbein, und das quietschte bei jedem Schritt. Lisa und Math waren befreundet. Von dem Wort »Verhältnis« hatte ich noch nie etwas gehört. Dass da etwas Geheimnisvolles, vielleicht gar etwas Verbotenes zwischen den beiden stattfand, das ahnte ich nur. Ich wollte es aber genauer wissen. »Wohnt Math bei dir?«, fragte ich Lisa manchmal.

»Seht ihr euch oft?«

»Isst denn der Math abends bei dir?«

»Lisa, hat Math bei dir auch ein Zimmer?«

Lisa beantwortete meine Fragen immer, nur diese nicht. Sie schwieg beharrlich und lächelte dann, während sie über meine Haare strich. Math stellte ich diese Fragen erst gar nicht. Ich mochte ihn nicht sonderlich. Hauptsache, er brachte mir das Laubsägen bei. Ich wollte meinen Brüdern irgendwann vorführen, dass auch ich laubgesägte Schlüsselborde, die sie ständig produzierten, herstellen konnte.

Mutter wollte komischerweise auch nichts über Lisas Privatleben preisgeben.

Lisa war wie eine zweite Mutter für uns. Wenn unsere Mutter zu viel zu tun hatte, wir gerade in dem Moment Trost oder Hilfe brauchten, dann nahm Lisa ihre Stelle ein. Sie drückte uns an ihren weichen Busen und sagte, dass alles nur halb so schlimm sei, dass alles bald wieder gut würde. Lisa war immer für uns da, wurde nie ausfallend, auch wenn ihr von der Arbeit der Schweiß im Gesicht stand.

Am Montag hielt sie sich im dunstigen Waschkeller auf. Dort hantierte sie zwischen riesigen Bergen schmutziger Wäsche und Wannen voller Seifenlauge. Für sie war es der schwerste Tag in der Woche. Die Waschmaschine war ein großer, klobiger Holzkübel auf staksigen Beinen, in dem sich in der Mitte eine Art hochgestelltes Rad befand. Dieses Rad drehte sich mit einem summenden Geräusch hin und her. Das war aber das einzige Mechanische an diesem Ungetüm. Die Wäsche wurde anschließend von Lisa mit der Hand gemangelt. Dann wuchtete sie pfeifend die bleischweren Wäschekörbe nach oben. Lisa war urstark. Lisa war kerngesund.

An einem Samstagabend klingelte das Telefon. Das war nichts Besonderes. Was aber besonders daran war, das war die Uhrzeit. Es war schon ziemlich spät. Die meisten von uns lagen schon im Bett, einige lasen und waren deshalb noch wach. Mutter eilte ans Telefon. »Was sagen Sie da?« hörten wir sie erstaunt fragen. Sofort gingen einige Schlafzimmertüren auf.

Wir standen mucksmäuschenstill oben an der Treppe und lauschten gespannt, was sich dort unten im Flur abspielte.

»Wie bitte, was ist mit Lisa?« Mit aufgesperrten Ohren und Augen versuchten wir alles mitzubekommen. »Um Gottes willen! ... Nein, Lisa war noch nie krank ...« Für eine Weile sagte Mutter gar nichts. Dann klang ihre Stimme aufgeregt: »Nein, ich bin mir ganz sicher. Heute Abend hat sie noch mit den Kindern im Garten eine Schneeballschlacht gemacht. Sie machte wirklich keinen kranken Eindruck, ich bin mir ganz sicher.« Wieder schwieg sie.

»Ja, natürlich komme ich morgen früh, selbstverständlich.« Sie legte den Hörer auf. Wir versuchten keine Geräusche zu machen. Mutter ging ins Wohnzimmer und schloss die Tür hinter sich. Leider knarrte die Treppe so sehr, dass keiner es wagte hinunterzuschleichen, um an der Wohnzimmertür zu lauschen. Wir mussten uns bis zum nächsten Morgen gedulden. Irgendetwas war mit Lisa geschehen, aber was?

Am Sonntagmorgen saßen wir alle am Frühstückstisch. Mutter verkündete: »Lisa kommt nicht mehr.«

Wir sahen sie sprachlos an. »Warum nicht? Will sie nicht mehr? Ist sie krank?« Ich ahnte ja schon was, denn schließlich hatten wir das Telefongespräch gehört.

»Wie kommst du darauf?«, fragte mich Mutter. Ich wurde rot. »Na ja, wenn sie nicht mehr kommt, dann ...« Ich verhaspelte mich. Mutter ging komischerweise gar nicht auf mich ein. Sie wolle gleich mit meinem ältesten Bruder losfahren, meinte sie. Nachher würde sie uns schon erzählen, warum Lisa nicht mehr käme. Ich nahm noch einen Anlauf. »Darf ich mit?«

»Nein, du und die anderen bleiben hier!«

So, das war das. Uns blieb wieder nur die Zeit abzuwarten.

Gegen Mittag kamen sie nach Hause. Mutter wirkte verstört, der Bruder sah blass aus.

»Kommt mal alle mit ins Wohnzimmer«, sagte Mutter. Wir verhielten uns seltsam still. Jetzt würde sie uns etwas Trauriges erzählen, das spürten wir. Artig setzten wir uns.

»Lisa kommt nicht mehr. Sie ist tot.«

Entgeistert starrten wir sie an. Keiner wollte es glauben. Lisa und tot? Wieso, warum? Aber Lisa doch nicht! Das müsse ein Irrtum sein. Lisa wäre morgen bestimmt wieder bei uns. Ihr Fahrrad im Schuppen. Lisa zwischen der Wäsche. Lisa, in ihrer weißen, gestärkten Schürze. Lisa, die bellend lachen konnte, uns auf ihre besondere Art liebkoste und tröstete.

»Lisa hatte wahrscheinlich einen Herzanfall«, fuhr Mutter fort. »Sie war sofort tot.«

Lisa einen Herzanfall? Das war doch unmöglich!

»Math war bei ihr. Sie nahm ein Bad in einer Zinkwanne in ihrem Zimmer. Ihr ist schlecht geworden. Math hat noch einen Arzt gerufen, aber es war zu spät …«

Dass Mutter uns dort von einer nackten Frau in einer Wanne, mit einem Mann als Zuschauer, berichtete, fiel uns erst viel später als interessante Tatsache auf. Wir waren in dem Moment so aufgewühlt, dass wir nur an Lisa denken konnten.

Mutter sagte leise: »Wir haben sie noch gesehen. Sie lag in ihrem Zimmer auf dem Bett. Sie sah ganz friedlich aus.«

Lisa nie mehr bei uns?

»Ich möchte noch ein Gespräch mit Lisas Hausarzt führen«, sagte Mutter. »Bitte geht auf eure Zimmer.«

Natürlich gingen wir auf unsere Zimmer. Zumindest taten wir so als ob. Wir standen oben an der Treppe, um uns nichts entgehen zu lassen.

Doch Mutter rief nicht sofort an. Sie wollte sich vorher mit Vater unterhalten, unter vier Augen.

Dann verschwanden sie gemeinsam in die Büroräume. Wie sollten wir jetzt erfahren, wieso Mutter Lisas Hausarzt sprechen wollte? Aber wir waren so traurig, dass uns keine Ideen kamen. Lustlos hockten wir auf unseren Betten. Noch immer war es merkwürdig still im ganzen Haus. Beim Mittagessen hatte keiner so rechten Appetit. Wir aßen stillschweigend unsere Teller leer.

Endlich sagte Mutter: »Lisa hat es sehr schwer gehabt. Sie war bei uns zwar glücklich, aber wenn sie nach Hause kam, war es nicht immer leicht für sie. Ihr wisst, dass Math sie oft besuchte. Math war nicht immer gut zu ihr, er hat sie manchmal sogar geschlagen. Ich habe das erst heute Morgen von Lisas Wirtin erfahren. Wir wissen nicht, was genau vorgefallen ist. Die Wirtin hat laute Worte gehört. Kurz darauf kam Math zu ihr und hat gebeten, einen Arzt zu rufen. Der Rest ist euch bekannt.«

Viele Jahre später fand ich in einem Schuhkarton ein Foto von Lisa, den Hund Blacky und mir. Ich rief meine Mutter an.

»Ich möchte jetzt doch mal erfahren, was mit Lisa wirklich passierte. Du hast uns damals doch bestimmt etwas verheimlicht.«

»Ich bin mir nicht sicher, Kind«, sagte sie, »ich kann dir nur erzählen, was ich mit eigenen Augen sah. Wie du weißt, schaute ich mir Lisa noch einmal an, als sie tot auf ihrem Bett lag. Dein ältester Bruder war mit dabei. Nur Lisas Gesicht und der Hals waren nicht zugedeckt. Mir fielen Würgestellen an ihrem Hals auf. Ich war schockiert. Math saß neben dem Bett. Ich habe ihn angesehen, er drehte seinen Kopf zur Seite. Als ich an dem Sonntag nach Hause kam, haben Vater und ich mit dem

Arzt gesprochen, der den Totenschein ausgestellt hatte. Auch ihm waren dunkle Flecken aufgefallen. Er erklärte uns, dass es keine Beweise für einen gewaltsamen Tod gebe. Er schrieb als Todesursache Herzversagen auf. Math behauptete, dass er Lisa liebte. Die Polizei hat nicht weiter nachgeforscht.«

Lisa, heute weiß ich erst, dass dein Mann dich verlassen hatte, dass du geschieden warst, dass dein Sohn dir weggenommen und in Pflege gegeben worden war, dass dein Vater in einem Altersheim versorgt werden musste, weil du für deinen eigenen Unterhalt schwer bei uns gearbeitet hast, dass Math deine Güte und Liebe ausnutzte, dass Math gewalttätig war, dass er dich missbrauchte und vielleicht sogar tötete. Du bist genau sechsundvierzig Jahre alt geworden, Lisa. Du warst nur ein Jahr älter als meine Mutter. Du hast uns seither gefehlt. Wir hatten dich sehr lieb. Und du uns.

Dicke Brillengläser (1955)

Die Geschichte *Bettys Lieblingsopfer* schrieb ich vor einigen Jahren, als das Mobbing unter Kindern noch nicht so subtil mit dem Smartphone stattfand wie heutzutage. Bei meinen mittlerweile wohl Tausenden von Lesungen seit über fünfunddreißig Jahren an Schulen erfuhr und erfahre ich immer wieder von oft unvorstellbarer brutaler körperlicher, aber auch verbaler Gewalt in den Klassenräumen, Fluren, auf den Treppen, in den Toiletten und auf dem Schulhof.

Kinder erzähl(t)en davon, wenn sie Vertrauen zu mir gefasst haben oder hatten und mich zum Beispiel zum Auto begleiteten und meine Tasche und die Bücherkiste trugen.

Oder sie schrieben mir Briefe und baten um Hilfe.

Ich entschied mich dafür, eine Geschichte darüber zu schreiben, weil sowohl körperliche als auch verbale Gewalt weiter verbreitet sind, als wir Erwachsene nur ahnen können.

Aidan Chambers (GB) war mit seinem Buch *Wer stoppt Melanie Prosser?* (1984) einer der ersten Autoren, der von der unglaublichen seelischen Misshandlung durch Mobbing unter Kindern schreibt und Mut macht, gegen Mobbing anzugehen.

Selber wurde ich manchmal zu Hause von meinen Geschwistern, aber auch in der Schule gemobbt, weil ich schlechte Augen hatte (habe), nicht richtig sehen konnte, was erst bei einer Schuluntersuchung definitiv festgestellt wurde.

Die hässliche und preiswerte Brille mit den dicken Gläsern brachte mir viel Häme ein. Ich wurde weiter ausgelacht und immer wieder gefragt, ob ich Schnapsgläser auf der Nase trug oder Scheinwerfer.

Mit der folgenden Geschichte, die auch autobiografische Züge enthält und die durchaus auch für Erwachsene geschrieben ist, möchte ich versuchen, sensibel zu machen für ein negatives, gefährliches und schleichendes Phänomen, dem wir etwas entgegenhalten sollten, um es zu stoppen.

Bettys Lieblingsopfer. Erzählung (2007)

Pia knallt ihre Schultasche in eine dunkle Hausflurecke, gibt dem Ranzen noch einen heftigen Tritt, schmeißt ihre Jacke hinterher und will sofort auf ihr Zimmer rennen. Doch leider geht das Licht an. Ihre Mutter steht vor ihr und fragt freundlich lächelnd:

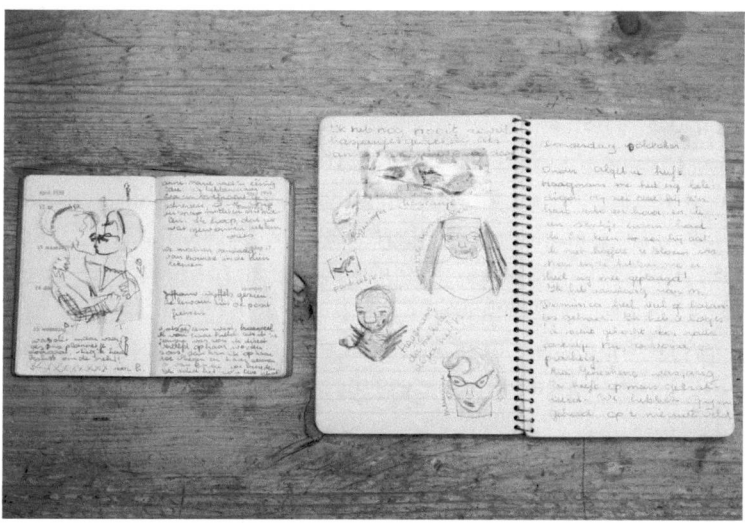

61

»Na, wie war's denn heute?«

Hat ihre Mutter Tomaten auf den Augen? Kann sie nicht richtig hören? Pias Auftritt war doch laut genug, und das Taschen- und Jackenknäuel auf dem Boden ist kaum zu übersehen, jetzt, wo Mama die Festbeleuchtung eingeschaltet hat.

»Beschissen!«

»Weißt du was? Ich mache uns erst mal einen Tee.« Auch das noch …

»Will ich aber nicht.« Pia kocht vor Wut. Eigentlich will sie ihre Mutter gar nicht anbrüllen. Mama hat zwar auch Schuld an ihrer Wut, aber die eigentlichen Ekelpakete gehen in Pias Klasse. Ihre Mutter ist kein Ekel, nein, das nun ganz bestimmt nicht.

Pia hat immer noch die dümmlich grinsenden Gesichter der hinterhältigen Mädchen vor Augen, die ihr heute nach langem Betteln endlich ihre Brille zurückgaben. Vor allem die steinreiche Betty mit ihrer pickeligen Fresse, der möchte sie die gelben Eiterpusteln platt machen, am liebsten mit beiden Fäusten gleichzeitig. Dieses blöde Miststück! Die glaubt ein paar Mitläufer als Sklavinnen zu halten, bloß weil Betty und ihre Familie im Geld schwimmt. Miese Zicke! Macht nur Zoff. Haut immer auf die drauf, die sich nicht wehren können oder wollen. Pia weiß, was ihre Mutter sagt, wenn sie Pias Gedanken erraten würde: *So was denkt man höchstens, tut man aber nicht!* Okay, Mama, reg dich ab.

»Pia, ich merke doch, dass es dir schlecht geht.« Aha, na schön, dann eben ab in die Küche zu einer Tasse Tee. Wetten, dass diese Tee-Feier mit Mama ihr ohnehin nichts bringt?

Während Pia am Küchentisch mehr rumhängt als sitzt, kocht Mama ihren Lieblingstee: *Chaitee* aus Indien, mit vielen

Gewürzen. Sie gießt Milch in den Topf, mischt alle Zutaten zusammen und schon bald duftet es köstlich. Pias Stimmung fährt allmählich keine Achterbahn mehr. Der Vulkan in ihrem Bauch hat sich ein bisschen beruhigt.

»Was ist los?«, will Mama wissen und stellt Pia eine dampfende Tasse Tee hin.

»Ich will Kontaktlinsen«, schreit Pia, »sofort!« Warum kann sie so schlecht sehen? Warum muss sie diese dämliche Billigbrille tragen? Ihre Mutter seufzt und setzt sich zu ihr.

»Du weißt, dass du noch zu jung dafür bist. Mit dreizehn Jahren sind die Augen noch nicht ganz ausgewachsen. Deine Augen verändern sich noch, und ich kann dir nicht jedes Jahr neue Kontaktlinsen kaufen. Die Krankenkasse zahlt nur ganz wenig dazu. Dafür sind die Linsen einfach zu teuer für uns.«

»Du bis schuld daran, dass ich ein Kackgestell mit billigen Gläsern tragen muss, die aussehen wie abgesägte Schnapspullen.« Pia schnieft und kneift ihre Augen fest zusammen, weil sie auf gar keinem Fall heulen will.

»Pia, ich kann es nicht mehr hören! Mein Vater trug genauso eine dicke Brille wie du und ich. Wir haben beide seine schlechten Augen geerbt.«

»Du hast gut reden! Du brauchst doch gar keine Brille mehr! Du trägst Kontaktlinsen und niemand weiß, dass du fast so blind bist wie ich!«

Pia hat Recht, Mama nickt und sagt leise:

»Pia, wir haben bis zum Erbrechen darüber gesprochen. Unser Augenarzt kennt deinen größten Wunsch, endlich Kontaktlinsen zu bekommen. Er wird dir sofort welche erlauben, wenn du soweit bist. Ich lege schon Geld beiseite. Du musst noch etwas Geduld haben.«

»Das geht nicht. Ich halte das nicht mehr aus! In der Schule …«
Nun kommen doch die Tränen und Mama streichelt ihr sanft
den Rücken, reicht ihr ein Taschentuch, fragt nicht weiter nach,
lässt sie einfach ausheulen. Dann reißt Pia sich die Brille von der
Nase und wirft das schwere Gestell auf den Küchentisch.

»Weißt du, wie viel ich jetzt gerade sehe?«

Mama schweigt, weil sie genau weiß, wie wenig Pia sieht.

»Ich stehe so ziemlich im Dunkeln! Ich bin fast blind.
Jawohl!«

»Weiß ich doch, mein Kind.«

»Fang nicht schon wieder damit an. Du immer mit deinem
weiß ich doch. Wenn ich Linsen hätte …«

»Ja …?« Pia zögert. Soll sie ihrer Mutter verraten, was der
Betty-Fanclub inzwischen mit ihr macht?

»Sag mir, was dann wäre.« Mama will Pia wieder streicheln,
aber die zuckt zusammen und springt auf. Am Fenster, mit dem
Rücken zu Mama, stößt Pia hervor:

»Wenn ich Linsen hätte, könnte die mir keiner schwuppdi-
wupp einfach wegreißen. Die wären nämlich auf meinen Augen
drauf und nicht vorn auf der Nase.«

So, jetzt ist es raus.

»Wie bitte, nehmen Schüler dir die Brille weg?« Mama ist
entsetzt. Pia tastet auf der Tischplatte nach dem billigen Gestell,
findet es nicht sofort und haut zornig mit der Faust auf den
Tisch.

»Vorsicht, fast hättest du sie zertrümmert!«

»Da kannst du mal sehen, wie gut ich gucken kann ohne
diesen doofen, hässlichen Apparat da.« Mama reicht ihr die
Brille und setzt Pia das verhasste Ding auf.

»Wer macht da was mit dir?«, fragt Mama ruhig. Mann,

hätte sie bloß nichts verraten. Gleich kommt ihre Mutter auch noch auf die Superidee, in die Schule zu gehen und Betty & Co zur Rede zu stellen. Irre peinlich. Bis in die Steinzeit würde sie Pia blamieren.

»Ich sage überhaupt nichts mehr.«

»Raus mit der Sprache, Pia.«

»Nein!«

»Gut, dann gehe ich in die Schule und finde es heraus.« Mama setzt sich wieder zu ihr an den Küchentisch.

»Bist du wahnsinnig? Willst *du* mich auch noch fertig machen? Was meinst du, was danach passiert? Dann geht die Post erst richtig ab.« Pia sieht schon die ganze Horrorszene vor sich: Betty wird sich noch mehr anfeuern lassen von ihren Trittbrettfahrerinnen, Pia drohen, sie erpressen, in den Fahrradkeller sperren oder sonst wohin in der Schule schleppen. Da, wo niemand sie sehen oder hören kann. An diesen Stellen trifft sie sich meistens mit ihrer Clique, um sich neue, miese Sachen auszudenken und Pia Tag für Tag in die Zange zu nehmen. Betty ist total abgebrüht. Nie, nein nie lässt die sich erwischen ... Die Lehrer mögen sie sogar, weil sie sich in der Klasse wie ein Engelchen aus dem Bilderbuch benimmt, sprich: vorbildlich. Aber wehe, die Lehrer sind außer Sichtweite. Schon legt sie los wie eine Furie, mit ihren Mädchen im Schlepptau, die alles tun, was Betty ihnen diktiert. Dafür gibt es Geld, und zwar reichlich. Die übrigen in der Klasse kümmern sich um gar nichts. Nicht um Bettys Opfer und auch nicht um Betty mit ihrem Fanclub. Denen ist egal, was sie macht. Hauptsache, sie werden von Betty in Ruhe gelassen. Sie sehen einfach weg und schweigen.

Pia hat sich schleunigst klein gemacht, als Betty plötzlich

in ihre Klasse kam. Pia spürte ziemlich bald, dass Betty anders ist, nämlich hinterhältig. Außerdem weiß niemand, in welche Schule Betty vorher ging und warum sie mitten im Schuljahr von heute auf morgen in dieser Klasse aufgetaucht ist.

»Nun erzähl mir endlich, was los ist. Vielleicht kann ich dir helfen.« Mama lässt nicht locker.

»Das kannst du nur, wenn du mir Haftschalen kaufst und nicht in meiner Schule erscheinst.«

»Ausgeschlossen, Pia.«

Pia steht wortlos auf. Sie knallt die Küchentür zu und dann ihre Zimmertür. Wenn sie an morgen denkt, bekommt sie auf der Stelle Bauchschmerzen.

Heute nach der Schule musste sich Pia im leeren Fahrradkeller vor Betty hinknien und ihr die Schuhe küssen. Sonst hätte Betty ihr die Brille nicht gegeben. Das grölende Gelächter der Betty-Anhänger wird Pia nicht vergessen. Nie. »Wenn du es wagst, mich zu verraten, gibt's eine Ehrenrunde. Nicht jeder darf meine Schuhe küssen. Das ist schon was Besonderes, merk dir das!«

Und darum ist sich Pia nun ganz sicher: Seit heute ist sie Bettys Lieblingsopfer. Es kann nur noch schlimmer kommen.

Am nächsten Morgen ist Pia so früh losgegangen, dass sie schon dreißig Minuten vor der ersten Stunde auf dem Schulhof steht. Sie versteckt sich hinter den Mülltonnen und behält die Eingangstür im Auge. Wenn der Hausmeister aufschließt, will sie losrennen und sofort in ihre Klasse verschwinden. Da will sie sich noch mal verstecken, hinten, im großen Wandschrank. In dem fühlt sie sich sicher. Erst wenn noch andere da sind, wird sie klammheimlich zum Vorschein kommen und leise und unbemerkt zu ihrem Platz schleichen. Pia hat große Angst.

Die Angst frisst sie fast auf. Sie fürchtet, dass heute etwas Schreckliches passiert. Mama hat nichts gesagt, als sie viel zu früh losgegangen ist. Pia hat sie nämlich angelogen.

»Ich habe unserer Klassenlehrerin versprochen, ihr beim Aufbau für die Projektwoche zu helfen.«

»Ihr habt Projektwoche? Zu welchem Thema denn?«

»Andere Kulturen. Unsere Klasse will sich mit Zentralafrika beschäftigen. Ich soll ein paar Sachen aufhängen und den Rest auf einem Tisch dekorieren. Frau Kammeyer hat mir gestern gezeigt, wo die Afrikakiste steht.«

Pia wird nachträglich noch rot, wenn sie daran denkt, wie sie ihre Mutter eiskalt angelogen hat. Aber ihr ist keine andere Ausrede eingefallen.

Nun hockt sie im dunklen Schrank, die Schultasche an sich gedrückt. Es sind immer noch zwanzig Minuten, bis der Unterricht anfängt. Durch einen schmalen Spalt in der Tür dringen etwas Licht und auch ein paar Stimmen. Sie hört genau hin. O wie furchtbar, das ist ja Betty mit ihrer Truppe … Ihr Herz überschlägt sich. Was tun? Vielleicht geht Betty noch mal auf den Flur oder sogar in den Hof? Wer ist noch alles bei ihr? Ganz vorsichtig macht Pia die Tür etwas weiter auf. Hilfe, die quietscht und knirscht in den Angeln … Pia lässt sich nach hinten fallen, schickt ein Stoßgebet zum Himmel, doch es ist schon zu spät. Die Schranktür wird aufgerissen. Betty steht breitbeinig in der Türöffnung und kreischt:

»Ach und wen haben wir denn da? Unsere Brillenschlange! Guckt mal, Leute, unsere Blindschleiche hat es sich gemütlich gemacht, im Schrank. Na, wenn das kein Anlass ist zu einer netten Aktion?«

Genau in diesem Augenblick kommt Frau Kammeyer in

die Klasse. »Wenn du auch nur ein Wort verrätst, bist du reif.«
Betty knallt den Schrank zu und flötet:

»Guten Morgen Frau Kammeyer, kann ich bitte die Tafel abwischen?«

»Ihr geht auf den Hof, bis ich euch rufe. Ihr habt hier fünfzehn Minuten vor dem Unterricht nichts zu suchen. Raus mit euch!«

Pia zittert am ganzen Körper und kann ihr Glück nicht fassen. Sie ist gerettet! Jetzt braucht sie nur noch, ehe die anderen kommen, unauffällig aus dem Schrank zu schlüpfen und sich auf ihren Platz zu setzen. Pia wartet, und die Minuten kommen ihr wie Stunden vor. Irgendwann hält sie es nicht mehr aus und öffnet Millimeter für Millimeter die Tür. Ihre Finger klammern sich um das glatte Holz, und sie hofft, so das schreckliche Quietschen zu verhindern. Aber leider quietscht es eben doch. Schon wieder wird der Schrank aufgerissen. Doch dieses Mal nicht von Betty, sondern der Klassenlehrerin.

»Aber Pia, warum bist du im Schrank?«

Pia stottert alles Mögliche durcheinander.

»Ich verstehe nur Bahnhof«, sagt Frau Kammeyer.

»Es war ein Spiel.« Es ist das zweite Mal am frühen Morgen, dass Pia lügt.

»Setz dich an deinen Platz und mach so etwas nie wieder. Wir sind hier nicht mehr im Kindergarten.«

Meine Güte, ist das glimpflich ausgegangen. Frau Kammeyer kann auch ganz anders …

Die Klingel schrillt, die letzte Stunde ist vorbei. Die Schüler packen ihre Taschen und stürzen zur Tür. Nur Betty und ihre Dienerinnen, aber auch Pia nicht. Sie belauern sich gegenseitig, und Betty steht in den Startlöchern. Als Pia im Flur ihre Jacke vom Haken nimmt und weglaufen will, hält Betty sie an der Kapuze fest. »Wir haben noch ein Hühnchen mit dir zu rupfen.«

»Gar nichts hast du«, sagt Pia, und ihre Stimme piepst, genauso wie die Schranktür.

»Ach, auch noch frech werden?« Pias Knie flattern. Sie hofft, dass Betty nichts merkt. Tut sie aber, leider.

»So, du zitterige Nachteule, wir gehen jetzt auf die Toilette, und zwar im dritten Stock. Da ist es richtig gemütlich.«

Sie schiebt Pia mit festem Griff zur Treppe, und als ihnen eine Lehrerin entgegenkommt, zischt sie Pia ins Ohr: »Schnauze!« Und mit lauter Stimme: »Guten Tag, Frau Wilhelmi! Wir gehen nach oben, weil Herr Vanhagen uns gebeten hat, ihm zu helfen.«

»Nett von euch. Dann macht mal.« Die Lehrerin verschwindet und Pias Hoffnung ebenfalls.

Erst in der Toilette lässt Betty Pia endlich los.

»Hier kommt die Putzkolonne erst zum Schluss. Also haben wir noch etwas Zeit für unsere nette Aktion. Halt du die Tür zu, Laura. Eva steht draußen Schmiere. Die anderen dürfen zugucken. Und du, Brillenschlange, stellst dich da hin, neben die Papierhandtücher«, säuselt sie. Pia macht sich vor Angst fast in die Hose.

»So«, sagt Betty genüsslich, »auf los geht's los.« Sie öffnet ihre schicke Ledertasche, und ein weißer Plastikbeutel kommt zum Vorschein.

»Überraschung!«, haucht sie. Pia sieht, wie Betty ihre weichen Markenslipper auszieht und in alte, dreckige Stiefel schlüpft, die ihr viel zu groß sind. Was soll das denn?

»Die habe ich zu Hause im Gartenschuppen gefunden. Gehören wahrscheinlich unserem Gärtner, aber das ist mir egal.« Sie öffnet eine kleine Tüte und zieht dünne Gummihandschuhe aus einem Klarsichtbeutel. Was hat Betty bloß vor? Pia ist fast ohnmächtig vor Angst. Betty bewegt sich langsam in ihre Richtung und reißt ihr die Brille von der Nase. Sie wirft sie auf die kalten Fliesen und schnauzt Pia an:

»Hinknien. Für das, was jetzt kommt, brauchst du keine Sehmaschine, höchstens eine scharfe Nase. Ich habe mir sagen lassen, dass Blindschleichen hervorragend riechen können. Mädels, haltet eure Nase mal zu!«

Pia hört es knistern, und dann stinkt es widerwärtig nach Hundekacke.

»So, liebe Stiefel«, sagt Betty, »jetzt bekommt ihr eine neue Duftnote. Weg mit den Schweißfüßen vom Gärtner! Diesen aparten Geruch hat mein liebes Hundilein heute Morgen extra und persönlich frisch für Pia produziert.«

Betty zieht die Papiertücher durch den Haufen und schmiert genüsslich die Stiefel ein. Am liebsten möchte Pia weinen, aber das gönnt sie Betty nicht. Die *Mädels* kichern, und Betty packt Pia im Nacken. Dann drückt sie ihre Nase mit voller Wucht in Richtung der stinkenden Stiefel und grunzt:

»Küss meine neuen Siebenmeilenstiefel, Brillenschlangen-Schätzchen.« Pia ist kurz davor, sich zu übergeben. Mit der Nase dicht über einem der stinkenden Stiefel fängt sie an zu würgen. Der Gestank ist bestialisch. In diesem Augenblick hört sie ein knirschendes Geräusch, wohl ein Glas, das zersplittert. Das kann nur ihre Brille sein! Betty hat mit dem anderen Stinkstiefel ihre Brille zertreten!

Pia ist so geschockt, dass sie eine Sekunde lang sprachlos ist.
Ich falle in Ohnmacht. Ich bin im falschen Film.

Pias Gedanken und Gefühle überschlagen sich gleichzeitig. Doch dann kommt ihr Vulkan zum Ausbruch, endlich! Die ganze angestaute Wut sammelt sich, quillt tief aus ihrem Bauch nach oben und explodiert. Sie gibt Pia eine nie geahnte Kraft, die sie staunen lässt. *Jetzt oder nie,* sagt sie sich und springt blitzschnell auf. Gleichzeitig fängt sie an zu schreien. Sie schreit und schreit sich die Seele aus dem Leib, so laut wie nie zuvor in ihrem ganzen Leben. Sie will nicht aufhören, nicht eher, bis jemand kommt und mit eigenen Augen sieht, was hier veranstaltet wird.

Das hat Betty nicht erwartet. Nicht von dieser unscheinbaren, grauen Brillenschlangenmaus.

Dir zeige ich es, endlich, ist Pias einziger Gedanke. *Nicht mit mir. Nie wieder!*

Betty und die anderen sind gelähmt vor Schreck. Diese Sekunden reichen, und Pias gewaltige Stimme hat Alarm ausgelöst wie beim Ausbruch eines Feuers.

Pia hört, wie die Tür der Toilette aufgerissen wird und die Stimme des Schulleiters ruft:

»Was ist hier los?«

Pia wird schwarz vor Augen, und sie bricht auf dem kalten Fliesenboden zusammen.

Drei Tage später geht Pia wieder zur Schule. Sie trägt eine nigelnagelneue Brille, mit hauchdünnen Gläsern. Der Schulleiter hat mit Mama und ihr gemeinsam die Brille beim Optiker ausgesucht und sie aus der *Schulkasse für besondere Fälle* bezahlt. Die Brille war wahnsinnig teuer, das weiß Pia.

Die Klasse feiert sie wie eine Heldin. Pia schweigt. Sie erzählt nicht, was im dritten Stock passiert ist, alle werden es ohnehin schon wissen. Betty ist nicht mehr da. Sie wird auch nie mehr wiederkommen, hat Mama erzählt. Bettys Freundinnen haben Strafen bekommen. Welche, will Pia gar nicht wissen.

»Auf die Kontaktlinsen kann ich noch ein paar Jahre warten«, meint Pia und hat sich und ihre Mutter heute Morgen vor der Schule im Flurspiegel zuversichtlich angelächelt.

Der Albtraum ist vorbei.

Das andere Instrument (1957)

Unser Haus war mit Blumen und Efeuranken überwachsen. Wenn man zur Haustür wollte, musste man ein paar Stufen hoch, um dann die Messingklingel zwischen den Zweigen zu suchen. Öffnete sich die Haustür, dann betrat man eine andere Welt: Uhren, die gedämpft unter Glasglocken tickten, Biedermeierporträts, die milde von den Wänden herunter lächelten, geschnitzte Figuren in den Türen der alten Schränke und Truhen, Parkettdielen, die bei jedem Schritt leise knarrten, hohe Regale voller Bücher, Folianten und Notenblätter und ein großer, blank polierter Flügel, der immer geöffnet vor den Glastüren zur Terrasse dastand.

In dieser anderen Welt und diesem wundersamen Haus wohnte Großonkel Jacques mit seiner Haushälterin Else.

Er unterrichtete mit endloser Geduld Kinder, die Klavier spielen, geigen und singen lernen sollten oder wollten.

Wir zehn Kinder besuchten Großonkel Jacques von klein auf, und sobald wir in die Schule kamen, war dann auch der Tag da, an dem wir als seine Schüler in die Kunst des Klavierspielens eingeweiht wurden.

Ich liebte Großonkel Jacques und das Haus mit seinen Geräuschen und Gerüchen.

Ich streichelte liebend gern die glänzende Oberfläche des

Klaviers und die Tasten, wobei ich sie so berührte, dass sie klanglos blieben.

Ich zupfte behutsam die Saiten, spielte mit den Pedalen und drehte den Hocker rauf und runter.

Doch der Flügel mit den goldglänzenden Buchstaben *Bechstein* über den elfenbeinfarbenen und tiefschwarzen Tasten machte mir auch ein wenig Angst, denn ich wusste, dass ich irgendwann darauf spielen lernen musste.

Die Reihe der elfenbeinfarbenen und tiefschwarzen Tasten kam mir endlos lang vor.

Meine sechs älteren Geschwister wurden bereits von Großonkel Jacques unterrichtet, nun stand es auch mir bevor. Zur ersten Klavierstunde ging ich langsam und nachdenklich auf das Haus zu, in dem mein Großonkel und sein Flügel auf mich warteten. Er lächelte ermutigend, nahm den mit Seerosen bestickten lila Tastenschoner herunter, drehte den Hocker höher, damit ich die Tasten bequem erreichen konnte, und fing an, mir das riesige Instrument zu erklären.

Ehrfürchtig hörte ich zu und sah, wie er mir ein kleines Blatt mit vielen runden schwarzen Pünktchen hinstellte.

Er zeigte auf einen Punkt, führte meine Hand an eine Taste und drückte vorsichtig meinen Finger nach unten. Zaghaft gab das Klavier einen Ton von sich. Mein Herz raste vor Aufregung. Ich spürte die Musik bis unten im Bauch. Mein Gesicht glühte vor Anstrengung, ich lauschte gespannt auf jeden neuen Ton, den wir gemeinsam aus dem Flügel hervorholten, und nach einer halben Stunde waren wir beide völlig erschöpft.

Dann steckte Else ihren Kopf herein und sagte: »Gnädiger Herr, der Tee ist fertig.« Ich war fast erleichtert, denn es flimmerte mir vor den Augen. Der Zusammenhang zwischen den Pünktchen auf dem Notenblatt und den weißen Tasten war mir noch längst nicht klar.

Else drückte mir ein Himbeerbonbon in die Hand, und verwirrt machte ich mich auf den Heimweg, das Notenblatt in der anderen Hand.

Die Geschwister erzählten beim Abendbrot, was sie an dem Tag alles erlebt hatten. Ich saß betreten da und schwieg. Das fiel Mutter auf, und sie fragte: »Was ist denn los mit dir?«

Ich antwortete: »Nichts, ich war bei Onkel Jacques.«

»Stimmt ja, du hattest heute deine erste Klavierstunde. Wie war's denn?«

»Gut«, sagte ich.

»Sonst nichts? Hast du schon Noten mitbekommen?«

»Ja.« brachte ich nur zögernd hervor.

»Na, dann wollen wir mal sehen, wann du üben kannst, denn die anderen brauchen das Klavier ja auch.«

Das stimmte, die anderen übten oft am Klavier, aber das hatte ich nur am Rande wahrgenommen, denn unser Haus und der Garten waren so groß, dass man sich verkriechen konnte, sobald einem danach war.

Von nun an sah ich Großonkel Jacques mit anderen Augen. Jetzt war er nicht mehr nur Großonkel Jacques, zu dem ich gerne und oft hinging, um mit ihm und Else zu plaudern, mit ihnen im Erker zu sitzen und Gedichte vorzutragen. Er war nun mein Klavierlehrer, und das stimmte mich irgendwie traurig.

In den Stunden, in denen das Klavier nicht von den anderen strapaziert wurde, versuchte ich das Notenblatt zu entziffern und in Musik umzusetzen. Das fiel mir schwer, sehr schwer sogar. Aber ich hatte erst eine Unterrichtsstunde hinter mir, es würde bestimmt besser werden.

Wenn ich aber einigen der älteren Geschwister zuhörte, wie sie mit Leichtigkeit ihre Fingerübungen oder gar kleine Stückchen spielten, bekam ich Angst vor dem Klavier. Jede Woche ging ich mit gemischten Gefühlen in die Klavierstunde. Großonkel Jacques redete mir jedes Mal gut zu, erklärte ruhig und liebevoll die Zusammenhänge, aber mein Gehirn war verstopft, die Finger blieben unbeholfen und steif.

Einige Jahre hielt ich durch und kam dennoch kaum voran. Musik war wunderbar, aber nur dann, wenn ich sie nicht selbst zu machen brauchte.

Die Klavierstunden gehörten aber zu unserer Ausbildung. Missmutig setzte ich mich kurz vor dem wöchentlichen Besuch bei Großonkel Jacques ins Kinderzimmer und versuchte, die langweiligen Etüden zu bewältigen. Wenn ich einige Zeit später im Arbeitszimmer neben Großonkel Jacques saß und er sich anhören musste, wie ich auf dem Flügel herumstocherte, schlief er meistens schon nach wenigen Minuten ein, und ein leises Schnarchen begleitete meine holprigen Versuche.

War die Stunde vorbei, dann fragte ich, als Entschuldigung sozusagen, ob ich ihm nicht ein neues Gedicht, das ich gerade auswendig gelernt hatte, vortragen durfte.

Das war ein absoluter Lichtblick für mich, denn Großonkel Jacques konnte wunderbar zuhören, lobte mich ausgiebig und sagte: »Aus dir wird noch mal eine zweite Charlotte Köhler.« Ich strahlte, denn das war eine berühmte niederländische Schauspielerin.

Die Eltern besuchten mit uns schon sehr früh Theateraufführungen und Konzerte. Großonkel Jacques saß an diesen Musikabenden immer in unserer Nähe, die Partitur auf dem Schoß. In der Pause unterhielt er sich mit uns über Komponisten, Dirigenten und das Orchester. Alle zehn standen wir um ihn herum, gespannt darauf, was er uns an Unbekanntem, an Neuem erzählen würde.

Und als ich bei einem dieser Konzerte einen Solo-Geiger sah, da wusste ich mit einem Male, dass ich kein Klavier mehr anrühren würde, sondern nur noch geigen lernen wollte.

Am nächsten Tag besuchte ich nach der Schule Herrn Timm. Er hatte einen kleinen, verstaubten Laden, der mit Schallplatten und Musikinstrumenten vollgestellt war. Ich ging oft hin, vor allem, um mir Schallplatten mit Ballettmusik anzuhören.

»Ich möchte eine Geige«, sagte ich, als sich die Türglöckchen beruhigt hatten. Er sah mich freundlich-forschend an und tat so, als hätte er mich nicht verstanden.

Ich wiederholte meinen Wunsch.

»Für wen möchtest du die Geige haben?«

»Für mich.«

Es wurde sehr still im Laden. Meine Hände waren klatschnass. Ich überlegte fieberhaft. Herr Timm traf Großonkel Jacques regelmäßig. Vielleicht wusste er, dass ich auf dem Klavier eine ziemliche Versagerin war?

»So, für dich. Und bei wem willst du das lernen?«

»Bei Onkel Jacques.«

Er verschwand nach hinten, und ich hörte ihn rumoren. Inzwischen dachte ich mir aus, was ich mit der Geige alles machen könnte. Zu Hause würde ich ein Familienorchester gründen, meine Geschwister am Klavier begleiten.

Schon stand er wieder vor mir.

»Spielst du nicht mehr Klavier?«

»Nur so ein bisschen.« Das war noch nicht einmal gelogen. Als er mir den Preis nannte, brach mein Vorhaben fast zusammen. Stotternd gestand ich ihm, dass ich nur achtunddreißig Gulden hatte. Daraufhin legte er mir den Geigenkasten in die Hände und meinte: »Nimm sie erst einmal mit, auf Probe sozusagen. Den Rest regeln wir irgendwie schon.«

Vorsichtig öffnete ich den Kasten. Dort lag sie, meine Geige, auf taubenblauen Samt gebettet. Ich schwebte förmlich aus dem Geschäft. Zu Hause schlich ich auf mein Zimmer und versteckte den Kasten unter meinem Bett. Niemand sollte vorläufig etwas von meiner Geige wissen. Erst wollte ich mit Großonkel Jacques sprechen.

»Onkel Jacques!«, rief ich am folgenden Nachmittag bereits in seinem Hausflur, während ich hastig den Mantel auszog, »willst du mir das Geigen beibringen? Ich verspreche dir, ich werde üben und alles machen, was du mir sagst!«

Ich erzählte ihm von meinen Plänen, und er hörte geduldig zu, unterbrach mich kein einziges Mal.

»Nun gut, und was sagen deine Eltern dazu?«

»Bis jetzt noch gar nichts. Sie wissen es noch nicht.«

»Das sollten sie aber, denn deine Familie muss sich auch deine Üben anhören.«

Flehend sah ich ihn an.

»Ich unterhalte mich mit ihnen«, versprach Großonkel Jacques. Was würden meine Geschwister sagen, wie würden sie reagieren? Kam irgendeiner von uns nach Hause mit Vorschlägen, die den üblichen Rahmen sprengten, stieß er zunächst auf die unterschiedlichsten Reaktionen. Da waren zum Beispiel meine wöchentlichen Ballettstunden, die ich mir durch Bürgersteigfegen, Unkrautrupfen und Fahrradputzen selbst verdiente. Bis ich es durchgesetzt hatte, zusammen mit einer Freundin hingehen zu dürfen, fanden stundenlange Debatten statt, wurde hin und her gerechnet.

Einige Geschwister waren begeistert. Andere machten mir Vorwürfe, dass ich ständig etwas Besonderes sein wollte, dass die Ballettstunden überflüssig seien, Angeberei. Manchmal schon zum Verzweifeln, fast alle Sonderwünsche waren mit Kosten verbunden. Uns wurde täglich eingeprägt, möglichst keine extra Kosten zu verursachen. Wochenlang bettelte und flehte ich. Dann durfte ich zum Ballett.

Jetzt kam die Geige hinzu, die abbezahlt werden musste. Hatte ich mich nicht übernommen, Geld für das Ballett und für Herrn Timms Geige zu verdienen?

Die Geschwister lachten herzhaft und fragten, ob ich ein weiblicher Paganini werden wollte.

Fröhlich zogen sie mich auf und imitierten einen Stehgeiger.

Die erste Stunde bei Großonkel Jacques war fast noch schlimmer als die am Flügel, doch er blieb liebenswürdig wie immer.

Zu Hause standen die Geschwister, während ich mich mit der Geige quälte, horchend an meiner Zimmertür und waren alles andere als nett zu mir. Sie gingen mir auf die Nerven.

Mir ging sowieso alles auf die Nerven: Die Geige, das Üben, der Unterricht und meine Familie.

Nach einigen Monaten wusste ich weder ein noch aus. Sollte ich aufhören oder weitermachen?

Doch dann rettete mich Anna. Einmal pro Woche half sie im Haushalt. Sämtliche Kinderzimmer wurden dann gründlich von ihr gereinigt.

Anna sah aus wie ein liebes, dickes Schaukelpferd. Die Kinderzimmer waren gemütlich, aber klein, und Anna war wuchtig. Beim gründlichen Reinigen schaukelte sie gegen den Geigenkasten. Er fiel um und gab ein eigenartiges Geräusch von sich. Als Anna und ich ihn gemeinsam öffneten, sahen wir die gerissenen Saiten. Und ich freute mich.

»Mach dir nichts daraus«, sagte ich zur verdutzten Anna.

Herrn Timm gab ich demütig den Kasten mit dem lädierten Inhalt zurück. Die Reparatur verschluckte meine Ersparnisse. Aber das berührte mich nicht so sehr, denn ich fühlte mich befreit.

Sofort besuchte ich Großonkel Jacques, um ihm zu sagen, dass ich vielleicht doch wohl besser Klavier spielen sollte.

Er saß in seinem geliebten Sessel im Erker, eine dampfende Tasse Tee in der Hand und lächelte, als er mein verworrenes Geständnis hörte.

»Ich habe eine Überraschung für dich«, sagte er nur und wischte damit alle meine Ängste vom Tisch. »Wir wollen mit einem Knabenchor, einem kleinen Orchester und einer

Sprecherin *Das Maifest der Brünnlein* vom tschechischen Komponisten Bohuslav Martinů einstudieren. Du kannst mit einem ganz anderen Instrument umgehen, mit deiner Stimme nämlich. Möchtest du die Rolle der Sprecherin übernehmen?«

Ich war so überrascht, dass ich gar nicht antworten konnte. »Also, du nimmst die Rolle an«, meinte er, und seine Augen glitzerten hinter den dicken Brillengläsern.

Als ich kurze Zeit später nach dem *Maifest der Brünnlein* einen Preis bei einem städtischen Schülerwettbewerb von Oberschulen im Deklamieren von Gedichten gewann, rief Großonkel Jacques abends an, ob ich zu ihm kommen wolle.

Ich rannte die Treppenstufen zur Haustür hoch, suchte unter den Efeuranken die Messingklingel und stolperte in sein Arbeitszimmer, wo der Bechstein-Flügel stand und er mich hinter seinem Schreibtisch erwartete. Vor ihm, im Licht der Leselampe, lag ein großer Bildband.

Ich kannte das Buch, denn wir hatten schon oft zusammen darin geblättert und die Gedichte gelesen.

Er öffnete es, und mit seiner Füller schrieb er in schwungvoller Schrift auf die erste Seite:

Für meine Nichte,
die auch ein Instrument spielen kann.
Großonkel Jacques

Die Beichte (1958)

Unsere ganze Familie war katholisch getauft. Mit sechs Jahren gingen wir zum ersten Mal zur Kommunion. Von dem Moment an waren wir in den aktiven Teil der Kirche aufgenommen. Sie spielte eine große, oft dominierende Rolle in unserem Leben.

Jeden Morgen bei Regen, Schnee oder Sonne ging es zur Frühmesse um halb acht in die Kirche, wo wir uns klassenweise in die Bänke schoben. Jungen saßen links, Mädchen rechts, Kleine vorne, Große hinten. Alle Kinder durften nur nüchtern, das heißt ohne vorher getrunken oder gegessen zu haben, die Kommunion empfangen. Frühstück gab es erst wieder zu Hause nach der Messe. Während des Gottesdienstes hörte man regelmäßig polternde Geräusche, und schon wieder war irgendein Kind ohnmächtig geworden. Es lag ganz still und steif zwischen den Bänken. Mit etwas Kölnischwasser wurden die Lebensgeister wieder geweckt, und das vormals ohnmächtige Kind durfte die Kirche verlassen, um frische Luft zu schnappen.

Mir wurde manches Mal schlecht. Dann stand mir der Schweiß auf der Stirn, schwarz vor Augen war mir auch schon, aber umfallen tat ich nie. Außerdem hatte ich Angst davor, ohnmächtig auf dem Boden zu liegen.

Endlich ging es dann zur Kommunion. Die dünne Oblate klebte am ausgetrockneten Gaumen. Berühren durfte man sie nicht, und es war schwer, sie zu lösen. Einmal gelang es mir absolut nicht. Mit einem Finger versuchte ich sie zu entfernen. Als ich es geschafft hatte, war ich ganz erleichtert. Dann fiel mir siedend heiß ein: Das darfst du nicht! Nur ein Priester darf die Hostie anfassen.

War das eine Todsünde? Oder nur eine kleine Sünde? War

meine Seele nun völlig schwarz oder nur teilweise? Wenn mir nach der Kirche etwas passierte, würde ich dann im Fegefeuer landen oder in der Hölle? Mein Gewissen piesackte mich. Wie sollte ich das bei der Beichte erzählen? Oder war es gar nicht so schlimm?

Am Tag vor dem ersten Freitag im Monat wurde gebeichtet. Auch da gingen wir klassenweise hin. Man schob in den Bänken, wo noch Platz war, nach und wartete darauf, bis man an der Reihe war. Die Kapläne saßen hinter einer Tür, deren untere Hälfte aus Holz war, die andere Hälfte war mit schwerem Samt verhangen. Links und rechts waren Türchen, in die die Gläubigen verschwanden.

Bis man hineinging, sollte man sich gründlich überlegen, was man in dem Monat falsch gemacht hatte. Als ich endlich im Beichtstuhl kniete, war ich so aufgeregt, dass ich kein Wort über die Lippen bekam. Der Kaplan war nett.

Er half ein bisschen nach und fragte unter anderem: »Hast du vielleicht deine Geschwister geärgert?«

»Ja«, gestand ich, »die ärgern mich auch.«

Schweigen auf der anderen Seite. Dann hielt er mir einen ziemlich langen Vortrag über die Nächstenliebe und die Vergebung der Sünden. Er gab mir eine Buße auf, und ich sollte beten.

»Oh«, fiel mir plötzlich ein, »jetzt weiß ich wieder, was ich noch beichten wollte!«

Und ich erzählte ihm die Geschichte mit der Hostie. Ich solle nächstes Mal in die Sakristei kommen, dort sei ganz gewiss ein Kaplan, der mir helfen würde.

»Nun gehe in Frieden und lass deine Geschwister in Ruhe.« Damit komplimentierte er mich hinaus.

Und davor hatte ich so viel Angst gehabt! Draußen vor der Kirche machte ich im hellen Tageslicht ein paar Luftsprünge vor Erleichterung. Ob das wirklich im Sinne von Christus war, dass man sich jeden Monat aufs Neue so quälen musste? Außer dem morgendlichen Gottesdienst und den Religionsstunden der Lehrerin kam einmal wöchentlich ein Geistlicher in die Schule.

Er stellte uns Fragen aus dem Katechismus und der Bibel. Konnte man die Fragen nicht beantworten, dann musste man sich fürs nächste Mal vorbereiten und die Antworten auswendig lernen.

Es gab einen Kaplan, der seinen Katechismus in einen steifen, dunkelblauen Karton hatte aufbinden lassen. Wer sich in seinen Augen ungehörig benommen hatte, erhielt eine saftige Ohrfeige mit diesem harten Buch. Rote, geschwollene Ohren waren hinterher der Beweis dafür.

Meine Geschwister sagten gelegentlich zu mir: »Ah, war Kaplan T. zufällig in eurer Klasse?«

Als ich in die 10. Klasse ging, nahm ich viele Dinge, die mir die Kirche aufgebürdet hatte, nicht mehr so ernst und schwer. Unser Religionslehrer dort war ein moderner, aufgeschlossener Mann, mit dem wir gute Gespräche hatten.

Da gab es aber einmal ein Erlebnis, das mir doch noch ziemlich zu schaffen machte. Fasching stand vor der Tür, und in der Gegend, wo ich aufgewachsen bin, wurde der Karneval mit der gleichen Begeisterung gefeiert wie im Rheinland. Das bedeutete schulfrei und drei Tage feiern.

Zum ersten Mal durfte ich unter Begleitung der Eltern zu einem Faschingsball mit. Eine Schwester, die mir sehr ähnlich sah, und ich bastelten schon Wochen vorher an den gleichen Hexenkostümen. Wir hatten vor, uns zu maskieren und Leute anzupflaumen. Die Brille steckte ich in eine kleine Tasche, und meine Schwester nahm mich im Ballsaal an der Hand und flüsterte mir immer ins Ohr, wenn irgendjemand kam, den wir kannten.

Das Fest war berauschend. In allen Ecken spielten Musikkapellen und wir wurden bewundert, weil wir in unseren Kostümen angeblich hübsch aussahen. Wir blieben unerkannt. Ich hatte noch nie so viel Spaß gehabt und genoss in vollen Zügen. Um zwölf mussten wir die Masken absetzen und, die wir vorher veralbert hatten, fragten: »Ach, ihr seid es, wo sind die restlichen Schwestern?«

Ich durfte nur noch eine Stunde bleiben, hatte mich auch immer brav bei meinen Eltern gemeldet. Sie saßen gesittet an einem Tischchen und versuchten im Faschingsgewimmel ihre Kinder im Auge zu behalten.

Ein Knabe hatte mich schon mehrfach zu einer Cola eingeladen, um herauszufinden, wer ich war.

Um viertel nach zwölf fand er mich wieder. Ich kannte ihn aus Gesprächen in unserer Klasse, wo er als charmanter Jüngling eingestuft wurde. Er forderte mich zum Tanz auf und tanzte recht intensiv.

Aber im Gedränge fiel es nicht auf, ich war wie benommen. Um viertel vor eins gestand ich ihm, dass ich nach Hause musste.

Er fragte meine Eltern, ob er mich begleiten durfte. Sie erlaubten es, was mich sehr wunderte. Der Heimweg war eigentlich kurz, aber er fiel länger aus, als ich mir das vorgestellt hatte.

Unser Weg führte am kleinen Stadtpark vorbei. Die Nacht war für den Monat Februar recht milde, außerdem waren wir von der Tanzerei so erhitzt, dass wir keine Kälte spürten.

»Komm, wir gehen noch ein Stückchen durch den Park«, schlug er vor. Ich war wie von Sinnen, denn ich wurde das erste Mal von einem Jungen nach Hause gebracht, dazu noch so spät. Still gingen wir nebeneinander, und er umklammerte meine Hüfte.

Als wir am Geräteschuppen der Gärtnerei vorbeikamen flüsterte er: »Komm her, ich zeig dir was.«

Ich gehorchte, obwohl mein Gewissen in mir anfing zu nagen. Wer weiß, was jetzt geschah? Da ich das überhaupt nicht wissen konnte, weil ich noch nie vorher mit einem Jungen nachts zu einem Geräteschuppen geschlichen war, entschloss ich mich dazu, alles weitere abzuwarten. Wir krochen durch das Gebüsch, und er drückte mich an eine Wand. Und dort gab er mir einen Kuss, dass mir Hören und Sehen verging.

So war das also! Ich kannte solche Küsse nur vom Hörensagen. Mir gefiel dieser Kuss.

Ein neues, ungeahntes Gefühl durchströmte mich und verschaffte mir eine Gänsehaut.

»Frierst du?« Ich konnte gar nicht antworten, denn er küsste mich schon wieder. Dabei streichelte er mich, zunächst ganz vorsichtig, dann immer heftiger und schließlich wurde er so wild, dass ich seine Hände nahm und auf meine Schultern legte. Was er alles mit mir machte, das war ja ungeheuerlich. Aber schön!

Ich vergaß die großen und die kleinen Sünden und ließ ihn gewähren. Und dann passierte es: Er streichelte meine Brust. Ganz, ganz zart. Es verwirrte mich. Mehr erlaubte ich ihm nicht. Ich hatte Angst vor meinen eigenen Gefühlen.

»Ich muss nach Hause«, fiepte ich in sein Ohr.

»Schade«, sagte er nur. Er brachte mich artig an die Haustür und verpasste mir noch einen schallenden Kuss auf beide Wangen.

»Falls einer von deiner Sippschaft hinter der Tür steht«, meinte er, »dann habe ich dich nur anständig geküsst, denk daran!«

Ich schwebte in mein Zimmer. Von meinen älteren Geschwistern, die länger auf dem Ball gewesen waren als ich, hörte ich am nächsten Morgen, dass sich mein Kavalier sofort ein anderes Mädchen geangelt hatte.

Ich fühlte mich betrogen, hintergangen und was weiß ich. Ich konnte und wollte mit keinem darüber reden, denn das, was ich getan hatte, war bestimmt nicht erlaubt.

Ob das Sünde war? In den zehn Geboten stand doch irgendetwas von diesen Dingen?

Ostern stand vor der Tür, und das bedeutete, dass nicht nur 160 Eier angemalt werden sollten, sondern dass eine Beichte fällig war.

Am Karfreitag ging ich hin. Ausgerechnet der Kaplan, der mich früher mit seinem Katechismus geohrfeigt hatte, war mein Beichtvater.

Ich wollte weglaufen, überlegte es mir dann anders. Zeit zum Überlegen hatte ich genug, denn es waren noch viele Menschen vor mir an der Reihe.

Ich saß da und grübelte. War es Sünde? War es keine? Ich zählte die Knöpfe meiner Strickjacke, und die gaben den Aufschluss, dass es Sünde war.

Gut, dann eben Sünde.

Ich ging in den Beichtstuhl und schwieg mal wieder.

»Was ist denn?«

Zögernd erzählte ich von der Faschingsnacht. Seine Reaktion kam genauso, wie ich sie mir vorgestellt hatte: Er rückte näher an das Gitterfensterchen und fragte:

»Wie alt bist denn du? Hast du ernste Absichten mit dem jungen Mann? Weißt du, dass man vor der Ehe keinen Geschlechtsverkehr haben darf? Und dazu gehören auch intime körperliche Berührungen!«

»Ja, ja, das weiß ich alles«, gab ich zu.

Er sagte mir aber nicht, in welchem Maße ich gesündigt hatte. Er verzieh mir alles und gab mir eine saftige Buße mit auf den Weg. Und natürlich viele Ratschläge für mein weiteres sittsames Leben.

Heutzutage braucht man nicht mehr unbedingt in den Beichtstuhl zu gehen. Während der Messe denkt jeder über seine Sünden nach, und sie werden im gemeinsamen Gebet vergeben. Vielleicht verzeiht Christus mir, dass ich damals nicht alles gesagt habe, und dem Kaplan auch, dass er knallharte Ohrfeigen verteilte.

Der Tisch (1960)

In unserem Kinderzimmer stand ein Holztisch. Er war der Mittelpunkt des Hauses. Er sah wuchtig aus, war es aber nicht. Die Platte war mit einer Schicht beklebt, die viel aushalten konnte.

Wir trafen uns immer wieder an diesem Tisch. Selten stand er leer da. Er wurde ständig benutzt, fast rund um die Uhr. Klappte man den Tisch aus, dann fanden wir alle und auch noch Gäste ein Plätzchen an ihm. Wir begegneten uns morgens, mittags, abends an dem Tisch. Wir tauschten Gedanken und Meinungen aus, wir aßen während der Woche an dem Tisch, wir lasen, spielten und bastelten an ihm. Wir mochten ihn alle sehr.

Er war das meistbenutzte und wichtigste Möbelstück im ganzen Haus.

Jeden Morgen Punkt acht nach der Frühmesse setzten wir uns alle zum gemeinsamen Frühstück. Die Teekannen dampften, die großen, aufgeschnittenen Brote dufteten, das blau-weiße Geschirr war in zwölf Gedecken auf der Tischdecke verteilt, und manchmal war eines der Gedecke für ein Geburtstagskind mit Blumen geschmückt.

Der Alltag konnte beginnen.

Unsere Haare glänzten noch vom Wasser, wenn wir unsere Plätze einnahmen.

Mutter saß an dem einen Ende, um sie herum die Jüngsten, die ›Kleinsten‹, am mittleren Teil nahmen die Mittelgroßen Platz, am letzten Abschnitt des Tisches die Großen, und ganz an der unteren Schmalseite saß Vater.

Schnell zeichnete noch dieser oder jener mit der stumpfen Seite der Messerklinge links und rechts neben dem Teller einen Strich.

Der Nachbar wusste dann sofort Bescheid, dass er dort nichts zu suchen hatte.

Wagte er es doch, so bekam er sofort einen Stups in die Seite oder einen Tritt unter dem Tisch.

Alle unter sechzehn Jahren löffelten ihren Milchbrei, denn den gab es traditionell, ob man wollte oder nicht.

Weißer oder gelber Milchbrei, weil er ›gesund‹ war.

Gesprochen wurde beim Frühstück noch nicht viel, der Tag lag noch vor uns. Zuckerdose, Marmelade, Butter und Milchkanne standen in doppelter Anfertigung für alle da, es ersparte uns das ständige Hin- und Herreichen.

Der eine oder andere verschwand zwischendurch in die

Küche, weil alles Essbare wie Schnee an der Sonne verschwand. Zurück blieb schließlich ein Tisch, der wie ein Schlachtfeld aussah.

Vater nahm sich, nachdem wir zur Schule gegangen waren, die Zeitung, verbarrikadierte sich dahinter vor dem unglaublichen Frühstückschaos und genoss noch einige Minuten die Ruhe, bevor er ins Büro ging.

Nun wurde der Tisch zum Arbeitsplatz umfunktioniert.

An ihm wurden kistenweise Kartoffeln geschält und Gemüse geputzt.

Oder die Hausschneiderin nahm ihn in Anspruch.

Sie entrollte meterweise Stoffe vom Markt und schneiderte Tisch- und Bettwäsche, Mäntel, Kleider, Unterwäsche.

Um halb eins trafen wir uns wieder alle am Tisch zum Mittagessen. Die Schüsseln dampften, und wir erzählten von der Schule und von dem, was uns berührte.

Natürlich immer der Reihe nach, sonst hätte man kein Wort verstanden. Wir setzten uns gemeinsam hin und standen gemeinsam auf.

Um zwei fing die Schule wieder an. Der Tisch stand aber nicht lange verlassen da. Schulschluss war um vier oder fünf.

Das Kinderzimmer stand uns nachmittags zur Verfügung, und da war der Tisch wieder der Mittelpunkt.

Abends um sechs wurde erneut die bunte Tischdecke aufgelegt. Aus der Küche duftete es nach Bratkartoffeln. Wir waren wieder alle da.

Manchmal fehlte Vater noch, aber das bedeutete meistens etwas Gutes.

Nach Büroschluss ging er oft noch auf einen kleinen Rundgang durch die Stadt.

Gespannt warteten wir auf seine Rückkehr. Wenn die Tür aufging, stand er da, links und rechts im Arm trug er Papiertüten. Wir rochen meistens schon, was er mitgebracht hatte: dicke Apfelsinen, Erdbeeren, Kirschen oder etwas Gebäck. Wir freuten uns riesig, denn das, was Vater bei sich hatte, war immer etwas Außergewöhnliches, etwas Luxuriöses, wofür Mutters Haushaltsgeld nicht ausreichte.

Jede Erdbeere und Kirsche, jedes Radieschen wurde gezählt und gerecht unter uns aufgeteilt.

An solchen Abenden saßen wir länger am Tisch und fühlten uns ganz besonders verwöhnt. Dann wurde abgeräumt und der Tisch wurde wieder klein.

An Sonn- und Feiertagen aßen wir im Wohnzimmer.

Der Tisch im Kinderzimmer war dann unser Paradies, unser

Spielreich. Er wurde in ein Schlachtschiff, in ein Krankenhaus, zur Höhle, zum Schloss oder in eine Wohnstube verwandelt. Alte Decken, Kissen und Bettlaken vom Dachboden verzauberten den Tisch.

Wie lieb hatten wir den Tisch aber erst am Nikolausmorgen!

Am Abend vorher hatten wir einander mit kleinen Überraschungen und Gedichten im Wohnzimmer aufgezogen. Danach gingen wir gemeinsam ins Kinderzimmer. Der Tisch wurde ausgezogen, und Mutter nahm eine ihrer schönsten weißen Tischdecken aus dem Leinenschrank.

Vorsichtig legten wir die Decke auf, und der Tisch wurde an die Wand geschoben.

Aus der Küche holten wir altes Brot und eine Schale Wasser. Wir stellten beides auf den Tisch, denn heute Nacht würde Nikolaus, Sinterklaas, auf seinem Pferd angeritten kommen.

Er würde die »echten« Geschenke auf diesen Tisch hinlegen, und sein Pferd konnte sich an ihm stärken, denn es hatte eine schwere und arbeitsreiche Nacht.

Unsere Wunschzettel legten wir hinzu und hofften, dass Sinterklaas an alles denken würde.

Morgens bauten wir uns dann, von Nummer eins bis Nummer zehn, zitternd vor Ungeduld vor der geschlossenen Tür auf. Wir warteten aufgeregt, bis Mutter und Vater endlich aus ihrem Schlafzimmer kamen.

Dann öffnete Vater langsam und feierlich die Tür und wurde anschließend fast von seinen Kindern überrannt.

Eine Duftwolke von Schokolade und Pfefferkuchen kam uns entgegen, und da stand der Tisch und leuchtete.

Für jedes Kind war ein Eckchen da, auf dem ein Geschenk und etwas Süßigkeiten ausgebreitet lagen. Der Tisch brach nicht zusammen, denn Nikolaus hatte schließlich nicht nur uns zu beschenken …

Doch dann erst Weihnachten! Dann hatte der Tisch seinen besonderen Tag. Dann war er für Maria, Josef und das Kind die erste Bleibe nach einer langen Reise.

Stundenlang dekorierten wir an ihm herum, bis wir meinten, dass er auch würdig genug aussah für die Heilige Familie.

Die Lampe wurde mit rotem Papier verhängt, Kerzen aufgestellt, und wir verkleideten und schminkten einander als Hirten, als Engel und natürlich als Maria und Josef.

Wir stellten Stühle fürs Publikum auf und liehen uns von Mutter das jüngste Kind aus, das als Jesus in eine Gemüsekiste gelegt wurde, die wir vorher weich ausgepolstert hatten.

Dann kam der große Moment, in dem das Publikum hereingelassen wurde.

Die Ehrenplätze bekamen Mutter, Vater, Oma und Opa. Die Tanten und Onkel, die Großtanten und Großonkel, sie mussten sich mit den übrigen Plätzen begnügen.

Vater spielte zur Einleitung Weihnachtslieder auf dem Klavier, und dann fing das Krippenspiel an, mit dem Tisch im Mittelpunkt.

Allmählich wuchsen wir heran.

Wir aßen am langen Tisch im Wohnzimmer, weil wir inzwischen nicht mehr das Essen auf den Boden verschütteten und das Geschirr andauernd hinunterfallen ließen.

Aus dem Kinderzimmer wollten wir ein Klubzimmer machen.

Der Tisch war uns dabei im Wege.

Mit einem Mal war er nicht mehr da.

Irgendwer hatte ein niedriges Tischchen hingestellt, die harten Stühle waren auch verschwunden, und plötzlich standen ausrangierte Wohnzimmersessel da. Merkwürdig, ich weiß nicht, wo der Tisch geblieben ist.

Und als er verschwand, wurde auch das Haus leerer.

Die ersten Verlobungen und Hochzeiten wurden gefeiert.

Mal-Fieber, Ausbildung, Umzug nach Deutschland

Das Skizzenbuch meiner Mutter (1961)

Wann begann das Mal-Fieber bei mir?

Im Sommer wollten wir Geschwister uns wieder treffen. Bei einem kleinen Vorab-Kaffee mit vier von sechs Schwestern lag plötzlich ein Skizzenbuch in der Mitte des Tisches.

»Wem gehört das?«, wollte ich wissen.

»Es gehörte unserer Mutter«, antwortete meine ältere Schwester und klappte es auf.

Ein dickes Skizzenbuch, auf jeder rechten Seite zarte, anrührende, altmodisch anmutende Zeichnungen und Bilder, die mit Bleistift, Buntstift und auf den letzten Seiten auch mit *waterverf* (Wasserfarbe) gemalt waren.

Sie blätterte langsam um. Ich hatte einen Kloß im Hals und sah Mutter vor mir, wie sie als junges Mädchen in diesem Buch konzentriert und begeistert malte und zeichnete.

Ich konnte mich nicht erinnern, das Skizzenbuch jemals irgendwann in der Hand gehalten zu haben. Aber auf mehreren Seiten hatte ich Zeichnungen meiner Mutter ›ergänzt‹ und meinen Namen dazu geschrieben. Ich muss ungefähr drei oder vier Jahre alt gewesen sein, war damals so stolz, in der Montessoriklasse lesen und schreiben gelernt zu haben. Es tat mir unendlich leid, dieses kostbare Dokument so ›ergänzt‹ zu haben. Bis zu diesem Geschwistertreffen wusste ich nicht, wie begabt Mutter war, denn in meiner Wahrnehmung habe ich sie nie zeichnen oder malen gesehen.

Die ›Verschönerungen‹ aus meiner Hand ließen mich an Mutters Poesiealbum denken, das sie mir schenkte, als ich nach Hamburg zog. Auch dort hatte ich mich als Kleinkind auf mehreren Seiten verewigt. Ihr *Mampampe*-Afrika-Bilderbuch, das ein deutsches Kindermädchen mitbrachte, hatte ich ebenfalls ›verändert‹.

Mutters Skizzenbuch war komplett aus meinem Gedächtnis verschwunden. In der Stille, während wir an Mutter dachten, vergaß ich beim Schwesterntreffen darum zu bitten, Fotos von den kleinen Kunstwerken zu machen.

Schon in der dritten Klasse war es mein Wunsch, Malerin, Schauspielerin und Schriftstellerin zu werden. Am liebsten alles gleichzeitig. Vielleicht auch noch Musikerin oder Balletttänzerin. Die beiden letzten Berufswünsche probierte ich aus und scheiterte während der Schulzeit gnadenlos.

Aber Malerin …

Zum neunten Geburtstag hoffte ich auf das Geschenk einer *tekendoos* aus Holz mit drei Fächern, in der ich alle Buntstifte, meine Federn und Federhalter und auch die kleine Schachtel der Firma »Talens« mit den bunten Kreiden aufbewahren konnte.

In der Schule wurde ich eine Weile von einer strengen Lehrerin angegangen, dass ich zu *slordig*, also zu unordentlich, zeichnete. Immer wieder legte sie mir das Lineal hin und verwirrte mich. Ich weigerte mich, damit zu arbeiten. Das brachte mir Tadel im Zeugnis ein, aber die Eltern sagten dazu nichts. Sie ließen mich in Ruhe.

Aus Unsicherheit kopierte ich eine Weile Walt Disneys Bambi oder Schneewittchen, Bilder von Bertha Hummels süßlichen Kinderdarstellungen oder Umschläge von Bibliotheksbüchern.

Ich hatte Angst vor der eigenen Courage, Angst, so zu malen, wie es in mir glühte, und wollte keine Kommentare der Geschwister. Mit dem Abmalen blieb ich auf der sicheren Seite.

Dann kam ich in die Oberschule, in die erste Klasse (siebte Klasse in Deutschland). Im Stundenplan standen zweimal die Woche *kunstgeschiedenis* und *tekenles,* also Kunstgeschichte und Zeichnen und Malen. Neben Niederländisch wurden es meine liebsten Fächer.

Während der Pubertät verliebte ich mich in die Lehrerin, die uns in diesen Fächern unterrichtete. Bildschön, blutjung und uns autoritätsmäßig nicht immer ganz gewachsen. Liebevoll brachte sie uns die Ursprünge der Kunstgeschichte zwischen Euphrat und Tigris bei, die sich über das Gebiet der heutigen Türkei Richtung Griechenland und das Römische Reich weiter in den Westen verbreitete.

Großonkel Jacques, unseren Klavierlehrer, besuchte ich so oft wie möglich wegen seiner unerschöpflichen Bibliothek mit großen Bildbänden. Dort, im Bibliotheks- und Musikzimmer, neben dem Bechstein-Konzertflügel, vertiefte er sich mit mir an seinem monumentalen Schreibtisch in aller Ruhe in die unvergleichliche Kunstgeschichte des Goldenen Zeitalters der Niederlande. Wenn er gerade keine Musikschüler unterrichtete, konnte ich so lange, wie ich wollte, bleiben. Allein oder mit ihm gemeinsam blättern und staunen, weil er so viel Faszinierendes über die niederländische Kultur in verständlicher Sprache vermittelte.

Weil wir Geschwister einander genau beobachteten und

gern Anspielungen und Bemerkungen machten, die nicht immer aufbauend ausfielen, versuchte ich mich in der Schule im Malunterricht freier zu bewegen. Die Lehrerin machte mir Mut, lobte mich. Weil jeder an einer eigenen Staffelei arbeitete, fühlte ich mich gelöster. Die fertigen Bilder hob ich in meiner Schulmappe oder in einem Versteck irgendwo im großen Haus auf.

Mit dieser Mappe stieg ich nach meinem Abitur in die Bahn nach Maastricht, zur *Jan van Eyck-Akademie*. Heimlich hatte ich mir dort einen Vorstellungstermin geben lassen. Großonkel Jacques unterstützte mich dabei. Er kannte Jan van Deursen gut, einen entfernten Onkel aus Mutters und seiner Familie, der Dozent an dieser Hochschule für Kunstgeschichte und Freie Malerei war. Sollte es mir gelingen, dort angenommen zu werden, konnte ich sogar bei ihm wohnen. Seine Frau und er hatten nur eine Tochter, Lydia, und das Haus war groß. Außer Studiengeld und Materialkosten hätte die Ausbildung fast nichts gekostet.

Wahrscheinlich durch Einfluss von Jan van Deursen und Großonkel Jacques bekam ich einen Studienplatz, denn meine Bilder waren eigentlich fast alle ziemlich dilettantisch.

Der Antwortbrief aus Maastricht lag eines Tages auf meinem Frühstücksteller. Ich wagte kaum zu sagen, dass ich angenommen war.

Mein Bruder, nur ein Jahr älter als ich, hatte gleichzeitig mit mir sein (humanistisches) Abitur bestanden. Er würde in Nijmegen Jura studieren, aber mit meinem Studium wurde es nichts. Vater erklärte mir klipp und klar, dass ich in dieser wilden Künstlerwelt garantiert unter die Räder kommen würde und es ein brotloser Beruf sei: Malerin …

Im Wohnzimmer hing ein großes Ölgemälde von Tilla Terwindt an der Wand, mit rosaroten Amaryllis-Blüten in einer Vase. Die Malerin, die von ihrer Kunst leben konnte, wohnte für eine Weile in Venlo, nicht weit von unserem Geburtshaus entfernt. Nur ein einziges Mal habe ich sie zur Gesicht bekommen. Sie lebte zurückgezogen in einem großen alten Haus, gebaut im Stil der Amsterdamer Architektenschule aus den Zwanzigerjahren, in der Nähe der St.-Martinus-Kirche. Niemals hätte ich mich getraut, bei ihr zu klingeln. Trotzdem war sie ein bisschen ein Vorbild für mich, wegen ihres damals unkonventionellen Malstils.

Aufgeben wollte ich nicht, meldete mich in Arnhem bei der Kunstakademie an. Auch dort eine Zusage. Aber mein Vater blieb eisern beim Nein. Die Ausbildung aller seiner Kinder musste ohne staatliche Zuschüsse von ihm finanziert werden, und er wollte, dass wir danach auf eigenen Füßen stehen konnten.

Und so landete ich schließlich in der Ausbildung zur Bibliothekarin in Sittard an der *Sociale Akademie*, danach in Arnhem und Scheveningen in einer Zusatzausbildung für die Arbeit mit Kindern und Büchern. Dennoch war es eigentlich nicht das, was ich mir erträumt hatte.

Karel Appel, Ad Maas und die Schlumper (1961–1999)

Karel Appel

Mit einer Freundin aus der Bibliotheksausbildung reiste ich eines Tages auf eigene Faust nach Amsterdam. Wir wollten die *half-abstracte*, neo-expressionistische Malerei der *CoBrA-Groep* ansehen. Der große Umbruch in der Malerei fing Ende der Vierzigerjahre fast gleichzeitig in **C**openhagen, **Br**üssel und **A**msterdam an. Daher der Name CoBrA.

Hatte ich für meine schriftliche Abschlussarbeit noch Pieter Breughel den Älteren wegen seiner ungestümen Liebe zum präzisen, realistischen Detail gewählt (und nicht wie fast alle Mädchen meiner Klasse Edgar Dégas mit den Balletttänzerinnen-Gemälden), und auch, weil in seinen Kunstwerken unvorstellbar viel passierte, so wollte ich jetzt genau das Gegenteil davon in Amsterdam sehen. In den Zeitschriften standen öfter kleine oder auch größere Skandalartikel über die Maler Corneille, Constant, Karel Appel und andere Mitglieder der CoBrA-Gruppe, die 1948 gegründet worden war und sich mittlerweile auch mit niederländischen experimentellen Dichtern zusammengeschlossen hatte.

Grundlage für ihre neo-expressionistische Malerei waren Bilder aus dem Unterbewusstsein, zurückgreifend auf Kinderzeichnungen und sogenannte Primitive Kunst, zum Beispiel aus Afrika (Ashanti-Kultur).

Es wird im Jahr 1961 gewesen sein, als ich mit Ida am frühen Morgen zu den ersten Besucherinnen des *Stedelijk Museum* in Amsterdam über die Schwelle ging. Es war meine erste Reise (ohne Familienanhang) nach Amsterdam und ich war aufgeregt wie selten zuvor in meinem Leben.

Andächtig gingen wir langsam vom einen Saal zum nächsten, fast allein unterwegs, als wir plötzlich merkwürdige Geräusche hörten.

Vor uns stand Karel Appel persönlich auf einer hohen Leiter und warf schwungvoll Farbe auf eine riesige Leinwand. Karel Appel, der bereits Bilder im Guggenheim-Museum ausstellte, auf der *documenta II* in Kassel zu sehen war, in Bologna, in der *Bienal Internacional de Arte de São Paulo*, und im Palazzo Grasso in Venedig ... Wir konnten unser Glück kaum fassen.

Ida und ich standen vor Ehrfurcht unbeweglich im Eingang zu diesem großen, hohen Museumsraum, hielten die Luft an, weil dort gerade etwas stattfand, worüber wir später unaufhörlich sprachen, und weil uns bewusst wurde, dass wir große Kunst im Entstehen erlebt hatten.

Innerlich hatte es sich für mich wie eine Explosion angefühlt: Das Abstrakte, das Wilde, sollte in meine bescheidenen Zeichen- und Malversuche Einzug nehmen dürfen.

In Nijmegen nahm ich nach meiner Arbeit in der *Centrale Kinderbibliotheek* zwei Jahre lang abends Unterricht an der *Vrije Akademie* bei Johannes van Meegeren, der mich in unterschiedliche Techniken einweihte.

Später, in Deutschland, wohnte ich für eine kurze Zeit in Hannover bei der Schwägerin von Prof. Dr. Alfred Hentzen, der 1955 Direktor der Hamburger Kunsthalle wurde. Vorher, von 1947 bis 1948, baute er mit seiner Frau Anne den Kunstverein in Hannover, die traditionelle Kestner-Gesellschaft, wieder auf.

Margot Hentzen nahm mich mit zu den Vernissagen der Kestner-Gesellschaft, wo ich Antoni Tapiès, Joan Miró, Marcel Duchamp, Andy Warhol, Horst Janssen und auch Jean Tinguely fast alle persönlich erlebte. Nie vergesse ich, wie Jean

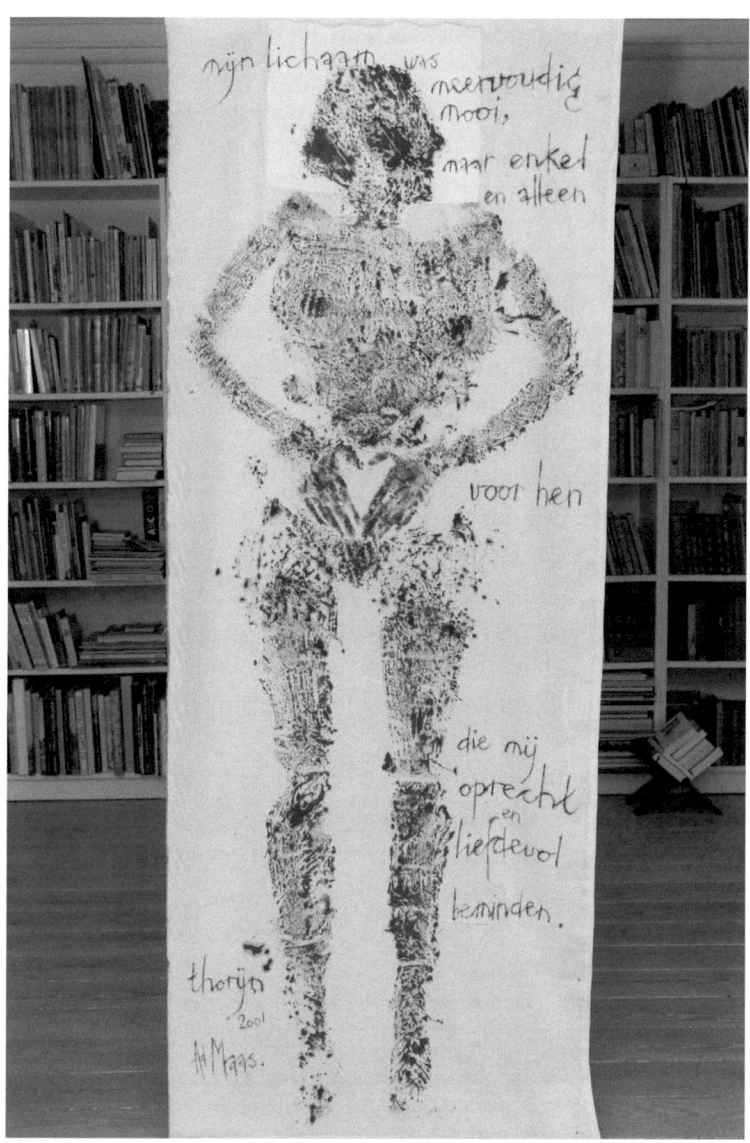

mijn lichaam was
meervoudig
mooi,

maar enkel
en alleen

voor hen

die mij
oprecht
en
liefdevol
beminden.

thorijn
2001
AH Maas.

105

Tinguely (der auch mit Niki de Saint-Phalle zusammenarbeitete) seine große Maschinenskulptur aus Schrott knatternd und knallend auf der Dachterrasse in Bewegung setzte. Unzählige Museumsbesuche in meiner Heimat und in (außer-)europäischen Ländern machten mich kritischer und auch demütiger.

Ad Maas

Zwischendurch erhielt ich ein Kurzstipendium beim niederländischen Holzskulptur-Künstler, Maler und Dichter Ad Maas in der weißen Stadt Thorn an der Maas, vermittelt durch seinen Freund Jan Volleberg, Kulturreferent aus Maastricht.

Ad Maas lebte in einem historischen Gehöft aus dem achtzehnten Jahrhundert. Er hatte es sorgsam restauriert und für seine Bedürfnisse als vielseitiger Künstler angepasst. Im großen Innenhof fertige er Holzskulpturen an. Das Material sammelte er auf seinen Streifzügen am Maas-Ufer entlang. Daraus entstanden melancholische, manchmal koboldhafte Figuren, die er ungeniert auf den Fensterbänken seines Hauses ausstellte.

Ad Maas liebte es zu schockieren: Leere Weinkisten füllte er mit absurden, teilweise gruseligen Figuren, und neugierige Menschen drückten sich an den Fenstern in der Trippaardstraat 5 in Thorn die Nasen platt.

Aber auch Madonnen mit Kind oder Kruzifixe waren wiederkehrende Motive.

An seinem Geburtstag trug Ad einen Blumenkranz im Haar und fuhr laut klingelnd auf seinem Fahrrad durch die Straßen mit den weiß getünchten Häusern der kleinen Stadt Thorn, damit alle wussten: Ad hat heute Geburtstag!

Seine Bilder, seine Gemälde, seine Skulpturen, die bemalten Steine oder Hinterglasmalereien: Alle waren voller Sehnsucht nach dem Unerreichbaren.

Es waren intensive Tage mit ihm, ich lernte viel, aber selber wollte ich mehr Lebensfreude in meinen Arbeiten zum Ausdruck bringen.

Es war eine große Ausnahme, dass Ad Maas mich in sein Haus ließ, denn er wollte nach schweren Enttäuschungen keine Frauen mehr in seiner unmittelbarer Nähe oder in seinem Leben zulassen, obwohl Ads poetische Texte fast alle von der (unerfüllten) Liebe zwischen Mann und Frau handelten.

Eines seiner wichtigsten Themen war immer wieder der Tod.

Noch Jahre nach meinem Besuch bei ihm schrieb er mir Briefe und Texte in ausgefallenen, liebenswerten Versandformen. Es wunderte mich, dass alles per Post ankam hier in Deutschland: zur Elbchaussee und später in Pepers Diek. Auch der Postbote hatte bestimmt Freude an diesen besonderen Liebesbeweisen. Es waren ergreifende Kunstwerke, die ich aufgehoben habe und die mich auch nach seinem Tod im Jahr 2013, kurz vor Weihnachten, noch immer zutiefst berühren.

Noch ein einziges Mal besuchte ich ihn mit der Hamburger Fotografin Ute Karen Seggelke. Sie interviewte und fotografierte für ihr Buch *Schwestern* (2002, Gerstenberg) meine Schwestern und mich.

Ad Maas wusste von mir, dass ich deswegen in Venlo war, und hatte einen ungewöhnlichen Wunsch. In seinem Atelier wollte er von meinem Körper mit Tüchern einen Abdruck machen, wie beim berühmten, umstrittenen Turiner Leichentuch.

Es war ein bewegendes Ritual, von Ute-Karin fotografiert, und Ad schenkte mir anschließend das Leinentuch und schrieb neben meinem Körperabdruck folgenden Text, den er mit *Ad Maas, Thorijn* (einer Zusammenziehung von »Thorn« und »Turin«) signierte:

mijn lichaam	*mein körper*
was meervoudig mooi,	*war mehrfach schön*
maar enkel en alleen	*aber einzig und*
voor hen,	*nur für sie,*
die mij oprecht	*die mich aufrichtig*
en liefdevol	*und liebevoll*
beminden	*liebhatten*
Ad Maas, Thorijn, 2001	*Ad Maas, Thorijn 2001*

Die Schlumper

Den Hamburger Künstler Rolf Laute lernte ich 1999 im Hamburger UNESCO-Institut für Lebenslanges Lernen kennen. Er erzählte mir von seiner Ateliergemeinschaft, in dem Künstler aus der Evangelischen Stiftung Alsterdorf mit unterschiedlichen Behinderungen in provisorischen Ateliers des ehemaligen DRK-Krankenhauses ›Beim Schlump‹ täglich arbeiten konnten.

Als er mir davon berichtete, wollte ich unbedingt und möglichst bald diese Künstlergruppe in der Nähe der U-Bahn-Station Schlump kennenlernen.

Das erste Mal ging ich vorsichtig die Treppen nach unten zum Souterrain, dort wurden, wie so oft, gerade ein Geburtstag und eine Verlobung mit Kaffee und Kuchen gefeiert. Ausgelassene Stimmung. Uwe Bender, mit Kapitänsmütze, stellte sich als Pressechef der Schlumper vor und würde mich nach dem Kaffee gern mal »durch alles führen«, wie er sagte. Ich durfte auch Fragen stellen, versprach er.

Ich war überwältigt von der Selbstverständlichkeit, mit der ich von den Schlumpern aufgenommen wurde.

Als ich dann die Bilder sah, war ich sprachlos. Sie erinnerten mich an die CoBrA-Bilder, aber die Kunstwerke hier waren für mich so authentisch, so ehrlich und echt, dass ich für diese großartige Kunst einen riesigen Respekt bekam.

Rolf Laute, der durch die Tätigkeit seines Vaters als Verwaltungsleiter der Evangelischen Stiftung Alsterdorf den Umgang mit »Geisteskranken und körperlich Behinderten« (Zitat aus seinem Lebenslauf) als ganz normal empfunden hatte, stellte seine eigene künstlerische Arbeit in den Hintergrund und widmete sich von 1984 an nur noch seinen ›Schlumpern‹.

Immer wieder ging ich hin, holte mir bei diesen ›echten‹

Menschen den Mut, selber versuchen zu malen, wie mir gerade war. Sie taten es ja auch, aber spontan, einfach so. Davon war ich noch weit entfernt.

Inge Wulff, Schlumperin von 1994 bis zu ihrem Tod im Jahr 1997, fragte mich bei einem meiner Besuche, ob meine Mama tot sei. Als ich Ja sagte, umarmte sie mich, wollte zusammen mit mir weinen und mich anschließend küssen, zum Trost.

Diese kleine Frau, die Bilder von intensiver, emotionaler Schönheit aus großen Formen komponierte, hatte mich im Sturm erobert.

Im Innenhof des ehemaligen Krankenhauses ging ich schließlich in die Tischlerei, die in der kleinen Kapelle untergebracht war, und ließ dort die ersten großen stabilen Leinwände anfertigen.

Inzwischen stellte eine gute Freundin mir an der Isestraße in Eppendorf einen hellen Atelierraum zur Verfügung. Dort konnte ich, ganz bei mir, malen.

Aber das gelang erst nach meinen Reisen durch Westafrika und mehrere Bundesstaaten in Indien. Erst danach traute ich mich, auf den größeren Leinwänden in verschiedenen Farbschichten meine Eindrücke dieser unvergesslichen Farborgien in beiden Kontinenten darzustellen.

In Afrika waren es vor allem die einfache, ›schlichte‹ Kultur der Ashanti in Kumasi (Ghana) in Naturtönen und die nach alter Tradition von Frauen bemalten Häuser, die ich unterwegs in Togo und Ghana sah.

In Indien waren es die berauschenden Farben, die es überall ringsum und ständig zu sehen gab, vor allem aber auf bemalten Häusern in Tamil Nadu im Süden oder in Varanasi (Banaras) am Ganges in Uttar Pradesh im hohen Norden.

Die erste große Ausstellung mit groß- und kleinformatigen Bildern über Indien durfte ich im Hamburger UNESCO-Institut zeigen. Weitere Ausstellungen, auch in den Niederlanden, waren eine große Ehre für mich.

Vor einigen Jahren stellte ich das letzte Mal in Hamburg aus, und das war eine gute Entscheidung.

In unserem Flur hängen zwei Bilder vom niederländischen CoBrA-Maler Corneille: *La Villagière* von 1970 und *Amore Rouge* von 1972, in einem Anfall von Leichtsinn von mir gekauft.

2002 malte ich nach mehreren Besuchen in Korsika das Bild *Pierrot*, 85 x 85, Öl und Acryl auf Leinwand, inspiriert durch die CoBrA-Maler aus den Niederlanden und die Schlumper-Künstler in Hamburg.

Vielleicht schaffe ich es, Karel Appel auf dem Pariser Cimetière du Père-Lachèse (2006 wurde er dort beerdigt) zu besuchen, um mich persönlich bei ihm zu bedanken.

Bei den Schlumper-Künstlern kann ich das so oft tun, wie ich möchte. *Schlump* heißt im Niederländischen ›Glücklicher Zufall‹, und das passt alles zusammen, was für ein Glück!

Hannover (1966)

Es war im Jahr 1966, als ich Abschied von meiner Heimat in Venlo nahm.

Mein Gazelle-Fahrrad, zum Abitur vom Vater bekommen, nahm ich mit. Dazu meine mühsam zusammengesparte Aussteuer aus Bett- und Tischwäsche, Geschirr, Gläsern und versilbertem Besteck für zwölf Personen. Und ich heiratete.

In Hannover bekam ich sofort eine Arbeit in einer der größten Zweigstellen der Stadtbücherei Hannover.

Am Anfang durfte ich nur schlichte Bibliotheksarbeiten durchführen (Karteikarten sortieren, mehrere Monate). Die Leiterin traute meiner Ausbildung nicht und fand meinen niederländischen Akzent schlichtweg ungeeignet für die Arbeit mit Kindern.

Ich durfte zunächst auch nicht vorlesen, erst nach einem halben Jahr.

Zwischendurch musste ich mich um Arbeits- und Aufenthaltserlaubnis kümmern.

Unterstützt wurde ich dabei von einer Leserin, die aus Amsterdam stammte. Sie stand immer zu mir, auch in den schwierigsten Situationen, die es öfter gab.

Hanne und ich sind bis heute befreundet, sie ist ein Stückchen Heimat für mich und bedeutet mir unendlich viel.

Eine Freundesclique, wir flogen alle nach Berlin, im Jahr 1970.

Wir wohnten in einem Hotel am Kurfürstendamm, Berlin begeisterte mich. Und nicht nur Berlin.

Wir waren jung, tanzten exzessiv und lebenshungrig die ganze Nacht durch, und dort lernte ich Gottfried, meinen späteren zweiten Mann, kennen.

Bridge over Troubled Water – wir tanzten eng umschlungen zu dieser Musik und sangen den Text von Simon und Garfunkel mit, einen Text, den sie bestimmt nur für uns geschrieben hatten. Es war eine sofortige, gegenseitige Liebe zwischen Gottfried und mir.

Ich weihte meine Mutter ein, wir hatten gute Gespräche. Sie verstand mich und lernte Gottfried kennen. Sie mochten sich auf Anhieb. Aber sie sah klar alle Probleme, mit denen ich konfrontiert werden würde. Eine Scheidung war damals ein großer Skandal.

Eine ältere Leserin hatte mir irgendwann »für alle Fälle«, wie sie es nannte, ein Zimmer angeboten.

Ich nahm dankend an, obwohl sie einen schrecklichen, quakenden Minipudel mit Namen Franki hatte, der in hohen Tönen kläffte, bellte und eifersüchtig war, wenn wir uns unterhielten.

Aber sie und ihre Wohnung waren für mich wie ein kleiner Hafen, in den ich jeden Abend einfahren konnte.

Ich wurde schuldig geschieden (damals war das noch möglich), bezog nach drei Monaten ›auf Bude‹ eine kleine Wohnung in einem Arbeiterviertel in der Nähe der Reifenfabrik Continental, im fünften Stock, ohne Fahrstuhl.

Und so fing ich mit einer Matratze auf dem Boden und einem Bindfaden an der Wand für die Kleidung ein neues Leben an.

Freunde schenkten mir noch zwei bequeme Holzstühle und einen Tisch, die ich dunkelblau anmalte.

Noch ein weiteres Jahr ging ins Land. Zwei Jahre lang nahm ich mir eine Auszeit, um mich zu entscheiden, ob ich eine neue feste Beziehung führen wollte. Ich hatte freundliche Nachbarn und tolle Arbeiter-Kumpels an der Nebgen-Bude, einem Kiosk direkt vor der Haustür, wo es alles zu kaufen gab, was in Notfällen helfen konnte und Stimmung mit sich brachte.

Ich war glücklich. Ich fühlte mich befreit und frei.

Dieses Gefühl der Freiheit und befreit zu sein ist immer noch da.

»Wenn es dich glücklich macht, dann gehe deinen Weg, so wie es für dich gut ist.«

Das war Gottfrieds Devise.

1974 zog ich endgültig zu Gottfried nach Hamburg und bin geblieben.

Als Quiddjes (Zugereiste) auf Wohnungssuche in den Elbvororten

Parkstraße: Unterm Dach in Othmarschen (1974)

Unsere allererste, gemeinsame Hamburger Dachgeschosswohnung in der Parkstraße in Othmarschen bekamen wir *unter der Hand.*

Der Vormieter, ein Kapitän auf großer Fahrt, außerdem Rechtsanwalt und Kunde von Gottfried, empfahl ihn als Nachfolgemieter. Der Kapitän zog nach Kiel, und somit wurde diese Wohnung frei.

Eine Baronin aus altem Hamburger ›Elbadel‹, der das Haus in der Parkstraße gehörte, stand versteinert am Fenster, als Gottfried mit einer Klappliege, einem Fernseher, einem Karton mit Staubsauger und einem Koffer mit seiner Garderobe einzog.

Später kam ich dazu: Mit dem Hollandrad Marke Gazelle (immerhin), das mein Vater mir zum Abi geschenkt hatte, einem von mir scheußlich bemalten alten Bauernschrank (den wir später aufarbeiten ließen und der uns dann in seiner Schlichtheit beglückte), einigen Bücherkartons und meiner damals bescheidenen Garderobe.

Die Schockstarre der Hauseigentümerin über die neuen Bewohner blieb bis zum Schluss unseres dortigen Daseins. Sie besuchte uns nie, solange wir unter dem Dach in ihrem Haus lebten, und das waren immerhin fast elf Jahre.

Sie bewohnte mit ihrem Verwalter und ihrer Mutter in der Jugendstilvilla Hochparterre und Souterrain.

Wenn wir etwas zu besprechen hatten und bei ihr klingelten, ließ sie uns bei Wind und Wetter auf den Treppenstufen vor der Haustür stehen. Für mich als Niederländerin unbegreiflich. Man brauchte sich ja nicht zu duzen oder gar anzufreunden.

Wir übernahmen eine Dachgeschosswohnung, die dringend renoviert werden musste, und dies taten wir. Unser gespartes Geld schmolz wie Schnee in der Sonne, der Baronin war es recht, einen Zuschuss gab es nicht.

Wir waren glücklich, in der Nähe der Elbe, des herrlichen Jenischparks und der damals noch kuscheligen Waitzstraße mit ihren vielen kleinen Einzelgeschäften zu leben.

Die bunte Küche in Pudertönen aus den Fünfzigerjahren (sie könnte man heute komplett im Museum für Kunst und Gewerbe ausstellen) bauten wir sorgfältig ab und verstauten sie in einer der Abseiten. Dafür gab es von uns finanziert eine strahlende, sonnengelbe, moderne Küche, dicke Teppichböden auf dem dünnen, schmuddeligen Filzbelag, neue Tapeten und nigelnagelneue weiße Schleiflackmöbel in den drei Zimmern.

Ich bekam sogar ein eigenes Arbeitszimmer mit breiter, langer Schleiflackplatte und schwerer Schreibmaschine, von zwei Männern aus Gottfrieds Büro in Eppendorf nach oben gewuchtet. In diesem Zimmer begann ganz sacht und allmählich meine Laufbahn als erzählende, professionelle Autorin. (Meine ersten Geschichten schrieb ich mit acht Jahren).

Trotz aller Bemühungen von unserer Seite: Das Dach blieb undicht.

Die Baronin schickte ihren Verwalter zu uns nach oben (der bei ihr als Lebenspartner wohnte), wenn es in den Abseiten mal wieder durch die Dachpfannen regnete und wir überall Schalen und Eimer aufstellen mussten.

Mit einer gefährlich aussehenden Kunststoff-Pistole, aus der weißer Schaum quoll, dichtete der Verwalter alle Löcher ab und bescherte uns eine Tropfsteinhöhle, die wir unseren Gästen ohne Eintritt zu nehmen gerne bei Regengüssen vorführten.

Die Heizung funktionierte regelmäßig nicht, ab neun Uhr am Morgen gab es kein warmes Wasser zum Duschen mehr. (Sparmaßnahmen, trotzdem bezahlten wir monatlich, auch im Sommer, hundertfünfzig Mark an Heizkosten und froren ständig).

Selten kamen richtige Handwerker zu uns nach oben. Aber wir blieben.

Es gab noch eine andere Seite der Medaille: Es vergingen zwei Jahre, bis die Nachbarin unter uns im ersten Stock mich zu einer Tasse Kaffee einlud.

Hamburgs Ruf, dass man sich dort anstrengen muss, um Bekanntschaften zu machen, wurde schlagartig wahr. Und Freundschaften?

Selten habe ich mich so einsam gefühlt wie in den ersten sechs Jahren, oben in der Dachgeschosswohnung mit den Tropfsteinhöhlen.

Zwar besuchten uns meine zahlreichen Familienmitglieder oft, aber ich fühlte mich unter dem Dach wie auf einer Robinson-Insel. Kontakte in Othmarschen waren hauptsächlich nur möglich durch Hunde und Kinder, beides hatten wir nicht.

Bis ich von mir aus die Initiative ergriff und wieder das Gefühl hatte, unter ,echten‹ Menschen zu sein.

Zur Hochzeit schenkte uns die Baronin eine Glasvase, die es bei Tchibo in der Waitzstraße gerade im Angebot gab. Ohne Blumen, mit einem Visitenkärtchen.

Vom Verwalter wurde uns auf der Straße mündlich gekündigt.

Die Baronin verabschiedete sich nicht von uns Mietern im ersten Stock und unterm Dach, nachdem das Haus verkauft worden war. Sie verschwand bei Nacht und Nebel Richtung Harvestehude zum Feenteich und hinterließ uns die Kündigung der Wohnung durch ihren Anwalt als letzten Gruß, der uns das Leben in den verbleibenden Monaten ziemlich schwer machte. Der Mieterverein zu Hamburg stand uns tröstlich und kompetent bei mehreren Verleumdungen und Unwahrheiten zur Seite.

Elbchaussee: Im Walfängerhäuschen (1985)

Die Eigentümerin des verwunschenen, liebreizenden Hauses unten an der Wasserseite der Elbchaussee lernte ich kurz nach der Kündigung unserer ersten, gemeinsamen Dachgeschosswohnung in einer Jugendstilvilla in der Parkstraße bei einem Spaziergang durch den Jenischpark kennen, durch den geliehenen Hund unserer (noch) Nachbarn in der Parkstraße im ersten Stock. Der Hund hieß Joe. Ich brauchte den Spaziergang dringend, um meine Wut über dies und das los zu werden.

Hund Ricky, der zu einer älteren Dame gehörte, und der geliehene Hund Joe mochten sich auf Anhieb. Als die ältere Dame, die Hunde und ich am Teufelsbrücker Bootshafen standen und auf die dümpelnden Segelschiffe im glitzernden Elbwasser und das große Lotsenhaus in der Morgensonne am anderen Elbufer schauten, sagte ich zu der mir unbekannten Dame: »Und jetzt müssen wir hier auch noch weg.«

Sie sah mich genau an, von oben bis unten, und fragte höflich: »Gehen wir noch ein wenig?«

Ich nickte, die Hunde waren schon um die Ecke verschwunden, und nach einer Weile meinte sie:

»Ich glaube, ich habe etwas für Sie«, öffnete in einer hohen Buchsbaumhecke eine knarzende Gartenpforte, unten am Elbwanderweg. Dort lag es, sonnenbeschienen: ein verwunschenes Haus, und ließ mich blinzeln im gleißenden Licht.

Ich glaubte, auf einer Seite aus meinem Lieblingsbuch *Der geheime Garten* von Frances Hodgson Burnett zu sein. Vor dem Haus ein blühender Bauerngarten, wie von Emil Nolde oder meinem Lieblingsmaler Klaus Fußmann aus Schleswig-Holstein gestaltet: knallroter Klatschmohn, schneeweiße, hoch gewachsene Margeriten, Rittersporn in verschiedenen Blautönen von hellblau bis dunkelblau, duftiges Schleierkraut. Träumte ich? Oder vielleicht doch nicht?

»Sagen Sie mir bitte gleich, wie hoch die Miete ist, ehe ich mich in Ihr Haus und den Garten verliebe.«

Sie lächelte freundlich, nahm mich durch die offen stehenden Flügeltüren auf der Terrasse mit in die Wohnhalle. Alte Delfter Kacheln am Kamin, Biedermeiermöbel davor, rostbraune, glänzende Fliesen auf dem Fußboden. Sie führte mich durch eine geöffnete Flügeltür, in die von Licht durchströmte Bibliothek, wo ein Selbstporträt von Max Liebermann an der Wand hing und eine kleine Bronzefigur von Heinrich Heine auf einem Sockel stand. Beide erkannte ich und sagte es ihr.

Die Bibliothek, in der die Eigentümerin und ich unser erstes Gespräch führten, war für mich wie eine Schatztruhe, gefüllt

Vorher und nachher

mit kompletten, alten Werkausgaben der großen deutschen Dichter und Denker.

Genau neben Liebermanns Porträt sprach ich zum ersten Mal mit der Eigentümerin, die ich vor einer halben Stunde im Jenischpark kennengelernt hatte, und erzählte, dass uns unsere erste gemeinsame Dachgeschosswohnung in einer alten Jugendstilvilla in der Parkstraße vom Verwalter auf der Straße gekündigt worden war; wir sollten so schnell wie möglich ausziehen. Unser Gespräch drehte sich zunächst aber um Kunst und Literatur.

Sie war die Witwe des ersten Hamburger Kultursenators nach dem Zweiten Weltkrieg. Schriftsteller, Künstler und Schauspieler wie Gustaf Gründgens, Elisabeth Flickenschildt und Horst Janssen gingen vor unserer Zeit ein und aus. Wir verstanden uns großartig, hanseatisch freundlich und mit gegenseitigem, großem Respekt.

Schließlich wünschte sie sich, dass Gottfried und ich zu ihr in den ersten Stock und das kleine Dachgeschoss einziehen sollten. Es gab ein paar Bedingungen, wir mussten noch ein wenig warten, bis alles geklärt war.

Auch dort mehrere Wochen lang Malerarbeiten, um das Knallorange der Bücherregale und das Türkis und Moosgrün der Wände in die Farbe Weiß zu verwandeln. Wir opferten unser Erspartes in großen Ablösesummen, verlangt von der Vormieterin, die sonst nicht ausgezogen wäre.

Die Vintage-Küche aus den Fünfzigern hatten wir in der Parkstraße wieder haargenau so aufgebaut, der Verwalter war geschockt und sehr, sehr verärgert und rächte sich an uns mit weiteren Prozessen.

Die sonnengelbe Küche zog mit ans Wasser. Auch der von

uns bezahlte Kühlschrank kam mit. Für einige antike Möbel, die in der Bibliothek mit den weißen Holzregalen stehen sollten, liehen wir uns Geld in der Familie. Unser letztes Angespartes war mal wieder komplett auf und davon.

Aber wir hatten ein neues Zuhaue, und was für eines ... eines, das wahrscheinlich nicht mehr zu toppen war. Wir liebten es, mit all seinen Macken, Vor- und Nachteilen.

In Gummistiefeln schöpften wir immer öfter Wasser aus den überfluteten Kellern, trotz der Flutmauer und einer Pumpe.

Nach einer Einweisung durch einen Monteur konnten wir die Heizung sogar selber reparieren, führten den Hund aus, trösteten die Eigentümerin bei Gewitter, weil sie sich sehr fürchtete, brachten ihr aus der Zweigstelle von Feinkost *Michelsen* in der Waitzstraße kleine Häppchen, wenn sie mal wieder im Krankenhaus lag. Wir hüteten ihr verstecktes Silberbesteck und die Sparbücher, wenn sie mal nicht im Haus war.

Das Haus war für Gottfried und mich vom ersten Augenblick an wie ein weicher Pullover, den man anzieht und der sofort passt. Aus den Fenstern zur Elbe immer den weiten Emma-Möwen-Blick mit ständig wechselnden Farben am Himmel und auf dem Wasser, die mich inspirierten und fast nur noch Dauerglück schenkten.

Das hinreißende Haus, im niederländischen Stil aus roten Backsteinen gebaut mit Fensterläden aus Holz, traditionell in dunkelgrüner und weißer Farbe gestrichen, war für mich wie eine zweite Heimat.

Dann wurde das Glück jäh zerstört. Uns wurde von den Kindern der Vermieterin gekündigt. Angeblicher Eigenbedarf wegen Krankheit der Mutter, wegen einer Betreuerin, obwohl für sie ein kleiner Anbau im Erdgeschoss zur Verfügung stand.

Böse Briefe landeten im Postkasten, auch vom Anwalt. Oder vom Schwiegersohn, der zum Beispiel schrieb: »Jede Minute, die Sie länger im Haus meiner Schwiegermutter wohnen, verkürzen Sie ihr Leben.« Unser Briefkasten wurde seitdem regelmäßig mit breiten Paketstreifen zugeklebt. Auf dem Anrufbeantworter hörten wir Aufforderungen ab: Wir sollten die Möbel des Nachfolgers schon mal hinstellen lassen. Auf der hohen Flutmauer vor dem Haus stand an warmen, trockenen Sommertagen ein Barbecuegestell, auf dem unter unserem Schlafzimmer Fleischstücke verkohlten, so dass wir die Fenster überall geschlossen halten mussten. Unsere Autos wurden absichtlich zugeparkt, der Kontakt zur Vermieterin verboten.

Inzwischen suchte ich überall fieberhaft nach einer neuen, bezahlbaren Wohnung. Vor dem Auszug besichtigte ich fast zwei Jahre lang Wohnungen und Häuser, über die ich ein ganzes, leider ziemlich trauriges Buch schreiben könnte.

Die Hilfe vom Mieterverein zu Hamburg war ein Kampf gegen die Windmühlen der Familie und schlug irgendwann leider fehl. ›Zugezogene‹, *Quiddjes*, in Othmarschen zu sein, nicht einfach. Wir mussten das kleine Traumhaus an der Elbchaussee nach neun Jahren, neun Monaten und neun Tagen unter massivem Druck der Kinder der Eigentümerin verlassen. *Adieu, mon amour ...*

Über der Balkontür im Wohnzimmer hatten in all den Jahren unter der Dachrinne immer wieder Schwalben genistet und gebrütet. Nachdem uns gekündigt worden war, kamen sie nicht mehr wieder. Als wir die Wohnung geräumt hatten und ich im leeren, sonnigen Wohnzimmer stand, um Adieu zu sagen, flog eine Blaumeise durch die geöffnete Balkontür zu mir, setzte sich zu meinen Füßen, hüpfte einige Male hin und her und verabschiedete sich wieder.

In den letzten Monaten wohnte ich ohnehin seelisch nahe am Wasser und ich ließ die Tränen einfach laufen.

Tatsächlicht saß die Blaumeise dann später unten neben der Haustür, auf der Mauer neben dem Briefkasten, in den ich die Schlüssel werfen sollte.

Sie erleichterte mir dann doch den Abschied, denn die vielen Vögel, die im Garten und in den Bäumen und Büschen wohnten, besuchten uns regelmäßig auf dem Balkon. Die Meise war stellvertretend für sie alle gekommen, um Tschüs-Du für mich zu hüpfen.

Das von uns so geliebte Walfängerhaus (mir war mal erzählt worden, dass es eins war) wurde Opfer von Geldgier und einer neuen Bauwut, die sich an der Elbchaussee ausbreitete. Nicht nur an der Butterseite, wo wir gewohnt hatten, wie die Hamburger sagen, sondern auch an der Magarineseite.

Am Tag, als diese kleine Perle, dieses Traumhaus, abgerissen wurde, fuhr ich weit weg an die Ostsee, um irgendwo am Wasser zu weinen, weil ich das nicht ausgehalten hätte, im Vorbeifahren auf die qualmenden, staubigen Trümmerresten sehen zu müssen.

Mit dem Abriss dieses Kleinods war ein Stück Hamburger Elbgeschichte und auch ein Stück Hamburger Kultur verloren gegangen. Nun steht anstelle des Walfängerhauses ein weißer Eisklotz aus kalten Baumaterialien, der aussieht wie eine Wohnklinik für reiche Dauergäste.

Wir fanden eine neue Bleibe, in Blankenese.

Pepers Diek: Erste Wohnung in Blankenese (1994)

Der Abschiedsschmerz von der Elbe saß tief, vor allem bei mir. Bis heute versuche ich zwar, möglichst sachlich darüber zu schreiben, aber es gelingt mir oft immer noch nicht.

Wieder *unter der Hand* fanden wir durch Hilferuf-Zettel an Türen einiger Geschäfte in der Waitzstraße und eine Anzeige im Hamburger Abendblatt unsere dritte Wohnung in der Nähe des Hirschparks, im Pepers Diek.

Die Straße erhielt ihren Namen 1928 von einem zugeschütteten Teich (*Diek*) in der Nähe des Hauses und von dem Namen eines Fischers: *Peper*.

Es war eine Umstellung, von den hellen, urgemütlichen kleinen Räumen im Walfängerhäuschen am Wasser in neue Zimmer mit hauchdünnem Teppichbelag auf Betonböden zu ziehen, die überall eine ständige Kühle vermittelten, ergänzt vom Charme der *Golden Beton-Seventies*. Geräusche in O-Ton

127

von unten und nebenan gab es inklusive und gratis. Das Kücheninterieur war mehrfach übermalt, die Fenster-scheiben so dünn, dass die Straßengeräusche und Kälte unge-filtert in die Wohnung strömen konnten.

Aber wir zogen ein, nachdem wir mit Freunden unter Tränen Abschied von der Elbchaussee gefeiert hatten.

Überraschung beim Einzug in unsere dritte Elbvororte-Wohnung im Pepers Diek: Die Nachbarin, die in der Wohnung nebenan lebte, stand mit einem großen Tablett mit gefüllten Kaffeetassen vor unserer Tür, um uns willkommen zu heißen. Dazu gab es sogar Kekse; fast ein Kulturschock für mich in Sachen Hamburger Nachbarschaft.

Mit der Ur-Blankeneserin Els Schröder pflegten wir von der ersten Minute an einen liebevollen, respektvollen Kontakt, der bis zu ihrem Tod im hohen Alter von über neunzig Jahren bestand. Wir waren ein Herz und eine Seele, und ich verewigte sie in meinem Buch *Ich übe für den Himmel*.

Sie durfte sich übrigens »Blankeneserin« nennen. Wir nicht.

Nach einer Lesung aus dem Buch *Robert und Frau Meyer* im Fischerhaus im Treppenviertel standen Gottfried und ich an der Bushaltestelle zusammen mit einer alten Dame.

Sie meinte mit ernstem Blick: »Sie wohnen hier zwar, aber sind deshalb noch lange keine Blankeneserin. Dafür müssen Sie hier in der dritten Generation leben, eine Immobilie und einen reservierten Platz auf dem Nienstedtener Friedhof besitzen.«

Meine Antwort: »Ich habe einen niederländischen Pass und bin Europäerin. Und Europa ist größer als Blankenese.«

Bis die ›Bergziege‹, so heißt der Bus in Blankenese, kam und wir einstiegen, sprach sie kein Wort mehr mit uns.

Doch zurück zur dritten Wohnung.

In den Wintermonaten, wenn die Sonne tief am Himmel hing, lag das Haus den ganzen Tag im Schatten der riesigen, massiven Backsteinvilla ›Haus Overmann‹, direkt in der Nachbarschaft, und kein Sonnenstrahl konnte bis zur neuen Wohnung vordringen. Die meisten Räume lagen Richtung Nordost.

Die Sonne an der Straßenseite verzog sich bereits um neun Uhr morgens um die Ecke. Für mich als Licht- und Sonnenanbeterin war das gewöhnungsbedürftig.

Im Sommer kam sie gegen halb drei an der Seite wieder zum Vorschein, und so hatten wir auf einer schönen, seitlichen Terrasse endlich wieder Licht und Sonne.

Nun ja, die Wohnung war gut geschnitten, mit Abstellräumen und Keller, und wir waren froh, dass wir sie gefunden hatten, *unter der Hand*.

Wieder hohe Kosten durch Übernahme von Lampen, Möbeln und Regalen. Auf Wiedersehen Spargeld (das damals noch richtige Zinsen brachte)! Die liebevolle Hilfe von Freunden und Familie tröstete vor allem mich. Und ich hatte eine eigene Schreibstube mit Blick auf die Straße und die Häuser auf der andere Seite, die ich inzwischen ›Die Lindenstraße von Blankenese‹ getauft hatte.

Direkt gegenüber, mit Blick auf unsere Wohnung, lebte ein Ehepaar in einem kleinen Haus, inspiriert von *Colonial American Style* der Fünfzigerjahre. Bei annehmbaren Temperaturen saßen sie oft stundenlang auf ihrer Terrasse, darüber ein auf Säulen stehender Balkon mit geschwungenem, halbrundem weißen Geländer. Es vermittelte uns ein wenig die Stimmung aus Filmen mit Peter Kraus und Cornelia Froboess. Das Ehepaar sah interessiert zu uns herüber. Film für umsonst, keine

Konserve. Wir zogen höchstens abends mal die Gardinen zu. Inzwischen steht an dieser Stelle ein schneeweißer Neubau mit fünf Apartments.

Bislang hatten die Wohnungen, in denen ich leben durfte, eine Seele gehabt, ein gelebtes, langes Leben hinter sich gebracht, waren voller Verstecke und Einbauschränke, hatten Stuck an den Decken, geheimnisvolle Kellerräume, knarrende Dielen und Treppenstufen, hier und da reparaturbedürftig. Auch Häuser kommen, wie wir, in die Jahre.

Die ehrwürdige Villa in der Ferne, im großen Privatpark gelegen, faszinierte mich, machte mich neugierig. Von der seitlichen Terrasse aus hatte ich das Haus immer im Blick.

In Gedanken erfand ich Geschichten zu diesem bewachsenen Märchenhaus, wusste aber nichts darüber. Höchstens, wer dort gerade wohnte, das erfuhr ich dezent durch Nachbarn. Und ausziehen würde dort garantiert niemand.

Irgendwann schlich ich mich dorthin, umging die rot-weiße Schranke der Einfahrt, und dort lag sie vor mir: die Villa ›Haus Overmann‹.

In wallende Gewänder gehüllt, schritt Ralph Nash auf mich zu, der Bewohner aus dem Erdgeschoss. Ich entschuldigte mich mit rotem Kopf wie ein Schulmädchen und erklärte ihm, wo wir wohnten. Dass die Villa mich anzog wie ein Magnet, verriet ich nicht. Er war freundlich, nickte, und ich schlich davon.

Eines Tages sprach mich die Bewohnerin aus dem ersten Stock der Villa an und erwähnte, dass Herr Nash und sein Freund planten, in ein geerbtes Landhaus in der Nähe von Potsdam zu ziehen.

Die Mieter von ganz oben hätten vor, nach unten zu ziehen, und dann könnte es sein, dass unter dem Dach …

Bei mir gingen alle Alarmglocken an und dann …

Dann kamen wir zurück von einer Reise (Geld war mal wieder alle), und auf dem Anrufbeantworter sprach ein Herr von der Verwaltung:

»Bitte um Rückruf.«

Pepers Diek: Haus Overmann (2003)

Das beeindruckende Landhaus am Pepers Diek 8 wurde vom Architekten Walther Baedeker entworfen und von 1907 bis 1908 im Stil der typischen Hamburger Backsteinarchitektur mit ausgefallenen Ornamenten an allen vier Hausseiten erbaut.

Haus Overmann wurde von vielen Bewohnern geliebt und bewohnt, unter anderem von der Reederfamilie Sloman (seit dem achtzehnten Jahrhundert in der Schifffahrt tätig). Im Laufe der Jahre zogen Schiffsmakler ein, aber auch Autoren, Künstler, eine Designerin sowie ein Architekt und ein Mediziner.

Innenräume

Die im Erdgeschoss großzügig gestalteten, hohen Räume mit Kamin und dorischen Säulen am Eingang und in der Empfangs- und Wohnhalle, mit aufwendigem Deckenstuck und sorgfältig gearbeiteten Flügelkastentüren dienten als Mittelpunkt des Familienlebens. Ein Raum wurde als ›Tee Salón für die Damen‹ bezeichnet.

Die Wirtschaftsräume lagen teils im Souterrain und im Parterre der Nordwestseite des Hauses. Sie waren verbunden mit einem kleinen Fahrstuhl.

Der ursprüngliche Pitchpine-Fußboden wurde in allen Wohn- und jetzigen Schlafräumen sowie in der Küche aufwendig restauriert und erhalten.

Im ersten Stock befanden sich die Schlaf- und Kinderzimmer, ebenfalls mit Pitchpine-Fußböden, Deckenornamenten, kleinen Türen zu Abseiten, Hamburger Fußleisten und wiederum Flügelkastentüren in verschiedenen Räumen, außerdem großzügige Einbauschränke. Einige Wände zeigten bis vor Kurzem noch die Originaltapeten mit Jugendstilmustern in Moosgrün und Bordeauxrot.

Das Erkerzimmer, im angepassten Landhausstil gestaltet, war für die Bewohner Arbeitsraum, Bibliothek und geselliger Treffpunkt.

Dachgeschoss

Im Dachgeschoss gab es zunächst nur einen einzigen, größeren Raum und ein kleineres Zimmer: Räume für das Personal. Wahrscheinlich gab es nur einen Wasseranschluss und wenige Elektroanschlüsse.

Als in den späten Fünfzigern eine Familie mit kleinen Kindern einzog, baute der Mieter (ein Architekt) das obere Stockwerk sorgfältig nach alten Plänen aus und restaurierte Dachbalken, den kleinen Küchenraum (in dem eine Badewanne stand) und später den Raum in der Mitte, von dem man einen herrlichen Blick in den Garten hat.

Die Abseiten mit den winzigen Kastentüren wurden im Originalzustand restauriert. Der zugemauerte Kamin wurde geöffnet und auf dem Dach der Schornstein neu aufgebaut.

Die Fußböden aus ursprünglichem, altem Pitchpineholz

wurden zartweiß lasiert, nachdem sie zuvor von Hand abgeschliffen wurden, ebenso wie die Kastentüren der Abseiten. Die heutige Küche bauten ein Architekt und ein Tischler stilgemäß aus massivem Holz mit nur wenigen Stahlelementen.

Garten

Die Bewohner versuchen bislang, der Historie des Hauses angemessen, auch die Gärten entsprechend zu gestalten.

An der Vorderseite entstand anstelle der halbrunden Einfahrt ein Garten, durch hohe Hecken sichtgeschützt. Die ehemalige, große Einfahrt wurde auf der linken Seite mit einem kleinen Flachdachhaus zugebaut (wohl Mitte der Siebzigerjahre).

Der romantische, vielseitige alte Baumbestand, die hohen, hundertjährigen Rhododendron-Büsche sowie die Sträucher und Hecken direkt neben dem Haus blieben so weit wie möglich erhalten.

Als der Efeu den Mörtel zwischen den Backsteinen ›angriff‹, wurde der Bewuchs komplett zurückgeschnitten.

Nachbarschaft

Auf dem direkten Nachbargrundstück, wo jetzt die weißen, langgestreckten Häuser aus den Jahren um 1960 (mit unterirdischer Garage) stehen, befand sich ein großes, reetgedecktes Fachwerkhaus mit mehreren Wohnungen, in dem Personal für das »Weiße Haus« an der Elbchaussee wohnte (Weißnäherin, Gärtner, Butler, Silberdiener usw.).

Es gab Flächen für Gemüse- und Blumenanbau, nebenan steht noch das Gewächshaus aus Glas für Palmen und Orangenbäume.

Gegenüber den langgestreckten Neubauten gab es Stallungen, ebenfalls im Fachwerkstil, für Reitpferde und Kutschen der Bewohner des »Weißen Hauses«. Die Gebäude wurden abgerissen und durch Neubauten ersetzt.

Erstaunlich, dass Haus Overmann bislang noch nicht unter Denkmalschutz gestellt wurde.

Viele Informationen zu dem Haus waren nur mühsam zu finden und zusammenzustellen.

Von der verstorbenen Frau Änne Mayr, die nebenan in dem reetgedeckten Haus lebte, das später abgerissen und durch einen Neubau ersetzt wurde, erhielt ich wichtige Hinweise.

Weitere Informationen sind im Internet unter Literatur über Landhäuser und Villen in Blankenese, in der Staats- und Universitätsbibliothek Hamburg, in der Buchhandlung Kortes an der Elbchaussee sowie in der Buchhandlung Sautter + Lackmann, Admiralitätstraße in der Hamburger Neustadt, verfügbar.

Wir zogen um. Wieder kamen Umbauarbeiten und Erneuerungen auf uns zu. Und das alles gab es nicht kostenlos.

Dieses Haus ist, wie das an der Elbchaussee, meine zweite große Häuserliebe: *Mon deuxième amour.* Und so entstanden Geschichten über Änne Mayr aus Blankenese und Nachbarjunge Robert, die sich alle im Haus oder in der direkten Blankeneser Umgebung abspielen.

Einige Erzählungen haben unmittelbar mit dem Haus zu tun und wurden vom Fotografen Joachim M. Huber aus Alzey mit Fotos großartig illustriert.

Bei der nächsten Geschichte, bei der Änne Mayr und Robert viel Spaß hatten, während Joachim Huber die Fotos machte, waren wir vom Dachboden bis in die Kellerräume unterwegs.

Alle Fotos wurden hier im Haus aufgenommen, in diesem Haus, das garantiert eine eigene Seele hat.

Und die Liebeserklärung an Haus Overmann geht so:

Frau Meyer, wohnen in deinem Haus Gespenster? Erzählung (2012)

Robert ruft seine ganz alte Freundin an, Frau Meyer von nebenan. »Buuuuuh – Huhuuuuh – Frau Meyer ... Wohnen in deinem Haus Gespenster?«, flüstert er ins Telefon.

»Wer ist da?«, fragt Frau Meyer, die nicht mehr gut hört.

»Hier ist ein Gruselgeist, der sich mit den Gespenstern in deinem Haus treffen möchte.«

»Oh«, antwortet Frau Meyer, »ich wusste gar nicht, dass hier Gespenster wohnen. Aber kommen Sie doch mal rüber, lieber Gruselgeist, dann sehen wir zusammen nach.«

Da ist Robert aber froh, dass Frau Meyer ihn nicht erkannt hat. Er rennt zu seiner Freundin.

»Hallo Frau Meyer, kann ich bei dir spielen?«

»Eigentlich erwarte ich einen Gruselgeist, der sich am Telefon angemeldet hat.«

»Macht nichts«, sagt Robert, »Geister können auch so durch die Wände fliegen. Habe ich in einem Film gesehen. Vielleicht können wir Gespenst spielen? Und den Gruselgeist wegjagen, wenn er kommt?«

»Dann sehen wir mal nach, ob wir ihn finden.« Frau Meyer geht in den Keller. Robert auch, aber so richtig mutig ist er nicht, als er unten ankommt. Es riecht hier ganz anders als oben. Und dunkel ist es auch noch.

»Unheimlich, was?« Robert möchte nicht zeigen, dass er ein bisschen Angst hat.

»Ach was«, meint Frau Meyer, »mir ist hier noch nie ein Einbrecher oder ein Gespenst über den Weg gelaufen. Und ich wohne hier seit 92 Jahren.«

»Ui, du, das ist aber lange, Frau Meyer … Echt noch nie?«

»Nein, noch nie. Das Haus ist noch älter als ich, aber meine Eltern haben mir nichts über Geister oder Gespenster erzählt.«

»Vielleicht versteckt sich ein Gespenst gerade?« Und Robert guckt vorsichtig in einen Keller, in dem viele Flaschen Wein liegen. »Vielleicht hat es zu viel getrunken und liegt irgendwo in der Ecke oder hinter den Regalen?«

»Dann sieh mal nach.«

»Aber nur mit dir, Frau Meyer. Was ist das da für eine kleine Tür?«

»Da kann man reinkriechen und nachsehen, ob rund um das Haus alles in Ordnung ist. Das heißt Kriechgang.«

Auweia, das ist schon wieder unheimlich. Robert kneift in Frau Meyers Hand und fragt: »Vielleicht wohnen da Gespenster drin?«

»Das glaube ich nicht, höchstens Ratten. Soll ich das Türchen mal öffnen?«

»Brauchst du nicht.«

»Wollen wir nicht lieber auf dem Dachboden nachsehen?« Robert zieht an Frau Meyers Ärmel.

»Das können wir. Da gibt es auch Fenster. Und es ist nicht so dunkel wie hier.« Vor Erleichterung muss Robert seufzen.

»Sind die Fenster oben offen?«

»Nein, dann würde es reinregnen, bei Gewittern oder Sturm.«

Auf dem Dachboden gibt es dies und das, Kisten, Kästen, Koffer, Kartons und vieles mehr.

»Oh, wie schön, dass es hier Fenster gibt.« Robert springt auf den staubigen Brettern auf und ab. »Hier kann man toll spielen!«

»Mit dem Geist und den Gespenstern?« Frau Meyer sieht ihn an.

»Die haben heute frei bekommen, denke ich. Wetten?«

»Ach so. Ich wundere mich trotzdem, dass der Gruselgeist noch nicht da ist, er wollte doch kommen, hat er am Telefon gesagt.«

»Vielleicht kann er das Haus nicht finden?« Robert wird ein bisschen rot. »Das ist aber ein komisches Fenster, kann man das aufmachen?«

»Schon, aber das tut man nicht.«

»Warum nicht?«, fragt Robert.

»Es wird nur geöffnet, wenn jemand im Haus gestorben ist.«

»Oh.« Robert wird still. »Warum?«

»Weil durch das geöffnete Fenster die Seele des Verstorbenen aus dem Haus fliegen kann.«

»Oh. Habe ich auch eine Seele?«

»Ja. Jeder von uns. Aber man kann sie nicht sehen.«

»Und Geister und Gespenster?«

»Die nicht.«

In einer Ecke steht ein alter Koffer. Der sieht ganz anders aus als die Blechkoffer von Mama und Papa.

»Was ist da drin?«, will Robert wissen.

»Das habe ich vergessen. Wollen wir mal nachsehen?«

Frau Meyer öffnet langsam den Kofferdeckel.

»Oh, das ist ja wie eine Schatzkiste.«

Im Koffer liegen Puppen, Spiele, Tücher, alte Bücher …

»Frau Meyer, gehört das dir?«

»Ja«, antwortet Frau Meyer. »Es ist furchtbar lange her, dass ich im Koffer nachgesehen habe.« Sie hält ein Buch in der Hand. »Das war früher mein Lieblingsbuch.«

Robert hat ein anderes Buch gefunden. »*Kinderspiele*«, steht auf dem Buchdeckel. Er blättert, bis er ruft:

»Oh, Frau Meyer, hier steht: *Himmel und Hölle, ein Kinderspiel.* Hast du das gespielt?«

»Klar. Ganz oft.«

»Weißt du, wie das geht?«

»Das weiß ich noch. Aber dafür müssen wir nach draußen.«

Frau Meyer findet einen Beutel mit Glasmurmeln und Kreide.

»Die nehmen wir auch mit. Wer weiß.«

»Wir brauchen aber flache Steine. Die holen wir vom Elbstrand.«

Eine Stunde später hüpfen Frau Meyer und Robert zwischen Himmel und Hölle auf und ab. Und spielen mit den bunten Murmeln. Kinder aus der Nachbarschaft kommen und hüpfen mit.

Klacker-di-Klack.

Einer der Jungen fragt Robert: »He, du da. Stimmt es, das dort in dem alten Haus Gespenster wohnen?«

»Klar«, antwortet Robert und zeigt ihm die gewonnenen Murmeln.

»Jede Menge von denen. Einen Hausgeist gibt es auch. Habe gerade alle gesehen! Aber sie zeigen sich nur ganz selten. Außerdem haben die ab jetzt vorläufig Urlaub.«

Episoden aus der Hochschultätigkeit

An der Fachhochschule für Bibliothekswesen (1974)

Aus den über fünfunddreißig Jahren meiner Tätigkeit als Lehrbeauftragte an der FHS (Fachhochschule) Hamburg, später unter dem Namen HAW (Hochschule für Angewandte Wissenschaften), möchte ich ein wenig erzählen.

1974 startete ich mit einem kleinen Lehrauftrag von zwei Semesterwochenstunden an der Fachhochschule für Bibliothekswesen Hamburg im Gebäude der Talmud-Tora-Schule (1911 erbaut, nach 1945 von der Stadt Hamburg erworben, 2004 an die jüdische Gemeinde zurückgegeben), neben dem Platz, auf dem die Synagoge am Bornplatz stand, die in der Reichspogromnacht 1938 von den Nazis verwüstet und danach komplett abgerissen wurde, also direkt im jüdisch geprägten Grindelviertel.

Die Stelle als Lehrbeauftragte war die einzige, die ich antreten durfte, für die Fächer ›Arbeit in Kinder- und Jugendbibliotheken‹ sowie ›Kinder und Jugendliteratur‹. Genau das, was ich in Nijmegen und Hannover in verschiedenen Büchereien neun Jahre lang praktizierte, das konnte ich weitergeben!

Die Talmud-Tora-Schule steht mitten im Grindelviertel bei der Universität, und ich freute mich jedes Mal, wenn ich in die Richtung dieser quicklebendigen Umgebung fuhr. Ein

Stadtviertel, das damals noch nicht so übertrieben angesagt und teuer war wie heute.

Eine Bewerbung bei den Hamburger Öffentlichen Bücherhallen (heute ›Bücherhallen Hamburg‹), vor der Lehrtätigkeit, hatte sich als Albtraum entpuppt: Obwohl ich von meinen beiden Dienststellen in den Niederlanden und Hannover ausgesprochen gute Referenzen der Direktionen vorzeigen konnte, knallte der Verwaltungsleiter der Bücherhallen mir beim Vorstellungsgespräch seufzend zwei dicke Aktenordner hin.

»Das sind Bewerbungen für eine Stelle bei uns. Wir haben hier die Ausbildung an der Fachhochschule, und nach dem Studium möchten die meisten in Hamburg bleiben.«

Ich durfte unverrichteter Dinge aufstehen, höflich bleiben und gehen. Draußen vor der Tür pöbelte ich drauflos, zog die Nase hoch und wischte mir die Tränen ab.

Also fasste ich mir ein Herz und bewarb mich nach dem niederschmetternden Abgang bei den Bücherhallen im Fachbereich Bibliothekswesen im Grindelhof. Als ich den Briefumschlag mit der Zusage öffnete, traute ich meine Augen nicht: Es hatte tatsächlich geklappt!

Für jedes Semester musste ich nun rechtzeitig meine Pläne für die anstehende Vorlesung und das Seminar in schriftlicher Form bei der zuständigen Professorin oder dem Professor abgeben. Danach fand ein persönliches Gespräch statt, um zusammen ›die Feinheiten zu klären‹. Manchmal wurden meine Vorschläge abgelehnt.

Später entdeckte ich im Vorlesungsverzeichnis Ideen, fast identisch mit meinen abgelehnten. Von den betreffenden Dozenten ›übernommen‹. Hätte ich dagegen (öffentlich) protestiert, ich wäre meinen Lehrauftrag losgewesen.

Nach sieben Jahren wurde mein Lehrauftrag (der gelegentlich wegen Nachfrage sogar auf acht Semesterwochenstunden aufgestockt war) in eine Professur umgewandelt, die ich nicht antreten konnte, weil die Voraussetzungen dafür zu anspruchsvoll waren.

Hin und wieder bin ich noch in der alten geliebten Umgebung am Grindel unterwegs, um ins Abaton-Kino zu gehen. Und bis vor Kurzem auch, um meine Vorräte an Tim-und-Struppi-Utensilien und Jahreskalendern aufzufüllen, und zwar bei *pappnase & co*, Grindelallee 92. Dort gab es eine hervorragende Auswahl an Comics und Graphic Novels, handverlesenen Kinderbüchern und Spaßartikeln. Schade, dass es diese wunderbare Fundgrube für Frohsinn und gute Laune mit kompetenter, freundlicher Beratung nicht mehr gibt.

An der Fachhochschule für Sozialpädagogik (1981)

Durch einen Insidertipp war das Glück auf meiner Seite: Das Fach Kinder- und Jugendliteratur lag bei den Sozialpädagogen an der FHS in der Saarlandstraße gerade brach, und ich konnte sofort anfangen.

Hatte ich bei den angehenden Bibliothekaren eine wohlwollende und bereitwillige Zuhörerschaft, bewegte ich mich hier urplötzlich auf einem komplett anderen Parkett.

Literatur und das Lesen von (erzählenden) Büchern war fast ein Fremdwort. Wer gab schon zu, gerne zu lesen und sogar Tagebuch zu schreiben? Bloß nicht! Damals völlig daneben.

Buletten, Frankfurter Würstchen und Kartoffelsalat wurden während der Veranstaltung mitgebracht und verzehrt. Ich wurde geduzt, Hunde und schreiende Babys – die zwischendurch gestillt und gewickelt wurden – waren ohne Rückfrage bei mir mit von der Partie. Sie lagen unter oder auf dem Tisch oder saßen auf Stühlen – auch die Hunde.

Als Stricken plötzlich angesagt war (Vorbild: Joschka Fischer und die Grünen, ab 1983), blickte ich fast nur noch auf Haarscheitel und kullernde Wollkugeln, begleitet vom Klicken der Stricknadeln. So gut wie nichts wurde notiert, dafür aber wurden fertige strukturierte Arbeitsblätter (bloß nicht zu viel lesen!) als Zusammenfassung meiner Lehre von mir verlangt.

Die Stimmung verbesserte sich ein wenig, als dreisemestrige Fachprojekte mit Praxisplätzen für die letzten drei Semester eingeführt wurden, in denen ich mit hauptamtlichen Dozenten eng zusammenarbeitete.

Schwerpunkte waren folgende Themen:

Alte Menschen (Zukunftsperspektive), Funktionaler An-alphabetismus (unter anderem in Haftanstalten) und schließlich Supervision in ›Ästhetik und Kommunikation‹, was viel Kreatives beinhaltete wie Theater, Musik, Malen, Kreatives Schreiben etc.

Da waren zwei Professorinnen, denen ich viel zu verdanken habe. Ulla Biebrach-Plett, die sich darum kümmerte, dass es für meine Fächer im Modul ›Ästhetik und Kommunikation‹ genug Stunden gab, und Dagmar Demme, die sich unermüdlich in Vorlesungen und Seminaren über die neue Aufgabe von Sozialpädagogen in der Betreuung, Versorgung und Pflege von alten Menschen einsetzte. Sie klärte damals schon ausführlich und gründlich über das auf, was uns erwartete: eine Alterspyramide, die nach oben immer breiter würde. Dagmar Demme war engagierte Mitbegründerin der Alzheimer Gesellschaft Hamburg e. V.

In unserem gemeinsamen Seminar konnte ich mich ganz nach Belieben mit Literatur über alte Menschen ausbreiten. Eine Kiste mit Büchern nahm ich mit ins Seminar. Fast alle fingen an zu lesen, brachten auch selbstgewählte Bücher zum Thema mit.

Wir besuchten regelmäßig die Tagesstätte für alte Menschen in Hamburg-Steilshoop. Dann kam eine mutige Idee aus deren Reihen:

»Können wir Sie nicht besuchen, dort wo Sie studieren?«

Ein Bus wurde organisiert, von den Studierenden Kuchen gebacken, Kaffee gekocht. In entspannter Atmosphäre stellten wir einander Bücher vor, diskutierten darüber. Dabei kamen wir vor allem durch *Alter John* von Peter Härtling ins Gespräch. Alle lasen es, als Grundlage für die nächsten Begegnungen. Ein wirklich besonderes, herausragendes Buch, in großer Schrift und kurzen Kapiteln. Aber die haben es in sich …

Während der Gespräche wurden fleißig Notizen und Protokolle geschrieben. Es gab viele Fragen zu Ängsten im Alter: verlassen werden, Abschied nehmen, nicht mehr für voll genommen werden.

Zum Buch von Peter Härtling:

Alter John zieht um, irgendwo in ein kleines Dorf, zu seiner Familie: Vater, Mutter, Laura und Jakob.

Obwohl *Alter John* nur probewohnen wollte, entwickelt es sich anders als geplant. Der Fünfundsiebzigjährige hält die Familie und seine Umgebung fast rund um die Uhr in Atem. Er erzählt von früher, er verliebt sich, möchte wieder ausziehen, neu anfangen, wird krank und stirbt schließlich. Das Sterben war für die Studierenden ein Punkt, an dem sie zögerten, mit der Altengruppe darüber zu sprechen.

Ich überließ ihnen die Entscheidung, die von der Gruppe der alten Menschen dankbar angenommen wurde. Sie fühlten sich befreit und ernst genommen, endlich über Themen wie Sterben und Tod sprechen zu dürfen. Plötzlich wurden sogar Briefe aus dem Zweiten Weltkrieg mitgebracht, Feldpost von Männern, die im Krieg gefallen waren. Die Briefe wurden von den Frauen selber vorgelesen, und plötzlich brachen alle Deiche. Es wurde geweint, erzählt, erklärt. Ein großartiges Seminar mit viel Tiefgang, das durch die Anwesenheit der Zeitzeugen reichlich Schreib- und Erzählstoff bot.

Der Umgangston änderte sich, es gab wieder mehr gegenseitigen Respekt, das Duzen war nicht mehr überall üblich.

Studierende, die sich trauten zuzugeben, dass sie gern lasen und auch an kreativem Schreiben interessiert waren, kamen zu mir in die Seminare. Die Möglichkeit, die Methodik von Frederick S. Perls' Gestalttherapie, in der ich von 1990 bis 1992 ausgebildet wurde, kennenzulernen, um sie im zukünftigen Berufsalltag einzusetzen, wurde von vielen angenommen.

In Blockseminaren am Wochenende konnten wir an zweieinhalb Tagen richtig in die Tiefe gehen. Themen wie ›Abschiednehmen, Sterben, Tod und Trauer‹ wurden in Bildern und Texten vertieft. Auch eigene Mandalas wurden skizziert und farbig ausgefüllt, dazu kamen wieder Texte und Gespräche. Sich zu trauen war nicht einfach, aber viele schafften es dennoch, und es war auch wichtig zu sehen, dass Beharrlichkeit sich lohnte. Daran zu glauben, dass es nach Rückschlägen wieder bergauf ging.

T. S. Eliot hat irgendwo notiert: »Jeder Tag ist ein neuer Anfang.« Wie wahr.

Das besondere Projekt: Masken und Texte (1993–1995)

Plötzlich lag eine Anfrage für ein größeres interkulturelles Projekt in meinem Postfach: ein Projekt zu Masken – absolutes Favoriten-Thema eines der Professoren, basierend auf Theorien von Erich Fromm und Jacques Demorgon, beide Psychoanalytiker, zur Widersprüchlichkeit im Menschen. Ein für mich komplett neues Feld sollte bei Zusage von mir beackert werden. Über Erich Fromms Thesen war ich nicht unbedingt im Bilde.

Titel: Masken und Texte. Distanz und Nähe zwischen den Kulturen
Zeitraum: Juni, September und November 1994, 1995 Zusammenführung von allen und gemeinsame Arbeit und Auswertung.
Die **Orte** der Seminare: Hamburg (FHS Saarlandstraße), Paris (Sèvres Cedex), Recco in Ligurien, das Landhaus der Familie Ruhe in Osterbunsbüll, Schleswig-Holstein.
Sprachen: Deutsch, Französisch, Italienisch, notfalls Englisch.
Arbeitshypothese: Der kreative Umgang mit Masken und Texten, die Auseinandersetzung mit Fragen des Eigenen und des Fremden, zu Distanz und Nähe, der die menschlichen und beruflichen Beziehungen fördern würde.
Gemeinsames Ziel (Zitat aus einer Unterlage): »Das Angebot kreativer Arbeit in seiner Komplementarität (Masken und Texte) für eine vertiefende Auseinandersetzung mit Fragen persönlicher, beruflicher und kultureller Identität zu nutzen.«
    Und (weiteres Zitat): »Es soll versucht werden, das selbstgesteckte Ziel zu erreichen, im Sinne einer Handlungsforschung

umzusetzen, bei dem alle Lernende und Forschende dem Ziel, Rahmenbedingungen für das gemeinsame Vorhaben zu entwickeln und auf ihre Eignung zu überprüfen und näher zu kommen (sic).«

Teilnehmergruppen: Studierende und Lehrende aus dem Bereich der sozialen Arbeit in drei Ländern.

Ich bekam kalte Füße, ob ich diesen Ansprüchen gewachsen sein würde, und bat eine Psychologen-Freundin um Rat. Sie machte mir Mut und half mir beim Formulieren eines Kurztextes über helle und dunkle Seiten in jedem Menschen für die Arbeits- und Vorbereitungsgespräche, als Grundlage für meinen kreativen Teil im Projekt. Alles Weitere wartete ich ab.

Das war im Jahr 1993. Fromms *Die Seele des Menschen. Ihre Fähigkeit zum Guten und zum Bösen* wurde für eine Weile meine schwer verdauliche Bettlektüre.

Nach dem ersten Vorbereitungstreffen zum Projekt *Masken und Texte. Distanz und Nähe zwischen den Kulturen* mit den Lehrenden aus Hamburg, Paris und Mailand klingelten mir die Ohren. Ich hatte nur noch Brei im Kopf, saß vor einem Stapel hingekritzelter Notizen als Hilfe für die Planung und wurde das Gefühl nicht los, dass fast alle in einer super-intellektuellen Welt unterwegs waren, für die mein Horizont nicht reichte. Manchmal brannte es mir auf den Nägeln zu fragen: »Könnte das bitte nochmal in einfacher Sprache erläutert werden?«

Zu Dr. Claudio Mustacchi von der Hochschule in Mailand, der fließend Deutsch sprach, fasste ich Vertrauen. In den Pausen konnte ich Fragen stellen. Allmählich bekam ich den Durchblick und schrieb Konzepte für die drei Gruppen an jeweils fünf Seminartagen.

Zur nächsten Vorbereitungssitzung brachte Claudio den bildenden Künstler Natale Panaro mit, ein bekannter Maskenbauer, der sogar von der Mailänder Scala Aufträge bekam: ein kleiner Mann, die Brille vorne auf der Nase, mit neugierigen, freundlichen Augen dahinter. Er betrachtete mich gründlich.

Natale wollte eigentlich so gut wie nichts davon wissen, dass es auch Texte im Zusammenhang mit den Masken gab, die er mit den Teilnehmern bauen wollte, und dass diese Texte kombiniert werden könnten mit seiner handwerklichen, künstlerischen Arbeit. Später gab er zu, dass es neu für ihn und er überrascht gewesen sei, wie diese beiden wichtigen schöpferischen Elemente ineinandergegriffen hatten.

Anna Conti, Agentin für Künstler und ausgefallene Events, schreibt auf ihrer Website über Natale Panaro: »Die Marionetten sind faszinierende Zeugen einer tausendjährigen Tradition, die sich in Italien durch verschiedene Formen und Kulturen entwickelt hat. Natale Panaro, der sich in der Spur dieser Tradition bewegt, formt und belebt seine Wesen; wie ein Zauberkünstler faltet er nach seiner Fantasie den Stab, die Spielkarten oder den Zylinder. … Das Atelier von Natale ›NAT‹ Panaro ist eine Ansammlung von Erinnerungen und professionellen Erfahrungen auf höchstem Niveau: Hier kreuzen sich Theater, Fernsehen, Papier, Pinsel, Marionetten, Leder, Ermüdung und Kreativität.«

All das stimmt, denn ich konnte manchmal zusehen, wie Natale anregende Anleitungen gab, die beiden Masken zu den hellen und dunklen inneren, menschlichen Seiten zu gestalten. Natale war eine geniale Bereicherung, die entwickelten Ergebnisse eindrucksvoll und ursprünglich. So wie Natale

Prof. Dr. Claudio Mustacchi

stellte ich mir den Holzschnitzer Geppetto vor, der aus einem sprechenden Holzscheit den kleinen, frechen Pinocchio schuf. Genauso wie Natale, der in seinem Atelier Marionetten aus Holz baute.

In Hamburg starteten wir in zwei großen Räumen der Hochschule mit dem interkulturellen Projekt. An dem Workshop nahmen außer Natale und mir als Anleiterin auch die Lehrenden teil. Ich hatte es ihnen empfohlen, damit sie durch eigene Erfahrungen nachvollziehen könnten, wie es für die Studierenden war, die sie später begleiten sollten. Das Masken- und Texte-Ereignis wurde mit der Genehmigung aller vom Anfang an gefilmt.

Zum Glück hatten wir psychologische Begleitung mit dabei. In Paris, wo wir auf dem Gelände der ehemaligen berühmten Porzellanmanufaktur Sèvres in einem fast ungeheizten Pavillon gemeinsam die fünf Seminartage verbrachten, brach am dritten Tag eine Teilnehmerin zusammen. Die ganze Zeit über war (für mich) Fakt, dass in Frankreich, wo der Frontalunterricht noch praktiziert wurde, der Austausch zwischen Lehrkräften und Studierenden nicht so verbreitet war wie in Deutschland. Es fiel allen schwer, im Beisein der anderen etwas preiszugeben, vor allem von der eigenen Trauer, den eigenen Ängsten (die dunkle Seite). Eine Professorin meldete sich bereits am zweiten Tag ab und kam nicht mehr wieder.

In Hamburg dagegen hatten wir uns begeistert ausgetauscht, Texte vorgelesen und am letzten warmen Sommerabend im Grindelviertel, gegenüber vom Abaton-Kino, eine der beiden Masken aufgesetzt, nachdem wir gemeinsam auf der Terrasse eines Restaurants gegessen hatten. Einige trugen die Maske noch, als sie in Bus und Bahn stiegen, und schrieben später

Berichte über ihre besonderen Erfahrungen. Daran war in Paris-Sèvres nicht zu denken.

Dann kam der vorletzte Abschnitt: Recco in Ligurien. Die herrliche, ehemals private verschnörkelte Villa Tigellius der Familie Peirano, die im Jahr 1898 gebaut und später der Stadt Mailand geschenkt wurde, war unser Seminar-Domizil. Die Hanglage schenkte uns einen weiten Blick in die Ferne. Der hauseigene Palmengarten mit Tischen und lauschigen Ecken direkt vor der Tür lud zum Schreiben und Malen ein. In allen Stockwerken gab es mehrere große und kleine Räume, in denen wir übernachteten und uns überall wahrlich austoben konnten. Es wurde viel gelacht, gesungen, gemalt, geschrieben und es wurden Masken gebaut. Die Sonne schien, und Liguriens Küste, nicht weit entfernt, war anregender als die kalte Pracht der Sèvres-Fabrik von 1740 in Paris.

In der Villa Tigellius in Recco waren alle Räume offen, nur drei Türen versiegelt, weil sich dort nach einem Besuch von zwei Schulklassen Läuse und Flöhe breit gemacht hatten. Ich hatte eine romantische läusefreie Bleibe mit Stuck an den Decken und einem kleinen Balkon. In Recco meinte das Leben es gut mit uns. Claudio, der empfindsame, hoch motivierte Anleiter in Sachen Darstellung mit Masken, strahlte den ganzen Tag. Als Theaterpädagoge war er die vollendete Ergänzung für Natale und mich. Alle waren erfüllt und intensiv bei der Sache.

Nun stand noch das große Treffen in Schleswig-Holstein an, mit allen Studierenden. Im nasskalten Februar 1995 räumte die Familie Ruhe, Gastgeber des weitläufigen Landhauses Osterbunsbüll aus dem Jahr 1771, sogar einige Privaträume, damit wir alle Platz fanden. Es war der Höhepunkt und Abschluss nach intensiven Tagen in Hamburg, Paris und Recco. Claudio übernahm die Leitung für die tiefgehende theaterpädagogische Arbeit mit beiden Masken.

Die Italiener*innen froren und waren trotzdem guter Dinge, die Gäste aus Paris verhielten sich nach wie vor höflich-distanziert, die Hamburger*innen bemühten sich, es allen recht zu machen. Der interkulturelle Austausch gelang, es war ein Highlight nach einem Vorbereitungsjahr 1993 und den Seminaren im Jahr 1994.

Die Projektpräsentation der Texte und Masken und des Films sollte im Sommer 1995 in Hamburg stattfinden, und zwar im Mensa-Gebäude an der Saarlandstraße, anschließend im UNESCO-Institut für Lebenslanges Lernen in Hamburg; dann wurde die Ausstellung weitergeleitet an die Hochschulen für Sozialpädagogik in Paris und Mailand.

Als ich den Katalog zu den Masken sah, entdeckte ich

nirgends meinen Namen. Nur den des Projektkoordinators. Im Film tauchte ich höchstens zwanzig Sekunden in Sèvres auf, als ich mit allen eine kleine Entspannungsübung im Stehen durchführte.

Meine handgeschriebene Methodik und Planung für jede Einheit hatte ich, im guten Glauben, zum Kopieren zur Verfügung gestellt und fand sie nachher ›verfeinert‹ unter anderen Namen in Veröffentlichungen und Seminaren wieder. So etwas nennt sich, glaube ich, ›Adaption‹. Oder schlicht: Plagiat.

Meine handgeschriebenen Anleitungen habe ich bis heute aufgehoben. Man weiß ja nie. Das Projekt war für mich dennoch unvergesslich. Der Einzige, der mich namentlich in mehreren Artikeln und in seinen Büchern erwähnte, war Dr. Claudio Mustacchi aus Mailand. Wir sind echte Freunde geblieben, bis heute.

Trauer, in meinem Leben und in dem Leben anderer Menschen

Es geschah an einem Sonntag (1985)

Mein Neffe starb.

Er war vorher nie krank gewesen und ein Sportler durch und durch.

An dem Sonntag, an dem es geschah, war ich noch bis zum frühen Morgen in meinem Heimatort gewesen. Meine Mutter hatte Geburtstag gefeiert, und als Überraschung war ich schon am Donnerstag, einen Tag vor ihrem Geburtstag, hingefahren, hatte mich bei meiner jüngsten Schwester Marlene einquartiert und mich am Nachmittag mit zwei anderen Schwestern und zwei Neffen im Garten von Marlene versteckt. Und als meine Mutter nichtsahnend zur Kaffeefeier in den Garten kam, riefen wir alle »buh!« und sprangen *Happy Birthday* singend aus den Büschen hervor. Es wurde ein wunderbarer Vor-Geburtstag, dieser dreizehnte Juli. Die Sonne schien, der Garten stand in Blüte, wir waren fröhlich und ausgelassen, und Mutter genoss es in vollen Zügen. Sie liebte es, Kinder und Enkelkinder um sich zu haben.

Der Sommer war heiß.

Für den Sonntag, an dem es geschah, hatte ich beschlossen, schon morgens um sechs ins Auto zu steigen und loszufahren, weil die Fahrt nach Hamburg etwa sechs Stunden dauern würde und mich immer sehr anstrengte, vor allem dann, wenn ich die ganze Strecke allein fuhr.

Gegen halb acht Uhr abends klingelte an diesem Sonntag in Hamburg das Telefon. »Marie-Thérèse, hier ist dein Schwager Frank. Ich ... Ich ...« Plötzlich hörte ich ihn schluchzen. Mein Gott, was war bloß passiert? Bitte, sprich weiter, flehte ich in Gedanken. Es musste etwas Entsetzliches geschehen sein. Mutter, dachte ich mit rasendem Herzen, es ist ihr etwas zugestoßen. Mein Hals war wie zugeschnürt. Ich konnte meinen Schwager nicht einmal bitten weiterzureden. Er würde es jetzt bestimmt aussprechen. Es konnte nur eine Hiobsbotschaft sein, sonst würde er nicht weinen.

»Werner ist tot«, sagte eine Stimme, die mir fremd war. Ich antwortete nicht. Ich legte den Hörer hin und ging ins Wohnzimmer. Dort saß mein Mann. Ich starrte ihn schweigend an. Er begriff nicht. Wie sollte er auch. Es war jemand gestorben. Aus meiner Familie. Wer war nun eigentlich tot? Ich nannte den Namen meines ältesten Bruders. Ich hatte gar nicht richtig hingehört.

»Jacques ist tot«, sagte ich.

Ich ging zurück in den Flur und nahm den Hörer wieder hoch.

»Wer ist gestorben?«, fragte ich, und mir schien, als war es gar nicht ich selbst, die da nachfragte. »Werner ist tot«, wiederholte mein Schwager. Ich verstand überhaupt nichts mehr. »Wieso denn Werner?«

»Dein Neffe«, sagte er, »Werner.«

Ich konnte nicht weinen und war wie von Sinnen. Ich spürte jeden Nerv in meinem Körper und dachte, das bist du gar nicht. Da steht noch eine andere Person neben dir.

»Aber warum denn?«, schrie ich plötzlich.

Auf der anderen Seite der Telefonleitung blieb es zunächst still.

»Ich weiß es nicht«, sagte mein Schwager endlich. »Er ist zusammengebrochen, auf der Terrasse bei seinen Eltern.«

»Wer ist gestorben?«, fragte ich wieder.

»Werner, dein Neffe.«

Also nicht mein ältester Bruder, sondern dessen Sohn. Ich versuchte, meine Gedanken zu ordnen.

»Wo ist Mutter?«, fragte ich in Panik.

»Bei deiner Schwester und mir.« Ich wurde ruhiger. Der Hörer zitterte nicht mehr so, und mein Körper tat nicht mehr so furchtbar weh. Ich setzte mich hin.

Mutter, die Werner so liebte, als wäre es ihr eigenes, ihr elftes Kind. Komisch, ich dachte zuerst an sie und nicht an meinen Bruder und dessen Frau, Werners Eltern.

»Werner ist von einer Minute auf die andere gestorben. Man weiß noch nicht, woran.«

»Ich kann nicht mehr reden«, sagte ich und legte auf. Wie lange ich noch vor dem Telefon gesessen habe, weiß ich nicht. Irgendwann spürte ich die Hand meines Mannes auf meiner Schulter.

»Ich kann nicht sprechen«, sagte ich.

Am nächsten Tag fuhren wir zu zweit die gleiche Strecke zurück, die ich am Tag zuvor noch unbesorgt singend in die entgegengesetzte Richtung gefahren war. Ich konnte noch immer nicht über Werner sprechen. Ich wollte erst meine Mutter sehen und versuchen, ihr zu helfen und sie zu trösten.

Denn Mutter wohnte inzwischen ganz allein. Mein Vater war schon vor zehn Jahren gestorben. Und alle ihre zehn

Kinder waren aus dem Haus. Werner, ihr Enkelkind, hatte sie fast jeden Tag besucht. Er war ihr liebster Freund gewesen.

Es war das erste Mal in meinem Leben, dass ich einen Todesfall in der eigenen Familie so intensiv durchlitt. Sogar der Tod meines Vaters hatte mich nicht so getroffen wie jetzt der Tod von Werner.

Trotzdem verdrängte ich die eigenen Gefühle. Ich hielt mich tapfer, wie meine Mutter. »Zeige mir, dass du meine Tochter bist«, sagte sie, als wir in die Kirche traten. Ich hatte nicht den Mut, mich an ihr festzuklammern, als ich den Sarg sah, in dem Werner jetzt lag: tot.

Ich verdrängte meine Gefühle auch, als einer meiner liebsten Freunde in Hamburg starb, der wie ich aus den Niederlanden stammte. Er war ein Stückchen Vater und ein Stückchen Heimat für mich gewesen. Er hatte mich in Gesprächen auf seinen Tod vorbereitet und mir immer wieder Signale gegeben, die ich nicht verstand oder nicht verstehen wollte. Noch nicht. Sein Tod kam deshalb völlig unerwartet für mich und traf mich tief.

Mir war klar, dass ich jetzt dem Tod endlich in die Augen sehen sollte. Es blieb mir nichts anderes mehr. Ich konnte mich nicht mehr verstecken. Meine Trauer war stark, nur wusste ich nicht, wie ich damit umgehen sollte.

Eine Freundin schenkte mir ein Buch von Elisabeth Kübler-Ross. Es trug den Titel *Über den Tod und das Leben danach*.

Mein Mann ließ mich allein in der Wohnung, weil er spürte, dass ich es so wollte. Es wurde nicht weiter darüber geredet. Ich fing an zu lesen, legte das Buch immer wieder hin, weil es mich überwältigte, weil es mir unheimlich war. Vor allem auch, weil dort Dinge standen, die ich immer sorgfältig verdrängt hatte. Damit wollte ich eigentlich bis jetzt nichts zu tun haben.

Als ich das Buch ausgelesen hatte, konnte ich endlich weinen. Ich weinte so heftig wie selten in meinem Leben zuvor. Ich wusste, dass ich Werner und auch Cornelius gegenüber keine Schuldgefühle haben sollte, weil ich bis dahin einfach zu wenig über Sterben, Tod und Trauer gewusst hatte.

Ich nahm mir vor, das zu ändern. So eine Chance, wie Cornelius sie mir geboten hatte, würde ich mir nicht noch einmal entgehen lassen. Ich hätte ihm helfen können. Er hatte mit mir darüber reden wollen, und ich hatte abgelehnt. Er hatte nicht weiter nachgefragt.

Als meine Mutter an Krebs erkrankte, konnte ich neben ihrem Bett sitzen und mit ihr über den Tod sprechen. Und einige meiner Geschwister auch. Sie waren zum Glück so weit wie ich. Sie hatten erkannt, dass der Tod zum Leben gehört und dass man Sterbenden hilft, indem man bei ihnen ist und bei ihnen bleibt, solange man dazu in der Lage ist. Es kostete mich unendlich viel Überwindung, aber meine Mutter gab mir in ihrer für sie und uns so zermürbenden Krankheit so unglaublich viel Kraft, dass ich daraus noch heute schöpfen kann.

Es war ihre Kraft, die es mir ermöglichte, ihr Sterben und ihren Tod auch für mich anzunehmen.

Noch als meine Mutter im Sterben lag, sah ich, wie sich ihre Enkelkinder mit ihrem Tod schwertaten.

Und wie war ich als Kind gewesen? In welcher Form war mir der Tod als Kind begegnet?

Ich versuchte, diese Fragen in meinem zweiten Buch zu bearbeiten, und schrieb zwei autobiografische Geschichten dazu.

Die Energie dazu holte ich mir aus meiner eigenen Vergangenheit, indem ich darüber schrieb, und nebenbei stärkte mich Mutter durch ihren unglaublichen Optimismus und ihren Glauben an die Mutter Gottes, nach der sie all ihre Kinder genannt hatte. Jeder und jede von uns trägt »Marie« im Namen, es war ihr Wunsch.

Als ich meine Mutter das letzte Mal sah und wir den Text für ihr Begräbnis besprochen hatten, bin ich im Krankenhausflur auf die nächste Toilette gerannt und habe geschrien, während ich Papierhandtücher vor mein Gesicht presste.

Mutter hat mich bestimmt gehört. Ich habe mich nicht mehr zu ihr gewagt. Aber sie wird mich verstanden haben. Sie war in ihrer Krankheit so weise. Nie stellte sie irgendwelche Ansprüche, sondern verstand es, ihre Kinder und Freunde jeweils auf eine besondere Art an ihrer Krankheit teilnehmen zu lassen. Mit ihrem unverwechselbaren Lächeln tröstete sie alle.

Die Arbeit an meinem Buch blieb liegen. Ein Jahr lang. Die Erinnerungen an sie, an Werner und Cornelius schmerzten zu sehr.

Dann lernte ich die Psychologin Margit Baßler kennen. Ich wusste sofort, dass ich mit ihr gemeinsam Trauerarbeit mit Kindern übernehmen konnte. In diesem Sommer schaffte ich es, die ersten Kapitel zum Tod meines Neffen Werner zu schreiben. Als Erzählperspektive wählte ich seine jüngere Schwester und nannte sie im Buch Mieke.

Von ihr wusste ich, dass sie in ihrer Trauer von ihrem Umfeld nicht wahrgenommen wurde: Mitten im Manuskript blieb ich stecken, und zwar genau dort, wo die Trauerarbeit anfing. Ich war selbst immer noch nicht weit genug.

Ich las alle Aufzeichnungen durch, die ich nach dem ersten Trauer-Wochenende mit Kindern in der Evangelischen Akademie in Bad Segeberg angefertigt hatte. Trotzdem konnte ich nicht schreiben. In dem Buch über Werner kam ständig meine Mutter vor. Die Sperre war wieder da. Kurze Zeit später besuchte mich meine jüngste Schwester. Wir sprachen viel und lange von Mutter.

Meine Schwester half mir.

Ich setzte mich hin und schrieb über Werners Familie und über meine Mutter. Im Mittelpunkt standen mein verstorbener Neffe und seine Schwester Mieke und all das, was ich inzwischen von den Kindern in der Trauergruppe gelernt hatte: dass man sie in ihrer Trauer ernst nehmen sollte.

Nach sechs Stunden Schreibarbeit stand der Rest des Buches in Rohfassung. Ich war wie von einer schweren Last befreit. Endlich hatte ich alle Gedanken ordnen können, die um das Sterben der Menschen kreisten, die ich so sehr liebte, wenn auch zunächst nur für mich. Das Buch über Werner wollte ich als Erstes den Kindern vorstellen, am bevorstehenden Wochenende in Bad Segeberg.

Vorher jedoch gab ich Margit das Manuskript zum Lesen. »Es ist alles drin«, sagte sie, »vor allem für die Geschwister.«

Das genügte mir. Die Kinder sagten später das Gleiche. Und sie konnten reden, von sich und ihrer Trauer.

Das Buch *Es geschah an einem Sonntag* ist in gewisser Weise gemeinsam mit den Geschwisterkindern aus dem Trauerseminar entstanden. Das war das, was für mich am meisten galt. Die Arbeit mit den trauernden Geschwistern ist dadurch zu einem wichtigen Teil meines Lebens geworden, den ich nicht mehr missen möchte.

Zusammen mit meiner Mutter schrieb ich folgenden Text für das kleine gedruckte Faltblatt, das bei Beerdigungen in der katholischen Kirche zur Erinnerung an die Verstorbenen

mitgenommen werden kann. Es war für ihre eigene Abschieds-
feier.

Mijn weg naar het onbekende land was lang en vaak eenzaam.
De zon scheen, maar ook regen en onweer begeleidden mij.
Het was een opwindende, een afwisselende reis, die echter op het
laatst bezwaarlijk en moeilijk werd.
Juist toen stonden er veel mensen, van wie ich hield langs deze weg.
Ze hielpen me, wanneer ik viel.
Ze reikten mij hun hand, om mij voorzichtig daar naartoe te
brengen, waar ik heen wilde.
Ik nam hun zorg en liefde aan en hoopte, dat ze mijn zorgen en
liefde voor hen eveneens voelden.
Ik was dankbaar voor alles, wat ik hier mocht ervaren.
Ik ben dankbaar voor alles, wat nog komt.
Ik word verwacht.
Wij zien elkaar weer, tot ziens.

Mein Weg ins unbekannte Land war schwer und oft einsam.
Die Sonne schien, aber auch Regen und Gewitter begleiteten mich.
Es war eine aufregende, eine Reise voller Abwechslungen, die am
Ende beschwerlich und schwierig wurde.
Genau dann standen viele Menschen, die ich liebte, an diesem
Weg.
Sie halfen mir, wenn ich fiel.
Sie reichten mir ihre Hand, um mich behutsam dorthin zu führen,
wo ich hinwollte.
Ich nahm ihre Fürsorge, ihre Liebe an und hoffte, dass sie meine
Fürsorge und Liebe für sie ebenfalls spürten.
Ich war dankbar für alles, was ich hier erleben durfte.

Ich bin dankbar, für das, was noch kommen wird.
Ich werde erwartet.
Wir sehen uns wieder, auf Wiedersehen.

Mein Mutter wollte kein Foto von sich auf der Vorderseite des Andenkentextes, sondern ein Bild der Muttergottes aus der kleinen Kapelle in Genooi am Stadtrand von Venlo.

Unter ihrem Kopfkissen im Krankenhaus lag eine Abbildung der Madonna, die in der kleinen, mittelalterlichen Wallfahrtskapelle in Genooi am Fluss de Maas steht, am Pilgerweg nach Santiago de Compostela.

Dort, bei ihrer *Onze Lieve Vrouw van Genooi* fand meine Mutter ihr Leben lang Trost und Kraft für die enormen Aufgaben, die sie in ihrem Leben bewältigte.

Wie lange dauert Trauer eigentlich? Über den Verlust und das Finden von Ritualen (2008)

Wie oft werde ich das gefragt. Von großen und von kleinen Menschen, die um Verstorbene trauern. »Lange«, antworte ich meistens, »doch Trauer ist immer anders, sie wandelt sich, ist aber ständig da. Nur du kannst entscheiden, ob du hinsehen und ihr Näherkommen für dich zulassen willst. Trauer gehört zu jedem Leben.« Von meiner eigenen habe ich schon in drei Büchern erzählt und auch davon, wie es mir zur Aufgabe wurde, mit Trauernden jeder Altersstufe in Workshops über ihre Gefühle zu schreiben und zu malen. Grund dafür war vor vielen Jahren entscheidend auch große Angst, die eigene Trauer zuzulassen. Angst vor den wirklichen, oft versteckten Gefühlen ist ein bedeutendes Thema bei der Bewältigung von Trauer. In unserer Kultur sind viele Rituale abhanden gekommen. Rituale, die gestatten, offen mit der schwierigen, unbequemen Seite in uns umzugehen. Warum entschuldigen wir uns, wenn wir weinen? Warum schreien wir so gut wie nie Wut und Schmerz über Tod und Abschied in die Öffentlichkeit hinaus? Warum können wir uns bei Beerdigungen über fröhliche Musik nicht freuen, obwohl die Seele des Toten vielleicht in eine bessere Zukunft abgeholt wird? Das sind nur einige Beispiele über die Verbannung des Todes auf ein stillgelegtes Gleis.

Als ich mich entschied, auf trauernde Menschen in Workshops und Lesungen zuzugehen, war mir nicht klar, wie sehr sich dadurch mein Leben ändern sollte, wie ich mich allmählich trauen würde, neue, schwierige Aufgaben, auch in anderen Ländern, zu übernehmen.

Vor gut zwanzig Jahren gab es das erste Wochenende,

damals mit Margit Baßler und mir, wo verwaiste Geschwister zu uns kamen. Wir verbrachten drei Tage miteinander, erzählten, malten und schrieben. Die Verfilmung von Astrid Lindgrens *Die Brüder Löwenherz* war für den Einstieg ein Flop, Sprachlosigkeit das Ergebnis. Wie Ertrinkende auf zwei kleinen Inseln klammerten sich die Kinder im Dunkeln an Margit und mich. Erst als wir den Text vorlasen, war mir klar, dass Literatur der wichtigste Bestandteil für den Zugang zur Trauer sein würde. Seitdem steht in Workshops das geschriebene und gedruckte Wort absolut im Mittelpunkt. Erst dann kommen die gesprochenen und gemalten Worte.

Bei Lesungen zeige ich Bilder aus Büchern und suche geeignete Texte dazu aus. Oft ergibt sich in Schulen ganz spontan eine Lesung, die von Kindern und Jugendlichen mit großem Interesse einfühlsam angenommen wird. Manchmal werde ich speziell zu dieser Thematik eingeladen. Die Gründe sind dann meist akut: ein Trauerfall in der Klasse, in der Gruppe, womit Lehrkräfte, Betreuer und Schüler nicht mehr fertig werden. Hilflosigkeit, Schweigen, Zudecken, Angst, all das steht spürbar im Raum. Aus meinem privaten Bestand von neun Metern Literatur nehme ich immer weniger Bücher mit, weil sich nur einige wirklich eignen. In Schulen wird oft misstrauisch und auch ablehnend beobachtet, wie Kinder durch Bücher sofort ins Thema einsteigen und erzählen wollen. Manchmal brauche ich nur ein paar Zeilen vorzulesen, und schon übernehmen sie das Gespräch. Bei Jugendlichen und Erwachsenen brauche ich mehr Zeit. Vertrauen und Mut spielen dabei eine große Rolle. Dann, endlich, trauen sie sich zu weinen und zu erzählen, zu schreiben und zu malen, ohne sich zu schämen. Fast nie sagt jemand: »Heulsuse« oder: »Hör endlich auf, das kann ich nicht ab.«

Ich durfte an Trauerzeremonien im tiefsten Afrika am Äquator teilnehmen, an Leichenverbrennungen am Ganges und in Südindien, an Beerdigungsbräuchen in einem Bestattungshochhaus Hongkongs und auch an Beisetzungen in Südeuropa. Die vielen langwierigen Abschiedsrituale beeindruckten mich zutiefst. Ganze Dörfer, komplette Großfamilien, die aus der ganzen Welt anreisten, Tempelheilige und Priester unterschiedlichster Religionen, Schamanen und Zauberer, Medizinmänner, Klagefrauen und Mönche nahmen in wunderschönen und sinnvollen Feierlichkeiten tagelang Abschied von ihren Toten.

Mit der Illustratorin Birte Müller entstand die Bilderbücher *Zuckerguss für Isabel* über das Seelenfest in Mexiko und *Eine Kiste für Opa* über den Sargbauer Paa Joe in Ghana (mehr dazu

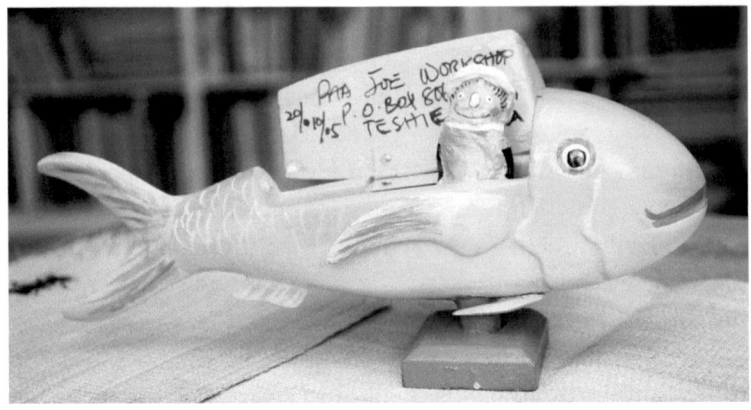

im Kapitel »Wie sagt man in anderen Ländern *Auf Wiedersehen*, wenn jemand stirbt?«). Wenn ich in Workshops mit diesen Büchern arbeite, braucht es nicht lange, bis die eigene Trauer der Teilnehmer großen Raum einnimmt. Als Birte Müller und ich *Zuckerguss für Isabel* im Museum für Völkerkunde (heute ›Museum am Rothenbaum – Kulturen und Künste der Welt‹) in Hamburg vorstellten, waren die Kinder anschließend beim Malen kaum zu bremsen. Sie vergaßen, dass Erwachsene mit im Raum waren, und malten und erzählten und malten …

Auch wenn sich Erwachsene daran stören, dass Kinder in Büchern auf Gräbern tanzen, so sollten sie dennoch wissen, dass ihre eigenen Kinder das auch in Wirklichkeit tun, allerdings natürlich *ohne* Eltern. Kinder wählen meist intuitiv den richtigen Weg in ihre Trauer und die Bekanntschaft mit dem Tod. Doch sie brauchen uns als Wegbegleiter. Dazu müssen wir zu uns stehen, auch und erst recht mit allen Schwächen.

Das Recht auf Langzeittrauer:
Ein ungewöhnliches Album (2010)

Wenn ich dieses Buch in die Hand nehme, überwältigen mich Trauer- und Respektgefühle, die ich beim Schreiben und in der Zusammenarbeit mit den Mitautoren und dem Fotografen Joachim M. Huber empfand, die alle dazu beigetragen haben, dieses ungewöhnliche Album entstehen zu lassen.

Ich wage einfach zu schreiben, dass es ein ›Trauermeisterstück‹ von uns allen geworden ist.

Auf meinen Reisen durch verschiedene Kontinente war ich tief beeindruckt von dem anderen, meist selbstverständlichen Zugang zu den Verstorbenen, dem anscheinend unbefangenen Kontakt zu den Ahnen in nichtwestlichen Kulturen. Aus Ritualen und Trauerpflege schöpfen die Menschen Energie und nehmen ihre lange Trauer als wichtigen Teil des Hierseins an. Die Idee, Betroffene in unserer Kultur nach ihrer Langzeittrauer zu fragen, ließ mich nicht mehr los.

Stimmen von verwaisten Geschwistern, aber auch von Eltern sind in diesem einmaligen und sehr persönlichen Erinnerungsalbum zu finden. Die Mitwirkenden an diesem Buch kenne ich nicht nur aus Trauerseminaren, sondern traf sie außerdem in Schreib- und Malwerkstätten. In dem oftmals seit zwanzig Jahren andauernden, privaten Kontakt wurden Briefe und Mails geschrieben, Telefonate geführt, und immer wieder fanden Begegnungen statt. Aus dem, was in der Zeit zusammengetragen wurde, entstand eine Auswahl an innigen, anrührenden Dokumenten, die spontan zur Verfügung gestellt wurden: Tagebuchnotizen, Gedichte, Briefe, Liebeserklärungen, kurze Geschichten, Erinnerungsaugenblicke, Wutausbrüche …

Dieses Buch setzt sich offen, ehrlich und schonungslos mit dem Tabuthema unserer westlichen Kultur auseinander: mit der Langzeittrauer. Dabei konnte ich selber zum ersten Mal über den Tod meiner drei bereits verstorbenen Geschwister schreiben. Alles, was Sterben, Tod, Trauer und Abschied ausmachen sollte, ist in diesem Sammelband zu finden.

Der Fotograf Joachim Huber, dem das Thema aus eigener Erfahrung nicht fremd ist, interpretierte geduldig, behutsam, verhalten und meditativ mit schwarz-weißen Fotos die authentischen Beiträge.

Er meint über sich: »Ich suche nicht das perfekte Bild, ich suche das gelebte Bild. Gute Bilder haben eine Vorgeschichte, einen Weg, der oft mit dem Lebensweg verknüpft ist. Der Kampf um die Bilder ist auch ein Kampf um die eigene Identität.«

Du bist noch da. Ein Erinnerungsalbum (Patmos, 2010) soll Mut machen, auch bei uns das Recht auf eine lebenslange Trauer in Anspruch zu nehmen.

Die folgenden Textausschnitte stammen von Stefanie, Katharina und Inga, die an mehreren Trauerseminaren an der Evangelischen Akademie in Bad Segeberg teilnahmen. Wir haben unseren Kontakt immer beibehalten.

Du bist noch da:
Ein Erinnerungsalbum
Textauszüge (2010)

Dies und das
Du und ich, wir hatten dies und das.
Blanke Kiesel, Muscheln, Vogelnester.

Kugeln auch aus bunt gestriemtem Glas.
Und du warst der Bruder, ich die Schwester.
Und wir stritten uns um dies und das:
Um Kastanien, Kolben aus dem Röhricht.
Und wurden groß, und es schien töricht.
Es erschien uns als ein Spiel,
als ein Nichts erschien uns dies und das.
Heute nun, da du vor mir des Balles
müde warst, und er in meiner Hand
liegen blieb wie ein vergessenes Pfand,
weiß ich: Dies und das, ach war es viel!
Lieber Bruder, dies und das war alles …

Stefanie, 25 Jahre, im Gedenken an ihren kleinen Bruder Marco,
der als Fünfjähriger vor ihren Augen auf einem Zebrastreifen
überfahren wurde und sofort starb.

Ich vermisse
mein Leben
ohne dich

es hängt irgendwo
zwischen dir und mir
und ich traue mich nicht
danach zu greifen
um nicht den Kontakt zu dir
zu verlieren
Ich vermisse mein Leben ohne dich

denn ich habe es
verloren
weil ich ihm nicht
die nötige Beachtung schenkte
sondern dir
Ich vermisse
mein Leben
ohne dich

denn es ist von mir
fortgegangen
weil es lieber dort verweilt
wo es Grund hat
und das ist bei dir
Ich vermisse
Dich
mein Leben

Katharina, 16 Jahre, die ihren kleinen Bruder Sebastian vermisst, der kurz nach der Geburt im Krankenhaus verstarb. Damals war sie 13 Jahre alt.

Manchmal
Manchmal möchte ich es einfach.
Manchmal möchte ich ganz einfach traurig sein, einfach die Tränen
Fließen lassen, ganz leise.
Manchmal möchte ich einfach lachen, einfach das Lachen
Rauslassen, ganz laut.

Manchmal möchte ich einfach wütend sein, einfach
Losbrüllen, ganz plötzlich.
Manchmal möchte ich einfach lieben, einfach jemanden
Drücken, ganz fest.
Manchmal möchte ich einfach reden, einfach etwas
Loswerden, ganz, wie ich es mag.
Manchmal, manchmal, manchmal …

Manchmal möchte ich …
Trauern, wenn die Tränen nicht fließen wollen,
Lachen, wenn das Herz nicht mitlacht,
Wütend sein, wenn die Wut rauswill,
Lieben, wenn die Liebe nicht da ist,
Reden, wenn die Stimme versagt.

Inga, 17 Jahre. Vier Jahre zuvor war ihr sechsjähriger Bruder Thimo an einer unbekannten Krankheit verstorben. Auch Inga erkrankte an einer unbekannten Krankheit. Sie starb mit 21 Jahren. In der Traueranzeige ihrer Eltern nahm Inga mit diesem Gedicht Abschied.

Wie sagt man in anderen Ländern »*Auf Wiedersehen*«, wenn jemand stirbt? (2012)

Stockfinstere, feuchte Nacht. Ich wache auf und höre in der Ferne dumpfe, donnernde Trommeln. Leise öffne ich die Tür. »Akwaaba, aber nicht hingehen, Madame«, zischt eine Stimme auf Französisch energisch in mein Ohr. »Das ist gefährlich für Weiße.« Ich bin mitten in Afrika. Gerade werden ein Toter und seine Seele nach uralten Bräuchen der eigenen Naturreligion, nach Voodoo-Ritualen, am Lac du Togo verabschiedet, auf dem Grab.

Es ist eine der langsamen, langen und vor allem selbstverständlichen Zeremonien zum Weggang am Lebensende, die es vielen Kulturen dieser Erde gibt. Seit mehr als fünfzehn Jahren, auf meinen Reisen rund um den Globus, besuchte ich Trauerfeiern und Todesbräuche.

Mir wurde klar, dass ich irgendwann darüber schreiben würde, weil uns das im westlichen Kulturkreis mittlerweile zum großen Teil abhanden gekommen ist: die alten Traditionen rund um das Sterben und der offene Umgang damit. Darin sehe ich eine Möglichkeit, Tabus aufzubrechen, die das kurze (katalogmäßige) Abschiednehmen bei uns so schmerzhaft machen. Diesen Abschnitt des Lebens als normalen Teil des Hierseins anzunehmen und ihn vor allem nicht von Kindern und jungen Menschen fernzuhalten. Auch sie haben das Recht, sich so zu verabschieden, wie sie es brauchen und möchten.

»Wie sagen Kinder in anderen Ländern eigentlich *Auf Wiedersehen*, wenn jemand stirbt? Dürfen die mit zur Beerdigung?«, fragte mich vor fast zwanzig Jahren ein kleiner, tieftrauriger Junge, dem seine Eltern verboten hatten, den Sarg mit dem aufgebahrten Großvater zu sehen. Für ihn klaffte eine riesige Lücke zwischen dem Opa im Krankenhaus und dem Danach.

Mir fiel das Buch *Der Baum, der nicht sterben wollte* ein. »Warum machen wir das nicht auch so? Ich wäre gern Malkolm, der dabei sein durfte, als die Oma im Dorf in Afrika starb.«

Mit diesem Buch aus Schweden wagte sich der Carlsen Verlag 1983 auf Glatteis. Zum ersten Mal wurde ein Foto gezeigt von der Innenseite eines Sargs, von einer toten Großmutter, aufgebahrt in ihrem Brautkleid.

Beim Lesen und Betrachten mit Kindern hatte ich vor allem mit den Ängsten der Erwachsenen zu kämpfen: »Wollen Sie das den Kindern etwa zeigen?«

Die Kinder aber hörten ruhig zu, fragten viel, wollten immer wieder die tote Großmutter sehen. Für sie war es unwichtig, dass sie eine schwarze Haut hatte. Dieses erzählende Sachbilderbuch berichtet von einer christlichen Beerdigung am Kilimandscharo und bettet die Geschichte vom Akazienbaum, der nicht sterben wollte, mit ein.

1983 war das revolutionär, auch weil es in einer anderen Kultur spielte, aber aus der Sicht des Schwedenjungen Malkolm geschrieben war, für europäische Kinder leichter nachvollziehbar.

Die Illustratorin Birte Müller und ich wollten ein Buch über den *Día de los Muertos* machen, über den größten Feiertag der Mexikaner zum Gedenken an ihre Toten, am 1. November.

Birtes kraftvolle, farbsatte und schwungvolle Art zu illustrieren war genau das, was ich suchte für meinen Text über Nadia aus Europa, die mit Carlos' Familie in Mexiko den Todesgedenktag der Schwester Isabel erlebt. *Zuckerguss für Isabel* (2005) war unser erster gemeinsamer Titel.

Ein Jahr lang änderten wir Details in Bild und Text, dann konnten wir das Buch endlich im Hamburger Völkerkundemuseum vorstellen (heute ›Museum am Rothenbaum – Kulturen und Künste der Welt‹). Genau an dem Tag, an dem die Mexikaner zu Hause und auf den Gräbern Kontakt mit den Seelen aufnehmen. Mit viel Musik, *Pan de los Muertos*, orangefarbenen Blumen und einem großen Hausaltar unter der Kuppel des Museums.

In einer Mal- und Schreibwerkstatt tobten sich die Kinder

aus, weil sie sahen, wie sich Kinder in Mexiko am 1. November Totenschädel und Gerippe aus Teig und vor allem aus buntem Zuckerguss schenken. Sie erklärten uns, warum sie gerade dieses oder jenes Bild malten und einen bestimmten Text dazu schrieben. Ein Junge vertraute mir an: »Ich glaube, dass die Seelen zurückkommen, genauso wie Carlos. Ich werde die Seele meines Bruders treffen. Ich werde ihn wiedersehen.«

Birte und mein nächstes Ziel sollte Afrika sein. Endlich flogen wir (finanziert durch einen Hamburger Sponsor) nach Accra in Ghana. Mit einem neuen Thema wollten wir uns auf den Buchmarkt wagen: den knallbunten, schrägen Särgen aus Teshi bei Accra, die oft schon lange vor dem Tod als Statussymbol sorgfältig ausgewählt und gekauft werden.

Auf die Idee kam ich während der Recherchen für mein Buch *Die allerverrückteste Stadt und ich* im Amsterdamer Tropenmuseum. Als ich dort die beiden Särge aus Teshi sah – eine Rakete und einen Hummer –, wusste ich sofort: Das ist es! Diese Särge können Ängste nehmen!

Wir besuchten mehrere Beerdigungen an der Küste in Ghana, waren aber auch Gast in Kumasi, dem kulturellen Zentrum der Ashanti. Beisetzungen dauern in diesem Teil von Afrika fünf Tage. Spenden der Trauergäste ermöglichen der Familie des Verstorbenen, Kredite für die Beerdigung bei der Bank abzulösen.

Beerdigungen sind hier ein großes gesellschaftliches Ereignis. Dazu gehören die Anschaffung von roter, schwarzer und weißer Trauerkleidung und dem passenden Sarg, laute Trommelmusik, üppige Mahlzeiten, reichlich Alkohol, Tanzen bis zum Umkippen und das Erzählen von langen Geschichten über den Toten.

Ein ›Kistenbuch‹ wollten Birte Müller und ich gestalten. In meiner niederländischen Heimat heißen Särge *doodskisten*, plastisch, passend, sehr direkt, diese Bezeichnung.

Anregungen für Illustrationen und Text fanden wir auch bei den traditionellen selbstgenähten, bestickten Patchart-Flaggen der Asafo-Warriors (Krieger) aus dem Fante-Volk in Ghana, zu sehen im Bildband *Asafo! African flags of the Fante* (1992) von Peter Adler und Nicholas Barnard.

Nichts wurde bei Birtes Bildgestaltung dem Computer überlassen. Farbschicht um Farbschicht änderten sich die Bilder unter ihren Händen. Immer wieder schrieb ich den Text über Großvater Mensah, seinen Enkel Kofi und die gemeinsame Wahl der Kiste für das Jenseits bei Tischler Paa Joe in Ghana neu.

Ein ganzes Jahr dauerte die Arbeit an diesem aufwendigen Bilderbuch, und zum Vorschein kam eine wunderschöne, bibliophile Ausgabe mit dem Titel *Eine Kiste für Opa* im Frühjahr 2008.

Das Ehepaar Anke und Sönke Wulff, Bestatter in der dritten Generation aus Norderstedt bei Hamburg, kannte unser Buch. Ob ich sie mal besuchen könnte für ein Gespräch?

Und dann kam eine überraschende Einladung für Birte und mich: Wir durften tatsächlich ein gewaltiges Mal- und Schreibprojekt durchführen in einem riesengroßen, leerstehenden ehemaligen Möbelhaus von Wulff & Sohn in Norderstedt. Zum hundertjährigen Jubiläum des Bestattungsinstituts sollte es im April 2012 ein fröhliches Frühlingsfest geben.

Es war geplant, siebzehn knallbunte Särge aus Teshi, handgefertigt vom Tischler Paa Joe, zu bestellen und in den Schaufenstern des ehemaligen Möbelhauses auszustellen.

Wunderbarste Bedingungen: Material, so viel wir bräuchten, dreihundert Quadratmeter leere Wände, die förmlich danach schrien, bemalt und betextet zu werden, und zwar von Kindern in einer mehrtägigen Mal- und Schreibwerkstatt!

Ein Traum für Birte und mich, da wir uns seit Jahren in unseren Workshops in der ganzen Welt und auch hierzulande für das gegenseitige Verständnis verschiedener Kulturen einsetzen. Unsere Vorbereitungen waren intensiv und fruchtbar. Wir erarbeiteten für die drei Workshop-Tage ein Konzept zum Diesseits und Jenseits, schrittweise und mit thematisch verschiedenen Inhalten.

Durch meine langjährigen Erfahrungen in der Begleitung von Kindern zum Thema Sterben, Tod und Trauer und Birtes handfeste Malerfahrungen mit größeren Kindergruppen, dicken Pinseln und tausendundeinen Farbtöpfen (alles natürlich gleichzeitig), sprühten wir vor Ideen und Möglichkeiten, um diese auch effektiv umzusetzen.

Dabei vertrauten wir von Anfang an auf die Begeisterung und Mitarbeit der Kinder.

Und: Wir hatten uns nicht getäuscht.

Jeden Tag kam eine andere Klasse: ein drittes und zweimal ein viertes Schuljahr.

Am Tagesanfang gleich das Ritual Kennenlernen, danach Einführung in die Sarg- und Beerdigungskultur in Süd-Ghana, Vorlesen des Bilderbuchs *Eine Kiste für Opa* (ohne Birtes Bilder zu zeigen, damit die Kinder nicht beeinflusst wurden), Besichtigung der ›echten‹ Särge und staunen dürfen, Ängste aussprechen, Fragen stellen, Erkunden der Gefühle bei den Kindern, Farben mischen (vorher wurden die kostbaren Särge sorgfältig abgeklebt), malen und Wörter finden zum Schreiben,

Ideen austauschen, Pipi und Pause machen, essen und trinken und immer wieder loslegen ...!

An allen Tagen lösten die verschiedenen Arbeitseinheiten einander nahtlos ab. Das Ergebnis war für Birte und mich umwerfend. Atemlos verfolgten wir, was die Kinder von sich gaben in Bildern und Worten. Sie sprudelten vor originellen Einfällen, mehrere eigene Sarg-Zimmer zu gestalten:

Ein heiliges Zimmer, darin ein bunter Kirchen-Sarg und ein Holy-Bible-Sarg. Hier ein Text dazu:

Im Himmel kann auch die Sonne aufgehen, und die Strahlen entstehen hinter einem, so dass es aussieht, dass man glücklich wäre.

Ein Wasserzimmer mit einem Hummersarg mit ›nassen‹ Texten, zum Beispiel:

Vielleicht gibt es im Himmel auch einen Swimmingpool für Senioren, für die Kinder einen Whirlpool.

Klingt absolut positiv, wie auch im Zimmer mit dem Alitalia-Flugzeug-Sarg für alle, die zu Lebzeiten schon immer gern fliegen wollten und es jetzt endlich auf dem Weg ins Jenseits dürfen:

Es ist ganz weit, oben ist ganz viel Platz, es gibt kein Ende.

Im Zimmer mit dem Schmetterlingssarg:

Man fliegt über schönen Feldern, es ist sehr bunt im Jenseits.

Auf Erden und im Himmel Tier sein dürfen:

Ein Adler kann andere Tiere mitnehmen in den Himmel, und die können dann auf die Wolken springen. Auch Greife, Eulen, Tauben, Möwen, Blaumeisen, Amseln, Kraniche, Fischreiher, Lerchen und Krähen können andere Tiere dort mit hinnehmen.

Und wie darf die eigene Kiste aussehen? Einfälle mehr als genug. Eine Geige vielleicht? Mit dem Text:

Meine Musik hat nie ein Ende.

Oder ein Fisch? Das war vor sechzig Jahren das allererste ›andere‹ Sargmodell aus der Tischlerwerkstatt in Teshi bei Accra:

Im Himmel herrscht Frieden. Im Himmel können Fische nicht gefangen werden.

Himmlische, kreative Zeiten für alle begeisterten, eifrigen Kinder, die ganz schnell kapiert hatten, dass sie sich auf enormen Flächen austoben durften, mit Farben, Stimmungen, Bildern und Worten. Sie waren kaum zu bremsen, es gab keine Zensur, niemanden, der sich über Schreibfehler aufregte. Gemeinsamer Text der Kinder:

Egal ob groß oder klein, hässlich oder schön, man hat verdient, in den Himmel zu kommen.

Was will man mehr? Zahlreiche Lesungen und Workshops mit Kindern und ihren ganz eigenen Kisten folgten bis heute, zum Beispiel im *Kinderbuchhaus* im Altonaer Museum in Hamburg.

Bestätigt wurde dabei wieder der Umweg über eine andere Kultur zum offenen Umgang mit Trennung, Abschied und Tod. Nach einer gründlichen Einführung mit Fotografien aus Afrika und von Sargtischlern vor Ort, von Beerdigungen, von der Arbeit im Atelier und am Schreibtisch in Hamburg gab es unzählige Fragen.

Dann, im Atelierraum an langen Tischen, zeigten uns die Kinder in der Gestaltung ihrer ganz persönlichen Kisten aus großen, weiß präparierten Maxi-Streichholzschachteln, wie wichtig es ihnen war, ihren eigenen Zugang finden zu dürfen: Trauerkiste, Wunschkiste, Geheimniskiste, Märchenkiste, Löwenkiste … Auf kleinen Zettelchen schrieben sie alles auf, was sie loswerden wollten, und steckten es in *ihre* Kiste. Niemandem war es erlaubt, diese zu öffnen und zu lesen. Einige versiegelten sie.

»Mein Wunsch ist schon in Erfüllung gegangen«, gestand mir ein Junge. »Und nun habe ich mir gewünscht, dass der erfüllte Wunsch bleibt.«

Ein Wochenende mit Christiane, 19 Jahre, Schülerin

Die vielen Trauerwochenenden mit verwaisten Geschwistern in der Evangelischen Akademie in Bad Segeberg … Nach der Schließung der Akademie ging es weiter in Bad Bevensen im Gustav-Stresemann-Institut. Diese Wochenenden hinterließen tiefe Spuren in meinem Leben. Einige der Spuren wollte ich nicht für mich behalten und schrieb einen Text über ein Wochenende mit Christiane, neunzehn Jahre alt und Schülerin. Ihr Leben geriet völlig aus den Fugen, nachdem ihre Schwester Anna sich das Leben genommen hatte.

Die folgende Geschichte ist genau so passiert. Den Zettel, den Christiane mir damals gab, habe ich immer noch.

Christiane und der Seelenvogel (2016)

Freitagnachmittag

Christiane, 19 Jahre, Schülerin
Sie kriegen mich nicht herum. Niemand. Und diese Frau da schon gar nicht. Das haben einige vor ihr bereits vergeblich versucht. Diesmal bringe ich zu Ende, was ich mir vorgenommen habe. Vielleicht heute, mag sein morgen. Aber bald. Ich will nicht mehr. Lasst mich in Ruhe. Lasst mich endlich in Ruhe, habt ihr verstanden! Könnt ihr nicht hören? Ihr habt wohl keine Augen im Kopf? Seht mich doch an! Mein Gesicht! Alt ist es, ganz alt. Jawohl, ein altes Gesicht mit einem jungen Körper. Weil ich seit Monaten in dieser Klinik für Blöde eingesperrt bin. Keiner hat's zu Hause mehr mit mir ausgehalten, mit mir und meiner hysterischen Trauer, wie sie sagen.

In der Klinik halten sie mich unter Verschluss und füttern mich mit Tabletten, obwohl ich selber schon mehrere Male vorher Unmengen von diesen Dingern genommen habe. Leider hat man mich jedes Mal wieder ins Diesseits zurückgeholt. Es stimmt, mein Gesicht ist wirklich nicht schön, und so schön wie das meiner toten Schwester erst recht nicht. Ist es auch

nie gewesen. Seht her, ihr alle hier um mich herum, dann wisst ihr, was ich vorhabe! Nein, sie ist nicht mehr da. Ja, meine tote Schwester Anna.

»Von uns gegangen, heimgegangen, für immer einge-schlafen.« Lest ihr nie Todesanzeigen? Solltet ihr aber. Ist hochinteressant. Mausetot ist Anna. In der Erde verscharrt, weg. Unten, irgendwo. Oder irgendwo oben, was weiß ich. Beschissen finde ich das, was sie gemacht hat. Hundsgemein. Hinterhältig. Klammheimlich hat sie sich aus dem Staub gemacht. Hat sich ins Auto gesetzt und ist auf einen Parkplatz gefahren. Hat sich mit Benzin übergossen und angezündet. Einfach umgebracht. Ohne eine Nachricht zu hinterlassen.

Und du, Frau mir gegenüber. Warum lässt du mich nicht? Deine Augen. Immer wieder deine dunklen Augen, die mich anstarren. Eigentlich will ich dich nicht ansehen, aber dein Blick gibt mir Rätsel auf. Ob du dich wohl traust, meinem Blick standzuhalten? Andere Leute sehen sofort weg, wenn sie merken, was da in meinen Augen ist und tief in mir. Bist du genauso feige? Wieso rührst du dich nicht? Merkwürdig. Was willst du eigentlich von mir? Ich bin übrigens nicht freiwillig in dieser Trauergruppe hier, an diesem Wochenende. Überhaupt nicht. Mir reicht meine eigene Trauer. Mein Vater hat mich nämlich gezwungen. Frühmorgens hat er mich besucht, in der Psychiatrie. Ich habe geglaubt, er holt mich zum Wochenende ab.

»Ich bringe dich zu anderen jungen Menschen«, hat mein Vater stattdessen wie nebenbei gesagt. »Das wird dir guttun. Die haben die gleichen Sorgen wie du. Mach mir keine Szenen, und hör zu, was dort erzählt wird. Mach, was man dir sagt. Es ist deine letzte Chance.« Niemand hat mich vorher informiert.

Und meine Tasche hatten sie auch schon gepackt, die Schließer in meinem Irrenhaus.

Schon gut, hab ich gedacht, ich werde hingehen. Kann ja wohl kaum schlimmer werden als ein Wochenende bei euch zu Hause, mit Mutter und dir, Vater. Ihr werdet alle noch sehen, was ihr davon habt.

Marie, Autorin

Wie alt mag sie sein? Neunzehn Jahre vielleicht? Dieser Ausdruck in ihrem Gesicht, er tut mir körperlich weh. Tiefe Trauer sehe ich und Schmerzen, große Verlassenheit und auch eine Sehnsucht nach Zärtlichkeit und Zuwendung. Und Trotz und Wut. Vieles lässt sich an diesem Gesicht ablesen. Vor allem aber erschreckt mich der Hass. Was mag sie erlebt haben? Ich weiß nur, dass sie Christiane heißt und dass sich ihre ältere Schwester Anna vor einem Jahr das Leben genommen hat. Christiane hat das auch schon einige Male versucht. Dieses Mädchen macht mir Angst, große Angst sogar. Mit ihr und den anderen Jugendlichen soll ich Texte schreiben, die ihnen vielleicht ein Weg durch die eigene Trauer sein können. Ich versuche, mit ihnen über die verstorbene Schwester, den toten Bruder oder über sich selbst zu schreiben.

Ich mache diese Arbeit nicht zum ersten Mal, und ich bezweifle, ob Christiane in dieser Gruppe mitarbeiten will, ob sie überhaupt durchhält. Immer wieder zwingt sie mich, mit den Augen ihre Gesichtszüge zu erkunden. Noch nie zuvor habe ich so viele negative Gefühle auf einmal in einem Gesicht gesehen. Sie verunsichert mich sehr. Vielleicht hat sie vor dem, was uns hier noch bevorsteht, genauso viel Angst wie ich. Trotzdem hockt sie auf ihrem Sessel. Jetzt sitzt sie da wie ein Embryo, hält sich krampfhaft die Hände um die angezogenen Beine. Sie presst die Lippen zusammen und spricht kein Wort, mit niemandem. Sie brütet. Sie brütet etwas aus. Aber was? Werden wir es in diesen Tagen schaffen, miteinander zu sprechen? Sie hält meinem Blick immer noch stand, und ich ihrem. Wie lange halten wir das aus?

Samstag

Christiane, 19 Jahre, Schülerin
Gerade hat diese Hannah etwas vorgelesen. Von einem Seelenvogel. »In der Seele, in ihrer Mitte, steht ein Vogel auf einem Bein. Der Seelenvogel. Und er fühlt alles, was wir fühlen.« Ich war wie vom Blitz getroffen.

»Der Seelenvogel hat viele Schubladen«, erzählte sie, »und wir haben die Stimmung unseres eigenen Seelenvogels in der Hand. Wir können ihm morgens einen Schlüssel zu irgendeiner Schublade geben, die nur er öffnen kann.« Sie las weiter: »Wenn uns jemand liebhat, macht der Seelenvogel fröhliche Sprünge, kleine, lustige, vorwärts und rückwärts, hin und her«, und sie hat noch einen Satz vorgelesen, und der lässt mich nicht mehr los, genau wie ihre Stimme und dieser Blick in ihren Augen.

Als sie las: »Und wenn uns jemand in den Arm nimmt, wird der Seelenvogel in uns größer und größer, bis er uns fast ganz ausfüllt. So gut geht es ihm dann«, da merkte ich, dass meine Fingerknöchel mir weh taten. Ich muss meine Hände so fest ineinander verkrallt haben, dass ich sie gar nicht mehr gespürt habe.

Mein Herz flattert jetzt, und ich schwitze. Wann hat mich

eigentlich jemand das letzte Mal in den Arm genommen? Und wollte ich das überhaupt? Eigentlich soll mich ja keiner mehr anfassen. Wenn jemand nur in meine Nähe kommt, tut mir das schon weh, und ich bekomme Magenkrämpfe.

Und dann erst meine Gedanken. Seit Monaten ist es, als seien plötzlich ganz viele Gedanken gleichzeitig da. Mein Kopf hält das nicht aus. Ich schreie meine Gedanken immer an: »Hört auf! Nicht so viel nebeneinander! Seid endlich still! Ihr macht mich wahnsinnig! Ihr macht mir Angst!« Aber sie hören nicht auf mich. Nachts, wenn ich nicht schlafen kann, kommen noch mehr Gedanken. Sie sind wie große Schatten, wie Gespenster, und bringen alles nur noch mehr durcheinander. Und jetzt soll ich da einen Seelenvogel haben, der in mir ist und auf einem Bein steht? Der traurig, eifersüchtig, enttäuscht, ungeduldig, wütend sein kann, wenn ich das will? Oder laut und lieb oder sogar ruhig und still, wenn ihm danach zumute ist?

Eigentlich gefällt mir der Gedanke. Ich will ihn trennen von all den anderen. Es ist ein neuer Gedanke. Ich will ihn festhalten, ihn ganz allein für mich behalten. Die anderen Gedanken dürfen erst gar nicht in die Nähe des Seelenvogels kommen. Ich will mich anstrengen, muss mich zusammenreißen. Wir sollen ein Bild malen, sagt Hannah gerade. Das kann ich nicht. Ich will lieber etwas aufschreiben. Wo ist mein Seelenvogel? Komm schnell, Seelenvogel, ich flehe dich an!

Marie, Autorin

Es ist still in dem Raum, in dem wir alle sitzen. Ich höre nur die Geräusche von Ölkreiden und Buntstiften auf Papier. Christiane sitzt am äußersten Tisch hinten in der Ecke, mit hochgezogenen Schultern, das Gesicht zur Wand. Den Kopf hat sie in die Hände gestützt. Die Augen hält sie verdeckt. Sie lässt keinen Kontakt mehr zu. Ich wünsche mir sehr, dass sie hier ins Gespräch mit den anderen kommt oder mit mir. Das Blatt Papier vor ihr ist immer noch leer. Den Kasten mit Ölkreide hat sie zur Seite geschoben. Unbeweglich sitzt sie da. Seit einer halben Stunde rührt sie sich nicht. Dann bitte ich alle, einen kleinen Text zu ihrem Bild zu schreiben.

Mit einem Mal kommt Bewegung in Christiane. Sie nimmt eine blaue Kreide aus dem Kasten und schreibt mit wütenden Bewegungen einige Worte hin. Ich beobachte sie aus den Augenwinkeln. Als sie fertig ist, legt sie das Stückchen Kreide im Zeitlupentempo in den Kasten zurück. Den Bogen Papier faltet sie mit fahrigen Bewegungen zusammen und steckt ihn sich anschließend in die Hosentasche. Dann zieht sie wieder die Schultern hoch und sitzt wie vorher mit eingezogenem, in die Hände gestütztem Kopf da.

Wieder geht das eine halbe Stunde so, während die anderen schreiben. Christiane, was macht dein Seelenvogel bloß mit dir?

Christiane, 19 Jahre, Schülerin
Mein Seelenvogel war da. Er war wirklich da. Er hat mir etwas gesagt, und ich habe es sofort aufgeschrieben. War es auch kein Nachtgespenst diesmal? Nein, denn ich konnte ihn richtig sehen. Und plötzlich war nur noch dieser eine Gedanke da, nicht mehr so viele durcheinander. Das hat es so schrecklich lange nicht mehr gegeben. Vielleicht fühle ich mich sogar ein bisschen froh. Ich hatte schon vergessen, wie das ist. Ich traute mich nicht, es zu zeigen. Am liebsten möchte ich den Zettel noch einmal durchlesen. Nachher, wenn ich allein bin, lese ich ihn mir laut vor. Eigentlich weiß ich es auch auswendig. Aber

ich will sehen, wie die Zeilen auf dem Papier stehen, ich will sie hören. Ich habe sie mit Blau geschrieben. Früher mochte ich Blau ganz gern. Der Seelenvogel hatte blaue Federn, in ganz vielen Farbtönen. Er glänzte. Und er sagte ganz leise:

Das Leben ist wichtiger,
sprach der Schatten,
und sprang aus seinem dunklen Winkel
auf den sonnigen Marktplatz

Genau das hat er gesagt. Ich will diese Worte nachher immer wiederholen. Ich passe auf, dass die anderen Gedanken sie nicht verschlingen. Nie, nie mehr. Diese Worte gehören mir, nur mir. Der Seelenvogel hat sie mir geschenkt.

Sonntag früh

Marie, Autorin
Christiane, sie lässt mir keine Ruhe. Auch nachts nicht. Sie sperrt sich noch immer aus, lebt in ihrem Schneckenhaus, sieht die anderen kaum an, redet wenig. Aber ihr Gesichtsausdruck hat sich ein wenig verändert, manchmal glaube ich sogar fast, ein Lächeln zu erkennen.

Ich sehe gerade einen Text durch, den ich zum Abschluss mit meiner Gruppe besprechen will. Eine wässrige Sonne scheint, ich bin noch allein im Raum. Hinter mir höre ich schlurfende Schritte. Ich drehe mich um. Da steht Christiane, ihr Blick ist völlig verängstigt, aber auch bittend. »Ich, ich wollte …«

Uns trennen nur zwei Schritte. Ich stehe auf und gehe auf

Christiane zu, nehme sie in den Arm und drücke sie. Ihr Körper verhärtet sich noch mehr. Ich streichle ihr über den Rücken. Sie fängt an zu weinen, endlich. Ich halte sie fest und wiege sie vorsichtig. Wie lange wir so stehen, weiß ich nicht. Nach einer Weile löst sie sich von mir, und ihre Hände berühren mich zaghaft. Aus ihrer Hosentasche holt sie einen Zettel. Sie drückt ihn mir in die Hand und sagt leise: »Da steht drauf, was mir mein Seelenvogel gesagt hat. Du darfst ihn behalten. Ich kenne die Worte jetzt auswendig.«

Sie fehlen mir so ... Änne Mayr, 1919–2014

Ach, liebe Frau Mayr,
Sie fehlen mir so.
Sie fehlen mir jeden Tag.

Immer wenn ich auf der Elbchaussee unterwegs bin und am Nienstedtener Friedhof vorbeifahre, rufe ich: »Hallo, Frau Mayr!«
Manchmal sage ich auch mehr.
Wenn mich etwas bedrückt oder ich mich über etwas freue.
Dann spreche ich mit Ihnen, vom Auto aus, allein unterwegs, und bin mir sicher, dass Sie es hören. Und winke, wie wir es immer taten, wenn wir uns verabschiedeten.
Sie gehörten zu Blankenese, wie der Marktplatz, wo viele der Marktverkäufer Sie kannten, Sie mit Ihrem Namen ansprachen, und bei denen Sie treu Ihre Einkäufe erledigten.
Zum Beispiel im Sommer bei dem Ehepaar, das die besten Tomaten auf dem ganzen Markt verkauft, während der Erntezeit. Und das Ihre Lieblingsblumen für Sie aufhob: duftende Freesien.

Von einem Trolley für die Einkäufe wollten Sie überhaupt nichts wissen, es ginge auch so, mit zwei Stoffbeuteln.

Unsere erste Begegnung fand in der Blankeneser Bahnhofstraße statt, im Supermarkt. Sie standen vor dem Tiefkühlregal, aufrecht, zwei Stoffbeutel in der einen, einen kleinen Einkaufskorb in der anderen Hand, und fragten mich, ob ich Ihnen den Preis vorlesen könne für ein bestimmtes Produkt.

Sie trugen eine rote, gestrickte Mütze, die zu dem Hamburger Troyer-Pullovern gehört, die es bei Carl Feddersen in der Deichstraße zu kaufen gibt.

Aus der Mütze kringelten schneeweiße Locken bis fast auf die Schultern, hinter großen Brillengläsern funkelten aufmerksame und freundliche Augen mir zu.

Ich las Ihnen vor, was auf dem Preisschildchen stand, und erzählte Ihnen, dass ich Sie aus der direkten Nachbarschaft kennen würde, aber wir noch nie richtig miteinander gesprochen hatten.

Sie freuten sich, und ich stellte mich mit meinem Namen vor und sagte auch, dass ich Bücher schreiben würde.

Damals, als wir noch in Pepers Diek 6 d wohnten, sah ich Sie zum ersten Mal bewusst und aus der Nähe.

Zusammen mit Ihrem Mann gingen Sie, Hand in Hand, direkt an unserer Terrasse auf der Seite des Hauses vorbei.

Mit Michael Mayr, Ihrem Mann, der zum Schluss sehr dünn war und immer einen Hut trug, weil er am Kopf fror.

Den Hut gaben Sie ihm mit, als er beerdigt wurde. Und ich fand heraus, wer Sie waren und dass Sie Ihren alten, kranken Mann pflegten, den Sie lange Zeit nicht mehr allein lassen konnten.

Unsere Freundschaft fing dennoch später an.

Und ich bedaure heute immer noch, dass ich nicht eher und mehr Zeit mit Ihnen verbrachte.

Aus meinen neuen Geschichten, die mit *Jung trifft Alt* zu tun hatten, schwebte mir vor, zu bestimmten Themen Fotobilderbücher zu machen.

Den Fotografen Joachim M. Huber aus Alzey, mit dem ich gemeinsam den großen Fotoband zur Geschwistertrauer *Du bist noch da. Ein Erinnerungsalbum* (2010) herausgebracht hatte, rief ich an.

Ich fragte ihn, ob er zu meinen Jung-Alt-Geschichten Fotos machen möchte. Und dann ging alles plötzlich ganz schnell …

Zwei Tage bevor Joachim mit seinem Hund Chester und der Kamera-Ausrüstung anreiste, klingelte ich in der Straße an verschiedenen Türen und versuchte einen Jungen zu finden, der ungefähr sieben oder acht Jahre alt war. Und eine alte Frau. Beide waren Protagonisten in den Texten der geplanten Fotobilderbücher.

In Windeseile schrieb ich ein Drehbuch für die Aufnahmen drinnen und draußen. Vor allem musste die Lichtverhältnisse stimmen.

Doch woher einen Jungen und eine alte Frau nehmen?

Einen Jungen fand ich, drei Türen weiter. Die Mutter gab sofort ihre Genehmigung, ohne wegen Datenschutz, Personenschutz, Risiken, Unfallversicherung, Unfällen und weiterer Bedenken Probleme zu machen.

Sie war begeistert, und Robert, wie ich ihn für die Geschichten nannte, genauso.

Jetzt eine alte Dame finden.

Mir fielen zwei Frauen aus der Nachbarschaft ein, die ich aber nicht näher kannte. Aber beide waren zu steif oder nicht alt genug. Einfach nicht die warmherzige, alte Frau, wie ich sie mir in meinen Erzählungen vorstellte.

Da dachte ich an Sie, Frau Mayr, in letzter Minute.

Also wagte ich es, bei Ihnen zu klingeln.

Fröhlich lächelnd öffneten Sie die Tür, schnell erklärte ich, dass ich die Autorin von nebenan sei.

Meine Bitte, als Fotomodell für die Bücher mitzumachen, lehnten Sie stark protestierend ab.

»Um Gottes Willen, ich doch nicht! Mit meinen Falten, meinen Runzeln, meiner Figur …«

Bis ich Sie so weit hatte, dass wir sogar zusammen Ihre ›fotogene Arbeitskleidung‹ für die Aufnahmen im Schrank fanden, hatte ich eine harte Nuss mit Ihnen zu knacken.

Aber dann verbrachten wir alle eine wunderbare Zeit zusammen, mit dem Fotografen Joachim M. Huber, Kindern aus der Nachbarschaft, dem Hund Chester und Jan Wagner als pädagogischem Begleiter und fotografierendem Protokollanten.

Sie, Frau Mayr, inspirierten mich zu weiteren Notizen für neue Geschichten, die der Fotograf auf meinem Wunsch hin kongenial und spontan mit der Kamera umsetzte: im Schillingstift an der Isfeldstraße, unten bei Ebbe am Elbufer, auf dem Dachboden und im Keller hier im Haus, auf der Straße, im Hirschpark, auf dem Friedhof in Nienstedten.

Drei Tage lang machten Sie unermüdlich mit, ohne zu klagen.

Mit großer Begeisterung. Wir lachten furchtbar viel, das tat gut, denn es war anstrengend für alle!

In einer Geschichte kommt das Hüpfspiel *Himmel und Hölle* vor. Robert malte mit bunter Kreide große Hüpf-Kästchen in der Kurve beim reetgedeckten Häuschen, Pepers Diek, auf den

Asphalt. Mit ihm übten Sie Hand in Hand das Hüpfen, ehe Joachim fotografierte.

Sie waren zweiundneunzig, und wir versuchten ebenfalls zu hüpfen, kippten um und waren eher aus der Puste als Sie!

Das kleine Buch *Robert und Frau Meyer* (2012) wurde eines meiner Lieblingsbücher mit vielen Geschichten, die ich zum größten Teil Ihnen zu verdanken habe.

Sie verschenkten es mehrfach, und ich schrieb und malte Widmungen und Bilder auf die Titelblätter, passend zu den Personen, die Sie mir vorher lebhaft beschrieben.

Durch die Arbeit für das kleine Buch lernten wir uns besser kennen. Sie waren eine der erstaunlichsten und emanzipiertesten älteren Frauen, die mir jemals begegnet sind. Sie sagten ehrlich und direkt Ihre Meinung, was mir richtig gut gefiel.

Wenn es nicht zu kalt war, legten Sie sich jeden Tag nach dem Essen flach auf den Boden Ihres Balkons und hielten dort Ihren Mittagsschlaf, auch als Sie über neunzig Jahre alt waren. Sie waren unglaublich gelenkig, kamen ohne Hilfe immer wieder hoch, auch aus Ihrer Badewanne, in der Sie sich jeden Abend entspannten, vor dem Fernsehprogramm.

Während der Woche gingen Sie täglich vormittags gegen elf Uhr »ins Dorf«, wie Sie Ihre Einkaufstour dorthin nannten, zu Fuß, ohne Gehhilfen, bis zum Schluss. Um für das Mittagessen einzukaufen.

Unterwegs trafen Sie Bekannte und Menschen, die Sie, so wie ich, richtig liebhatten und respektierten.

Darum siezte ich Sie, aus Respekt.

So war ich erzogen: In den Niederlanden hatte ich meine Großeltern, Onkel und Tanten gesiezt, aus Respekt.

Aber ich hatte Sie gebeten, mich zu duzen.

Manchmal setzen wir uns auf der Rückseite des »Weißen Hauses« an der Elbchaussee auf die großen, breiten Treppenstufen und unterhielten uns. Sie konnten wunderbar von früher erzählen.

Von der Zeit, als Liselotte von Rantzau-Essberger noch im »Weißen Haus« an der Elbchaussee wohnte und ihr verstorbener Mann, Michael Mayr, dort als Butler tätig war.

Sie erzählten mir auch, dass Sie selbstständig und fast allein die drei Kinder großgezogen, »groß gemacht« hatten, wie Sie es nannten, und als Kürschnerin und Schneiderin Ihr eigenes Geld dafür und auch für sich selbst verdienten.

In vielen Häusern in Blankenese waren Sie gewesen, um die von Ihnen mit der Hand genähten und hergestellten Pelzmäntel abzugeben oder abzuholen, weil sie geändert werden sollten.

Nie sprachen Sie schlecht über diese reichen und vornehmen Kunden aus Blankenese, die nicht immer freundlich zu Ihnen waren.

Gespräche und Unterhaltungen auf dem Weg mit Ihnen ins Dorf waren ein Vergnügen. Und nicht nur dort. Auch am runden Tisch in Ihrem Wohnzimmer, wo immer etwas zum Naschen stand und wir uns austauschten und Kaffee tranken. Sie backten Käse-Kümmelstangen aus Blätterteig, wenn Sie wussten, dass ich Sie besuche. Den Duft habe ich bis heute noch in meiner Nase.

Wir telefonierten fast täglich am frühen Vormittag, gegen zehn Uhr, und unterhielten uns über Filme, Bücher, Musik.

Oft fragten Sie mich, ob ich im Internet etwas für Sie recherchieren könnte. Sie hatten viele Bücher, auch über Kunst. Ich brachte Ihnen zusätzlich einen großen Atlas, damit Sie zu den Reiseberichten im Fernsehen darin nachschlagen konnten, denn ferne Länder waren Ihre Sehnsucht.

Sie hatten aber in Ihrem Leben nicht das große Glück, so wie ich rund um die Welt zu reisen.

Ab und zu trafen wir uns bei »den Ascheimern«, wie Sie die Ecke für die Mülltonnen nannten.

Kater Elvis aus dem Reetgedeckten kam immer sofort angerannt, um mit uns zu schmusen und sich einzuschmeicheln.

Irgendwann gestanden Sie mir, dass Sie manchmal glaubten, Ihren Mann zu sehen, der zwischen den hohen Bäumen in der langen Allee unterwegs war.

Sie fragten mich, ob ich glaubte, dass er es wirklich sein könnte. Das habe ich bestätigt, es war einige Monate vor Ihrem Tod. Da waren Sie beruhigt und gerührt, weil ich Ihre Frage, die Ihnen so wichtig war, ernst genommen hatte.

Sie sind oft, mit einem Kissen unter dem Arm, allein zu diesem Lieblingsplatz auf den Treppenstufen des »Weißen Hauses« gegangen und haben dort meditiert und gewartet.

»Irgendwann bin ich so weit, dann kann ich gehen«, sagten Sie immer öfter.

Ich ließ es dabei, machte nicht den Fehler zu sagen: *Ach was, Sie bleiben noch hier und bei uns. Sie können sich noch nicht davonschleichen.*

Aber nachdem Sie das mehrfach und in kürzeren Abständen wiederholt hatten, wusste ich, dass Sie es ernst meinten.

Dass jedes Treffen, jede Minute mit Ihnen kostbar war.

Sie fingen an, Ihren Haushalt ›aufzuräumen‹, und fragten mich, ob ich Menschen kennen würde, die sich freuten über Stoffe, Pelzreste, alles wunderbar ordentlich sortiert und weggelegt in den Wandschränken im Flur mit den bunten Tapeten.

Mir schenkten Sie die knallrote Wollmütze, die Sie beim ersten Treffen am Kühlregal im Supermarkt in der Blankeneser Bahnhofstraße trugen.

Zum letzten Mal und ohne Hilfe gingen Sie aufrecht zum wartenden Krankenwagen und wurden im Juli 2014 in die Asklepios-Klinik in Hamburg-Rissen gebracht.

So wurde es mir berichtet, als ich nachfragte, wo Sie waren. Sie gingen nicht ans Telefon und öffneten nicht die Tür. Auch durch die geschlossene Terrassentür und die großen Fensterscheiben vom Balkon entdeckte ich Sie nicht mehr.

Ich hatte Ihnen versprochen, dass Sie nicht im Krankenhaus sterben müssten. Sie baten mich darum. Es war ein gegenseitiges Versprechen. Und ich war nicht da, als Sie weggefahren wurden, im Krankenwagen.

Nur mit großer Mühe fand ich heraus, wo Sie genau waren. Weil Sie keinen Besuch wollten und niemand Sie krank oder hilflos sehen sollte.

Aber so durften Sie mir nicht weggehen, Frau Mayr.

Einfach so, ohne dass ich Sie noch mal in den Armen gehalten hatte, denn ich wusste, wie gern Sie kuschelten und drückten. Sie empfingen mich immer mit weit geöffneten Armen in der Haustür, wo wir uns dann lachend und ausgiebig drückten und knuddelten.

Genau dort, wo wir uns öfter draußen auf dem Grundstück mit Schmusekater Elvis trafen, erfuhr ich mehr oder weniger von einem Nachbarn unter der Hand, wo man Sie hingebracht hatte mit dem Krankenwagen.

Eigentlich stand ein Termin in der Grundschule in Rissen an. Der war unwichtig. Ich wollte zu Ihnen, ehe es zu spät war. Denn ich wusste von Ihren Ängsten vor dem Sterben im Krankenhaus.

Eine englische Duftrose nahm ich mit, das passende Glas dazu, und fuhr nach Rissen in die Klinik.

Ganz allein lagen Sie in einem großen Zimmer.

Sie lagen auf der Seite, zusammengerollt und komplett angezogen.

Die Rose stellte ich leise auf den Nachtschrank.

Vorsichtig setzte ich mich zu Ihnen auf das Bett.

Sie richteten sich auf, erkannten mich und sagten meinen Namen. Wir nahmen uns in die Arme.

Lange hielt ich Sie so fest, wiegte Sie hin und her, streichelte Ihren Rücken und spürte die weichen schneeweißen Haare in meinen Händen, als ich die rechte Hand in Ihren Nacken legte, eingehüllt in Ihren besonderen Duft, den Änne-Mayr-Duft.

Plötzlich sagten Sie, dass Sie sich hier nicht gut fühlten. Wir schwiegen.

Mir ging so vieles durch den Kopf, aber ich wollte nichts zerstören, was Sie vielleicht noch sagen wollten.

Dann kam ganz klar und deutlich der Satz:

»Sag allen, dass es mir gut geht.«

Ich fragte nach: »Wirklich allen?«

»Ja, allen.«

Dann legten Sie sich hin, rollten sich wieder zusammen.

Ich fragte, ob ich Ihnen die Schuhe ausziehen sollte.

Nein, das wollten Sie nicht.

Mir brach es das Herz, Sie sahen so klein, so allein und so zart aus.

Es war Ihr dritter Tag im Krankenhaus.

Für einen Moment überlegte ich, ob ich Sie entführen sollte. Heimlich in einen Rollstuhl setzen und nach Hause bringen, dorthin, wo Sie sterben konnten, so, wie Sie sich es gewünscht hatten.

Und wie wir es einander versprochen hatten.

Aber ich war nicht Ihre Tochter. Es stand mir nicht zu.

Ich winkte, ehe ich das Zimmer und Sie verließ. So wie immer, wenn wir uns verabschiedeten.

Draußen im Flur sprach ich einen Krankenpfleger an und bat ihn, nach Ihnen zu sehen, weil es Ihnen schlecht ging.

Um 12.40 Uhr ging ich langsam die Treppe nach unten in die Empfangshalle und weinte. Ich weinte hemmungslos, auch noch im Auto.

Sie starben am 15. Juli 2014, um 13.10 Uhr, ganz allein.

Drei Monate vor Ihrem fünfundneunzigsten Geburtstag.

Warum war ich nicht bei Ihnen geblieben?

Aber Sie hatten sich auf die Seite gelegt, mit dem Rücken zu mir, ehe ich Sie verließ. Sie hatten vor, allein zu sterben.

Tapfer und wissend, was Sie wollten, so, wie Sie es ihr ganzes Leben lang waren.

Sie wollten verbrannt werden, sagten Sie mir mal, weil Sie sonst nicht mehr zu Ihrem Michael passen würden, weil die Grabstelle in Nienstedten nicht für zwei Menschen gedacht war.

Gottfried und ich gingen vor dem Abschied der Familie von Ihnen zum Friedhof und brachten eine wunderschöne ›Wiese aus Kräutern und Feldblumen‹ zu Ihnen, im Namen der Nachbarn. Ich wusste, das Ihnen die Wiese gefallen würde.

Das Foto von Joachim Huber, auf dem Sie allein in der Lindenallee im Hirschpark in Richtung Licht am Ende der langen Allee gehen, hatte ich vergrößern und von den Nachbarn in Pepers Diek unterschreiben lassen.

Tschüs, liebe Änne Mayr, wir lieben Dich immer noch.

Hier, in Pepers Diek, sehe ich täglich die Wohnung, in der so Sie lange lebten.

Aber ich winke nicht rüber.

Da sind Sie nicht mehr.

Nicht mehr richtig, mit Ihren bunten Küchen- und Badezimmergardinen vor den Fenstern.

Auch die Schlafzimmervorhänge sind anders geworden.

Und die Lampen.

Ihre Blumenkästen sind verschwunden, auch die beiden Stühle auf dem Balkon und der kleine Tisch.

Ab und zu gehe ich ein Stückchen in den Park hinein, hinter dem »Weißen Haus«, wo wir zusammen unterwegs waren, um im Herbst Esskastanien zu sammeln oder kleine Zweige für den Kamin.

Dort durften Sie sogar mit Sondergenehmigung Schnee-glöckchen pflücken oder Osterglocken und Märzenbecher, die im Frühjahr üppig in der langen Allee blühen.

Daraus banden Sie liebevoll kleine Sträußchen, die Sie an unsere Haustür hängten, immer mit einer schönen, farbigen Stoffschleife gebunden, mit liebenswerten Grüßen auf hübschen Karten, in Ihrer schönen, altmodischen Schrift geschrieben.

Ihre rote Strickmütze nehme ich öfter in meiner Manteltasche mit und führe sie spazieren, dorthin, wo Sie gerne allein, und manchmal auch mit mir unterwegs waren.

Mit den Fingern fühle ich die Wärme der Wolle in meiner Tasche.

Ach, Frau Mayr, Sie fehlen mir trotzdem.

Immer noch und jeden Tag.

Eine der Lieblingsgeschichten von Ihnen, liebe Frau Mayr, soll zu dem langen Brief hier einen Platz bekommen:

Frau Meyer, wo ist denn dein Herr Meyer?
Erzählung (2012)

Robert klingelt Sturm bei Frau Meyer.

Ihm sind heute Nacht zwei furchtbar wichtige und dringende Fragen eingefallen:

Gibt es eigentlich einen Herrn Meyer? Und wo ist der jetzt?

Robert hat ihn nämlich noch nie gesehen.

Frau Meyer macht zum Glück bald auf, und Robert wartet gar nicht ab, bis er in ihrer Wohnung ist.

Noch im Treppenhaus fragt er:

»Frau Meyer, wo ist denn dein Herr Meyer?«

»Oh«, antwortet Frau Meyer, »das ist eine schwere Frage, Robert. Komm doch erst mal rein. Dafür muss ich mich hinsetzen.«

Robert ist so aufgeregt, dass er nur stehen und zappeln und nicht sitzen kann.

»Herr Meyer ist nicht mehr«, sagt sie leise. »Seit zehn Jahren.«

Das versteht Robert nicht.

»Er ist nicht mehr?«, fragt er und runzelt die Stirn. »Ist Herr Meyer verschwunden?«

»Er ist nicht mehr da.«

Robert wird ganz still. Frau Meyer auch.

Jetzt setzt er sich zu seiner Freundin an den kleinen Tisch neben Frau Meyers Lesesessel. Nach einer Weile traut er sich zu fragen: »Einfach weg? Wohin denn?«

»Er ist da oben, denke ich.« Frau Meyer zeigt auf die Zimmerdecke.

»Wie, da oben?«

»Und auch da unten.« Frau Meyer zeigt auf den Fußboden.

Roberts Augen werden immer größer.

»Hat er oben und unten ein Zimmer?«

»Das weiß ich nicht. Vielleicht.«

Komisch, bis jetzt hat Frau Meyer Robert noch nie an der Nase rumgeführt.

»Wohnt dein Herr Meyer vielleicht in so einem Haus mit vielen Fenstern, in dem immer eine Menge alte Menschen wohnen?«, möchte Robert vorsichtig wissen. In so einem Haus war er mit Frau Meyer und hat mit ihr und Trixie die Freundinnen besucht. Vielleicht wohnt Herr Meyer in einem anderen Haus mit vielen Fenstern und alten Menschen?

Frau Meyer schweigt und legt die Hände in den Schoß.

Da ahnt Robert, dass Herr Meyer nicht mehr lebt. Er wagt es aber nicht, dies auszusprechen. Vorsichtshalber fragt er deshalb weiter:

»Kann ich Herrn Meyer sehen?«

»Kannst du, aber nur auf einem Foto.« Frau Meyer geht zum kleinen Sekretär und nimmt einen Bilderrahmen in die Hand.

»Das ist Herr Meyer, als er noch war.«

Robert starrt auf das Foto. Er mag Frau Meyer nicht ansehen. Sie macht so ein trauriges Gesicht.

Eine Weile schweigen sie beide.

»Herrn Meyer gibt es auch noch hier«, sagt Frau Meyer leise. Sie legt die rechte Hand auf ihr Kleid. Dorthin, wo das Herz wohnt.

»Nur da?«

»Und auf dem Friedhof.«

Robert sieht Frau Meyer an. Er weiß, was das heißt: Herr Meyer ist also echt tot. Deshalb hat Frau Meyer noch unten gezeigt. Denn Tote liegen unter der Erde, und auf ihren Bäuchen liegen Kieselsteinchen und blühen im Sommer Blumen. Und dann stehen auf dem Friedhof auch noch Steine groß wie Felsen und Kreuze mit Namen und Zahlen drauf. Das weiß er aus dem Fernsehen.

»Musst du jetzt nicht weinen, Frau Meyer?« Wenn jemand tot ist, den man gut kannte, weint man doch meistens.

»Heute nicht Robert. Du bist ja hier, da brauche ich nicht zu weinen.«

»Du hast vorhin nach oben gezeigt. Warum?«

»Vielleicht ist mein Herr Meyer im Himmel? Der Himmel ist oben und groß. Da ist Platz für viele.«

»Vielleicht hat dein Herr Meyer jetzt Flügel und fliegt mit Raketen und Satelliten und Shuttles durch das Weltall?«

Robert steht auf und flattert mit ausgestreckten Armen durch das Zimmer. Bruuummm-Brumm-Brumm ...

»Kann gut sein. Aber er fliegt eher mit Sonne, Mond und Sternen.«

Frau Meyer zeigt ihm ein großes, schwarzes Fernrohr. »Damit hat mein Herr Meyer die Sterne und den Mond beobachtet.«

»Du hast selber gesagt, dein Herr Meyer ist unten und oben. Wie geht denn das, Frau Meyer?«

»Das ist so, wenn man nicht mehr hier ist. Die Seele geht nach oben und der Körper nach unten.«

»Oh.« Robert ist schon wieder still.

»Aber du und ich, wir sind jetzt hier, dazwischen.«

Jetzt sagen beide eine lange Weile nichts.

»Morgen besuche ich meinen Herrn Meyer auf dem Friedhof. Magst du mitkommen?«

Robert muss wieder nachdenken, ganz schön anstrengend heute. »Mal sehen.«

Am nächsten Tag spazieren Robert und Frau Meyer zusammen zu Herrn Meyer.

Er möchte wissen, wo das ist mit Herrn Meyer da unten.

Robert war noch nie auf einem Friedhof. Überall Steine mit Namen. Große und kleine Engel mit Blumen und Kreuzen in der Hand. Vasen mit Blumen und blühende Pflanzen auf den Gräbern.

»Hier ist es ganz schön voll mit toten Menschen, findest du nicht auch, Frau Meyer?«

»Stimmt«, antwortet Frau Meyer.

»Und die Toten haben alle einen eigenen Garten.«

»Stimmt auch«, antwortet Frau Meyer. »Aber nur einen ganz kleinen. Wenn ich gestorben bin, darf ich hier noch hin. in Herrn Meyers kleinem Garten ist noch Platz für mich.«

»Du sollst aber noch bleiben!« Robert wird böse und fast muss er weinen. »Du darfst noch nicht weggehen, hörst du?«

»Ich gebe mir Mühe«, verspricht Frau Meyer, und Robert braucht nicht zu weinen. Versprochen ist versprochen.

»Wie liegt denn Herr Meyer da unten in seinem Garten?«

»In einer schönen Kiste aus Holz, in seinem besten Anzug. Seinen Hut habe ich ihm noch mitgegeben, weil er zum Schluss so am Kopf gefroren hat. Und ein Foto von mir, damit er mich nicht vergisst da oben.«

»Ich denke, er ist hier und unten.«

»Stimmt, aber unsere Seele fliegt davon, wenn wir sterben.«

Also gibt es zwei Herr Meyers. Einen unten in der Kiste liegend und einen oben am Himmel fliegend. Das soll mal einer verstehen. Robert seufzt. Ganz schön schwierig ist das mit dem Sterben und oben und unten und dazwischen.

»Herr Meyer mochte gern duschen«, verrät ihm Frau Meyer. »Wollen wir ihm heute, wo es so warm ist, mal eine Dusche gönnen?«

Mit Robert geht sie Hand in Hand zum nächsten Wasserhahn und Robert füllt die Gießkanne mit frischem Wasser. Auf dem Weg zu Herrn Meyers Garten-Grab fragt Robert:

»Darf ich Herrn Meyer duschen?«

»Darfst du.«

Langsam lässt Robert den Wasserstrahl über einen Stein laufen, auf dem Herrn Meyers Nahmen steht, in goldenen Buchstaben.

Als die Kanne bis auf den Letzten Tropfen leer ist, meint er: »Jetzt ist Herr Meyer bestimmt wieder blitzsauber. Die Blumen brauchen aber auch eine Dusche.«

»Stimmt«, antwortet Frau Meyer. Und wieder trotten sie Hand in Hand zum Wasserhahn.

»Herr Meyer freut sich, dass du mit mir hier bist, da bin ich mir ganz sicher.«

»Wieso weißt du das?«

»Weil Herr Meyer mir das auf dem Weg zum Wasserhahn gesagt hat.«

»Er hat mit dir gesprochen? Davon habe ich nichts gehört.«

»Herr Meyer spricht zu meinem Herzen. Nur zu mir. Dort kann ich ihn hören, auch wenn es nicht still ist. Wir haben eine geheime Leitung miteinander, nur für uns beide.«

Robert nickt, aber verstehen tut er es nicht so ganz. Vielleicht irgendwann mal.

Einige Minuten später trinken die roten und gelben Blumen auf Herrn Meyers Bauch aus glänzenden Pfützen.

»So, jetzt sage ich *Tschüs,* und dann wollen wir nach Hause gehen. Ich brauche dringend eine heiße Wunder-Schokolade. Du auch?«

Robert nickt und hält Frau Meyers Hand ganz fest in seiner. Hier auf dem Friedhof möchte er sich nicht verlaufen, so wie Hänsel und Gretel im Wald. Wer weiß, wer da noch alles zum Vorschein kommt, wenn es dunkel wird.

Als es fast dunkel ist, die Wunder-Schokomilch ausgetrunken und allmählich die Sterne kommen, darf Robert durch Herrn Meyers großes und schweres Fernrohr gucken. Nach oben.

»Und?«, fragt Frau Meyer gespannt.

»Ich sehe ihn!« ruft Robert begeistert. »Auf dem Kopf hat

Ausgangspunkt für unsere Arbeit miteinander waren: Auszüge aus Texten von Manfred Bieler, Rose Ausländer, Jack London, Willem Wilmink, den ich aus dem Niederländischen ins Deutsche übersetzt hatte, Antoine de Saint-Exupéry, Jacques Prévert, um nur einige zu nennen.

Sie waren Einstieg in eigene Texte. Für mich unterschieden sich die Jugendlichen hinter Gittern nicht von Teilnehmer*innen anderer Workshops.

Am Anfang herrschte mir gegenüber großes Misstrauen. Bei allen. Jugendliche hinter Gittern vertrauen nur sich selbst, sonst niemandem. Genau dort setzte ich an. Ich versuchte Vertrauen zu gewinnen. Fast immer siezte ich sie. Sonst wurden sie geduzt und mit einer Nummer angeredet. Für mich waren sie keine Aktennummern aus irgendeiner Zelle. Meine Geduld wurde auf die Probe gestellt. Es überraschte mich immer wieder, wie sich die jungen Gefangenen irgendwann plötzlich trauten, ihre Angstgrenzen mit mir zu überschreiten.

Auch miteinander verloren sie meistens ihre Scheu. Aus der Gruppe kam der Vorschlag, dass das, was wir gemeinsam malten, schrieben und uns sagten, auch im Raum und in der Gruppe bleiben sollte. Die Angst, deswegen später aufgezogen und angemacht zu werden, saß tief. Es wurde mir aber auch erlaubt, Bilder und Texte mitzunehmen und Studenten zu zeigen.

Ein Häftling vertraute mir nach zwei Tagen an:

»Weinen tu ich für mich allein.«

»Wo denn?«

»Auf der Toilette, wenn der andere durchzieht.«

»Nur da?«

»Oder unter der Dusche. Ich halte mein Gesicht in den Wasserstrahl, dann sieht man die Tränen nicht.«

»Kannst du auf Anhieb weinen?« Ihn duzte ich ausnahmsweise, er wünschte es so.

»Muss ich ja. Weil ich nur zwei Mal die Woche duschen darf. Und ich bin öfter traurig. Den Rest muss ich auf dem Klo erledigen, während der andere durchzieht. Dann hört man mein Weinen nicht.«

Vierundzwanzig große Pastellbilder, die in einem Zeitraum von drei Jahren in Mal- und Schreibwerkstätten in der ganzen Bundesrepublik entstanden, waren in der Ausstellung *Vergitterte Jugend – Vergitterte Gedanken* zu sehen, die vor vielen Jahren auf der Leipziger Buchmesse zum ersten Mal in der zentralen Stadtbibliothek am Wilhelm-Leuschner-Platz präsentiert wurde und danach zwei Jahre lang durch ganz Deutschland reiste. Ich begleitete die Ausstellung mit Lesungen und Vorträgen.

Saarbrücken war der Ort, an dem die Ausstellung ihren Abschluss fand. Die Bilder und die handgeschriebenen Originaltexte hingen im Altarraum der Johanneskirche. Der Pastor hatte seinen Konfirmationsgottesdienst rund um die Ausstellung und in seine Predigt Texte von den jungen Inhaftierten aufgebaut.

Die eingerahmten Bilder und Texte wurden an die Haftanstalten zurückgegeben und dort aufgehängt.

Ein würdiger Abschluss für alle.

Und ein Grund für mich, weiter daran zu glauben, dass Literatur viel bewegen und bewirken kann.

JVA Hahnöfersand (ab 1990)

»Warum gehst du eigentlich in den Knast?« Wie oft wurde ich das gefragt, seitdem ich mich entschieden hatte, tatsächlich jede Woche einmal freiwillig in die Justizvollzugsanstalt Hahnöfersand in der Elbe zu gehen, danach in der ganzen Bundesrepublik auf Einladung von Pädagogen und Sozialarbeitern.

Als ich mich dazu entschloss, die jungen Männer im geschlossenen Bereich der Vollzugsanstalt Hahnöfersand zu besuchen, hatte ich mir hauptsächlich nur eine Sache vorgenommen: Ich wollte versuchen, ob es möglich ist, mit Menschen, die teilweise nicht lesen und schreiben können, gemeinsam zu lesen und zu schreiben.

Das war eine Herausforderung, ein Wagnis. Ich muss allerdings zugeben, dass ich zu den unverbesserlichen Menschen gehöre, die davon ausgehen, dass man ohne Bücher nicht leben kann. Mir sind Bücher oft wichtiger als Nahrung. Vor lauter Lesen vergesse ich manchmal zu essen ... Vielleicht hat sich meine Begeisterung ein wenig übertragen: Ich habe mich getraut, mit Menschen, die selten oder nie mit Büchern zu tun haben, gemeinsam zu lesen, zu diskutieren und zu schreiben.

Die weiter unten abgedruckte Geschichte *H'Sand* von Stefan lese ich immer wieder vor in Schulen, weil dort jedes Mal die Frage kommt: »Wie ist das denn so im Knast, und was machen die denn dort den ganzen Tag?« Ich muss mich sehr an bestimmte Ausdrucksweisen der Inhaftierten gewöhnen.

Manchmal wusste ich gar nicht, wovon sie sprechen, wenn sie »ISO« sagen oder »unter Deck gehen« oder »durchgeschlossen werden«. Inzwischen begreife ich, was es heißt,

›durchgeschlossen‹ zu werden. Damit habe ich große Probleme. Schon am Tor möchte ich schreien: »Reißt die Schranke weg, walzt die Stacheldrahtzäune nieder, holt die Gitter vor den Fenstern weg!«

Nach meinen vielen Besuchen im Knast weiß ich ganz genau: Ich bin nicht sicher, was noch auf mich zukommt in meinem Leben. Aber eins darf man mit mir nie machen: mich einsperren oder festbinden. Wenn ich Bilder sehe, auf denen Menschen, die Entzug von Drogen machen, zu ihrer eigenen Sicherheit festgebunden sind, oder wenn im Film irgendwo ein Fahrstuhl stecken bleibt oder eine Tür nicht mehr aufgeht, dann glaube ich jedes Mal ersticken zu müssen. Ich hasse hohe Mauern, über die ich nicht hinwegsehen kann. Ich fürchte mich vor verriegelten Türen, von denen ich keinen Schlüssel habe. Und in Hahnöfersand muss ich immer wieder aushalten, dass ich durchgeschlossen werde. Bis ich endlich in dem Raum bin, in dem die Jungs und ich lesen, diskutieren und schreiben können, werde ich mindestens fünfmal durchgeschlossen. Für mich ist das jedes Mal sehr schlimm, Woche für Woche. Wenn ich zu sehr darüber nachdenke, drehe ich durch. Mir bleibt nur eins: Ich werde so tun, als gäbe es keine elektronische Bewachung, keine Stacheldrahtzäune, keine verriegelten Türen, keine Beamten. Eigentlich schäme ich mich, denn ich brauche das doch nur für einige Stunden durchzustehen.

Trügerische Idylle (1990)

Schafe auf dem Deich, weiß
Eine Wasserfläche, gekräuselt

Stille
Ruhe

Das Eingangstor zur Insel
geschmückt mit
bunten Stiefmütterchen
Aus der eigenen Gärtnerei, sagt der Wärter
und öffnet mir den bewachten Eingang
den Eingang zu einer Idylle mit Gittern
auf einer Insel im Fluss
inmitten von Stromschnellen und
umgeben von einer stinkenden Brühe
die sich Elbe nennt
Flucht ist ausgeschlossen
sagt man
Wer ist man?

Wenn einer doch flieht, irgendwie
wird geschossen, mitten in den stillen Frieden hinein
hinein in diese trügerische, vergitterte Idylle
die doch leise und inmitten der Elbe liegt
umgeben von reißenden Stromschnellen
die um die Insel herum besonders gefährlich sind

Warum sind Sie hier? (1990)

Wütend bin ich. Aber auch verängstigt. Da steht er vor mir, in Anstaltskleidung.

Blau, jeansblau, jung, breitbeinig und herausfordernd, die Arme übereinander geschlagen.

Das erste Mal besuche ich heute die jugendlichen Insassen hier im Knast. In der Nacht zuvor habe ich kaum geschlafen, weil ich mich immer wieder gefragt habe, ob ich es überhaupt schaffe, mit ihnen ins Gespräch zu kommen.

Wir haben uns soeben im Nebenraum vorgestellt.

Peter, zwei Studentinnen und ich. Dabei haben die Jugendlichen uns vor allem sehr misstrauisch betrachtet und kaum geglaubt, dass wir von ihnen gar nicht wissen wollen, weshalb sie hier sind. Und fast mitleidig gelächelt haben sie dann bei unserem Vorschlag, mit ihnen jeden Mittwoch über Bücher zu reden, ihnen vorzulesen, vielleicht sogar gemeinsam zu schreiben. Eigentlich bin ich eine Optimistin. Ich glaube nämlich an das, was ich hier vorhabe. Aber es kann sein, dass ich mich völlig verschätzt habe in dem, was mich hier tatsächlich erwartet.

Lange ist es her, da habe ich eins der größten Gefängnisse Deutschlands besichtigt.

Meinen Pass musste ich am Tor abgeben. Ein Beamter mit der Hand an seiner Dienstwaffe führte mich herum. Ich habe fast ständig die Luft angehalten bei dem, was ich gesehen habe. Die Blicke dieser Männer vergesse ich mein Leben lang nicht.

Mein Lächeln gefror mir allmählich auf meinem Gesicht. Für die Männer, die mich auf meinem Rundgang trafen, war ich ein Wesen von einem anderen Stern. Eine Frau, die kam, vorbeiging und sofort wieder verschwand, unerreichbar. Sie waren für mich ebenfalls Wesen von einem anderen Stern: unerreichbar. Ich fühlte mich nicht gut dabei. Damals beschloss ich, falls ich irgendwann einmal wieder einen Knast betreten würde, dass mein Besuch nicht auf so eine merkwürdige Besucherrolle zusammenschrumpfen sollte. Dann wollte ich nämlich mit den Menschen dort ins Gespräch kommen.

Heute habe ich diesen Versuch gewagt, jetzt will ich auch dazu stehen. Und dieser junge, herausfordernde Mensch da vor mir, der soll mich nicht wütend machen, weil er davon ausgeht, ich käme nur deshalb hierher, um ihn und die anderen neugierig zu beobachten.

Und bekehren will ich erst recht nicht. Ich wünsche mir, mit ihnen auf der gleichen Ebene zu sprechen.

Vergessen will ich den wohlgemeinten ›guten‹ Ratschlag meiner Freunde und Bekannten:

»Geh da bloß nicht hin, es bringt sowieso nichts.«

H'sand (1991)

Text von Stefan, einem jugendlichen Inhaftierten in Hahnöfersand, aus einer Schreibwerkstatt

Das Leben auf H'sand. Jeder Tag ist wie der andere. Man steht morgens auf, geht zur Arbeit oder zur Schule. Arbeitsende ist um vier Uhr nachmittags, um fünf Uhr gibt es Abendbrot. Nachdem das Abendbrot ausgeteilt wurde, geht man wieder eine Stunde »unter Deck«, so nennen die Beamten das.

Wenn dann um sechs Uhr die Zellentür wieder aufgeht,

kann man Fernsehen gucken oder als Besucher auf eine andere Station gehen, das heißt, wenn man da Freunde oder Arbeitskollegen hat. Das heißt, wenn nicht gerade Dienstag oder Sonnabend ist.

Dienstag ist Zellenreinigung. Die Beamten nennen das »Appell«. Dienstag ist für jeden auf H'sand ein Scheißtag, denn nach der Zellenreinigung ist um 6.30 Uhr Einschluss, dann sitzt man in der Zelle und weiß nicht, was man machen könnte.

Samstag ist der beste Tag der ganzen Woche, denn am Samstag ist Besuchstag. Am Samstag können die Verwandten oder Freunde zu Besuch kommen, das heißt, wenn sie einen Besucherschein haben. Dann darf man eine Stunde mit seinem Besuch an einem Tisch sitzen. Nach der einen Stunde, wenn sich der Besuch verabschiedet hat, muss jeder Gefangene zum Sanitäter, »Sani«, und sich durchsuchen lassen.

Wehe, es hat einer ein Stück Hasch oder Geld bei sich! Wenn ja, dann kommt derjenige gleich auf ISO. ISO ist Einzelhaft und 23 Stunden am Tag unter Deck, und das eine Woche oder länger. Am Samstag darf auch kein Gefangener auf eine andere Station. Es könnte ja sein, dass er da Hasch oder andere Drogen verkaufen oder kaufen will. Solche Geschäfte laufen dann immer am Fenster ab. Derjenige, der eine Station höher liegt, lässt ein Band herunter, woran ein Schuh gebunden ist. Alles weitere regelt sich von selbst ...

Samstag ist der Drogentag auf H'sand. Ich selbst finde den Samstag nicht schlecht. Das ist natürlich kein Geständnis. Ich finde den Samstag nur gut, weil es eben der Samstag ist ...

Stacheldraht blau (1990)

HÖHE VIER METER steht auf einem Schild
Ein Schild, kahl, riesig groß
festgenagelt an einen Zaun, einen Zaun aus
Stahl, Eisen, Beton
und vor allem aus Stacheldraht
der gerollt, gedreht ist, sich heute fast endlos windet
und krümmt gegen einen stahlblauen Himmel.
Außerhalb der Stachelmaschen steht diesem Himmel
nichts im Wege, ringsum nur freies Feld, weit, weit
schier endlos.

Ein bestimmter Moment (1990)

Vor einiger Zeit,
in der Geschlossenen.
Ich wollte eine Fotokopie machen.
Ich ging zur Glastür,
die zur Eingangshalle führt
und sonst immer offen ist.
In dieser Halle gibt es eine weitere Tür.
Hinter dieser Tür steht der Kopierer.
Ich wollte die Glastür öffnen.
Sie war zu.
Ob sie vielleicht klemmte?
Ich stemmte mich dagegen.
Sie ging nicht auf.
Ich sah, nur drei Glaswände von mir getrennt,

einen Beamten.

Er sah mich aber nicht.

Ich klopfte an die Scheibe.

Ich schrie: AUFMACHEN BITTE!

Niemand hörte mich.

Mein Herz klopfte heftig und wild.

Ich bekam Angst.

Ich war EINGESCHLOSSEN.

Es beobachtete mich doch jemand.

Ich drehte mich um.

Dort stand er. In Anstaltskleidung.

So ist das, sagte er, bei uns.

Täglich.

Möchten Sie raus?

In die Freiheit?

Dann lassen Sie sich mal etwas einfallen.

So wie wir.

Ideen haben wir genug, nur,

keiner will etwas davon wissen, von denen da, in ihren Uniformen.

Aber Sie vielleicht?

Ich zeige Ihnen, wie Sie rauskommen.

Aber nur Ihnen.

Er ging zum Telefon.

Und rief für mich an.

Beim Beamten im Glaskasten.

Die Fotokopie machte ich draußen.

Aktennummern (1991)

Man landet schneller im Knast, als man glaubt.

Jugendliche, die dort aushalten müssen, wissen das. Manche von ihnen waren schon öfter da.

Ich weiß nicht, warum. Ich habe sie nie gefragt. Weil es ihre Geschichte ist. Sie würden es mir schon sagen, wenn sie wollten. Oft schämten sie sich für das, was sie getan hatten.

Jugendliche in den Schulen wissen, dass auch sie schnell irgendwo in den Akten der Behörden stehen können, und diese Aktennotizen sind nicht immer positiv. Eine Aktennummer bekommt man schneller, als man vermutet. Ich habe auch schon mindestens zwei, vielleicht sogar mehr. Aber weshalb, sage ich auch nicht.

Die Jugendlichen hinter Gittern hatten meistens schon vor ihrer Knastkarriere eine Aktennummer.

Zum Beispiel, weil sie Heimkinder sind.

Oder weil sie ständig aus dem Heim weggelaufen sind.

Weil sie und ihre Familie aus der Wohnung geflogen sind. Weil sie auf der Straße aufgelesen wurden.

Weil …

Weil es in diesem Land viele Gründe dafür gibt, einem Bürger eine Aktennummer zu verpassen.

Die Schüler wollen bei den Lesungen zu diesem Thema meistens wissen, wie man zu einer Aktennummer bei den Justizbehörden wird.

Vielleicht sollten Jugendliche mit und ohne Justizerfahrungen sich zusammensetzen dürfen und sich darüber austauschen.

Vielleicht gibt es dann in Zukunft weniger neue Aktennummern für den geschlossenen Bereich in Jugendvollzugsanstalten.

Zellen (1990)

Als ich das erste Mal eine Zelle im geschlossenen Bereich sah, bekam ich Herzklopfen. Die Zelle war leer, aber trotzdem.

Kahl, nackt, schmuddelig, eng, ein schmales Bett an der Wand. Ein Klo mit einer Klapptür davor. Da gab es noch einen kleinen Tisch; ein winziges Regal hing über dem Bett. Gitter an den Fenstern. Der Anblick schnürte mir die Kehle zu. Der Beamte wollte noch eine Zelle zeigen, die belegt war.

»So sieht eine Zelle aus, wenn jemand drin wohnt«, sagte er und öffnete mit einem Schlüssel aus seinem riesigen Schlüsselbund eine Tür.

Ich blieb im Flur stehen.

Ich weigerte mich.

Das winzige bisschen Intimität eines mir fremden Menschen sollte mir nicht zur Schau gestellt werden. Die Jungs wohnen in Gruppen, das heißt, sie teilen sich einen gemeinsamen Aufenthaltsraum mit ausgedienten Polstermöbeln. Hier können sie hin und wieder fernsehen.

Es gibt eine Pantry zum Aufwärmen ihrer Mahlzeiten und einen größeren Flur, in dem manchmal eine Tischtennisplatte steht.

Pro Wohneinheit können ca. zehn Jugendliche in Einzelzellen untergebracht werden. Jede Wohneinheit wird zu bestimmten Stunden abgeschlossen, das heißt, dass keiner der Insassen mehr seine Wohngruppe verlassen oder Besuch empfangen kann.

Als ich das erste Mal so eine Wohngruppe besuchte und anschließend beim Vollzugsbeamten in seinem kleinen Büro eine Tasse Tee bekam, hatte ich keine Fragen an ihn. Jede Frage wäre überflüssig gewesen. Das, was ich sah, sprach für sich.

Erzwungene Nähe im Knast: Ralph (1994)

Ralph ist Realschüler, Graffitikünstler, S-Bahn-Surfer und hat einen deutschen Pass.

Nur: Ralph hat einen afrikanischen Vater und eine deutsche Mutter. Und deshalb hat es Ralph auch im Knast schwer. Dort gibt es Mitgefangene, die ein SS-Zeichen im Nacken eintätowiert haben, die ihre hellen Haare millimeterkurz tragen, die keine hellbraune, sondern eine sehr weiße Haut und ebenfalls einen deutschen Pass haben. Diese Mitinsassen mögen manches nicht. Zum Beispiel mögen sie Ralph nicht, weil seine Haut nicht weiß und seine Locken nicht blond sind.

Ralph hatte uns und den anderen an einem Nachmittag von einem Buch erzählt, das er sehr liebt. Sein Gesicht strahlte, als er es vorstellte. Es war *Der erste Lehrer* von Tschingis Aitmatow über Schüler, die unter großen Entbehrungen eine Schule in der kasachischen Steppe in Kirgisien besuchen dürfen.

Eine Woche später, als wir Ralph wiedersahen, hatte er keine dunklen Locken mehr. Sie waren ihm von zwei blonden Mitgefangenen abrasiert worden, ohne dass er darum gebeten hatte.

Ralph sagte an diesem Nachmittag gar nichts mehr, er sah völlig verängstigt aus.

Zwei Wochen später wurde uns erzählt, Ralph sei auf ISO.

Und zwei Tage später stand in der Zeitung, dass ein jugendlicher Häftling in Isolierhaft seine Zelle angezündet hätte und mit lebensgefährlichen Verbrennungen in eine Klinik gebracht worden sei.

Als ich Ralph nach einem halben Jahr Klinikaufenthalt wiedersah, bedeckte die Anstaltskleidung seinen ganzen Körper. Er trug Lederhandschuhe an den Händen. Nur sein Gesicht war nicht durch Verbrennungen entstellt.

Die beiden hellblonden Insassen waren nicht mehr da.

Hast du keine Angst, wenn du im Geschlossenen arbeitest? (1996)

Nein, die habe ich so gut wie nie gehabt, seitdem ich in den Knast gehe. Nur ganz selten.

Einmal, als ich mit den Studentinnen vom Fachbereich Ästhetik und Kommunikation der Hochschule für Angewandte Wissenschaften Hamburg mal wieder in Hahnöfersand war, um unseren 1995 gegründeten, von der Stiftung Lesen e. V. in Mainz finanzierten Leseclub in der JVA zu besuchen, passierte Folgendes: Ich hatte eine Menge bunte Sticker mit, beliebtes Tauschmaterial. Wir saßen erwartungsvoll wie immer um den runden Tisch, als plötzlich die Tür aufging. Im Rahmen stand ein Schrank von einem Mann, den ich noch nie gesehen hatte.

»O Gott, das ist Mehmet«, flüsterte eine Studentin neben mir aufgeregt. »Den kenne ich aus Neumünster.«

»Und?«, flüsterte ich zurück.

»Wir haben uns im Streit getrennt, nachdem ich ihn während meines Praktikums in der JVA dort drei Monate betreut hatte.«

»Möchten Sie lieber gehen?«

Sie zögerte und gab mir ein Zeichen, dass sie bleiben wollte. Rechts neben mir war noch ein Platz frei. Mehmet ließ sich schnaufend auf den Stuhl fallen, sah grinsend in die Runde und grunzte: »Hallo Kollegen.«

Niemand antwortete. Dann legte er seine riesige linke Pranke auf die bunten Sticker, schob seine Hand herausfordernd langsam über die Tischplatte in Richtung Hosentasche und steckte seelenruhig den ganzen Stapel ein. Die Spannung war kaum zu ertragen.

»Leg die sofort zurück!«, schrie die Studentin mit schriller Stimme links neben mir.

Wir waren gerade ohne einen Vollzugsbeamten im Klassenraum. Ich wusste sofort, dass mir in dem Augenblick alles aus der Hand laufen könnte, wenn ich die Ruhe verlieren würde. Mir fiel ein, wie ich mal auf einem endlosen Strand in Korsika mein Pferd beruhigt hatte, dass mal im Jagdgalopp mit mir durchgegangen war.

Ich redete ohne Unterbrechung beruhigend auf das Tier ein, bis es langsam in Trab und schließlich Schritt zurückfiel.

Obwohl ich keinen Häftling anfassen darf, legte ich meine rechte Hand sanft auf Mehmets Knie und die linke auf Karins rechtes Knie.

»Ganz ruhig«, mit leiser Stimme beschwor ich beide, »ganz ruhig«. Immer wieder. Ich spürte das angespannte Muskelpaket rechts neben mir bis in die Haarspitzen, aber auch die nervöse, flatterige junge Frau auf der anderen Seite. Meine Beschwörungsformel half und ich schaffte es tatsächlich, dass nicht innerhalb von Sekunden das gesamte Inventar zu Brennholz zertrümmert wurde und wir Frauen nicht nur mit blauen Flecken davon gekommen wären. Mehmet war an dem Tag aus einer dreiwöchigen Isolierhaft entlassen worden. Er hatte einen Vollzugsbeamten krankenhausreif geschlagen.

In einer anderen Jugendvollzugsanstalt wurde ich fünf Minuten nach Anfang unseres Workshops blitzartig körperlich von einem Neonazi angegriffen, nachdem er merkte, dass ich keinen deutschen Pass besitze. Er schien es förmlich gerochen zu haben. Durch den ausgelöste Alarm und das sofortige Eingreifen von den Lehrern und einigen Häftlingen wurde das Schlimmste verhindert. Ich setzte nach zehn Minuten meine Arbeit fort, allerdings mit zitternden Knien.

Auch verbal wurde ich mal aufs widerwärtigste angegriffen, als ich mit dem Workshop anfangen wollte. Pierre versprach sich davon eine totale Einschüchterung, als er am frühen Morgen ohne Gruß und als Erster das Wort ergriff. Er meinte hämisch grinsend: »Frauen sind nur dazu da, die Beine breit zu machen.«

Ich schluckte, überlegte nur eine Sekunde lang und antwortete: »Okay, heute aber nicht. Wir sind hier in einer Schreibwerkstatt, ich werde das mal gleich an die Tafel schreiben, vielleicht können wir das nachher noch irgendwie auf Papier verarbeiten. Noch mehr?«

Von allen Seiten kamen Perversitäten gegen Frauen, die ich säuberlich untereinander aufschrieb. Dann war die Luft raus.

Nach der Mittagspause war die Tafel sauber gewischt, aber nicht von mir.

Die Häftlinge hatten nachts auf ihrer Zelle harte Pornos angesehen und wussten nicht wohin mit ihrer geballten Gier auf Sex.

Nur ein einziges Mal hatte ich echte Angst. Tiefe Angst

vor dem, was sich hinter den Augen eines sechzehnjährigen Gefangenen versteckte, der mich bat, ihm zu zeigen, welche Farbschichten er übereinanderlegen müsse, um einen Sonnenuntergang zu malen. Thema: Freiheit. Ich legte die passenden, weichen Pastellkreiden auf Rolands Arbeitsplatte und zeigte ihm die Technik. Als ich hochblickte, sah ich in Augen voller Wahnsinn, überlaufend vor Hass und Eiseskälte. Ich begriff sofort, dass ich mit einem höchst gefährlichen Menschen zu tun hatte, und zog mich vorsichtig von ihm zurück.

Ich frage nie bei den Vollzugsbeamten und Lehrern nach, warum dieser oder jener Teilnehmer einsitzt. Aber hier hatte ich das Gefühl, einen Mitspieler aus dem brutalen Film *Das Schweigen der Lämmer* vor mir zu haben.

Roland hatte die längste Jugendstrafe bekommen, die es gibt. Er war von seinem Vater gezwungen worden, seine Mutter umzubringen. Er wusste genau um seine eigene, unberechenbare Gefährlichkeit und hatte panische Angst davor, wieder entlassen und erneut straffällig zu werden.

Ich war mir fast sicher, dass er nach seiner Entlassung eine neue schwere Straftat absichtlich herbeiführen wollte, um erneut in Haft andere vor sich zu schützen. Er gab mir vor dem Abschied nicht nur eine mehrseitige, detaillierte Beschreibung seines fiktiven, nächsten Mordes mit, sondern noch andere erschütternde Texte, die ich mit den Lehrkräften besprach und die von ihnen an den psychologischen Dienst weitergegeben wurden.

Vor Rolands grausamen Augen hatte ich große Furcht, denn Augen sind der Spiegel der Seele.

Während einer Tagung in Suhl vor einigen Jahren zum Thema Alphabetisierung bat mich Jörn, damals 21 Jahre alt, nach einer Lesung aus meinem Buch *Vergitterte Jugend – Innenansichten aus einem Jugendknast* um ein Gespräch mit ihm. Er wollte, dass ich es veröffentliche, wollte ein Vorbild für alle sein, nicht aggressiv zu werden.

Die Texte sind so von Jörn von mir aufgenommen und notiert worden. Beim wiederholten Lesen dieses Interviews wurde mir erneut klar, dass Gewalt an Kindern bei ihnen Aggression auslösen kann, die sie ungehemmt weitergeben könnten.

Bei den folgenden Auszügen aus der Lebensgeschichte des jungen Häftlings wurden die Texte nicht geändert, die Zwischentexte sind von mir.

Jörn erzählt über sein Leben (Auszug)

Durch seine Biografie ist Jörn vom achten Lebensjahr an aggressiv. Er weiß es, versucht dagegen anzugehen. Letztendlich landet er doch für mehrere Jahre in Jugendhaft.

Seit meiner Geburt wurde ich von einer Familie zur anderen gegeben. Von Heim zu Heim wurde ich geschickt. Und von einer Pflegefamilie musste ich sogar gehen. Alle Leute, die mit mir zu tun hatten, ob beruflich, in der Schule oder Freizeit, sagten zu mir, dass ich in Ordnung bin, dass ich ein liebenswerter, hilfsbereiter Mensch bin, der viele zum Lachen bringen kann. Doch tatsächlich ist es so gewesen, dass sie es zu mir sagten, weil sie entweder Angst vor mir hatten, oder man wollte mir nur das Gefühl geben, vielleicht in Ruhe gelassen zu werden.

Nach meiner Geburtsurkunde gibt es keinen Vater. Und wenn ich jetzt von meiner Mutter erzähle, dann bitte erschrecken Sie nicht.

Meine Mutter hieß Marina F. und sie hat mir, als sie mich geboren hatte, anstatt Milch Alkohol gegeben. Ich musste gleich nach ein paar Tagen oder Wochen, so genau weiß ich das nicht, ins Säuglingskrankenhaus, weil ich eine toxische Vergiftung mit Krampfanfällen gehabt habe.

Dann weiß ich noch, dass meine Mutter von der Stasi ins Gefängnis gebracht wurde. Ich bin 1983 in Sachsen-Anhalt geboren. Diese Information habe ich erst in meinem achtzehnten Lebensjahr erfahren. Meine Adoptivmutter hat eine Weile als Gabelstaplerin gearbeitet. Mein Adoptivvater ist in der Leichenbestattung tätig gewesen.

Wie kam es zur Gewalt?
Jörn, seine Adoptiveltern und deren Tochter wollen zum Weihnachtsmarkt. Er schafft es nicht allein, seine Schnürsenkel zu binden. Jörn geht noch nicht in die Schule.

Weil ich meine Schnürsenkel nicht schnell genug zumachen konnte, schrie meine Adoptivmutter mich an. Plötzlich schlug sie mir voll mit ihrer Hand ins Gesicht.

Ihre Hand flog so schnell in mein Gesicht, dass ich erst mal richtig geschockt war. Zwei Minuten später tat meine rechte Gesichtshälfte so weh, dass ich zu schreien anfing. Meine Adoptivmutter rastete dann so aus, dass ich gleich noch mal eine reingekriegt habe. Aber dieses Mal auf die linke Seite. Danach kriegte ich noch zwei bis drei Schläge, und ich lag dann urplötzlich auf dem Boden. Meine Adoptivmutter stand über mir, und dann kam auch schon mein Adoptivvater und brüllte meine Mutter an, sie solle aufhören! Ich kann mich zwar nicht ganz genau daran erinnern, aber ich muss bewusstlos gewesen sein. Als wir ziemlich lange an einer Imbissbude standen, bestellte mein Adoptivvater auf einmal zwei Pfefferminzschnäpse. Mein Adoptivvater drehte sich dann zu mir und gab mir auf einmal das Gläschen Pfefferminzschnaps und sagte: »Trink schnell aus und sage der Alten nichts.«

Schule, Angst und Schläge
Jörn kommt in die erste Klasse. Er fühlt sich wohl, freundet sich mit zwei Jungen an. Als die Kinder erzählen sollen, was sie in ihrer Freizeit machen, sagt ein Junge, den Jörn von Anfang an nicht leiden konnte, dass er mit Puppen spielt. Die ganze Klasse lacht. Denn eigentlich spielten damals Mädchen mit Puppen und Jungs mit Autos, meint Jörn.

Eines Morgens ging ich zur Schule und dann auch sofort in die Klasse. Und auf einmal fing dieser Typ, den ich nicht leiden konnte, an, mich zu ärgern. Warum weiß ich bis heute nicht. Er hörte aber auch nicht auf, und ich wurde das erste Mal so richtig aggressiv.

Mit dem Bild von mir, das ich jetzt beschreibe, habe ich die ganze Klasse geschockt und ich mich selbst auch.

Und das, was ich jetzt sage und für Sie aufschreibe, ja, so fing meine, sage mal so, meine Karriere als aggressiver, brutaler Schläger ohne irgendwelche Reue an. Meine neues oder sonstiges Leben.

Nach einer Schulpause, in dem sich Jörn zwei Flaschen Milch besorgt hat, sieht er, dass plötzlich nur noch eine auf seinem Pult steht. ›Der Typ‹ grinst. Ein Grund für Jörn, auszurasten.

Und in dem Moment muss sich bei mir im Gehirn etwas ausgeschaltet haben. Denn ich wurde so richtig aggressiv. Schrie in die Klasse und bin zu dem Typen gegangen und bat ihn, mir meine Milch zurück zu geben. Doch er wollte nicht. Und dann schrie mich noch meine Lehrerin an, ich solle mich hinsetzen und ruhig sein. Doch ich weigerte mich und wurde so aggressiv, dass ich ohne zu überlegen einen Stuhl nahm und den Stuhl in Richtung Typen schmiss, der ganz vorne saß, in der Nähe der Tafel. Die Schüler liefen in eine Ecke, in der sie sicher waren. Nachdem ich einen zweiten Stuhl geworfen hatte, kam die Lehrerin auf mich zugelaufen und gab mir eine Ohrfeige, die sehr wehtat. Ich fing an, um mich zu hauen und zu schlagen. Sie packte mich am Genick und hat mich auf den Flur gezogen. Dort sollte ich warten.

Die Lehrerin ruft die Adoptivmutter an, die in die Schule kommt. Jörn steht noch auf dem Flur.

Meine Adoptivmutter stand auf einmal vor mir. Ich war plötzlich ganz ruhig geworden und kriegte auch schon ein bisschen Angst. Ich habe in meinem Inneren nur noch gesagt, hoffentlich knallt sie mir keine.

Bevor ich zu Ende denken konnte, kriegte ich auch schon eine geknallt. Mir standen schon die Tränen in den Augen. Aber ich blieb hart. Ich durfte nicht weinen und ich durfte auch nichts sagen.

Die Mutter bringt ihn in sein Kinderzimmer, bittet ihn darüber nachzudenken, warum er sich in der Schule nicht benehmen kann. Sie wird wiederkommen, sagt sie und schließt die Tür.

Wissen Sie, was ich in diesem Moment fühlte, als sie die Tür hinter sich zu machte, als sie wieder reinkam ins Kinderzimmer?

Angst, sehr große Angst sogar. Ich spürte nur Angst und fing an zu zittern, weil ich wusste, dass sie mir wieder wehtun und mich anbrüllen würde.

Meine Adoptivmutter kam langsam auf mich zu. Dann fragte sie mich, warum ich oder was der Grund war, dass ich so aggressiv in der Schule bin. Ich stand da wie angewurzelt und kriegte kein Wort aus meinem Mund, obwohl ich es ihr sagen wollte. Doch ich konnte es nicht. Sie stellte nochmals die Frage und ich konnte vor Angst wieder nichts sagen. Und dann kam das, wovor ich mich bei ihr gefürchtet hatte. Sie brüllte mich an und dann fing sie schon an mit ihrer Hand anzudeuten, dass wenn ich jetzt den Mund nicht aufmache, sie mich verprügelt.

Dann plötzlich kriegte ich von ihr eine geknallt und dann noch eine. Währenddessen brüllte sie mich an. Ich bin von dem Schlag oder den Schlägen in die Ecke neben dem Schrank auf meinen Schulranzen gefallen. Meine Adoptivmutter schlug dann wieder zu, bis ich bewusstlos wurde. Ich weiß nicht, wie lange sie mich geschlagen hat, doch als ich wieder aufgewacht bin und versuchte, die Augen zu öffnen, habe ich nur noch einen Tunnelblick gehabt. Nach zwei bis vier Minuten wollte ich dann aus der Ecke aufstehen. Als ich dann aufstand, war mir richtig schwindlig und schlecht. Mir war so schlecht, dass ich auf die Toilette rannte und gebrochen habe. Im Bad wusch ich mir das Gesicht, damit sie meine Tränen nicht sah und schlich so leise ins Kinderzimmer, dass meine Adoptivmutter mich ja nicht bemerkte.

Jörn bleibt regungslos auf seinem Stuhl sitzen, rührt sich nicht vom Fleck, bis zum späten Abend. Sein Adoptivvater kommt ins Kinderzimmer und öffnet die Arme.

Als er mich umarmte, fing ich sofort an zu weinen und fühlte mich dann auch sicher.

Nur wenige Augenblicke der Sicherheit und des Glücklich-Seins

Es gibt nur wenige Augenblicke der Sicherheit und des Glücklich-Seins in Jörns Leben. Immer lauern Angst und Aggression darauf, ihm große Probleme zu bereiten. Er hat panische Angst davor, die Gewalt, die ihm immer wieder angetan wird, unkontrolliert weiterzugeben.

Er lernt Fahrrad fahren, er genießt die wenigen Ausflüge, die gemacht werden. Er passt sich meistens an, doch in ihm brodelt es. Die Adoptivmutter schlägt unerwartet immer wieder auf ihn ein, ist unberechenbar und gewalttätig. Eines Morgens schlägt sie Jörns Kopf mit so viel Wucht gegen die Schranktür, dass er wieder bewusstlos wird. Sie sind allein zu Hause. Jörn blutet aus einer klaffenden Kopfwunde. Seine Adoptivmutter versucht, mit einem Waschlappen und vielen Pflastern das Bluten zum Stillstand zu bringen.

Krankenhaus

Danach hat sie mich angezogen und ins Krankenhaus gebracht. Zu diesem Zeitpunkt wusste ich noch nicht so richtig, was passiert war.

Vor dem Arzt hat er tierischen Schiss. Auf dem OP-Tisch dreht er fast durch und will, dass seine Adoptivmutter bei ihm bleibt. Er muss festgehalten werden, weil er brüllt und um sich haut.
Als mehrere Ärzte kommen und sich um den Tisch stellen, schlägt er sogar den Chirurgen mitten ins Gesicht.
Nach der Operation melden sie sich bei der Schule ab. Jörn bekommt sogar ein paar Hörnchen während des Spaziergangs mit seiner Adoptivmutter. Frieden? Er weiß es nicht.

Zuhause angekommen, ging ich als erstes ins Kinderzimmer, weil ich gedacht habe, dass meine Adoptivmutter mir immer noch böse war. Doch es war überhaupt nicht so. Nach dem Krankenhaus war sie richtig nett zu mir.

Doch der Schein trügt. Nach drei Wochen kann Jörn wieder zur Schule. Er ist in der zweiten Klasse. In der dritten Klasse wird er in die Eisenbahnpioniere aufgenommen. Vorher muss er verschiedene Disziplin-Übungen erfolgreich bestehen. Er wird richtig gedrillt, will aber zu den Pionieren. Außerdem darf er nicht gläubig sein, sonst ist es vorbei mit den Pionieren. In der dritten und vierten Klasse geht es ständig auf und ab. Ein fetter Klassenkamerad versucht ihn zu reizen. Eine Weile schafft er es ohne Gewalt, doch dann steht der massige Typ im Schwimmbad auf einer zweieinhalb Meter hohen Mauer.

Gewalttätig ohne Kontrolle

Als ich ihn da oben stehen sah, ging mir so etliches durch den Kopf. Zum Beispiel dachte ich, was passiert, wenn ich ihn jetzt schubsen würde…? Dann dachte ich mir, wenn ich jetzt und hier die Chance nicht wahrnehme, dann wird er dich wieder ärgern. Doch genau das hatte ich nicht vor, mich ständig von dem ›Dicken‹ ärgern zu lassen. Also habe ich mir die Chance nicht entgehen lassen. Ich habe mich langsam von hinten an ihn herangeschlichen, rieb mir vorher noch die Hände und schubste ihn mit voller Power von der Mauer. Als er dann runterflog, gab es einen dumpfen Aufprall, der die anderen Schüler aufregte.

Jörn geht seelenruhig zum ›Dicken‹ hin, um sich davon zu überzeugen, dass der auch wirklich verletzt ist. Jemand hat alles beobachtet, zeigt auf ihn und erzählt den Lehrern, dass Jörn der Täter war. Der Krankenwagen bringt den Verletzten weg.
Jörn soll sich anziehen und warten. Doch er haut ab.

Meine Geschichte nimmt den nächsten Lauf

Ich habe nicht gewartet, sondern ich bin abgehauen. Weil ich wusste, was passieren würde, wenn sie es von meiner Lehrerin erfahren würde. Meine Adoptivmutter würde mich nicht nur schlagen, sie würde mich totschlagen. Soweit kenne ich sie.

Er läuft durch die Stadt, am Fluss entlang, völlig verzweifelt, weil er nicht weiß, was er machen soll. Er ist so einsam, dass er beschließt, zur Oma zu fahren. Er klaut ein Fahrrad und hat gegen einundzwanzig Uhr erst die halbe Strecke geschafft. Ein

Streifenwagen der Polizei hält ihn an und nimmt ihn mit zur Wache. Dreiundeinhalb Stunden sitzt auf einer Bank. Fragen will er nicht beantworten, weil er Angst vor zu Hause hat. Endlich erfahren die Beamten, wer er ist und bringen ihn nach Hause. Unterwegs erzählt er ehrlich, was in der Schule passiert ist, und dass er große Angst vor der Adoptivmutter hat. Er weint, je näher sie seinem Wohnblock kommen. Die Adoptivmutter steht schon vor der Haustür.

Die Polizisten sprechen vorher mit ihr. Jörn traut sich auszusteigen, umarmt sie und entschuldigt sich. Er geht wieder zurück in seine Schule und verspricht, sich zu bessern. Die Angst vor den Schlägen und vor ihrer und der eigenen Aggression bleiben.

Als er vier Stunden lang an derselben Hausaufgabe im Rechnen sitzt, die er nicht begreift, knallt sie seinen Kopf mit voller Wucht auf das Heft vor ihm auf dem Tisch. Er blutet aus der Nase. Die Heimkehr seines Adoptivvaters rettet ihn vor weiteren Wutausbrüchen der Adoptivmutter.

Leider trinkt der Adoptivvater sehr viel. Er hält ohne Alkohol die Verhältnisse zu Hause nicht mehr aus.

Doch eines Tages wird es auch ihm zu viel. Das Ehepaar streitet sich heftig, und die Frau geht mit einem Messer auf den Mann los. Doch dem Mann gelingt es, die Hand mit dem drohenden Messer festzuhalten. Jörn beobachtet alles. Der Streit legt sich.

Danach Jörn fängt an, ohne Gewissensbisse öfter zu stehlen.

Und so nahm meine Geschichte den nächsten Lauf.

Als ich die Zeilen aufschrieb, befand sich Jörn noch in Haft.

234

235

Lesen, Schreiben und Tingeln

Wo schreibst du eigentlich deine Geschichten? (2014)

Über mir ein sternenklarer Nachthimmel. Vor mir der weite, glitzernde und wispernde Ozean im Südwesten Indiens. Am Horizont tanzen goldgelbe Lichter der Öllampen auf den Holzkatamaranen der Fischer im leichten Wellengang auf und ab.

Eine lauwarme Tropennacht. In dem Augenblick wird mir schlagartig bewusst: Es ist so weit. Endlich kann ich anfangen das aufzuschreiben, was ich seit Jahren in mir trage, seitdem ich durch Indien reise und dort mit indischen Freundinnen in Kinderprojekten arbeite. Schon lange ist es mein Wunsch, über diese Kinder zu schreiben, die ich in staatlichen Schulen, im Krankenhaus, zu Hause, im Waisenhaus oder in Armenschulen, im Tempel und auf der Straße beobachte und erlebe. Das ist viel. Viel zu viel. Für all dieses Erlebte und Durchlebte brauche ich einen sensiblen Filter. Dabei kann mir diese unendlich schöne Tropennacht helfen, den Anfang und einen Raum auf den noch unbeschriebenen Blättern zu finden.

Von meiner Loggia trage ich den kleinen Tisch runter zum Meer, stelle ihn in den noch sonnenwarmen Sand. Danach hole ich einen Hocker, das Windlicht, meinen Füller, das Tintenfass und den Schreibblock. Eingewickelt in ein großes Tuch aus weicher Baumwolle erlebe ich, wie im flackernden Schein einer Kerze Buchstaben aus meiner Hand aufs Papier fließen. Endlich!

237

Zwei quicklebendige und vitale Kinder kommen und bleiben: Neena und Akhil. Sie begleiten mich durch viele Stunden, während das Wasser steigt und meine Schreibinsel und ich umspült werden. Ich schreibe bis zur Erschöpfung. Erst als ein blasses Licht den Morgen ankündigt und die Fischer zur Küste rudern, atme ich erleichtert auf. Ich habe es geschafft! Der Anfang ist da, und eine schwere Last fällt mir von den Schultern. Ins Tuch gewickelt gehe ich langsam ins Wasser, lasse mich fallen und auf dem Rücken treiben. Die Sonne blinzelt bereits durch die Palmenwipfel, und ein blasser Mond zwinkert mir noch zu, während die geschriebenen Worte in bunten Bildern vorbeiziehen.

Meinen allerersten Schreibtisch gab es vom niederländischen Designer Tjerk Reijenga unter dem Namen *Pilastro*. Damals unter Jugendlichen der absolute Renner und leider sehr teuer. Lange brachte ich Opfer und sparte. An der kleinen, schiefergrauen Schreibplatte mit den drei farbigen Regalen aus Stahl für Taschen- und Schulbücher wuchsen mir Flügel, die mich auf Wörterwellen davonfliegen und nicht nur schmachtende Gedichte über zahlreiche unbeantwortete Lieben schreiben ließen. Dort spürte ich etwas Göttliches, Überirdisches und Unwirkliches, was ich noch nicht zu deuten wusste.

»Glaubst du an unsere Götter?«, fragte mich mal ein indischer Junge. Ehe ich antworten konnte, sagte er: »Weil ich weiter zur Schule gehen darf, glaube ich, dass es auch einen Schulgott geben muss. Ich weiß nur nicht, wie er heißt. Vielleicht frage ich mal den Priester in unserem Tempel.«

Ich schrieb überall: in der Stille und mitten im Lärm. Auf Papierfetzen, Zetteln, der Rückseite von Rechnungen, in kleinen Gedankenbüchern. Ich schrieb in Hotelzimmern, in der Bahn, im Flugzeug, in Kneipen, Restaurants, Tempeln, Kirchen und Bibliotheken. In der Natur. Und natürlich zu Hause, auch in der Badewanne, auf einem Spezialbrett.

Aber seit meiner inspirierenden schiefergrauen *Pilastro*-Fläche hatte ich nie mehr dieses überirdische Flügelgefühl wie damals, wo ich irgendwo dicht bei einem Gott gewesen sein muss.

Jahrzehnte ist es her, doch heute Nacht war dieses entrückte Empfinden plötzlich wieder da. Möglicherweise gibt es einen Schreibgott? Vielleicht einmal treffe ich den kleinen indischen Jungen wieder, und dann werde ich ihn bitten, seinen Priester zu fragen.

Paul macht mich auch heute noch gesund –
Bücher als Medizin (2017)

Manchmal bekomme ich einen Sehnsuchtsanfall. Er ist wie ein heißer Fieberschub aus Kindheitstagen. Ab 38,2 °C durfte ich im Bett liegen bleiben. Der vollkommene Luxus in einer Familie mit zehn Kindern! Mutter brachte mir Bücher, stapelweise, weil sie wusste, dass Lesen zu meiner vorzeitigen Genesung beitrug. Jetzt, als erwachsene Bibliomanin, versuche ich fiebrige Sehnsuchtsschübe ähnlich auszukurieren. Die eigene Bibliothek ist wieder pure Medizin. Bücher in der niederländischen Muttersprache helfen meistens.

Heute hängen Emil-Nolde-Wolken am Himmel über der Elbe, im Garten blühen meterhohe Hecken mit dicken weißen und lilafarbenen Rhododendren-Blüten, die vom letzten Regenguss in der Sonne schwer an den Zweigen hängen.

Plötzlich ist mir nach dem niederländischen Autor Paul Biegel zumute, der in seiner Kindheit Trost und Geborgenheit im elterlichen Garten fand. Ich sehne mich nach der Verzauberung, die von jedem seiner fast fünfzig Bücher ausgeht.

Im Regal finde ich *Das Schlüsselkraut*, blättere, stelle es wieder hin. Daneben *Der kleine Kapitän* in der vertrauten, humorvoll illustrierten Ausgabe, in der so viel über Paul Biegels Kindheit zu finden ist. Wieder blättere ich und sehe und höre Paul als Kind-Kapitän, unterwegs auf dem selbstgebauten Schiff. Unterwegs in seiner magischen, mystischen Welt, die er sich als jüngstes Kind von neun Geschwistern in Traumstunden ausdachte. Weit wegzufahren von zu Hause, dorthin, wo es grenzenlose Möglichkeiten der Vorstellungskraft gibt. Dorthin, wo mit Fabelwesen, Tieren und Pflanzen gesprochen wird.

Ich war sogar in den Genuss gekommen, *Virgilius van Tuil op zoek naar een taart* (1979) ins Deutsche zu übersetzen. Titel: *Virgilius Tulle auf Tortenjagd*, 2015 in einer fast bibliophilen Neuausgabe erschienen. Leider hat Paul die Neuausgaben vieler seiner Werke nicht mehr erlebt. Er verstarb im Jahr 2005.

Ich erinnere mich daran, was er in Flensburg erzählte. Sein Zuhause war eine große Villa gewesen, mitten in einem parkähnlichen Garten. Der schwer beschäftigte Vater versuchte, wie mein Vater auch, hin und wieder mit kleinen Spielen oder gemeinsamem Musizieren bei den Kindern ›etwas gutzumachen‹. Die durchorganisierten Mütter fanden dennoch Zeit, uns mit Geschichten, Vorlesen und Büchern zu beglücken. In schier endlosen Kindheitsparadiesen legten sie Grundlagen für eigene Erzählungen, die später als reife Früchte geerntet und aufgeschrieben wurden.

Wie Paul auch, verkroch ich mich im Garten oder in

Einbauschränken und dämmerigen Nischen, irgendwo auf dem hohen, spitzen Dachboden. Dort wurde gelesen und geschrieben und durfte die Fantasie unerschöpflich sein.

Am Tag der Verleihung des Deutschen Jugendliteraturpreises in Flensburg, im Oktober 1984, gaben Paul Biegel und ich auf Niederländisch unseren Erinnerungsworten weite Schwingen von immenser Spannkraft, geschmückt mit regenbogenfarbenen, imaginären Federn aus der Kindheit. Ich nehme das Buch *Hase* in die Hand, öffne es behutsam und lese:

»Voor Marie-Thérèse, in Flensburg werd deze speciale opdracht geschreven, als herinnering aan een Folkomisches verblijf – Paul Biegel Oktober '84.«

Ich puste eine dünne Staubschicht nach oben, die in den Sonnenstrahlen auseinanderwirbelt. In den tanzenden Stäubchen lächelt Paul mir zu, der beim Schreiben dieser Widmung (*opdracht*) gekichert hat und mich in dem Augenblick an all seine magischen Zwerge, Kobolde, Räuber, Feen, Drachen, Piraten, Prinzessinnen und andere liebenswerte Geschöpfe aus seinen mitreißenden Geschichten gleichzeitig erinnerte.

»Weißt du eigentlich, was ich hier genau soll?«, fragte er mich verschmitzt in Flensburg. »Mir ist ein bisschen folkloristisch und ein bisschen komisch, deshalb habe ich da *Folkomisch* hingeschrieben. Gibt es das Wort eigentlich in der deutschen Sprache?«

»Klar«, antwortete ich, »gerade eben ist es geboren.«

»Eigentlich sehe ich lieber Tiere in der Natur als all die vielen Menschen hier.«

»Dürfen es auch Bücher sein?«, erkundigte ich mich vorsichtig. Als er erleichtert schmunzelte, brachte ich ihn zu einer der schönsten Kinderbuchhandlungen, zu Hilary, in einen historischen Hinterhof, wo es für ihn wie in einem Zaubergarten war. Leider gibt es dieses märchenhaftes Reich der Wörter und Buchstaben und Bilder zwischen Buchdeckeln nicht mehr.

Heute nehme ich *Hase* als Medizin und gehe nach unten, in den Zaubergarten hinter unserem Haus. In der Rhododendren-Hecke krieche ich durch den schmalen Tunnel zur Lesehöhle, die Nachbarmädchen Helena mir vertrauensvoll gezeigt hat. In ihrer Hängematte fühle ich mich mit *Hase* verwöhnt, wie damals von Mutter und jetzt durch Paul.

Auf *Hase* warten alle Tiere im verwilderten Garten. Er soll zurückkommen und ihnen Ordnung bringen, Ruhe, Glück: *Die Königin der Ameisen fiel aus schwindelerregender Höhe; sie landete im Gras des Gartens – und damit beginnt diese Geschichte.*

»Paul«, sage ich leise und suche in den Lücken im dunkelgrünen Dach der Sträucher nach ihm. »Paul, ich wünsche Kindern deine klugen, hinreißenden, lebensweisen Bücher. Ich wünsche ihnen, dass sie mit Kapitän Paul segeln dürfen, weit, weit weg, so lange wie möglich und noch länger – und irgendwann durch dich Hase finden.«

Benno Pludra und ich, ein Möwenlied (ab 1985)

Ehe ich über die lange, innige Freundschaft zwischen dem Poeten Benno Pludra und mir schreibe, möchte ich das *Möwenlied* von Christian Morgenstern zitieren. Es war wie ein Schlüsselwort, ein Code, zwischen Benno und mir.

Eine Emma machen konnte für uns beide alles heißen: Sich wieder treffen, einen Brief schreiben, anrufen, sich wünschen frei zu sein, frei zu denken und zu handeln.

Möwenlied
Die Möwen sehen alle aus,
als ob sie Emma hießen.
Sie tragen einen weißen Flaus
und sind mit Schrot zu schießen.

Ich schieße keine Möwe tot,
ich lass sie lieber leben –
und füttre sie mit Roggenbrot
und rötlichen Zibeben.

O Mensch, du wirst nie nebenbei
der Möwe Flug erreichen.
Sofern du Emma heißest, sei
zufrieden, ihr zu gleichen.
(Christian Morgenstern)

In meiner Zeit als Kinderbibliothekarin sah mich eines Tages ein winziger, pechschwarzer Hund auf einer Eisscholle im dunklen Wasser an. Er saß einsam und verängstigt auf dem Umschlag von *Bootsmann auf der Scholle.* Das kleine Buch las ich atemlos und war völlig verzaubert von der ungewöhnlich poetischen Sprache eines Schriftstellers, den ich bis dahin nicht kannte: Benno Pludra aus der DDR, lebend in Potsdam-Nedlitz an der Havel. Und noch ein Buch entdeckte ich von ihm: *Haik und Paul* (1956).

Dass ich den Poeten, der diese zarte Liebesgeschichte geschrieben hatte, irgendwann mal meinen Wörter- und Buchstabenfreund nennen durfte, stand damals noch in den Sternen. Denn zwischen West und Ost gab es eine Mauer, die mir damals unüberwindbar schien.

Ich konnte nicht schreiben: »Lieber Herr Pludra, ich würde Sie gerne kennenlernen, denn Ihre Bücher verzaubern mich, und das will was heißen bei einem Konsum von mindestens vier Büchern im Durchschnitt pro Woche, seitdem ich lesen kann. Mit freundlichen Grüßen aus Hamburg, Marie-Thérèse Schins.«

Viele Jahre später schenkte mir Benno hier in Hamburg diese Liebesgeschichte *Haik und Paul*, damals noch in dem ehemaligen Walfängerhaus aus den Zwanzigerjahren, direkt am Elbwasser und dem Wanderweg, an der Elbchaussee. Oben,

245

ganz unter dem Dach schlief er immer, wenn er uns besuchte, auf einer harten Futon-Matte, aber das war ihm egal. Dort war mein Büro, mein Schreibraum. Für ein Bett war kein Platz mehr. Von dort aus konnte Benno bis nach Finkenwerder sehen, wo er in der Deutschen Seemannsschule zum Matrosen ausgebildet worden war.

Genau dort fing die besondere Freundschaft zwischen Benno Pludra und mir an, sie war wie das *Möwenlied* von Christian Morgenstern. Allerdings war ich der Meinung, dass die letzte Strophe nur für mich galt.

Auszüge aus der Korrespondenz mit Benno Pludra (Ende 1985 bis Ende 1994)

Im Winter 1985, kurz vor dem Umzug von der Parkstraße an die Elbchaussee.
Mein erster Brief an Benno Pludra

Lieber Benno,
danke für Deinen lieben Gruß-mit-Karten-und-Foto!

Du und Dein Hund auf einem Foto, das musste wohl so sein, nach all Deinen Schwärmereien…

Es freut mich, dass Du wieder heil und gesund in Deinem geliebten Potsdam bist, denn sonst hättest Du mir ja nicht geschrieben.

…

Inzwischen habe ich unsere gemeinsamen Stunden nicht vergessen, bei Hartmut im Hessischen am Kamin, auch nicht, wie Dein Schwager Klaus Beuchler, Du und ich, wie wir uns bei

Dunkelheit gnadenlos verfahren haben in den Kasseler Bergen. Im Hotel bei der sehr strengen Wirtin, die uns ständig erziehen wollte. Und vor allem dann in Hamburg, da gab es unser Besuch bei Deinem Freund Johnny Buddelflasche (so nanntest Du ihn) – Jungblut in Övelgönne.

Es war schön, Dich kennen zu lernen.

Und wenn wir unten an der Elbe wohnen (ab 15.12.1985 gehen die Maler rein), dann kommst Du vielleicht mal wieder, liest in Hamburg, bei Käthe Plöger im KiBuLa Kinderbuchladen, in Schulen. Irgendetwas müssen wir uns einfallen lassen.

Wir stolpern hier über Bücherkisten, über Wäsche, Post, Zeitungen, Packpapier. Es wird Zeit, dass wir ausziehen. Aber vorher noch nach Duisburg und Remscheid für Lesungen und Seminare. Dann ist Ruhe, endlich.

Ich hoffe, es geht Dir gut. Ob Du mir mal schreibst und ein bisschen mehr als letztes Mal? Von Deinen Plänen, von Dir?

Deine Marie-Thérèse

5.3.1986

Lieber Benno,

hier sitze ich dann endlich, an der Schreibmaschine, mit hochrotem Kopf, weil ich mich sehr schäme …

Dein Buch *Lütt Matten*, das ich so innig liebe, sieht mich schon entsetzlich lange an und erinnert mich immerzu an den Benno, den ich schon seit Urzeiten und Lichtjahren schreiben will.

Ob Lütt Matten und Benno mir verzeihen?

Ich sehe mal schnell hoch, um mein schlechtes Gewissen ein wenig abzulenken, denn vor mir fließt die Elbe, die mich

immerzu erneut entzückt. Heute und schon länger trägt sie ein verschämtes Kleid aus weiß-grauen Spitzen. Die Emmas und andere Wasservögel haben sich auf diese Spitze niedergelassen und schaukeln mit der Ebbe und Flut immerzu hin und her.

Ich versuche nicht von der Tatsache abzulenken, lieber Benno, dass ich ganz schon ganz lange fällig bin mit Schreiben. Ich versuche Dir meinen Ausblick hier zu vermitteln.

Den kommst Du Dir hoffentlich selbst holen, den Eindruck. Für jeden Menschen anders, für Dich vielleicht auch. Er ruft in mir vieles wach, viele Stimmungen. Und ich hocke hier unter dem Dach, in meiner Poetenkammer, und lasse meine Seele baumeln.

Du hattest so recht mit Deiner Vermutung, als Du schriebst, dass Dein Brief mit *Lütt Matten* oder *Lütt Matten* mit dem Brief vielleicht ankommen würden, wenn ich dreimal durchgeatmet hätte.

248

Es war so! Am 23. Dezember, als wir umzogen, da bin ich zwischendurch, während die Umzugsmänner noch in der ›alten‹ Wohnung in der Parkstraße alles die Treppen runterschleppten und hier an der Elbchaussee hochschleppten, da bin ich zwischendurch in unsere ›neue‹ Wohnung geschlichen, und da, da guckte Dein Lütt Matten aus dem Briefkasten.

Eigentlich wollte ich den Fußboden in der Küche scheuern, weil nachmittags die Möbel reinsollten und die Maler dort noch so schrecklich ungewollt gekleckert hatten, da habe ich mich auf die Stiegen hingesetzt und Dein Päckchen aufgemacht, Dein Brief sah mich an. Ich habe ihn eingeatmet und wieder gelesen und war ganz glücklich, weil das Buch eines der ersten war, das ich persönlich über die Schwelle nach oben tragen durfte. Und nun hat Lütt Matten einen Ehrenplatz! Für Marie-Thérèse in der neuen Hausung: Glück und Segen, allerwegen – Benno. Nedlitz/Havel, Dez. 1985 hast Du als Widmung auf die erste Seite geschrieben.

...

Tja Benno, Du bist schon längst Schriftsteller mit einem vielseitigen Repertoire, mit einem großen Ruf. Und ich bin glücklich, dass wir uns kennengelernt haben. Das wollte ich immer schon. Deine Bücher las ich verhältnismäßig früh, als ich gerade nach West-Deutschland kam. Und ich habe sie auch oftmals vielen Kindern vorgelesen.

Und wir werden uns bestimmt wiedersehen, bei den nächsten Lesungen im Herbst, oder?

...

Gerade winkt mir eine Emma von der Eisscholle zu.
Ich winke zurück.
Ich überlege, ob ich sie bitten soll, mich mitzunehmen.

Aber da will ich höchstens einmal mit der Ebbe hin, und einmal mit der Flut zurückschaukeln.

Denn ich bin hier sehr gerne, obwohl es nicht meine Heimat ist. Aber es ist mein Zuhause.

Und das ist dort, wo man sich wohlfühlt.

Das habe ich inzwischen begriffen.

Danke, lieber Benno, für das Überraschungspaket von Dir. Es wäre schön, wenn Du mir zurückschreiben tätest.

Dein Buch *Das Herz des Piraten* stelle ich auf jedem Elternabend vor. Denn ich liebe es, finde es ganz wichtig.

Ich hoffe, dass Du viele Reaktionen bekommst, vor allem von Kindern. Denn die schreiben und sagen das, was sie denken, und das ist ehrlich.

Bei den großen Leuten gibt es nur wenige, die diese Eigenschaft noch für sich in Anspruch nehmen.

Sei ganz lieb gegrüßt aus Hamburg, auch von Emma, die gerade um die Ecke meines Fensters verschwindet.

Deine Marie-Thérèse

Liebe Marie-Thérèse,

ich wollte Dir auch mit der Maschine schreiben, weil das besser lesbar ist, aber der Hund hat sich gerade hingelegt und tief durchgeatmet, will also schlafen, das Geklapper würde ihn stören, mich selber übrigens auch. So zarte Wesen wie wir. … Ich sehe mit Dir nun immer auf die Elbe runter, ein bisschen kenne ich das ja, und beneide Dich eigentlich. Ein Stück stromab, drüben in Finkenwärder, habe ich seinerzeit angefangen, Matrose zu lernen, auf der Deutschen Seemannschule, jetzt ist dort die Gemeindeverwaltung. Vor ein paar Jahren war ich mal wieder drüben und habe gemerkt, dass Erinnerungen nur für zu Hause taugen, an Ort und Stelle rührt sich gar nichts mehr. Das Emma-Gedicht (danke, dass Du's mir aufgeschrieben hast) kannte ich nur mit den beiden ersten Zeilen, und die hatte ich immer bei Tucholsky gesehen, aber er zitiert sie bloß, ich glaube in *Schloss Gripsholm*.

An den Steuermann von der *Padua*, wo Du eine kleine Stunde mit warst, habe ich geschrieben, dass Du dauernd auf die Elbe guckst und hoffentlich nicht versäumen wirst, weiter Geschichten zu schreiben. Aber ernsthaft glaube ich das natürlich nicht, weil Du eine sehr fleißige, regsame Frau bist, während ich mehr zu Tschechow neige, von dem ich kürzlich gelesen hab, dass er am liebsten saß und gar nichts tat, aber eben doch dauernd schreiben musste. Wahrscheinlich geht's nur so, mit diesem Wechsel. Wichtig ist das Maß. Wie ich mir denke, bist Du viel unterwegs, das kann der Schreibarbeit nützlich sein, aber bringt auch Gelegenheit, immer erst übermorgen oder nächste Woche wieder »richtig« anzufangen. Ich habe auf diese Weise schon viel Zeit vertan. Aber nun ja, irgendwas macht man immer, nur heißt es eben: Wer schreibt, der bleibt.

Das gilt besonders hier bei uns, wo, wie Strittmatter das mal nannte, überall »Zeitfresser« am Werke sind (Sitzungen, Versammlungen, Gespräche, Medien usw. und kein Ende, wenn man es nicht selber setzt).

Im Herbst … dann noch ein bisschen nach Hamburg. Ich würde Dich gern anrufen, Marie-Thérèse, vielleicht ist Zeit für eine Emma. …

Hier höre ich erst mal auf. Wünsche Dir und Deinem Mann weiter Glück im Angesicht der Elbe. Tschüs und schönen Frühling noch – Benno (Nedlitz, 30.04.86)

22.6.86

Lieber Benno,

danke für Deinen Brief, für die Briefe, ich war ja fällig. Aber Du kamst mir zuvor, denn Du besuchtest uns ja mit Deiner Frau.

Nun setzen wir den Kontakt fort, wieder solo.

…

Heute kracht die Sonne aus allen Nähten, die Blumenkästen quellen über und ich, glückliches Menschenkind, sitze hier draußen, höre die Vögel, die Schiffe, spüre die Wärme. Ja, es geht uns hier gut.

Gestern Nacht hing ein dicker, orangefarbener Vollmond am Himmel. Ich bin bis 3 Uhr wach geblieben und habe ihn immerzu angeblinzelt.

Die Elbe war goldgelb, unwirklich. Es hätte mich nicht gewundert, wenn überirdische Wesen zu mir ins Zimmer gekommen wären, gar nicht!

…

Euer blauweißer Kartoffelstampfer aus Meißener Porzellan hat einen Ehrenplatz, und jeden Tag nehme ich seine Rundung in die Hand.

Ob Du wieder schreibst? Deine Marie-Thérèse

11.07.1987

Lieber Benno!

Heute Morgen erhielt ich mit der Post eine Papprolle, in der ein feudales Poster von Deinem neuen Buch steckte. Mannomann, was für eine Überraschung! Ist das Dein neuer Roman, oder ist es ein Titel, der in der DDR bereits erschienen ist? Ich habe das Buch sofort bestellt, bin schon ganz gierig danach.

Und Du? Was machst Du? Hüllst Dich in Schweigen, brütest über Texten, vielleicht auf der schönen Sommerinsel Hiddensee, auf der Du Dich zurückziehen kannst, auf der Du höchstens von dämlichen Touristen gestört wirst …

Mein neues Buch ist ebenfalls da, ich zeige es Dir, wenn wir uns hoffentlich im Herbst sehen. Ich freue mich darauf, auf die Zeit in Hessen. Dort habe ich eine Lesereise für 12 Tage angenommen, will mich nicht mehr so verzetteln, es kostete mich im letzten Jahr zu viel Kraft.

…

Tja, lieber Benno, das waren ein paar Nachrichten aus Hamburg.

Es wäre wunderbar, wenn Du mal aus Deinem Mäuseloch kämest und von Dir hören ließest. Hast Du noch Zeit dazu, oder ist es Dir lästig?

Das letzte kann ich Dir aber nicht glauben. Vielleicht lag es auch an mir, weil ich immer nur kurze Nachrichten von mir gab.

Sei ganz lieb gegrüßt, Deine Marie-Thérèse

…

Zu einer Postkarte mit einem Bild von der Krusenstern:

Liebe Marie-Thérèse, auf diesem Schiff habe ich Seemann gelernt, früher *Padua*, jetzt *Krusenstern*. Die DEFA hat doch zu *Herz des Piraten* einen Film und dreht verschiedene Piratenszenen auf einem ähnlich großem Windjammer, darum bin ich schnell mal hier. (Riga, 27.9.87)

31.12.1987

Lieber Benno!

Heute, am letzten Tag in diesem Jahr, möchte ich Dir noch einen kleinen Brief schreiben.

Wenn ich aufs Wasser schaue, sehe ich, dass einige verrückte Leute gegenüber in Finkenwerder bei Deiner Deutschen Seefahrtschule schon Leuchtraketen anzünden, dabei ist es erst 17.00 Uhr.

Die haben wohl zu viel Geld und Aggressionen...

...

Du schriebest mir einen Brief, ich habe ihn gelesen, und jetzt finde ich ihn nicht wieder. Ich versuche aus dem Gedächtnis einige Dinge zu rekonstruieren. Wenn ich mich recht entsinne, schriebest Du, dass ich wohl zu euch in die DDR eingeladen werde. Ich konnte den Ort nicht ganz entziffern, aber war es wohl in Thüringen? Was ganz wichtig ist für mich: Wann ist der Termin, ist es auch sicher, dass ich eingeladen werde?

...

Vielleicht kannst Du verstehen, dass ich möglichst schnell aus der DDR wissen möchte, ob euer Colloquium stattfindet, sonst würde ich mich zu einer Tagung in Bonn anmelden.

...

Soll ich die Reise selber bezahlen, wie ist es mit Verpflegung, der Unterkunft? Soll ich einen Beitrag leisten?

Natürlich wäre es toll, wenn ich einmal in die DDR fahren könnte, viele Autoren wiedersehen bzw. neu kennenlernen könnte.

...

254

1.1.1988

Frohes neues Jahr!

Von unserem Balkon aus sahen wir die vielen Leuchtraketen, die Hamburg und auch uns ins neue Jahr begleiteten. Der Himmel war ganz klar, die Sicht wunderbar.

Nun ist das neue Jahr da, und alle hoffen das Beste!

Sei ganz lieb gegrüßt aus dem 88-ger Hamburg an der Elbe, Deine Marie-Thérèse

Liebe Marie-Thérèse,

ich danke Dir für den Sylvester-Neujahrsbrief, nun haben wir schon den ersten Monat zu mehr als die Hälfte hinter uns, so schnell geht das. Letzten Freitag war ich in Warnemünde, ein alter Kapitän war gestorben; ich hatte ihn 34 Jahre gekannt, er wurde nicht älter, aber das ist so ein Irrtum, den wir dann immer mal wieder schmerzlich begreifen.

Weil die Elbe nun aber schon grau genug ist, in dieser Richtung nicht weiter, vielmehr ein paar Sätze zum Kolloquium.

… Noch ungewiss ist die Zahl der Teilnehmer aus westlichen Ländern. Du sollst eingeladen werden, aber endgültig werden wir das erst wissen, wenn die Einladung abgegangen und bei Dir angekommen ist. Die nächsten Tage sollen es bringen. … Also Gott mit uns, bald schon wissen wir's genauer. …

Grüße für heute an Dich und Gottfried von mir, die Elbe wieder blau, aber da müssen wir wohl noch warten (Nedlitz, 18.1.88)

14.3.1988
Lieber Benno,

...

Nun werde ich in die DDR fahren, zu Dir, Euch.

Schreibe mir bitte, wann ich kommen darf, vielleicht einen Tag eher?

Gerhard Holtz-Baumert, Vizepräsident des Schriftstellerverbandes der Deutschen Demokratischen Republik, schickte mir die Einladung, jetzt wird es ernst, die Sache mit der Reise zu euch.

Der Schnee auf dem Rasen schmilzt, die Wellen kabbeln miteinander, der Hund wuselt an der Hecke entlang, vielleicht wird ein wenig Frühling?

Lieber Benno, lasse von Dir hören, wie, wann, was. Weißt du, was ich meine?

Bis in Potsdam, aber vorher noch auf Papier, liebe Grüße,

Deine Marie-Thérèse

...

Über meine Lesereise in die DDR erzähle ich weiter unten, nach meinem Nachruf auf Benno Pludra.

... Du fragst mich, Marie-Thérèse, nach dem Sonderstatus von Autoren. Er bestand als Privileg in der Möglichkeit des Reisens, außerdem in umfangreichen Förderungen. Letzteres fällt nun weitgehend weg, das andere haben jetzt, gottlob, alle. Einen weiteren Sonderstatut konnte man nennen, dass die Bücher erwartet und gebraucht wurden, für mich das Wichtigste. ... Das wird sich nun ändern, ändert sich schon. Bertelsmann und andere drängen auf den Markt, in jeder Tür steht schon ein

256

bundesdeutscher Schuh, *Asterix* und *Trotzköpfchen* werden die Renner. Zugleich geht das Leseverlangen zurück, weil der ungeheure Schwall neuer Wirklichkeit kaum zu verkraften ist. Eine mehr tragische Entwicklung hat begonnen, der aufrichtige Gang, im November gerühmt, ist dahin. (10.3.90)

Ostermontag, 1990
Lieber Benno,
im kleinen Erker sitze ich und blicke auf die Elbe und den blühenden Garten. Gerade scheint die Sonne wieder, dafür hat es auch reichlich geregnet und gestürmt in diesen Tagen.

Patenkind Martein ist wieder in Den Haag. Aber vergessen werden wir unsere Reise nach Berlin und Potsdam nie. Vieles hat uns tief bewegt und beschäftigt.

An dem Abend, als wir an der Pfaueninsel in den Bus stiegen, haben wir uns über sehr vieles unterhalten, und in der Nacht eigentlich kaum geschlafen. Du wirst Dir wohl denken, warum, Benno.

Das Gespräch, der Dialog zwischen uns allen, wurde abgebrochen, und zu viele Fragen waren noch offen.

Ich habe Dich ja im Herbst (als die Mauer geöffnet wurde, Anm.) miterlebt, Benno. Und schon damals hoffte ich, dass Du mehr sprechen würdest. Weil Du für mein Gefühl auf einem verbitterten Gleis unterwegs warst. Ich bin keine Deutsche, Benno, und versuche somit die Situation aus möglichst neutraler Sicht zu verstehen, aber nicht unbeteiligt!

Diese Woche war ich am Mittwoch im Knast (zum 6. Mal) und zwar in der geschlossenen Abteilung.

Viele Türen wurden verriegelt. Ich steckte mit den Jungs

hinter Schloss und Riegel. Andere hatten die Macht, mich herauszuholen. Ich war ihnen ausgeliefert. Ich hatte richtige Beklemmungen, meine Lesung war mäßig.

Dein Land ist eigentlich seit 1933 hinter Schloss und Riegel gewesen, Benno. Und der Blick stets nach innen und auf sich gerichtet, stets einseitig und für fast alle ohne Möglichkeit auf eine vielseitige, internationale Orientierung.

Als ich vor 2 Jahren bei Dir in Potsdam eher wegfuhr, da hatte ich solche Beklemmungen, auch nach dieser Tagung. Nicht Deinetwegen. Aber ich musste weg, weil ich die Bevormundung von staatlicher Seite, die Doppelzüngigkeit nicht mehr aushielt.

Dass viele von euch jetzt, nach dem Zusammenbruch der totalen Diktatur, nach Enttäuschungen und vergeblichen Hoffnungen verbittert sind, kann ich verstehen.

Vor allem als klar wurde, was der Staat an Negativem (ich weiß, es gab auch Positives) mit Land und Volk aufgestellt hat.

Mein Gott, was ist bei euch bloß durch die Stasi gelaufen! Ich bekomme ständig Gänsehaut, wenn ich an diese menschenunwürdigen Methoden denke …

Benno, versuche Dich nach vorne zu orientieren, wobei Deine politischen Grundgedanken die gleichen bleiben sollten.

Verliere dabei nie aus den Augen: Die DDR ist eine Stecknadel auf der Weltkarte (meine Heimat auch) und sollte im Hier und Heute leben, wobei demokratisches Denken und Handeln nicht von heute auf morgen kommt. Wenn von Ausbeutung im Westen die Rede sein soll: umgekehrt ist es genauso, nur auf einer anderen Ebene.

Ich hoffe, dass die DDR nach Abriss der Mauer lernt, ganz weit zu denken, zu überzeugen und zu handeln, wobei meiner

Meinung nach in der heutigen Zeit an allererster Stelle unserer Umwelt steht, sonst können wir alle unseren Sarg bestellen.

Ich hoffe, ich klinge nicht überheblich, aber ich denke, eine Freundschaft kann das ab. Du hast es, verglichen mit Deinen Mitbürgern, bis jetzt doch sehr gut gehabt Benno, oder? Und Du bist ein Autor, dem es weiter gut gehen wird.

Mag sein, dass es Dir und anderen schwerfällt, sich thematisch und inhaltlich umzustellen:

Ist da nicht plötzlich ein Satz, der viele Probleme aufwirft?

Ich darf sagen, was ich wirklich denke und fühle?

Vielleicht lernen wir dann auch nicht mehr von »hier bei uns« und von »denen da drüben« zu reden, sondern von »uns allen hier«.

In diesem Sinne und mit vielen lieben Grüßen und herzlichem Dank für Deine Gastfreundschaft in Potsdam,

Deine Marie-Thérèse

– die in Hamburg lebt,

– deren Herz in den Niederlanden ist,

– und die sich europäisch fühlt und hoffentlich auch so denkt

Liebe Marie-Thérèse,

hier auf der Insel hat sich kaum etwas verändert. Nur Leute weniger, die Preise höher, Marlboro-Schirme, im Hafen allerfeinste Yachten. Ich wollte Dir hundertmal schreiben, doch Briefe gehen immer gleich ans Eingemachte, und sowieso bleibt eigentlich wenig zu sagen aus der Ferne ... (Hiddensee, 17.8.90)

...

Das Vereinigungsjahr haben wir gleich geschafft, und jeder

wird besser wissen, wie es mit seinen Hoffnungen steht. Ich denke, für's nächste Jahr bleibt noch genug.

Der Kinderbuchverlag wird möglicherweise überleben; ein französischer Partner steht bei Fuß, dem allerdings noch die Treuhand zustimmen muss, und da sind obskure Entscheidungen möglich. Wie haben eine Zeit der Räuber, Spekulanten und Intriganten, einen zu frühen Kapitalismus auf Computer-Ebene. Aber irgendwie wird es schon hinkommen. ... Ich schreib erst mal wieder, das ist schon gut, und gesund sind wir alle, einschließlich Olex (Hund). ... (22.12.90)

...

Den ZEIT-Artikel habe ich nur querbeet gelesen, zu kompliziert, und zu simpel dann in den Folgerungen. Privateigentum und Marktwirtschaft werden nicht ausreichen, um die Überlebenskrise unserer Welt zu lösen, vor allem noch: ohne ein Gegenüber, wie es der gescheiterte Sozialismus trotz alledem ja war. Aber was soll's. Sieh auf die Elbe und die großen Eimers, die dort ziehen. (Nedlitz, 25.11.91).

...

Die Elbe, denke ich mir, wird noch ein bisschen trüber sein als jetzt der bunte Wald vor meinem Fenster. Die großen Eimer haben Lichter gesetzt, da sehen sie nicht mehr ganz so hässlich aus. Die Schiffe bei mir unten (auf der Havel) sind noch mehr altdeutsch, aber die Wasserstraße soll verbreitert werden, damit künftig 2000-Tonner fahren können, hat sich Krause ausgedacht. Dann muss ich doch noch an die Schlei. Diese neue Zeit, siehst Du, hat neben der Freiheit allerlei Ungemach dabei. ... (Nedlitz, 25.10.92)

...

Hab vielmals Dank, liebe Marie-Thérèse, für die alten

Hamburger Ansichten, zumal deren eine die *Großherzogin Elisabeth* zeigt, wo ich mal bittere Tränen weinen musste, in Finkenwärder drüben. Von euch aus habe ich jedes Mal wieder gern hingesehen, nun nicht mehr möglich. Oder es findet sich ein neuer Ort bei Pepers Diek, den kleinen Hügel runter. (22.12.94)

Nachruf auf Benno Pludra, Poet und Bootsmann, 1925–2014

Ach Benno,
viele Jahre lang wusste ich nicht, wo du warst. Nun weiß ich es. Du wohntest seit 2010 nicht mehr in deinem schönen Haus direkt an der Havel in Potsdam-Nedlitz, sondern in einem Haus für viele alte Menschen.

Im Herbst 1985 sollte ich während einer Lesereise durch Hessen den Schriftsteller von *Bootsmann auf der Scholle* (1959) kennenlernen. Ein winziges Meisterwerk, das mich sofort nach meiner Einreise in Deutschland faszinierte. So musste deutsche Sprache sein, nur so! Wie gespannt ich auf dich war … Wir blieben seitdem in Kontakt, bis 2010. »Privilegiert bin ich, weiß ich«, sagtest du mal. Stimmt, Benno. Nicht nur, weil du ungehindert zwischen der DDR und der BRD hin und her reisen konntest und weil du ab zu launisch und kauzig warst, sondern wegen der unglaublichen Gabe, so begnadet und feinnervig mit deiner unverwechselbaren Sprache zu jonglieren, dass mir beim Lesen der Atem wegbleiben konnte.

Bei uns in Hamburg wolltest du unbedingt im kleinen Zimmer unter dem Dach übernachten. Von dort aus hast du stundenlang nach Finkenwerder am anderen Elbufer geschaut, während die großen »Eimer«, wie du die gigantischen Containerschiffe nanntest, majestätisch vorbeifuhren. In Finkenwerder startete dein erster großer Segeltörn zu unberechenbaren Gewässern rund um das Kap Hoorn. Du musstest in der Takelage des Viermasters und Rahseglers *Padua* arbeiten. Manchmal hast du um dein Leben gefürchtet, gestandest du mir. Aber du fandest die Quelle für deine poetischen, traumschönen Erzählungen im und am Meer, ja, genau dort. Wie für *Bootsmann auf der Scholle*, oder für *Haik und Paul* (1956), diese federleichte Wasser-, Inselsommer- und Liebesgeschichte auf Hiddensee, wo du ein kleines Haus hattest. Dort hast du dich öfter zurückgezogen, um zu schreiben.

Ein Mädchen findet einen Stein (1981), eine meiner Lieblingsgeschichten, hast du dann weitergesponnen in *Das Herz des Piraten* (1985).

Als sich nicht nur die Insel Hiddensee für dich nach der Wende änderte, schriebst du mir: »Irgendwo im Kielwasser schwimmen die meisten meiner guten Vorsätze«, und: »Hiddensee, mit lauter bunten Lego-Häusern, ist mir auch fremd geworden, der Hund Olex mir näher, sowieso.« Mit den Zeilen »Lot gahn, wie die Insulaner sagen« wolltest du dich selber anspornen weiter zu schreiben.

»Eine Zwischenwohnung hätte ich gern mal gehabt, und lange schon bewegt mich der Wunsch, im Hotel Hafen Hamburg über den Landungsbrücken mal zu erwachen. Zu Mauerzeiten wäre das schon geschehen, aber nun, mit dieser Weiträumigkeit, fahre ich am liebsten nirgendwo mehr hin und gehe mit meinem Hund Olex.« Das schriebst du mir am 9.7.1998, und: »Überlebensprobleme habe ich nicht, aber die Welt im Ganzen sieht wenig nach Hoffnung aus, und das Manuskript, an dem ich schon ziemlich lange sitze, macht für mich nur Sinn, wenn der Leser ab elf Jahre, seine Lebensumstände ein bisschen genauer vielleicht begreift, ohne mutlos zu werden. Ich selber dabei dann auch.«

Aber du schafftest es dann doch, dein letztes, mutiges Buch *Jakob Heimatlos* (1999) zu Ende zu schreiben.

Wortkarg und leise warst du, Benno. Deine Wünsche, Hoffnungen und Sehnsüchte kamen dir nur sporadisch über die Lippen. Eher entdeckte ich sie verschlüsselt im großen Schatz deiner zahlreichen Bücher, in denen tiefe Gefühle, endlose Fantasie und Staunen-Dürfen dein Anliegen waren.

Schließlich schriebst du mir: »Liebe Marie-Thérèse, ich hab mich gefreut, mit Dir über die Elbe zu blicken. Später und wieder. Goode Fohrt und goode Wind, wie die Matrosen so sagen, tschüs, Benno.«

Tschüs, Matrose und Bootsmann Benno, das wünsche dir für immer und auch und sowieso.

Und wenn du dort, wo du gerade unterwegs bist, eine Emma machst, dann winke bitte.

Meine Lesereise in die DDR (1988)

Plötzlich war da eine Einladung in meiner Post. Sie steckte in einem Umschlag wie aus dem Museum: gräulich, hier und dort ausgebleicht und mit fetten Behördenstempeln versehen, die ich vorher nie gesehen hatte. Auch die Briefmarke war so voller Stempeltinte, dass ich sie nicht entziffern konnte.

Es war eine Einladung des Schriftstellerverbandes der DDR.

Wie lange ist das her? Mir scheint, als seien es Lichtjahre. Ich sollte dort an einem internationalen Schriftstellerkongress teilnehmen und sogar vor Schülern lesen dürfen. Diese Einladung nahm ich an. Es war die merkwürdigste Einladung meines ganzen Lebens. Denn als ich ganz allein im Auto saß und meinen niederländischen Pass an der Grenze zur DDR in ein langes, schier unendliches Plastikrohr verschwinden sah, da wusste ich, dass ich mich in diesem Land, in das ich fahren sollte, niemals frei fühlen konnte. Eine Einladung des Schriftstellerverbandes galt als etwas ganz Besonderes. Deshalb ließen die grauen Uniformierten mich zwar mit gespielter Freundlichkeit über ihre Grenze; mein gesamtes Gepäck wurde vorher aber bis ins kleinste Detail durchwühlt.

Ich hasste diese grauen Schnüffler mit ihren harten Stimmen, ihrer gestelzten Einheitssprache, ihrem soldatischen Machtgehabe und ihrer Unsicherheit, die sie hinter unzufriedenen Duckmäusergesichtern verstecken wollten.

Mit gemischten Gefühlen fuhr ich in ein Millionengefängnis, in dem gegenseitiges Bewachen, Verraten und Betrügen den normalen Alltag darstellten. Lebenslange Angst stand den meisten meiner Kollegen im Gesicht geschrieben. Sie sprachen mit leisen, scheuen Stimmen und hochgezogenen Schultern zu mir, wenn sie ein wenig aus sich herausgingen. Das programmierte, volkseigene Gesicht wurde dabei weich und freundlich. Sie hatten Vertrauen gefasst und erzählten flüsternd vom näherkommenden Aufstand gegen das bestehende Regime, von der Rebellion der Künstler, die irgendwann einmal stattfinden würde.

Dann erstarrten ihre Gesichter schlagartig, und unser Gespräch wurde wieder sozialistisches Allgemeingut. Ich glaubte

264

auf meiner Rundreise durch die DDR ersticken zu müssen. Auch wenn ich selten zuvor so viel echte, menschliche Wärme von all den Autoren dort erfuhr, hatte ich stets das Gefühl, als würden sich immer wieder eiskalte Hände im Würgegriff um meinen Hals legen.

Als ich vor Schülerinnen in der Stadt Suhl aus einem meiner Bücher im »Haus des Volkes« las, war die Stasi immer in meiner Nähe. Mir war nur erlaubt worden, aus meinem allerersten Buch über meine niederländische Kindheit zu lesen. Ich fühlte mich überwacht, kontrolliert und bekam Stacheln. Ich hatte eine unvorstellbare Wut im Bauch, die irgendwann rauswollte, explosionsartig, wie bei einem bösartigen Durchfall. Es grollte in mir. Ich gehöre nicht zu denen, die sich einsperren lassen. Nicht mit Worten, das NIE!

Die Schülerinnen saßen schweigend vor mir, eingerahmt von Lehrern und staatlichen bewaffneten Sicherheitskräften in schwarzem Nepp-Leder. Ich hatte mir absichtlich ein dunkelblaues Sweatshirt angezogen, auf dem schön plakativ große Fahnen abgebildet waren, und zwar die US-amerikanische, die sojwetische und andere.

Die Fahnen der beiden Weltmächte sprangen förmlich vom Pullover runter. Ich fühlte mich ausgesprochen gut in meiner provozierenden Tracht. Nach zwei Stunden traute sich endlich eine Schülerin zu fragen, womit ich mich zurzeit als Autorin beschäftige. Ich erzählte von meinem Buch, das fast fertig sei. Die Hauptrolle spiele Charlotte, eine heruntergekommene ehemalige Prostituierte, die jetzt überall und nirgends lebe, im Handgepäck eine Schnapsbuddel, einen Schlafsack und eine sprechende Dohle im Käfig bei sich habe und Freundschaft schließen wolle mit einer Schülerin ... Weiter kam ich mit

Dolf Verroen und ich

meinen Ausführungen nicht. Wie von der Tarantel gestochen sprang in den hinteren Reihen eine kleine, schwarze Nepp-Ledergestalt hoch und schrie, mit den Armen fuchtelnd: »Diese solche Individuen gibt es in unserem demokratischen Staate nicht!«

Da war es wieder: der eiskalte Würgegriff. Ich hatte eine Gänsehaut und schaffte es dennoch, dieses Monster freundlich anzugrinsen und zu kontern: »Ach nein? Na, so was.«

Mein Bauch war kurz vor einem Vulkanausbruch. Eine Lehrerin stand auf und ergänzte: »Die Autorin kommt aus den Niederlanden. Dort ist alles anders als bei uns.« Und setzte sich wieder.

Ich konnte aber die Gesichter der Schülerinnen sehen. Die sagten alles. Die sagten mir, dass sie etwas ganz anderes dachten als die beiden Erwachsenen, die sich zu Wort gemeldet hatten. Die Eruption in mir beruhigte sich noch einmal.

Ich fuhr eher zurück als geplant. An der Grenze brüllte mich erneut ein grauer Mensch an, als ich aussteigen wollte, um ihm meinen Pass zu geben. Ich sollte sitzen bleiben, sonst würde ich noch etwas erleben! Er trommelte wütend auf das Autodach. Hinter der Grenze fuhr ich an die nächstbeste Tankstelle, weil meine Innereien sich weigerten, noch ruhig zu bleiben. Es war schon abends gegen halb zehn. Die Grenzkontrolle hatte mich eine Stunde gekostet. Ich rannte auf die Toilette, wobei ich fast über eine Ratte stolperte, und kotzte mir in den gekachelten Räumen die Seele aus dem Leib. Ich setzte mich auf die Klobrille und entleerte mich. Gegen die Glaswand der Telefonzelle gelehnt, rief ich in Hamburg an.

»Ich war in einem riesigen Gefängnis. Ich bin wieder draußen«, stammelte ich.

Für dieses Millionengefängnis würde ich niemals Verständnis aufbringen. Niemals.

Und überall gab es Gitter und Schlüssel. Sichtbare und unsichtbare. Die unsichtbaren hielt ich für die gefährlichsten. Die privaten Sachen hatten all diese Gefangenen beim Regime abgeben müssen. Nur ihre Gedanken nicht. Aber dennoch gab es viele, die sogar das noch freiwillig taten.

Die erste Tingeltour mit meinem ersten Buch (1985)

Wir Autoren, wir alle, haben endlose Geschichten zu unseren eigenen *Tingeltouren*, wie Harry Rowohlt Lesereisen treffend bezeichnete. Erfahrungen, die oft so unglaublich sind, dass sie als Fantasiegebilde von übersensiblen Schreiberseelen abgetan werden von denen, die nicht wie wir unser Brot durch Schreiben und vor allem durch Lesungen verdienen (müssen).

Ja, ich weiß, es gibt schon Bücher über Autoren-Lesereisen mit Übernachtungen, zum Beispiel: *Auf Lesereise. Was unterwegs alles schiefgehen kann. Wahre Geschichten*, hrsg. von Klaus Bittermann, und *Die ideale Lesung*, hrsg. von Klaus Siblewski und Hanns-Josef Ortheil.

Aber wenn ich an meine Lesereisen seit 1985 denke, läuft auch bei mir eine Kette von Augenblicken ab, wie Runden in einem blitzschnellen Karussell. Ich weiß nicht, wie ich dieses Karussell anhalten kann. Also versuche ich, in dem gigantischen Chaos für Ruhe und Ordnung zu sorgen, und erzähle hier von meiner allerersten Lesereise.

Diese Reise brachte mich nach Buchten im Süden der Niederlande, in die Nähe von Sittard und Geleen, wo ich mit dem Erstlingswerk in meiner Muttersprache *Nu is 't welletjes, zei mijn vader* (Jetzt reicht's aber, sagte mein Vater) eingeladen worden war.

Ich durfte zu Hause beim Organisator übernachten.

Persönlich kannte ich ihn noch nicht, aber am Telefon klang alles verlockend, auch in der freundlichen handgeschriebenen Korrespondenz per Post.

Voller Vertrauen stellte ich mir alles insgesamt rosig vor:

Ich, die frisch gebackene Autorin, durfte mit meinem ersten Buch in zwei Schulen lesen, an der Eröffnung der *Kinderboekenweek* im Oktober in Sittard teilnehmen und zusammen mit drei anderen, recht renommierten und mehrfach preisgekrönten Kollegen aus den Niederlanden in einer Buchhandlung signieren. Eine große Ehre für mich.

Die Einladung sollte für drei Tage, also mit zwei Übernachtungen verbunden sein. Die Honorare waren zwar sehr bescheiden, aber für mich war es ein einziges Abenteuer.

Ich konnte Dolf Verroen kennenlernen! Seine Bücher hatte
ich fast alle gelesen. (Als ich Dolf und seinen Mann später in
St. Nicolaasga im niederländischen Friesland besuchte, hingen
dort alle, auch internationale Preise, hübsch eingerahmt an den
Wänden des stillen Örtchens.)

Miep Diekmann und Tonny Vos-Dahmen waren im Süden
der Niederlande ebenfalls mit dabei.

Ein Navigationssystem hatte ich damals noch nicht (1985)
und ein Handy auch nicht. Auf dem Beifahrersitz stand ein
großer Korb mit unzähligen Autokarten, Notizbuch und Bleistift griffbereit, Taschenlampe, DIN-A4-Bögen, vollgeschrieben
in verschiedenen Farbtönen. Es waren die aufgemalten
Streckenabschnitte für die bevorstehende Autofahrt: Die
Ausfahrten groß in knallroten Buchstaben, sowie die Nummern
der Autobahnen, Bundes- und Landstraßen, alles Weitere in
Schwarz und Blau, akribisch mit Auto-Atlanten vorbereitet.

Meistens fuhr ich unterwegs mehrere Raststätten an, um die Route zu kontrollieren.

Für mehrtägige Lesereisen legte ich Schnellhefter mit Klarsichthüllen an, nach Daten und Uhrzeiten geordnet. Hüllen, die ich rasch und von der Seite öffnen konnte, aber auch Klarsichthüllen, die nur oben offen waren. In denen steckten wichtige Papiere und Unterlagen, die nicht verloren gehen durften.

Schließlich als Letztes im Schnellhefter die Korrespondenz, nach Daten geordnet, Adressen und Telefonnummern mit gelben Marker hervorgehoben. Geld lag in einer speziellen Geldbörse und in mehreren Währungen griffbereit für die Telefonzellen (Groschengräber) im Handschuhfach. In meiner Heimat brauchte ich Gulden, kwartjes en dubbeltjes.

Als ich endlich nach mehreren Frageaktionen in Bäckereien und Tankstellen das Haus vom Gastgeber Joost in Buchten gefunden hatte, stand er bereits wartend in der Tür: etwa in meinem Alter, ein wenig zerknittert gekleidet, eine dicke brennende Zigarre in der Hand. Er lächelte mit leicht gebräunten Zähnen, wahrscheinlich von den Zigarren?

Ich solle doch hereinkommen, Tonny sei auch schon da, und gleich gebe es Kaffee mit Limburger *Vlaai* (Kuchen), eine Spezialität aus dem Süden.

Im Wohnzimmer hingen ehemals weiße, mittlerweile beigebraune, grob gehäkelte Gardinen aus den späten Sechzigern vor den Fenstern, vom Zigarrenrauch sichtlich mitgenommen. Auf einem Camping-Tisch lag eine abwaschbare Decke aus solidem Plastik und es war mit Wegwerfgeschirr eingedeckt, Kaffee und Kuchen daneben. Es gab so gut wie keine Möbel im Wohnraum mit offener Küche. Wir durften auf Klappstühlen sitzen. Was war hier los? Tonny kam zu mir. Sie gab mir mit ausgestrecktem Arm die Hand (Kiss-Kiss-Kiss lehnte sie vehement ab).

Dass ich auf meiner ersten Lesereise an einem herz-zerreißenden Ehedrama teilnehmen und später richtig invol-viert werden sollte, war mir ziemlich bald klar.

Als Tonny und ich allein waren, flüsterte sie: »Seine Frau hat die beiden Kinder, fast alle Möbel, die Aussteuer und auch noch das ganze Geschirr und die Töpfe mitgenommen. Er hat kaum noch Geld. Wir müssen ihm helfen, nachher wollen wir für ihn und uns einkaufen und vielleicht noch etwas für die Übernachtungen dazu geben, was meinst du?«

Verwirrt konnte ich nur nicken.

Bei der Hausbesichtigung wies er mir das Zimmer der Tochter zu, ausgestattet mit einer Klappliege, Tonny durfte es sich im Zimmer vom Sohn bequem machen. Dort stand ein größeres Kinderbett. Der Gastgeber schlief im vormaligen Elternzimmer, in dem nur noch ein einsames Bett stand. Das letzte Zimmer ähnelte dem Arbeitszimmer der Lyrikerin Friederike Mayröcker: bis unter die Decke vollgestapelt mit Büchern, Akten, Papierbergen, Ordnern und Kartons.

Vor dem Einkauf für das gemeinsame Abendessen und das Frühstück tauchte der gut gelaunte Dolf Verroen auf. Zum Glück konnten wir draußen sitzen, die Luft im Wohnzimmer war inzwischen zum Schneiden.

Gastgeber Joost kam mit einer geöffneten Zigarrenkiste nach draußen und meinte begeistert:

»Mein Vater hat eine der letzten Zigarrenmanufakturen in Noord-Brabant. Die Zigarren werden, wie in Kuba, alle noch mit der Hand hergestellt. Wer möchte probieren?«

Das Rauchen hatte ich mir vor Jahren abgewöhnt. Dolf und Tonny winkten ebenfalls ab.

Seitdem Dolf eingetroffen war, exotisch und geschmackvoll angezogen, ging es mir besser. Farblich passend zur Jacke trug er eine knallrote Brille und bat mich um meine Meinung. Ich war wirklich angetan, und er verriet mir, dass er noch mehrere Brillen in verschiedenen Farben im Gepäck habe, passend zu Jacken und Pullovern. Ich war gespannt.

Dann erschien mit viel Getöse Miep Diekmann und rauchte sofort mit Joost eine dicke Zigarre. Alle redeten begeistert und aufgeregt durcheinander. Allmählich kam ich mir vor wie in einem Film von Fellini: *Fellinis Roma* ...

Unser Abendessen kochten wir mit Hackfleisch vom Schlachter im Dorf und mit Spaghetti, Zwiebeln, Tomaten und Öl aus dem Krämerladen. Joost hatte offenbar schon einige Töpfe neu gekauft – oder seine Frau hatte ihm doch welche aus der Aussteuer dagelassen.

Als Nachtisch gab es *Vla*: flüssiger, süßer Vanillepudding aus Glasflaschen. Wir aßen sogar von Porzellantellern, aber das Besteck war aus Plastik.

Am nächsten Tag taten sich neue Welten für mich auf, denn beim Kinderliteraturfest, das unter dem Motto *Boeven* (Straftäter, Räuber) in den Niederlanden lief, sollten wir Autoren zur Belustigung und Überraschung der Kinder in gestreiften Häftlingskostümen auf allen vieren durch einen Tunnel kriechen (wir brachen nämlich aus dem Knast aus) und wurden auf der anderen Seite von kreischenden Kindern in Empfang genommen. Diese waren als Polizisten verkleidet und durften uns kitzeln und ein bisschen kneifen, als Bestrafung für den Ausbruch.

Der Bürgermeister kam, gab uns die Hand, bedankte sich und verschwand wieder.

Nun war die Kinderbuchwoche offiziell eröffnet.

In der Buchhandlung saß ich nachmittags am Signiertisch, völlig gerädert nach einer schlaflosen Nacht auf einer unbequemen provisorischen Camping-Klappliege mit Eisenfedern, die bei jeder Bewegung quietschten und mir durch die dünne Unterlage in den Rücken gestochen hatten.

Es war der erste Signiertisch meines Lebens.

Fünf Exemplare meines Erstlingswerks lagen vor mir.

Insgesamt wurde ein Exemplar verkauft.

Miep Diekmann, die mir gegenüber saß und ohne Pause rauchte (ja, das war damals in Buchhandlungen noch so), signierte lautstark stapelweise Bücher.

Tonny Vos-Dahmen hatte ein selbst entworfenes fahrendes Büchergestell mit dabei, auf dem sie ihre Bücher wie in einer Bibliothek alphabetisch nach Titeln sortiert und ausgestellt hatte.

Vorbeigehenden Besucher sprach sie dezent-deutlich an mit den Worten: »Bei mir bekommen Sie die besten Bücher für Ihr Kind. Alle schon signiert, ich schreibe gerne noch mehr dazu.«

Dolf Verroen, mit dunkelblauer Brille zur kornblumenblauen Jacke, saß entspannt und fröhlich neben mir, verkaufte stapelweise von seinen Büchern (der Buchhändler strahlte alle begeistert an, nur mich nicht) und tröstete mich immer wieder mit den Worten:

»Das wird besser, Marie-Thérèse, so habe ich auch mal angefangen.«

Seitdem sind wir befreundet.

Am Abend hatten Miep Diekmann und Dolf Verroen

das riesige Glück, in einer Pension in Buchten ohne Qualm von handgefertigten Zigarren aus der väterlichen Brabanter Manufaktur und ohne ein endloses, episch ausführlich vorgetragenes Ehedrama zu übernachten.

Am Ende meiner allerersten Lesereise wollte Miep Diekmann mitgenommen werden. Und zwar von mir, in meinem kleinen knallroten Auto, zum Bahnhof in Venlo. Dort gebe es jede Stunde eine direkte Bahnverbindung mit den *Nederlandse Spoorwegen* nach Den Haag.

Miep wohnte in Scheveningen, Katzensprung von dort aus. Würde mir doch passen, oder? Für die letzte Strecke wollte sie einen ihrer Lover anrufen. Eigentlich hatte ich eine ganz andere Route nach Hamburg in meinem durchorganisierten Schnellhefter entworfen. Daraus wurde nichts.

Für mich war es ein ziemlich großer Umweg über Venlo nach Hamburg. Aber wer hatte schon die Chance, eine berühmte Kollegin, die sogar den Deutschen Jugendliteraturpreis für *Und viele Grüße von Wancho* erhalten hatte und gerade eben noch im Jahr 1985 in den Niederlanden mit weiteren Preisen zugeschüttet worden war, ja, wer hatte schon mal die Chance, so eine Beifahrerin im Auto zu kutschieren?

Ich konnte unmöglich locker zu ihr sagen: »Nein, Miep, hab keine Lust, nimm dir doch ein Taxi nach Venlo und von Den Haag nach Scheveningen noch eins«, so weit war ich in meiner frischen Autorenkarriere noch lange nicht.

Miep warf ihren Koffer auf den Rücksitz meines kleinen (neuen) Autos, wollte sich sofort eine Zigarette anzünden und klappte den Aschenbecher auf. Es war das erste Mal auf dieser abstrusen Lesereise, dass ich protestierte. Ich traute mich zu sagen, dass in meinem Auto nicht geraucht wird.

Sie klappte den Aschenbecher zu, nahm eine Pillendose aus ihrer Handtasche, schüttete ihre Tablettensammlung in die geöffnete Tasche, stellte die leere kleine Blechdose auf das Armaturenbrett und rauchte bis Venlo. Fast eine Stunde lang, ohne Unterbrechung.

Es war bereits ziemlich dunkel, als sie sich von mir am Bahnhof in Venlo verabschiedete mit den Worten: »Setz dich auf deinen Arsch und schreib, du hast Talent!«

Sie knallte die Autotür zu, schüttete die Kippen aus der Pillendose in den Rinnstein und hastete mit ihrem Gepäck die Stufen zum Bahnhof hoch.

Als ich endlich mit geöffneten Fenstern zum Durchlüften in Duisburg-Kaiserberg auf die BAB 3 fuhr, sah ich aus der Ferne massenweise flackernde blaue und orangefarbene Schwenklichter.

Vor mir war eine endlose Kolonne Militärtransporter unterwegs, die ich in der Dunkelheit und bei einsetzendem Regen nicht überholen konnte und wollte.

Ich war so erschöpft von den aufwühlenden Erfahrungen und großen Emotionen der letzten Tage, dass ich bis Münster hinter diesen Flackerlichtern herfuhr und kaum noch aus den tränenden Augen gucken konnte.

Sollte ich mir noch ein Hotel suchen?

Mittlerweile war es fast halb elf abends.

Mein Etat war aber durch die außerplanmäßigen Finanzspritzen für den geschröpften Ehemann geschrumpft.

Der Organisator Joost hatte alles dankend von uns angenommen.

In einer Telefonzelle an einer Raststätte rief ich Gottfried an und versprach ihm, nach Hause zu kommen, so schnell wie möglich.

Um halb zwei in der Nacht schleppte ich meinen kleinen Koffer in den zweiten Stock nach oben und konnte nur noch gleichzeitig weinen und lachen, als Gottfried mich in die Arme nahm.

»Morgen«, schniefte ich, »morgen erzähle ich dir, wie meine erste Lesereise war.«

Epilog

Joost involvierte uns noch jahrelang in sein Ehedrama, schrieb viele Briefe, jammernd.

Er sei als Literaturorganisator ständig unterbezahlt, dürfe sich kaum noch mit seinen Kindern treffen …

Aber er hatte meine erste niederländische Lesereise organisiert, und sowohl Tonny als auch ich versuchten ihn irgendwie zu trösten. Schließlich fand er eine neue Berufung: Er wurde Laienprediger.

Bei Beerdigungen hielt er als Trauerredner die Grabansprachen und begleitete die klagenden Hinterbliebenen.

Tingeltouren mit Bett-Einlagen

Wer auf Lesereisen geht, darf sich nicht, oder auch doch wundern, in welchen Etablissements das Haupt zur Ruhe gebettet werden soll …

Die Ritterburg in Kassel-Wilhelmshöhe

In Kassel wurden wir Autoren während des Herbstes 1986 in der Nähe der Schlossanlage Wilhelmshöhe und des Herkules in der Jugendstil-Villa einer strengen Witwe untergebracht.

(Sie führte an den Wochenenden regelmäßig – als Medium – Seancen durch und nahm mit anderen Betroffenen Kontakt zu allen Verblichenen auf. Das fanden wir später heraus …)

Das Porträt ihres verstorbenen Ehegatten stand mit schwarzem Trauerflor auf ihrem großen, altdeutschen Schreibtisch aus solider Eiche im Herrenzimmer, in dem die Witwe ihr Büro hatte. Hinter der nächsten Schiebetür befand sich ihr Schlafgemach. Von dort aus behielt sie bei geöffneten Schiebetüren rund um die Uhr meistens alles unter Kontrolle.

Wir Autoren traten wie brave Schüler nacheinander an, sie teilte uns nach Personenkontrolle (sie behielt unsere Ausweise mehrere Tage) persönlich die Zimmer zu, die offensichtlich von der nahen Schlossanlage Wilhelmshöhe inspiriert und dementsprechend eingerichtet waren.

Im Flur oben standen groteske Figuren, bekleidet mit eindrucksvollen Ritterrüstungen (aus Plastik), um Gäste im ersten Obergeschoss bei Gefahr zu verteidigen.

Ich bekam ein Zimmer mit zwei Duell-Pistolen (aus Plastik), zu Nachttischlampen umgestaltet. Der Fernseher war in der Wand über dem Kopfende vom Doppelbett angebracht. Man solle bitte nicht liegend im Bett fernsehen, sondern im Sessel neben dem Bett, befahl sie mir.

Die Badewanne war halb im Fußboden eingelassen (»in der Wanne hat sogar der Bischof gebadet« – welcher Bischof das war, blieb ihr Geheimnis).

Mittags legte ich die Kopfkissen ans Fußende und sah abends im Bett gemütlich liegend Krimis im Fernsehen, mit anregendem Blick auf die beleuchteten Duell-Pistolen.

Wir zehn Autoren der Hessischen Lesewochen trafen uns schon ziemlich bald im Flur, kichernd wie Internatsschüler, und in einer Prozession besichtigten wir nacheinander alle Zimmer, die uns fast die Sprache verschlugen durch außerordentlich fantasievolle Einrichtungsgegenstände.

Mirjam Pressler sollte in einem Zimmer mit sechs verschiedenen, bunten Tapetensorten in großformatigen Mustern nächtigen und wünschte sich auf der Stelle ein anderes Zimmer, weil ihr davon im Schlaf noch schwindlig werden würde.

Richtig glücklich war der Kollege Rudolf Herfurtner aus München, der neben seinem Bett einen kleinen Knopf in der Wand fand. Wenn er darauf drückte, erschien ein beleuchtetes Aquarium (aus Plastik) in dem sich Fische auf dünnen Eisenstäbchen befestigt ruckend hin und her bewegten. Dafür hatte er allerdings keinen Fernseher über dem Kopfende.

Von den Kulturschocks und dem strammen Hotelregime erholten wir uns nachmittags in der großen neu eröffneten Kurhessen-Therme. Abends gingen wir rosig und gut durchblutet von der Sauna und dem Außenbad mit warmen Quellenwasser irgendwo zusammen essen.

Auch die Spaziergänge in der wunderbaren Parkanlage in der Nähe ließen uns die Albträume im Zimmer zusätzlich vergessen.

Telefongespräche in den Gästezimmern wurden mitgehört (ein verdächtiges Klicken in der Leitung). Wir beschlossen gemeinsam, die Witwe ein wenig zu ärgern, indem wir uns am Telefon verstellten und schräge Witze erzählten. Handys gab es so gut wie noch gar nicht.

Viele Jahre nacheinander wohnte ich während der Herbst-lesereise in Hessen immer wieder bei der Witwe und ihrem Verblichenen mit dem breiten schwarzen Trauerflor, bis eines Tages vom Organisator mitten im Zentrum ein anderes, modernes Hotel für die lesenden Autoren gebucht wurde.

Die strenge Witwe mit ihren Ritterrüstungen fehlte mir.

Hotel und Gastwirtschaft Zum springenden Hirsch

Auf einer Lesereise im südlichen Hessen hatte ich am frühen Morgen ab halb acht nur eine einzige Lesung. Ein Lehrer brachte mich anschließend in ein Dorf, das irgendwo mitten in der herbstlichen Landschaft lag. Das Dorf bestand aus drei Gehöften. An einem der Gebäude hing in der strahlenden winterlichen Morgensonne das Schild: *Hotel und Gastwirtschaft Zum springenden Hirsch.*

Der freundliche Lehrer gab mir mein Gepäck, entschuldigte sich, er müsse sofort zurück zum Unterricht, und ich stand um halb zehn (es hatte gefroren) vor der verschlossenen Tür vom *Springenden Hirsch.*

Nachdem ich mich schließlich laut klopfend an der Eingangstür bemerkbar gemacht hatte, ließ mich eine alte Frau, gehüllt in eine bunt geblümte Schürze in den verrauchten und nach abgestandenem Bier stinkenden Schankraum. Sie teilte mir in breitem Hessisch mit, dass die Zimmer noch nicht fertig seien. Im Halbdunkeln wartete ich im Schankraum (»Kaffeemaschine ist noch nicht fertig«), auf einer Eckbank mit Sitzkissen im bayerischen Blümchen-Trachtenstil, bis die alte Frau mich in den zweiten Stock zu einem Zimmer auf der Rückseite begleitete.

Das Zimmer war ungeheizt (»Wir heizen meistens ab 12 Uhr«), ich legte mich im Mantel (allerdings zog ich vorher die Schuhe aus) zwischen eiskalte Laken und Decken, setzte meine

Fellmütze auf und fragte mich, ob ich von allen guten Geistern verlassen sei, mir so etwas anzutun. Nach einer Weile hörte ich draußen, unten im Hof, entsetzliches Geschrei. Ich ging ans Fenster, sah nach unten. Dort wurde geschlachtet. Sofort zog ich die Gardinen zu und steckte mir Stöpsel in die Ohren. Wo blieben bloß die *anderen*?

Irgendwann trödelten am Nachmittag die *anderen* ein. Das Leben im *Springenden Hirsch* wurde wieder erträglicher.

Einige Kollegen hatten abends frische Blutwurst und andere mir unbekannte Schlachtergebnisse auf ihren Tellern, die begeistert und mit großem Appetit gelobt und verspeist wurden.

Ich bestellte mir Spiegeleier und Bratkartoffeln ohne Speck und hörte trotzdem noch die schreienden Tiere auf dem Hof.

Selbstgebackenes zum Frühstück

In Niedersachsen war ich in einem kleinen Ort von der Bibliothekarin für vier Lesungen eingeladen worden. Also musste ich eine Nacht in einem fremden Bett verbringen.

Das befand sich in der Einzimmerwohnung der Bibliothekarin: eine Matratze auf dem Teppichboden zwischen dem Esstisch und einer Trennwand, gefüllt mit Büchern, hinter der die Bibliothekarin in ihrem eigenen Bett schlief.

Am Morgen hatte sie ein köstliches Frühstück mit selbstgebackenen Quarkbrötchen zubereitet, und ich spielte ihr vor, wie wunderbar ich geschlafen hatte (nämlich gar nicht, weil sie ohrenbetäubend schnarchte).

Plaste und Elaste

In Mecklenburg-Vorpommern bekam ich ein Quartier in einer Pension, die auch viele Jahre nach der Deutschen Einheit noch in Original-Plaste-und-Elaste-Stil eingerichtet war. Als Zugabe eine fusselige, lilafarbene Bademattte und gräuliche Bettvorleger (die dringend eine Waschmaschine von innen kennenlernen sollten), verwaschene, ebenfalls gräuliche Frottee-Bettwäsche. Ein Blick aus dem Fenster auf die bröckelnde Mauer vom Nachbarhaus ließen mich zum VARTA-Führer greifen, den ich im Notfallkorb auf dem Beifahrersitz im Auto immer griffbereit hatte.

Und ich fand ein Hotel (sie hätten heute Abend frische Spargelgerichte im Angebot, erzählte man mir am Telefon, das ich in der Post nutzte). Schon fuhr ich hin. Nahm ein Zimmer mit Badewanne und ließ es mir ringsum gut gehen. Pech war, dass ich zwar in der Plaste-und-Elaste-Pension abgesagt und das Zimmer aus eigener Tasche bezahlt hatte, aber mich am nächsten Morgen nach dem üppigen Frühstück im wunderbaren Hotel am Waldesrand mit rauschendem Bach und Spargelgerichten auf dem Weg in die Schule völlig verfuhr (ich hatte noch kein Navigationssystem). Somit erschien ich dreißig Minuten zu spät zur Lesung.

Das durfte mir nicht mehr passieren.

Meine Reputation hatte mal wieder ziemlich gelitten.

Die Buschtrommeln der Organisatoren funktionierten großartig, immer noch.

Joseph Heinrich Beuys was here!

Manchmal sollte man allerdings doch auf die Angebote der Schulleitung eingehen.

Eine telefonische Einladung am Nikolaustag durch die Schulleiterin einer Gesamtschule in Bonn-Bad Godesberg stand an. Termin: Anfang Januar. Thema: Drogen und Prävention.

In meinem Buch *Vergitterte Jugend – Innenansichten aus einem Jugendknast* hatte ich, zusammen mit drogenabhängigen Inhaftierten, einiges dazu geschrieben.

Ich könne bei ihr (der Schulleiterin) übernachten.

Während der Weihnachtsferien wartete ich vergeblich auf die definitive Zusage der Schulleiterin. Also ergriff ich die Initiative und bestellte mit Hilfe des VARTA-Führers (wie mühsam war es damals, ohne Internet, eine Übernachtung zu buchen) sicherheitshalber ein Zimmer in der Nähe der Schule. In einer Preislage, von der ich meinte, dass es die Kasse nicht zu sehr strapazieren würde.

Dann rief die Schulleiterin nach den Weihnachtsferien endlich und unerwartet an (sie sprach ein wunderbares erfrischendes Kölsch). Es tue ihr so leid, aber sie sei in den Weihnachtsferien in der Schweiz verreist gewesen, und ob ich übermorgen auch komme?

Klar komme ich, und sie wiederholte ihr Angebot, bei ihr zu Hause zu übernachten.

Nach mehreren einschlägigen Übernachtungserfahrungen mit Familienanschluss im Wohnzimmer, Badezimmer und Toilette, lehnte ich höflich und nach Ausreden suchend dankend ab. Das war leider ein sehr großer Fehler, wie sich später herausstellte.

In einem dicken Mercedes wurde ich von ihr persönlich am Bahnhof in Bonn abgeholt. »Mein Mann ist diplomatisch unterwegs.« Klare Ansage.

Sie bog in eine großzügig gestaltete Einfahrt ein und fuhr

zu einer gigantischen Villa hoch, »mit Anbau für Gäste« (so stellte ich mir *Villa Hügel* der Krupp-Familie vor).

Sie war befreundet gewesen mit dem verstorbenen Aktionskünstler Joseph Heinrich Beuys. Seine Kunstwerke standen oder hingen unauffällig verteilt in mehreren üppig und geschmackvoll eingerichteten Wohnräumen.

Der Weihnachtsbaum hing von oben bis unten voll mit kostbaren antiken, unbeschreiblich schönen Glaskugeln.

Das Essen wurde serviert an einem langen Tisch (»wir haben öfter mehrere Gäste«) auf hauchdünnem Porzellan.

Es waren reizende Kolleginnen gekommen, die mich kennenlernen wollten.

In mir grummelte es den ganzen Abend. *Dumm gelaufen ...*

Eine der begeisterten Lehrkräfte brachte mich am Ende des geselligen Abends stirnrunzelnd in die von mir voreilig gebuchte Bleibe:

Die entpuppte sich als eine Unterkunft mit Kneipe und Bar für Fernfahrer. Toilette und Bad musste ich mit ihnen teilen. Das Zimmer war den Zellen aus *Vergitterte Jugend – Innenansichten aus einem Jugendknast* ähnlich: schmales Bett mit Blick auf Tür und Waschbecken.

Von den Jungs in den JVAs war ich öfter ›auf Zelle‹ eingeladen worden und kannte mich da ein wenig aus.

Auf das Frühstück verzichtete ich, konnte morgens um halb acht die Ausgangstür vor lauter dickem Zigarettenrauch kaum finden. Mein Abgang wurde begleitet mit knackigen Abschiedsgrüßen der frühstückenden Fernfahrer.

Rüsselsheim

Einmal übernachtete ich in einer ›Zimmer-Zelle‹ direkt über einer Hähnchenbraterei, mit Aussicht auf eine graue Mauer. Ich kann Brathähnchen nicht ausstehen und graue Mauern erst recht nicht. Der schmierige Teppichboden war aus einem undefinierbaren Moosgrün, die vor Dreck erstarrten Gardinen dunkelbraun und die Lampen aus den Sechzigern orangefarben. Die Grastapete war beige, damit Flecken nicht sofort auffielen. Auf einem kleinen Regal glotzte mich ein Bildschirm an, daneben lag die Bibel. Es war fast elf Uhr abends, als ich völlig übermüdet dort ankam, nach einem Tag harter Arbeit in Hamburg und einer Bahnfahrt von sieben Stunden.

Als ich unten im Hähnchenrestaurant einen Salat bestellte und den auf meinem Zimmer essen wollte, weil mir die Hähnchenbratereistube ganz schlicht zu verräuchert war, wurde ich angestarrt wie ein Auto. Das sei nicht üblich, versicherte man mir.

Am nächsten Tag beschimpfte mich die Putzfrau, weil ich im Zimmer gegessen hätte. Jetzt müsse sie den Teller nach unten bringen, schrie sie mich an.

Wie gern hätte ich da einen kleinen Tisch in meiner Zimmer-Zelle gehabt, um mir meine Wut aus dem Bauch schreiben zu können. Wie gern hätte ich da mein Auto dabeigehabt, um sofort eine andere Bleibe zu suchen. Eine, die ich mir selber aussuchen könnte.

Dafür suchte ich mir einen italienischen Eissalon aus, wählte einen ruhigen, großen Tisch in der Ecke des Lokals, trank einen Cappuccino nach dem anderen und schrieb und schrieb.

Was für ein Luxus …

Oft sitze ich an fremden Tischen und frage mich
Wer saß hier schon?
Oft liege ich in fremden Betten und frage mich
Wer schlief hier schon?
Oft frage ich mich
Warum machst du das
und reist jedes Jahr für Wochen herum
Ein Köfferchen mit Kleidung
eins mit Geschriebenem
ein Köfferchen Erfahrung
Das erste wird immer leichter
das zweite immer schwerer
das dritte ist kaum noch zu tragen

Und wenn ich dann an fremden Tischen
in fremden Hotelzimmern sitze
dann tröste ich mich im fremden Bett
mit Schätzen aus dem dritten Koffer
die ich gesammelt habe
weil ich
schreibe
reise
vorlese
und zuhöre
und dabei auf mein Zuhause verzichte
mich oft an fremde Tische setze
und mich in fremde Betten lege
Und mich sehr einsam fühle
So ist das mit
Schreibern

Es hat sich noch nie jemand beschwert

Leer in Ostfriesland, die Anreise gestaltete sich mit dem eigenen Auto als lang und mühsam, obwohl Sonntag war und Lastwagen eigentlich zu Hause bleiben sollten.

An dem Tag offenbar nicht.

Als ich endlich die Pension und einen Parkplatz mitten im Zentrum gefunden hatte und mich bei der Rezeption meldete, war ich derart zerknirscht, dass ich meine Umgebung nur noch im Unterbewusstsein wahrnahm.

Allerdings roch es stark nach Bratwurst mit Pommes, und das nahm mein Geruchssinn tatsächlich sofort wahr.

Mein Zimmer lag unter dem Dach. Um das schräge Fenster zu öffnen, musste ich auf einen Stuhl steigen. Die Dusche hatte reichlich Schimmelflecken und einen zerfledderten Vorhang aus Plastik. Eine Ablage zum Schreiben gab es nicht.

Hier sollte ich bleiben und am nächsten und übernächsten Tag jeweils drei Lesungen halten?

In Windeseile ging ich zum Auto, rief einen Freund mit meinem neu erworbenen Handy in Hamburg an. Er war in Leer geboren und hatte bestimmt einen Hotel-Tipp für mich.

Er empfahl mir einen ländlichen Gasthof, direkt an der Leda, Nebenarm der Ems. Ich fand sogar ohne Probleme den Weg dorthin, brauchte keine Bäckereien und Tankstellen zu konsultieren.

Der Eigentümerin wäre ich vor Begeisterung fast um den Hals gefallen: Sie gab mir ein Zimmer mit Wasserblick und einer Terrasse im ersten Stock.

Jetzt lag mir allerdings die schwere und schwierige Aufgabe im Magen, die Organisatorin zu informieren, dass ich etwas außerhalb von Leer wohnen und das Zimmer in Zentrum bezahlen würde. Sie war absolut *not amused*, ließ es mich deutlich merken und meinte schnippisch am Telefon: »Die Bratwurst und die Pommes in dem Hotel, in dem Sie eigentlich übernachten sollten, schmecken außerordentlich gut und: Noch nie haben sich Autoren über die Zimmer beschwert. Wir treffen uns dort alle heute Abend.« Und legte auf.

Tatsächlich ging ich zu diesem Treffen und wurde von einigen Kollegen schräg angesehen (*die* aus den Elbvororten schon wieder mit ihren anspruchsvollen Zimmerwünschen, ich konnte es an ihren kritischen Blicken ablesen).

Bratwurst (ich esse selten welche) und Pommes schmeckten wirklich lecker.

Anschließend fuhr ich pfeifend und *Oh happy day!* singend in meine Wasserblick-Bleibe. In der Nacht schlief ich wie ein Stein. Meine nach Bratwurst und Pommes duftende Garderobe hing ich zum Lüften auf der Terrasse.

Oh happy day!

Nachschlag

In einer Schule in Flensburg wusste der Lehrer meinen Namen nicht (das passiert übrigens öfter, trotz vorheriger ausführlicher Information), obwohl die Stadtbücherei zwei Wochen vorher eine Kiste mit meinen Büchern in die Schule gebracht hatte. Die verstaubte im Lehrerzimmer irgendwo auf der Fensterbank.

Meinen Namen schrieb ich an die Tafel, so wie früher in der TV-Quiz-Sendung *Was bin ich? Heiteres Beruferaten* mit Robert Lembke und den klappernden Sparschweinchen in verschiedenen Farben als Belohnung.

Zu den Kindern brummte der Lehrer: »Heute fällt Mathematik aus.« Er gehörte offensichtlich zu den Nordlichtern, die wenig reden. Wie er seinen Unterricht wohl gestaltete?

Er begrüßte mich nicht, schließlich war es Freitag, und ich sollte in der fünften und sechsten Stunde sehen, wo ich mit seinen unruhigen Schülern blieb. Die waren aber prima.

Als die Glocke für den Schulschluss durch das Gebäude dröhnte, half mir niemand, meine Bücher und Gegenstände aus fremden Kulturen einzupacken. Niemand half mir, die beiden Materialkisten zum Auto zu bringen.

Der Lehrer hatte sofort, ohne auf Wiedersehen zu sagen, das Weite gesucht.

Die Schüler verschwanden ebenfalls im Zeitraffertempo.

Plötzlich war es unheimlich still.

Vor der Klasse in der Pausenhalle war niemand mehr zu sehen. Die Eingangstüren waren bereits abgeschlossen. Ich war eingeschlossen, hatte aber die Möglichkeit, notfalls aus dem

Fenster zu steigen. Der Klassenraum lag praktischerweise im Erdgeschoss!

Ich öffnete das Fenster, um die Wurfhöhe für die Kisten und Sprunghöhe für mich aus dem Fenster abzuschätzen.

Ein Junge ging vorbei.

Ich: »Hallo!«

Er: »Hallo.« Dann blieb er stehen und fragte: »Was machst du denn da?«

Ich: »Ich bin eingeschlossen.«

Er: »Dann hast du aber Glück, mein Vater ist hier Hausmeister.«

Doch, es gab unzählige wunderbare Lesereisen, auf denen ich unglaublich verwöhnt wurde, in Watte gepackt, in breiten und duftenden Betten schlief.

Ich war Gast in vielen Klassen, die gründlich vorbereitet waren. Die Schulleitung war anwesend (vor Kurzem noch auf Föhr, wo ich nach den Lesungen vor neugierigen Kindern und begeisterten Lehrkräften einen Präsentkorb mit köstlichen Inselspezialitäten bekam).

Es gab Klassenräume, die von Kindern und Jugendlichen liebevoll geschmückt waren.

Regelmäßig wurde ich mit (regionalen) Geschenken beglückt, Schüler hatten meine Bücher gelesen und in den Bibliotheken konnten sie alle Titel ausleihen.

Dabei denke ich vor allem an die heiß begehrten Lesereisen durch Südtirol, von Bozen aus. Eine Woche lang wurde ich durch atemberaubende Landschaften gefahren und begleitet, bekam Tagegeld für die Verpflegung unterwegs, übernachtete in einem sehr schönen Hotel mit Blick auf die Dolomiten.

Diese Reise habe ich als meine großartigste in Erinnerung

behalten. Mir ist klar, dass es eine Ausnahme war, weil Südtirol im deutschsprachigen Gebiet über Etats verfügt, die außergewöhnlich sind.

Tingeltouren, lieber Harry Rowohlt, die müssen und dürfen wir weiterhin in Kauf nehmen.

Zum Schluss:

In Görlitz wurde mir kurz nach der Wende ein Zimmer in einem Hotel zugewiesen, in dem Du mal genächtigt haben sollst. Es hieß seitdem respektvoll *Das Harry-Rowohlt-Zimmer*.

Beim Autoren-Stammtisch gibt es viel zu erzählen, und irgendwie höre ich Deine unverwechselbare Stimme, als Du auf der Frankfurter Buchmesse in meiner Nähe, ein Glas Whisky in der Hand, aus dem Buch *In Schlucken-zwei-Spechte* gelesen hast. Dann muss ich schmunzeln, egal wie die eigenen Lesetouren gerade ausfallen.

Kanada und USA: Anfang einer Reiseleidenschaft

Die erste große Reise über den Atlantik (1983)

Nachdem wir jedes Jahr in den Ferien kleinere und größere Reisen durch Europa unternommen hatten, zog es uns zur anderen Seite des Atlantiks: in die USA, vor allem an die Westküste, den Pazifik.

Es war Gottfrieds innigster Wunsch, irgendwann in die USA zu reisen und dort in einem gemieteten Auto mit mir zu einigen seiner ›Traumziele‹ zu fahren und sie mir zu zeigen.

Lange planten wir unser allererstes, großes ›Overseas-Abenteuer‹.

Als Jugendlicher und später als Erwachsener sah Gottfried sich meistens am Sonntag im Kino amerikanische Filme an, ab und zu zwei- oder dreimal hintereinander. Dafür gab er sein letztes Geld aus. Er konnte komplette, für ihn wichtige und unvergessliche Dialoge auswendig. Zum Beispiel von seinem Idol James Dean. Gottfrieds Mutter strickte ihm aus feinster Wolle einen hellen Pullover mit V-Ausschnitt, so wie James Dean ihn trug in dem Film *East of Eden*. Die Frisur präzise kopiert, gepflegt und gegelt, dazu wurde schließlich die besondere, lässige Gangart von James Dean als Ergänzung einstudiert.

Auch ich hatte einen Wunsch: Unterwegs wollte ich versuchen, Spuren von Indianern zu finden oder sie sogar zu treffen.

Als Kind las ich alle Bücher der Autorin Liselotte Welskopf-Henrich, in denen der Indianer Tecumseh im Mittelpunkt stand.

Karl May und Winnetou interessierten mich nicht.

Bei der Planung des Reiseabenteuers hatten Gottfried und ich Glück. Es war wie sechs Richtige im Lotto: Freunde aus Hamburg emigrierten 1981 nach Vancouver und luden uns ein, sie zu besuchen.

Von Vancouver aus wollten wir weiterreisen, zunächst in den Norden, so weit wie möglich in die Rocky Mountains hinein bis nach Alberta in Kanada.

Wieder in Vancouver, nach einer Pause im Haus der Freunde, dann in den Süden, auf der Route Nr. 1.

Wir hatten kein einziges Motel oder Hotel gebucht.

Für diese aufregende Reise lösten wir 1983 einen Sparvertrag auf, der restlos aufgebraucht wurde. Ehrlich gesagt: Die Reise nach Overseas war für uns eigentlich unbezahlbar. Der hohe Preis von fast 2000 DM pro Flugticket (Economy) sprengte bei der Buchung fast unseren gesamten finanziellen Rahmen.

Aber nach der Einladung der Freunde in Vancouver sagten wir uns: »Jetzt oder nie!«

Unsere Wünsche und Erwartungen wurden mehr als erfüllt. Wir haben es nie bereut, wieder zu Hause ohne Ersparnisse neu anzufangen.

Von der ersten Minute an schrieb ich Tagebuch (notierte jede auch noch so kleine Ausgabe), sammelte Eindrücke und Bilder in mir, von denen ich noch nicht ahnte, dass ich sie irgendwann für Reiseberichte und Reiseromane verwenden würde.

Mein erstes Buch in deutscher Sprache erschien im Jahr 1985 und hatte noch nichts mit der unstillbaren Reisesehnsucht zu tun, die uns in Kanada und den USA anflog und seitdem blieb.

Soeben las ich in den Notizen im Tagebuch aus dem Jahr 1983. Genaue Ortsangaben fand ich, Adressen der spontan gewählten Unterkünfte, tägliche Reiseausgaben. Eine Liste mit den Orten und Daten der Postkarten, die ich an meine Mutter schickte. Hinten im Tagebuch entdeckte ich zwischen den Seiten gepresste Farnen-, Ahorn- und Kleeblätter, zarte Blüten, von denen ich nicht weiß, wie ihre biologischen Namen heißen. Daneben stehen die Orte notiert, an denen ich sie gepflückt oder gefunden habe: Lake Louise, Moraine Lake, Red Wood Forest, Stanley Park …

Neben dem Tagebuch liegen drei *Sand-Dollars*, die ich aus einer Vitrine im Flur geholt habe.

Die Sand-Dollars stellen immer noch ein magisches, ja mystisches Schlüsselerlebnis für überbordende Gefühle dar.

Eine Erfahrung, die ich kaum in Worte fassen kann und wie ich sie vorher noch nie in der unglaublichen Intensität erlebte.

Geschenke der Natur: Sand-Dollars in Seaside, Oregon (1983)

Während eines langen Spaziergangs, ganz allein, morgens vor dem Frühstück in dem kleinen Ort Seaside in Oregon am Pazifik, war der Strand menschenleer.

Die Morgensonne tauchte die Landschaft und den Ozean in ein sanftes, gleißendes Licht. Das Meer erzählte mit leisen, kabbelnden Wellen kleine, murmelnde Wassergeschichten. Ich war die einzige menschliche Zuhörerin und Gast eines Schauspiels von unermesslicher Schönheit auf endloser Bühne.

Mein Glück konnte ich nicht mehr für mich behalten: Ich rannte, sprang und jubelte laut, auf diesem schneeweißen, langen und weichen Sandstrand.

Plötzlich rollten mir flache, runde und sandfarbene Muscheln vor die Füße. Waren es Muscheln?

Die Wellen spülten immer mehr von ihnen an. Ich traute meinen Augen nicht, hob eine auf, legte dieses symmetrische Etwas auf die flache Hand und bestaunte ein perfektes Wunder der Natur, von dem ich nicht wusste, was es war. Auf der oberen, gewölbten Seite sah ich, wie mit einer Feder eingeritzt, fünf zarte, längliche Blütenblätter, auf der unteren Seite ein größeres und ein kleineres Loch.

Immer mehr von ihnen spülten an. Ich durfte an einem spektakulären Naturschauspiel teilnehmen.

In meinem Pullover hob ich einige der Meeresgeschenke

Oregon Sanddollar-Strand in Seaside

auf und brachte sie vorsichtig aufs Zimmer. An der Rezeption zeigte ich später eines dieser geheimnisvollen Fundstücke, weil ich wissen wollte, was mir vom Pazifik gegeben worden war.

»Oh, a Sand-Dollar! You happy girl!«

Dass ich genau in diesem Augenblick am Strand war, während die Sand-Dollars aus dem Meer anspülten, grenzte für mich an ein Wunder.

Nach dem Frühstück, als ich Gottfried am Strand zeigen wollte, dass diese Präsente einfach zum Aufheben und Mitnehmen angespült wurden, war nichts mehr von ihnen zu sehen. Der Pazifik hatte sie wieder zu sich genommen.

Das war am 22. September 1983, von mir mit nur wenigen kargen Worten im Reisetagebuch notiert.

Später fand ich heraus, dass die Sand-Dollars zu den stacheligen Seeigeln gehören, deren Skelette aus zarten

Kalkplättchen zusammengesetzt sind. Sie tummeln sich an flachen Sandküsten, können bis zu acht Jahre alt werden und ernähren sich von feinen, organischen Partikeln. Die Löcher an der Unterseite sind Mund und After.

Ab und zu rieseln noch vereinzelte Sandkörner aus einem der beiden Löcher. So auch heute, während ich sie berühre. Ich bin wieder ganz dort, wo ich sie fand: in Seaside in Oregon, am verzauberten, menschenleeren Strand.

Von New York bis Los Angeles (1998)

Als wir das zweite Mal den Atlantik überquerten, wollten wir in New York anfangen und dann Richtung Los Angeles reisen, unter anderem auf der berühmten Route 66 unterwegs sein, wo in Amboy das legendäre *Roy's Motel and Cafe* immer noch steht. Teile des hinreißenden Films *Out of Rosenheim* mit Marianne Sägebrecht in der Hauptrolle wurden hier aufgenommen. Das wollten wir persönlich in Augenschein nehmen, diesen Ort, mitten in der Mojawe-Wüste.

Aber vorher, in New York, gab es einen Tag, den wir niemals vergessen können.

Wir hatten vor, die Fähre nach Ellis Island zu nehmen, zu der Insel in der Nähe der Freiheitsstatue. Eine Insel, auf der sich im neunzehnten und auch noch im zwanzigsten Jahrhundert menschenunwürdige, tieftraurige Dramen abspielten.

Ellis Island (1998)

An der Freiheitsstatue steigen wir nicht aus, sondern fahren bis zur nächsten Station mit. Obwohl wir spät im Bett lagen, sind wir inzwischen ziemlich fit und nicht allzu spät für Ellis Island, die Insel der Tränen und der Hoffnung, die immer um halb zehn ihre Tore öffnet.

Es ist zehn Uhr am Morgen, als wir an Land gehen. Das rote Backsteingebäude war mal Symbol für Hoffnung und Freiheit vieler Einwanderer, die im neunzehnten und zwanzigsten Jahrhundert hier zu Millionen angekommen sind. Ein zartblauer Morgenhimmel spannt sich über der Insel.

Gottfried und ich lasen schon in Hamburg über die Dramen, die sich auf dieser Insel abgespielt haben. Menschen aus Irland, England, den Niederlanden, Deutschland, Polen, Italien, Frankreich, der Schweiz, Österreich, Portugal, Ungarn, Russland und anderen Staaten aus Ost- und Südeuropa wagten die teure und schwierige Überfahrt nach Amerika, weil sie dort auf eine bessere Zukunft hofften.

Sie kamen mit ihren Familien und den wenigen Habseligkeiten, die sie mitnehmen durften, völlig erschöpft und oft sogar krank nach Ellis Island. Die Seereise hatte viele stark geschwächt, weil die Unterkunft auf den Schiffen zwar teuer, aber trotzdem schlecht war.

Unterwegs starben unzählige Passagiere. Die Behörden hatten Panik vor ansteckenden Krankheiten, die Einwanderer einschleppen konnten.

Deshalb erwarteten sie auf Ellis Island strenge Beamte, die Gesundheit und Bildung sehr genau unter die Lupe nahmen. Wichtig war, dass alle lesen und schreiben konnten. Oft mussten die Neuankömmlinge, wie auf dem Schiff während der Überfahrt nach Amerika, auf der Insel auf engstem Raum leben und abwarten, welches Urteil die Beamten über ihre Zukunft fällten. Familien wurden aus verschiedenen Gründen auseinandergerissen und zum Teil wieder nach Europa zurückgeschickt.

Wir gehen in die große Halle, die erst seit 1990 wieder geöffnet ist. Die ganze Insel war verkommen und verwahrlost, bis die Amerikaner endlich entdeckten, was für einen seltenen Schatz ihrer kurzen Geschichte sie mit dieser Insel hatten. In sechs Jahren und mit hundertsechzig Millionen Dollar wurde Ellis Island komplett restauriert und ist jetzt ein Museum.

Wir stehen in der Halle, in der durch die hohen Glasscheiben eine blasse Morgensonne hereinfällt.

Hier gab es unzählige Bänke in kleinen Kojen, die Atmosphäre war bis zum Äußersten angespannt, denn vor hier aus gingen die Untersuchungen los. Hier wurde geweint und gezittert vor Angst.

Ich brauche Gottfrieds Hand, als wir durch die kleinen Untersuchungsräume gehen. Ich kann kaum glauben, was ich in den Vitrinen sehe: Womit die Menschen untersucht und getestet wurden. Zum Beispiel haben Dr. Howard Knox und seine Kollegen diese armen, übermüdeten Menschen von 1910 bis 1916 gefragt:

»Können Sie einen Diamanten zeichnen?«

Oder:

»Wie viel Geld haben Sie?«
»Haben Sie Straftaten begangen?«
»Haben Sie Schwierigkeiten beim Gehen?«
»Haben Sie Arbeit?«

»So etwas Trauriges und Demütigendes wie die Test- und Fragebögen und die Gegenstände für die Aufnahmeprüfung in die Vereinigten Staaten habe ich selten in einem Museum gefunden«, sagt Gottfried.

Er liest alle Schilder und Notizen an den Wänden genau durch. Ich wandere unruhig hin und her, weil ich das Gefühl habe, dass Mr. Howard Knox gleich erscheint und mich befragen und wegschicken wird. Der Ort bedrückt mich.

Vor allem wollten die Beamte und Ärzte wissen, ob die Einwanderer die Wahrheit sagten.

Gottfried sieht mich an und legt seinen Arm schützend um meine Schultern. Eigentlich will ich mich hinsetzen. Aber es gibt keine Stühle.

Wir lesen gemeinsam folgenden Spruch auf einer Wandtafel:

Wer Schätze sammelt mit Lügen,
der wird fehlen und fallen unter die,
die den Tod suchen.
Ein lügenhafter Zeuge wird umkommen;
Aber wer gehorcht,
den lässt man auch allzeit wieder reden.
(Prov. 21:6;28)

»Was bedeuten die Zahlen am Schluss?«, frage ich, und meine Stimme zittert.

»Das kann ich dir leider nicht beantworten.«

»Eigentlich will ich es gar nicht mehr wissen, aber der, der das geschrieben hat, der war bestimmt selbst ein Lügner und ein Feigling obendrein.«

Meine Stimme zittert nicht mehr, als ich den letzten Satz sage. Den Spruch will ich abschreiben, um darüber noch mehr nachzudenken.

In einem größeren Saal sind in Schaukästen und Glasvitrinen Gegenstände aus den Überseekoffern von Einwandern aus allen Kulturen ausgestellt. Das Licht ist dämmerig, die Holzdielen knarren unter unseren Füßen, als wir eintreten.

Ganz langsam gehen wir an den Kästen vorbei. Ich schreibe wieder auf, was ich sehe: Schnürstiefel, Stickereien, Taufkleidchen, handgewebte Tischdecken, Gläser aus Kristall, geschliffene Glaskaraffen, Kinderanzüge und -kleidchen, bestickte Blusen, Perlentaschen, Uhren, Handspiegel, Köcher mit Häkelnadeln, Spitzentaschentücher, Kämmchentaschen, Brauthalsschmuck, Bestecke, Zinnbecher, Kaffeemühlen, Brieföffner, Brotstempel, Häkelmützchen, Spielkarten, Münzen, Pfeifen, Nudelschneider, Zuckerzangen, Geschirr, Töpfe, Glasnäpfe, um Infektionen abzusaugen.

Ich schreibe mir die Finger wund.

Ich möchte nichts vergessen von dem, was ich hier sehe. Da ist eine große Wut im Bauch auf die Beamten, und es hilft mir fast immer, die Wut loszuwerden, indem ich schreibe.

Die Bücher interessieren mich sehr.

Ich entdecke ein Märchenbuch von Hans Christian Andersen, Bibel und Gesangbücher in vielen Sprachen, ein

Lutherisches Gebetbuch, Seefahrers Handbuch mit Flaggen, handgeschriebene Gedichte, Messbücher.

In einem aufgeschlagenen Buch steht mit zierlichen Buchstaben geschrieben:

Larsine Jensen's Boyfriend Birthday-Present

Rosenkränze, Weinkelche für die Messe, jüdische Gebetsschals, Toraschilde und Tora-Gebetsrollen, handbemalte Ostereier.

Dann, mit einem Mal, stehen wir am Eingang mehrerer Räume, in denen in Vitrinen Gegenstände ausgestellt sind, die aus den Krankenhaus- und Pflegeabteilungen auf der Insel übrigblieben.

Die Gegenstände sind nicht gereinigt, nicht restauriert. Sie sind einfach kreuz und quer durcheinander ausgestellt, einfach so, wie sie vielleicht gefunden wurden. Es schnürt mir die Kehle zu.

»*Silent Voices*«, stille Stimmen, steht auf einem Schild. Dicke Staubschichten bedecken Räder, demolierte Klaviere, abgeschlagene Schilder, kaputte Bilderrahmen mit zersprungenem Glas, verschmierte Dokumente und Briefe, wackelig aussehende Schreibtische und Schiebekarren, brüchige Gummischläuche, zerbeulte Kessel, verrostete Essbehälter, beschädigtes Kochgeschirr, Kleiderregale, vergammelte Bettgestelle, verklebte Medizinflaschen aus der Sterbeabteilung.

Bis 1924 kamen die Menschen hier an, dann war die Zeit der großen Emigration vorbei. Manchmal standen die Gebäude leer. Bis 1984 hat alles mehr oder weniger vor sich hingedämmert, und keiner hat sich darum gekümmert.

»Kannst du glauben, was wir hier sehen?«, frage ich und habe Tränen in den Augen. »Da kommt mir der Empfang von den Karnevalssoldaten im John-F.-Kennedy-Flughafen fast vor wie die Begrüßung in einem Grand Hotel. Ich werde nicht mehr muffig sein, wenn wir dort noch mal ankommen. Versprochen. Und die dämlichen Fragen auf unseren Einreisekarten waren ja harmlos, wenn man sieht und liest, was mit den Menschen hier zur Einreise angestellt wurde. Entsetzlich! Ich glaube, ich wäre freiwillig wieder aufs Schiff nach Europa gestiegen.« Ich schniefe.

»Da bin ich mir nicht so sicher«, sagt Gottfried.

»Wieso nicht?«, frage ich erstaunt, während die Tränen einfach nicht verschwinden wollen.

»Weil es kein Geld mehr für die Rückfahrt gab und zu Hause alles aufgegeben war. Handwerker wie Schmiede, Fassmacher, Töpfer, Drucker, Stahl- und Grubenarbeiter, Glasbläser, Tischler, Küfer, um nur einige zu nennen, waren zu Hause arbeitslos und glaubten an das gelobte Land Amerika.«

»Was war mit den Frauen und Kindern?«

»In den meisten Fällen reisten die Männer erst allein hin und holten ihre Familie später nach, wenn sie glaubten, mit ihnen eine Zukunft aufbauen zu können. Die Frauen kümmerten sich um die Kinder und den Haushalt. Das war schwerste Arbeit, weil es am Anfang noch nicht mal eine vernünftige Unterkunft gab. Frauen, die ihre Männer verloren hatten, waren ganz schlimm dran. Man hat versucht, sie zu vermitteln.«

»Wie bitte?«

»Ja, sie wurden auf dieser Insel zur Heirat angeboten. Es gab auch Männer, die ohne Frauen ankamen, und umgekehrt.«

»Kannst du dich erinnern, was oben auf unserem Einreise-zettel stand?«, frage ich.

»Nicht mehr so genau«, antwortet Gottfried.

»Ich aber. Das stand: Willkommen in den Vereinigten Staaten. Das meinen die bestimmt immer noch nicht ernst.«

Plötzlich habe ich das Gefühl, in einem riesigen Gefängnis zu sein. Einem Gefängnis aus dunklen Gedanken und schwarzen Erinnerungen. Der Himmel über Ellis Island ist ebenfalls dunkel geworden. Später überlegen wir, was wir ins Gästebuch schreiben. Wir kabbeln uns deswegen, und ich schreibe schließlich für mich allein:

Liebes Amerika, manchmal fühlten sich hier in Ellis Island die Menschen wie in einem Gefängnis. Die Beamten waren viel zu streng zu den Einwanderern, und die Ärzte auch. Die Beamten auf dem John F. Kennedy Airport benahmen sich uns gegenüber ebenfalls scheußlich. Aber jetzt auf Ellis Island habe ich begriffen, dass die ja noch fast freundlich zu uns waren bei unserer Einreise nach New York. M.-Th. S., 1998.

Eine Begegnung in der Desert Palm Oasis in Kalifornien (1998)

Heute Morgen, als es noch kühl war und die Sonne blassgelb am Himmel stand, zogen Gottfried und ich bequeme Schuhe an, packten einen kleinen Rucksack mit einer Thermoskanne mit eiskaltem Wasser, mehreren Packungen Kekse, Bananen, Traubenzucker und den Kameras. Heute könnte mein Tag sein! Heute würde ich Indianer treffen, da war ich mir sicher!

Mit dem Auto konnten wir von Palm Springs aus bis zur

Absperrung der *Indian Canyons* fahren. Danach sollten wir an einem kleinen Holzhäuschen Eintritt bezahlen und durften nicht vom Weg abweichen, bis wir den ausgeschilderten Parkplatz gefunden hatten.

»Dort stellen Sie bitte das Fahrzeug hin«, sagte die Indianerin am Schalter. »Sie können spazieren gehen, aber nur dort, wo Schilder für Wanderwege stehen. Es ist gefährlich, vom Weg abzugehen. Es gibt Giftschlangen, Sie können sich verlaufen, und die Hitze ist um die Mittagszeit unerträglich. Gehen Sie behutsam mit der Natur und mit sich um.«

Sie drückte Gottfried einen Plan in die Hand und sah ihn dabei prüfend an. Ich bückte mich nach vorn und lächelte sie mit meinem indischen Lächeln an (ich hatte lange dafür geübt in Indien). Sie lächelte zurück. Das wirkt hier auch, dachte ich, funktioniert doch!

Plötzlich stand sie auf, kam aus ihrem Kontrollhäuschen, ging um unser Auto herum und auf meine Seite. Sie griff in die Tasche ihres Rockes, holte etwas heraus und reichte es durch mein Fenster. »Für dich, es bringt dir Glück.«

In meiner Hand lag ein winziger Lederbeutel, zugeschnürt mit einer Kordel aus winzigen, bunten Perlen. Warum schenkte sie mir das? Ich starrte auf den Beutel. Gottfried fuhr weiter, während ich mit den Fingerkuppen das weiche Leder abtastete.

»Sie mochte dich.«

»Einfach so?«, fragte ich, immer noch überrascht von dem unerwarteten Geschenk. Ich hängte mir den weichen Lederbeutel um den Hals.

»Einfach so. Willst du bitte vorlesen, was auf der Rückseite des Plans steht?«, bat mich Gottfried.

Langsam fing ich an vorzulesen:

Dieses Gebiet gehört den Ague Caliente Cahuila (Kaw-we-ah) Indianern. Die Cahuila-Indianer glaubten, dass sie auf dem Land wohnen bleiben konnten, wo sie seit Jahrhunderten ihren Mais, Melonen, Squash-Früchte und Bohnen anpflanzten, wo sie Kräuter für ihre Medizin sammelten und nur dann ein Tier erlegten, wenn sie es brauchten. Im Jahr 1876 wurde ihnen eine Urkunde von der Regierung des Bundesstaates ausgehändigt, auf dem geschrieben stand, dass ihnen 32.000 Acres zur Verfügung standen, mehr nicht. Die Regierung nahm ihnen sehr viel Land weg, weil die Eisenbahnstrecke der South-Californian Railroad gebaut werden sollte. Später wurde die Stadt Palm Springs gebaut, die von Filmstars aus Hollywood gern besucht wurde, weil es dort, mitten in der Wüste, Wasserquellen gibt. Einen Teil dieser wertvollen Grundstücke lag genau im Zentrum der Indianergebiete. Das gefiel den Weißen nicht. Sie ärgerten sich so darüber, dass sie den Indianern die kostbaren Quellen einfach wegnehmen wollten. Aber die Indianer hatten inzwischen eigene Rechtsanwälte und gewannen den schwierigen Prozess nach vielen Jahren. Sie durften mit ihrem Besitz machen, was sie wollen.

Ich versuchte den Text einigermaßen zu übersetzen. Aber so richtig bei der Sache war ich nicht.

»Endlich mal eine gute Nachricht über die Indianer«, sagte Gottfried, »und sind wir genau auf dem Gebiet unterwegs.«

Ich war aufgeregt. Meine Zunge fühlte sich pelzig an. Die Sonne schien inzwischen fast senkrecht vom Himmel. Hohe Kakteen ragten links und rechts vom Sandweg in den Himmel, ab und zu landeten Vögel darauf und sahen von oben herab auf unser Auto herunter.

Den Parkplatz und auch die Wegweiser für den Wanderweg fanden wir. Was würde heute noch alles passieren? Die atemberaubende Landschaft, die hohen Berge und tiefen Täler. Ich hörte raschelnde Geräusche und fürchtete versehentlich auf eine Giftschlange zu treten.

Plötzlich stand eine Indianerfrau vor uns. Sie starrte auf den kleinen Lederbeutel an meinem Hals und sagte:

»Dich habe ich schon mal gesehen.«

Forschend sah sie mich an. Sie trug ein langes Kleid mit dünnen Fransen aus hellbraunem Leder und bestickte Mokassins an den Füßen. Ihre grauen Haare waren in zwei langen, dünnen Zöpfen geflochten. Um den Hals trug sie eine Kette aus bunten Perlen, schwarzweißen Federn und winzigen Tierfiguren.

»Ich nehme deine Frau für eine halbe Stunde mit und schicke sie dir dann zurück. Gehe du diesen Weg weiter, mein Sohn erwartet dich«, sagte die Indianerin.

Gottfried war sprachlos. Er zögerte, machte tatsächlich, was die alte Frau sagte. Er ging weiter, nachdem er die Indianerin und mich prüfend und gleichzeitig fragend angesehen hatte. Die Indianerin nickte und schwieg.

Mein Herz pochte gegen die Rippen. Schweiß rann mir am Rücken herunter, meine Haare klebten unter dem Strohhut am Kopf fest. Ich konnte es nicht fassen. Hatte ich einen Sonnenstich, oder ging ich wirklich hinter einer Indianerin den schmalen Weg hoch?

»Hier ist mein Sommerhaus«, sagte sie. Ich stand vor einer runden Hütte. Die Wände und das Dach waren aus Palmblättern geflochten. Sie hielt vor der Türöffnung, drehte sich um und sagte: »Warte hier, ich hole etwas für dich.« Träumte ich?

Sie verschwand in der kleinen, dunklen Öffnung. Dann schob ihre Hand den Vorhang zur Seite, und sie stand wieder vor mir.

»Du warst schon mal in Ländern, in denen die Palmen den Menschen fast alles geben, was sie zum Leben brauchen.«

Wie wusste sie das? Ich fragte lieber nicht nach, sondern nicke zur Bestätigung.

»Manches weiß man, ohne miteinander vorher gesprochen zu haben«, sagte sie. Von dem Augenblick an entschied ich, mich nicht mehr zu wundern. Ich ließ einfach alles auf mich zukommen.

»Du trägst einen Beutel, den dir meine Schwester geschenkt hat. So etwas tut sie selten. Sie hatte bestimmt Gründe dafür. Ich möchte dir auch etwas schenken, einen Traumfänger.« Sie hielt ein geflochtenes Netz in der Hand, umspannt von einem Reifen aus Bambus. Federn schmückten den Traumfänger, die Mitte des Netzes war mit Perlen bestickt.

»Durch dieses Netz werden deine bösen Träume verschwinden, wie Wasser durch ein Sieb. In der Mitte dieses Traumfängers werden die guten Träume aufgefangen und du wirst sie nicht vergessen. Hänge es dorthin, wo du schläfst, am besten über deinen Kopf.«

Ich wusste gar nicht, was ich ihr sagen sollte, weil es mich verlegen machte.

»Warum ...?«, stammelte ich.

»Weil du den Traumfänger brauchen kannst. Weil du noch viele Träume haben wirst, und nicht alle sind gut für dich. Weil du den richtigen Blick für Dinge hast. Versuche diesen Blick anderen Menschen zu schenken. Wer dich verstehen will, wird das tun und dir eine Botschaft oder ein Zeichen geben. So wie meine Schwester und ich.«

Wir sahen uns an. Ich hatte Vertrauen zu ihr. Ihre Worte brannten sich mit der Sonne in mein Gedächtnis ein.

Plötzlich erinnerte ich mich an ein Erlebnis, irgendwo am Rand des Urwaldes in Togo, wo ein alter Medizinmann mir einen Talisman aus Holz schenkte und vorhersagte, dass mein Unterleib bald Probleme machen würde. Er riet mir, diesen Talisman möglichst ständig bei mir zu tragen. Er sollte recht behalten. Nach der großen Operation in einer Hamburger Klinik lag der Talisman im Schubfach meines Nachtschranks.

Auch in Indien geschah es öfter, dass in schwierigen Situationen unerwartet der Mensch auftauchte, der mir half, große Probleme in der Projektarbeit *Freedom through Education* zu bewältigen.

»Was machst du beruflich?«, fragte sie.

»Ich schreibe, vor allem Bücher, für Jung und Alt.«

»Du wirst noch viele Kulturen kennenlernen und darüber schreiben. Versuche dich mit all deinen Kräften dafür einzusetzen, dass nicht noch mehr zerstört wird. Gehe nun zu deinem Mann, er wartet auf dich. Behalte das, was ich dir sagte, möglichst für dich. Solltest du hier oder auf deinem Lebensweg die schwarz-weiße Königsnatter treffen: Sie bringt dir Glück. Die braun-beige Prärieklapperschlange ist gefährlich. Lasse sie ziehen, verhalte dich ruhig und warte ab. Dann kannst du deinen Weg wieder fortsetzen. Es wird in deinem Leben beide Arten von Schlangen geben. Sieh genau hin und verhalte dich dementsprechend.«

Ohne Gruß ging sie in ihre Hütte und zog den Vorhang zu.

Wir gingen eine Weile schweigend nebeneinander, Gottfried und ich. Er fragte nicht nach. Irgendwann wollte ich es ihm erzählen. Der steinige, verschlungene Pfad war breit genug für uns beide. Ich achtete auf die gefährliche, giftige Prärieklapperschlange.

»Wenn wir um die nächste Kurve kommen, sollte es einen herrlichen Blick auf die *Fan Palms* geben. Diese Palmen sind Grundlage für das Überleben der Indianer hier in der Wüste.«

Dann sah ich sie: die Fächerpalmen. Ihre Stämme waren unglaublich dick, rund, wuschelig. Sie standen dicht zusammen, wie eine Gruppe von übergewichtigen, hoch gewachsenen Menschen, die sich angeregt unterhielten. Ich blieb stehen und hörte ein Geräusch, als würden Glasmurmeln aneinander klickern. Es waren die Palmen, sie sprachen mit uns. Irgendwo ein Rauschen im Hintergrund als Begleitmusik.

»Hörst du den Fluss? Dort gehen wir hin. Und wenn du möchtest, kannst du baden. Die Quellen sind kühl und sauber.«

Als wir im Schatten der hohen Palmen anhielten, war ich glücklich, so wie am Seaside-Strand in Oregon, als die Sand-Dollars mir vor die Füße kullerten, Geschenke von den Wellen des Pazifischen Ozeans.

Ich zog meine Turnschuhe aus und balancierte auf den kugeligen, glitzernden Steinen herum, bis ich eine glatte Stelle fand, wo ich ins Wasser gehen konnte. Außer den Schreien und Gesängen von Vögeln und dem Wasserrauschen war es ruhig.

Keine Autos, keine Menschenstimmen, nur Natur.

Ich setzte mich ans Ufer auf einen ausgewaschenen Stein, der wie eine kleine Bank aussah, ließ die Füße ins Wasser baumeln und sah diese dicken Palmen mit ihren ausladenden Blätterkronen an.

So sollten Gebetshäuser sein: mit einem hohen, grünen Dach und einem klaren, erfrischenden, fließenden Bach, in den Gläubige ihre Füße stecken könnten und dabei beteten.

Gottfried hielt mir einen kleinen Bildband hin mit dem Titel *Desert Palm Oasis.* »Darin kannst du alles über die Indianer finden, die hier noch leben. Und über die Geschichte dieses Tals, die Zusammenhänge der Tiere, der Palmen und der Natur. Wir sind gerade im größten unberührten Palmenwald der Erde.«

Ich nahm das Geschenk an und legte meine Schwimmfüße auf Gottfrieds Schwimmfüße. Wir brauchten uns gar nichts zu sagen.

Dafür gab es keine Worte.

Great Salt Lake Bonneville in Utah, verführerische Salzwüste (1998)

Als wir zur großen Salzwüste *Great Salt Lake Bonneville* in Utah fahren, werden wir geblendet von den glitzernden Salzkristallen, die bis zum Horizont im Kontrast zum knallblauen Himmel und der grauschwarzen Gebirgskette in der Ferne stehen.

Sechzig Kilometer lang fahren wir fast im Schritttempo auf der schnurgeraden Straße und sind still vor Ehrfurcht vor dieser grandiosen Schönheit. Bei geöffneten Autofenstern ›hören‹ wir die sichtbare Stille dieser Landschaft, die wie aus einer anderen Welt ist. Wir halten an, steigen aus und glauben in der Ferne Wasser zu sehen, hören unseren Herzschlag und das Pulsieren des eigenen Blutkreislaufs.

Das Wasser ist eine Fata Morgana, eine verblüffende Luftspiegelung.

Bald leite ich wieder ein Trauerseminar für ein ganzes Wochenende mit trauernden Jugendlichen zwischen dreizehn und siebzehn Jahren, die ein Geschwisterkind verloren haben.

Das Thema steht jetzt fest für mich, hier am Great Salt Lake Bonneville: *Die Wüste in mir.*

Hier am Salzsee lerne ich schlagartig, dass Wüste auch Leben ist, auf einer anderen, außergewöhnlichen Stufe: Leben in der eigenen Gefühlswüste. Wer sich traut, in die eigene Gefühlswüste zu gehen, wird sich wundern. Es ist die absolute Herausforderung und eine unglaubliche Erfahrung. In der Wüste gibt es Bewegung, Wanderung, Abschied und Neuanfang, Licht und Schatten, große Schwankungen durch Hitze und Kälte.

Eine Reise in die Wüste ist die längste Reise nach innen.

Bei der Planung für das Seminar denke ich an die Worte der Indianerin in der Desert Palm Oasis und an die sprudelnden Wasserquellen und lebensspenden Palmen, die Gottfried und ich sahen und die mich bis heute inspirieren.

Die Texte, von den Jugendlichen an dem intensiven Trauer-Wochenende in der Evangelischen Akademie in Bad Segeberg geschrieben, waren von meditativer Kraft und voller Trost, weil sich alle gemeinsam oder auch einzeln in Gesprächen, Bildern und Texten auf die Reise durch die eigene Wüste begeben hatten.

Schließlich gab ich allen einen Text mit für zu Hause. Der Text kann Hoffnung machen, als Silberstreif am Horizont. Er wurde geschrieben von Simon J. Ortiz, 1941 in Albuquerque geboren und zum Stamm der Acoma-Pueblo-Indianer gehörend. Ortiz studierte an der Universität in Iowa.

Dieses Amerika
war stets eine Last
aus Stahl und irrem
Tod,
aber, schau nur,
da sind Blumen
und junges Gras,
und ein Frühlingswind
beginnt in Sand Creek
zu wehen.
(1981)

Sand Creek in Colorado ist der Ort, wo 1864 friedliche Cheyenne zusammen mit Arapaho-Familien lebten, bis sie von US-Truppen niedergemetzelt wurden.

Die Wüste in mir
Texte von trauernden Jugendlichen

Meine Wüste erkenne ich, wenn es mir schlecht geht oder ich mich in einer Menschenmenge einsam fühle. Es gibt aber auch positive Sachen, die in meiner Wüste sind: Wenn ich zum Beispiel Zuversicht brauche oder Hilfe, dann sind meine Eltern und die Freunde wie eine Oase, die man nach einer langen Durststrecke erreicht und bei der man sich ausruhen kann. … Wenn ich meinen Bruder finde und spüre, dass er bei mir ist, dann bin ich im eigenen Kern, der auf mich wirkt wie eine kleine Wasserstelle in der Wüste. In der Wüste sehe ich die Unendlichkeit meines Seins und der Seele meines Bruders.

Die Wüste in mir ist noch nicht erkundet, ich denke, im Laufe meines Lebens komme ich ihr näher und lerne sie kennen.

Betty, 13 Jahre

Wüste bedeutet für mich zu kämpfen, gerade, wenn ich lockerlassen will. Durch das Extreme wieder zu mir selbst zu finden und vielleicht ruhiger zu werden und neue Ziele, Aussichten zu bekommen. In der Realität ist so eine Wüste für mich das Ballett. Ich trainiere hart gegen die Erschöpfung an, bis alles draußen ist, bis die Schwüle, die unerträgliche Hitze, die Kopfschmerzen, die vielen Gedanken im Kopf wieder verschwunden sind. Die Wüste hilft mir, klare Gedanken zu fassen. Ja, vielleicht ist die Wüste der Zustand, der vor dem Kämpfen in mir herrscht, auch der der Härte, der Disziplin, die ich brauche, die ich suche und mir aufzwinge, die mich aus der Wüste herausholt.

Katharina, 15 Jahre

Weite, Einsamkeit, unerträgliche Hitze, nachts jedoch klirrende Kälte. Das Warten auf ein paar Regentropfen, oder sind sie vielleicht schon da? Die Stille, auf eine Art schön, doch auch Furcht einflößend. Angst vor dem Verdursten, Verzweiflung. Doch dann Oasen. Ein Wasserfall, das gibt mir Mut. Das Trauerseminar ist für mich wie eine Oase in der Wüste.

Conrad, 17 Jahre

In meiner Wüste ist fast immer nur Sand, bis auf einen kleinen Fleck, der eine Oase ist und Hoffnung bedeutet. Dort ist ein Weg, der zur Oase hinführt. Auf diesem Weg laufe ich, wenn ich mal wieder über mein Leben und alles, was dazugehört, nachdenke.

Ich habe meinen Bruder ans Ende des Weges gesetzt, da er den Weg schon gegangen ist. Es gibt auch einen Fluss, den Lebensstrom. Er hört nie auf zu fließen. Ich sehe auch einen Teich, der nicht ganz rund ist. Er soll mein bisheriges Leben darstellen. Am Himmel ist die Sonne, mein toter Bruder, der auf uns herabschaut. Ich dachte mir, dass er uns Leben schenkt und immer bei uns ist, zumindest seine Seele in uns drinnen.

Theo, 15 Jahre, schrieb diesen Text zu einem großen Bild, das er vorher malte.

Afrika, immer wieder

Mampampe: Mein erstes Bild von Afrika (1946)

Obwohl seine Eltern ihm verboten haben, durch das Gartentor in den Urwald zu gehen, tut er es dennoch. Draußen lauert nämlich die große Gefahr: ein gefährlicher Löwe!

Mampampe schleicht trotzdem durch das Tor, und: Da ist er, der brüllende, zähnefletschende Löwe. Mampampe flieht blitzschnell auf eine Palme und hält den Löwen im Zaum, indem er ihn mit großen Fruchtkernen bespuckt, bis sein Vater mit vielen mutigen Männern kommt, um ihn zu retten und den Löwen mit einer dicken Kugel aus der Kanone und anderen gefährlichen Waffen zu erledigen.

Den toten Löwen mit der Kanonenkugel auf dem Bauch, auf der letzten Buchseite, den wollte ich mir nie ansehen. Ich mochte ihn lieber brüllend.

Da war ich noch im Vorschulalter und liebte diese spannende Geschichte aus dem fremden, weiten Afrika über alles. Ein Buch, das später in einem Katalog über die Darstellung Afrikas im Bilderbuch als rassistisch eingestuft wurde, was mir als Kind völlig entging, denn hier ging es um den tapferen Mampampe, der so wunderbar ungehorsam war. Mittlerweile sehe ich das Buch inhaltlich im Kontext der damaligen, vom Kolonialismus geprägten Zeit.

Meine Mutter wuchs in den Niederlanden mit deutschen Kindermädchen auf, die immer wieder Bilderbücher mit-

315

brachten, so auch *Das Mampampe-Buch* von Hermann Abeking aus dem Jahr 1921, in geschriebener Sütterlinschrift gedruckt, die meine Mutter zum Glück lesen konnte und für mich ins Niederländische übersetzte.

Afrika wurde immer interessanter für mich, nicht nur durch die flämische Ausgabe *Kuifje in Afrika* von Hergés *Tim im Kongo* aus dem Jahr 1946. Tim und Struppi waren im von Belgien besetzten Kongo unterwegs. Ich verschlang dieses afrikanische Comic-Abenteuer, auch wenn es später von Hergé selbst wegen teils rassistischer Stereotype kritisch gesehen wurde, und zitterte mit Kuifje (Tim), der fast, aber nur fast, sein Leben verloren hätte.

In unserer Verwandtschaft gab es auch Priester. Sie waren Missionare, die ausschwärmten, um die Seelen der ›Heiden‹ für die katholische Kirche zu gewinnen. Nicht nur in Indonesien, sondern auch in Afrika.

Einer von ihnen, ich glaube er hieß Pater Joseph, besuchte immer unsere Familie, wenn er für einen Kurzbesuch in seinem Orden der Patres im Klosterdorf Steijl, direkt am Fluss de Maas war. Er hatte immer ein sonnengebräuntes Gesicht und trug einen weißen, langen Habit mit unzähligen Knöpfchen vom Hals bis zu den Schuhspitzen. An einer Kordel um seine Taille hing ein Rosenkranz, der raschelte, wenn er sich beim Erzählen bewegte.

Pater Joseph roch anders, nach weiter Ferne, fand ich. Er sah aus wie, ja, auch nach weiter Ferne. Und er erzählte von der weiten Ferne: *Die* war in Afrika! Ich hing an seinen Lippen, und wenn er sonntags predigte, ging ich deshalb ausnahmsweise richtig gern in die Kirche.

Er sammelte Geld für die ›schwarzen Seelen‹, die ›weiß‹

werden sollten. Ich gab ihm mein ganzes angespartes Taschengeld. Irgendwann fragte ich ihn mal, wie er das machte, Seelen zu gewinnen.

»Dann musst du auch Missionar werden«, antwortete er lächelnd. Aber ich war ja nur ein kleines Mädchen, das vom weiten Afrika träumte.

»Es gibt auch Nonnen in Afrika.«

Nonne wollte ich auf gar keinem Fall werden.

Zu denen ging ich in die Schule, und die rochen nicht nach weiter Ferne, im Gegenteil. Die rochen muffig, fand ich, ganz anders als meine Mutter, Großmutter und die vielen Tanten und Großtanten, die sonntags nach der Messe zu uns kamen, um einen Likör (*Een borreltje voor het zondagse eten*) mit meinen Eltern zu trinken.

Pater Joseph tröstete mich: »Irgendwann schaffst du es, nach Afrika zu kommen. Ich bin mir sicher.«

Ihm nahm ich alles ab, auch seine Vorhersage.

In der Bibliothek meiner Eltern fand ich irgendwann einen großformatigen Bildband mit Fotografien von wunderschönen, dunkelhäutigen Menschen, die meistens fast gar nichts anhatten, dafür aber kunstvoll bemalt waren. Sie trugen ungewöhnliche Schmuckteile in Ohren, Lippen, um gestreckte, lange Hälse, sogar an den Unterbäuchen. Immer wieder sah ich mir diese besonderen Menschen an, konnte mich einfach nicht sattsehen.

Einige Jahre später wurde ich erneut fündig in der Bibliothek meiner Eltern. Es war die Reisebeschreibung *Kampvuren langs den evenaar (»Lagerfeuer am Äquator«)*. Da wusste ich definitiv, dass ich irgendwann unbedingt diesen geheimnisvollen, aufregenden Kontinent besuchen wollte. Von dem dicken Buch, von Dr. Paul Julien 1940 veröffentlicht verstand ich als Jugendliche zwar höchstens die Hälfte, doch das war mir egal.

Afrika wurde mein Reiseziel!

Aber es brauchte noch Jahrzehnte, bis es so weit war. Fast zehnmal war ich dann dort.

Mit Doro unterwegs in Afrika: Erste Reise nach Togo und Ghana (1993)

Michel aus Togo fuhr auf Schiffen unter deutscher Flagge und arbeitete im Schiffsbauch in den Maschinenräumen. Er wollte unbedingt einen deutschen Pass. Dafür musste er nachweisen, dass er zwanzig Jahre lang in Deutschland (sprich: unter deutscher Flagge) gearbeitet hatte. Aber nicht immer gab es auf hoher See Arbeit für ihn. Mit Hilfe seiner Kirche hatte er in Hamburg eine bescheidene Dachwohnung gemietet.

In den Zeiten zwischen den Fahrten suchte er nach Arbeit, um sich über Wasser zu halten, im wahrsten Sinne des Wortes. Denn wenn er sich arbeitslos meldete, wurde das von den zwanzig Jahren abgezogen. So fragte mich ein Kollege von der Hochschule für Angewandte Wissenschaften (HAW) Hamburg, der ihn auf einem Bananendampfer nach Südamerika kennengelernt hatte, ob wir Michel helfen könnten, mit Aufgaben im Garten oder im Haus.

Damals wohnten wir noch in dem Haus an der Elbchaussee, in den Zwanzigerjahren angeblich gebaut von einem Walfänger.

Michel gab sich unsägliche Mühe, die vielen Steintreppen von oben an der Elbchaussee bis zum Haus unten am Elbufer von glitschigen Blättern und Moos zu befreien.

Die Eigentümerin, unsere Vermieterin, bat ihn irgendwann ins Wohnzimmer und lud ihn zum Essen ein. Der Tisch war schon mit Damastdecke und Silberbesteck aus dem Familienbesitz gedeckt, es gab einen reichhaltigen Eintopf. Ich sollte auch dazukommen.

Michel war damals so überrascht über diese Gastfreundlichkeit und mit der vornehmen Hanseatin und mir an einem Tisch zu sitzen, dass er uns beide spontan nach Togo und Ghana einlud. Zu einem Essen mit seinen Verwandten.

Nach unzähligen Vorbereitungen von einem Jahr flog ich tatsächlich nach Togo und Ghana. Der Kollege der HAW (er war vorher schon mal bei Michel in Togo gewesen) und das Patenkind meines Mannes, das Afrikanologie studierte, begleiteten mich.

Es wurde eine Reise, die meine Ansichten über das Afrika aus allen Büchern, die ich vor der Reise inhaliert hatte, komplett auf den Kopf stellte.

Tatsächlich fühlte ich mich wie auf einer Expedition, denn es gab fast nirgendwo Telefon. Aber ein Faxgerät im Büro der KLM. In überfüllten öffentlichen Verkehrsmitteln waren wir unterwegs, in Taxen mit Türen, die man festhalten musste, damit sie nicht rausfielen ...

Zusammen mit Michel versuchten wir die Behörden zu überlisten, ihm die togolesische Staatsbürgerschaft abzuerkennen, damit er dann die deutsche beantragen konnte.

Stundenlang hockten wir in Büros, die bis zur Decke vollgestapelt waren mit Bergen von vergilbten Papieren, die im Rattern der Ventilatoren flatterten. Gastgeschenke wie Bügeleisen, Uhren, Oberhemden (aus Nylon ...) wurden von Michel als Bestechung über den Tisch geschoben, ganz normal in Afrika, auch bei offiziellen Behörden. Sogar Fahrräder, die er mühsam durch die Kirche in Hamburg organisiert und in einem Schiffscontainer nach Togo hatte bringen lassen, interessierten keinen der Beamten. Die Räder verrosteten am Hafen, bis irgendjemand sich mal ›erbarmen‹, das heißt sie sich aneignen würde.

Am Ende unserer Reise hatte Michel immer noch den togolesischen Pass. (Inzwischen ist aber stolzer Deutscher mit Wurzeln in Togo und Ghana und lebt in Hamburg.)

Auch wenn ich nur einen Bruchteil dieses faszinierenden Kontinents zusammen mit Afrikanern bereisen durfte, hat er mich nie mehr losgelassen, bis zum heutigen Tag.

Die späteren meiner insgesamt neun Reisen dorthin waren nicht mehr so abgedreht und umwerfend wie die erste, denn auch viele afrikanische Länder haben sich verändert.

Trotzdem ist noch vieles so geblieben, wie ich es im Jahr 1993 erlebte.

Erst Jahre später traute ich mich nach langen Überlegungen, Bücher über Afrika zu veröffentlichen, aus der Sicht von Kindern und Erwachsenen.

Ein großes Wagnis, das mir beim Schreiben Herzklopfen machte, denn eigentlich ist Afrika, aus der Sicht vieler Menschen dort, unbeschreiblich.

Als ich von meiner ersten Afrika-Reise wieder zurück in Hamburg war, ließ ich ein Kind von meinen Erlebnissen erzählen, und zwar alles, was atemberaubend, komisch, anrührend, eindrucksvoll, anregend, so ganz anders war als in Europa.

Mein erster Reiseroman *In Afrika war ich nie allein* (erschienen 1999) entstand. Es war der Beginn der »Doro«-Reihe.

In Afrika war ich nie allein. Romanauszug (1999)

Endlich bekommen wir etwas mehr von der Stadt zu sehen.

Wir fahren mit einem abenteuerlichen Taxi in ein Stadtviertel, das heißt Tokoin und gehört zu Lomé.

Ich sehe etwas mehr durch die Fenster als gestern Abend, denn heute sitzen wir nur zu fünft auf dem Rücksitz. Das Taxi klappert und knattert und ruckelt und zuckelt. Aber es fährt, und wie! Mein Vater hält eine Tür fest, weil die sonst rausfallen könnte. Gleich rasiert der Fahrer noch irgendwem die Füße ab oder er fährt ein Huhn oder eine Ziege um, die hier überall durch die Stadt rennen.

Ich komme mir vor wie in einer Geisterbahn.

»Michel, ist das immer so? Sag jetzt bloß nicht: Du wirst schon sehen!«

Michel sitzt vorne mit zwei Kindern auf dem Schoß. Er hat wegen des Fahrpreises verhandelt. Das tut man hier, ehe man einsteigt, habe ich gerade gelernt. Und Papa und ich sollen immer den Mund halten dabei, sonst ist der Preis am Schluss mindestens doppelt so hoch.

»Hier wird zügig gefahren«, antwortet Michel.

»In Hamburg würden sie ihm den Führerschein wegnehmen«, antworte ich. Eigentlich habe ich Schiss, muss ich zugeben. Eine gemütliche U-Bahn wäre mir lieber. Aber dann würde ich natürlich wenig mitkriegen von alledem, was hier auf der Straße los ist. Und das ist eine Menge!

Ich kann es kaum beschreiben. Wenn wir irgendwo halten, stürmen sofort Leute auf das Auto zu, weil sie sehen, dass Weiße darin sitzen. Sie wollen uns alles Mögliche verkaufen. Mir macht das ein bisschen Angst, weil sie alle auf uns einreden und uns

Sachen ins Auto reinhalten: Hosen, Taschen, T-Shirts, Schoko-
lade, Kassetten, Seife, Zahnbürsten, Schuhcreme, Zeitungen.
Dann sehe ich noch Behinderte auf selbstgebastelten Wägelchen
oder Krücken, die ihre geöffneten Hände ebenfalls hinhalten.
Und ich höre überall Musik, laute, dröhnende afrikanische
Musik aus Musikboxen, die an jeder Straßenecke stehen.

»Mir wird ganz schwindlig, Papa«, sage ich.

»Keine Angst, Doro. Die Menschen möchten etwas Geld
verdienen, das ist alles. Sie versuchen es halt nicht nur bei
unserem Taxi.«

Ruckartig fährt das Auto an. Ich fliege in den Sitz zurück,
klammere mich an Nadine fest, die auf meinem Schoß sitzt. Sie
lacht. Ob die Kinder auch mal traurig sind? Dann fahren wir
fast nur durch Nebenstraßen und Michel erklärt, dass wir das
nur machen, weil die Hauptstraße zu voll ist. Die Nebenstraßen
sind aus rotem Sand. Und überall sind massenweise Menschen
unterwegs, wie bei uns am Samstagvormittag auf dem Jung-
fernstieg in der Hamburger Innenstadt. Zu Fuß, auf Rädern,
mit Karren.

Ich sehe Frauen, die schrecklich bepackt sind: Ein Kind
vorne an der Brust, eins auf dem Rücken und große, gefüllte
Körbe auf dem Kopf. Ich schäme mich direkt, so bequem in
einem Taxi zu fahren, auch wenn wir hinten zu fünft sitzen.
Einerseits macht mich dieses bunte Treiben, wie Papa es nennt,
froh. Auf der anderen Seite stimmt es mich aber auch sehr
nachdenklich. Die Menschen hier sind bestimmt nicht nur zum
Spaß so schwer beladen unterwegs. Ich drücke mich zu Hause
schon davor, die Wochenendeinkäufe in den zweiten Stock
zu schleppen. Hier tragen Kinder in meinem Alter schon ihre
Geschwister auf dem Rücken.

Diese Eindrücke lasse ich Doro erzählen, elf Jahre alt.
In der nächsten Szene geht um die Hautfarbe Schwarz und Weiß,
die ich im Buch öfter thematisiere.
Doro, ihr Papa, Michel und Sammy haben ein paar Tage
an der Ghanaer Küste in Winneba Pause gemacht. Die
heruntergekommene Ferienanlage steht fast leer. Doro hat viel
einstecken müssen, unter ihrem Bett gab es sogar ein Rattennest ...
Als eine afrikanische Familie im Resort auftaucht, freundet sie
sich mit den Kindern an.
Dann ist es allerdings Zeit, Abschied zu nehmen, weil die Reise
weitergehen soll zur Ashanti-Kultur in Kumasi.

»Darf ich noch einmal schnell zum Strand?«, frage ich.

Ich darf. Ich laufe durch den warmen Sand und sehe die riesigen blauen Wellen mit den weißen Schaumkronen. Ich sitze im Sand, meine Haare fliegen im Wind.

Sofort sind wieder zwei Kinder da, ein Junge und ein Mädchen. Wie aus dem Boden gewachsen stehen sie vor mir. Wie soll ich ihnen erklären, dass Sammy, Michel, Papa und ich wegfahren? Es macht mich traurig, dass ich ihnen nicht auf Ewe sagen kann, wie schön die Tage mit ihnen hier waren. Dann beschließe ich, es einfach auf Deutsch zu sagen.

»Mein Papa, Michel, Sammy und ich fahren heute weg«, erkläre ich. »Eigentlich möchte ich nicht fort von hier, weil es mir mit euch so gut gefällt.«

Sie setzen sich dicht neben mich. Ich glaube, sie wissen, was ich meine. Diesmal stört es mich überhaupt nicht, dass sie mir so nah sind. Ich traue mich sogar zu fragen: »Darf ich mal euren Arm streicheln?«

So richtig habe ich nämlich noch nie eine schwarze Haut

angefasst. Nur ihre Haare. Mit meinem Zeigefinger streiche ich vorsichtig über den Arm des Mädchens. Die Haut fühlt sich an wie der Samtkragen von Omas Wintermantel, den ich immer streicheln darf, wenn ich bei ihr in Amsterdam bin.

Das Mädchen streicht auch über meinen Arm.

»Abo«, flüstert es und zeigt auf meinen Arm.

»Asi«, sagt es leise und nimmt meine Hand in ihre. Es ist wunderschön, und wir brauchen uns gar nichts mehr zu sagen. Ich habe noch nie so eine weiche Haut gefühlt wie ihre. Unsere weiße Haut mit all den Härchen fühlt sich bestimmt wie Sandpapier an. Ich weine und es ist mir völlig egal.

Ich stehe auf und renne davon.

»Hede nyuie, goodbye!«, rufen die Kinder.

Ich drehe mich um und winke. »Tschüs, ich komme wieder!«

Was ich dann auch tat, mehrfach. Die Reisen gingen nochmals nach Ghana. Aber auch nach Südafrika und Swasiland. In Kamerun war ich ebenfalls unterwegs. Mit Kindern der École Flamboyant *malten und schrieben wir über das europäische Kind Doro, über ihre Ängste, aber auch die eigenen Ängste waren Thema. Nach einer Woche stellten die Kinder ihre Ergebnisse unter sternenklarem Himmel im Innenhof des Goethe-Instituts in Yaoundé vor, begleitet von Trommelmusik.*

Doros Ängste vor all den fremden Eindrücken und Erlebnissen, die sie wiederholt auf die Probe stellen, diese Ängste hatte ich. Und deshalb entschied ich mich, aus der Sicht eines elfjährigen Kindes zu schreiben und zu erzählen.

Als wir in Accra aus dem Taxi steigen, wollen uns sofort mindestens zwanzig andere Taxifahrer für einen »guten Preis« nach Kumasi bringen.

»Mach ihnen bitte klar, Michel, dass das nicht in die Tüte kommt«, sagt mein Vater energisch.

Michel übersetzt etwa zehn Minuten lang. Mann, dauert das wieder lange! Sammy kauft Buskarten für uns, während wir auf den Holzbänken im Busbahnhof sitzen und warten, bis die Tafel anzeigt, dass es losgeht nach Kumasi.

Ein Mann redet und redet. Er hält wohl eine Dauerpredigt, denn ich höre immer wieder, wie er mit lauter Stimme »Gott« und »Jesus« sagt. Währenddessen dösen die Menschen geduldig vor sich hin.

Leider muss ich schon wieder. »Gibt es hier ein stilles Örtchen?«

Michel steht auf und nimmt mich an die Hand. Wie gehen eine lange Mauer entlang. Ich kann sogar den englischen Text lesen, der in großen Buchstaben auf die Wand gepinselt ist.

»Bitte hier nicht urinieren« steht da. »Die öffentliche Toilette ist fünfhundert Meter weiter.« Daneben ist ein ganz langer Pfeil gemalt. Wir gehen in die Richtung, in die der Pfeil zeigt.

»Da hinten«, sagt Michel und zeigt auf eine zweite Mauer, die etwa so hoch ist, wie ich groß bin. Ungläubig starre ich Michel an. Was soll denn das da sein? Ich sehe überhaupt keine Toilette!

»Wo denn?«, frage ich verzweifelte.

»Du gehst um die Mauer herum und dann siehst du es schon.«

Michel ist in manchen Dingen ganz schüchtern. Er läuft auch nicht nackt durch die Wohnung, so wie Papa und ich.

Er spricht nie über Liebe oder so.

Einmal habe ich ihn gefragt, ob die Kinder nicht alles hören, wenn die Eltern sich lieben. Auf dem Lande und manchmal auch in der Stadt gibt es doch kaum oder gar keine Türen in den Hütten und Häusern.

Michel hat verlegen weggesehen. Ich werde Sammy irgendwann fragen. Sammy ist viel jünger als Michel und erzählt es mir bestimmt.

Mit wackligen Knien gehe ich um die Mauer herum. Dahinter befindet sich eine Art Hof aus gestampfter roter Erde, aber eine Kloschüssel sehe ich nicht. Soll ich hier einfach irgendwo in die Ecke machen? Während ich noch dastehe und überlege, erscheint über dem Rand der Mauer der Kopf einer schwarzen Frau. Hilfe, sie kommt, gleich biegt sie um die Ecke …

Ich rühre mich nicht vom Fleck.

Dann steht sie in voller Größe vor mir.

Sie trägt ein Baby auf dem Rücken und sieht weich und rund aus in ihren vielen bunten Tüchern. Sie betrachtet mein verdattertes Gesicht, lacht schallend und lässt ihre weißen Zähne blitzen. Daraufhin nimmt sie mich an der Hand und sagt mit tiefer Stimme: »Come on, sister.«

Sie führt mich an die hintere Wand, rafft ihre Röcke hoch und hängt sich über eine gemauerte Rinne, durch die fließendes Wasser strömt. Diese Rinne hatte ich in meiner Aufregung völlig übersehen. Die Frau trifft mit ihrem Strahl genau hinein. Anschließend nimmt sie einen Reisigbesen, der in der Ecke steht, und fegt hinterher.

»Okay?«, fragt sie.

Ich nicke und knöpfe mir vorsichtig die Hose auf.

Hoffentlich geht sie, denke ich. Aber nein, sie bleibt.

Doro, da musst du durch, sage ich mir auf gut Hamburgisch. Ich stütze mich an der Wand ab, währenddessen hängt die Hose irgendwo auf meinen Stiefeln, dann endlich kann ich.

Und was macht meine Retterin? Sie klatscht vor Begeisterung in die Hände! Das Baby schläft dabei seelenruhig weiter. So einfach ist das!

»Jetzt weiß ich, wie das hier geht«, sage ich zu Michel, der auf mich gewartet hat.

»Na siehst du«, antwortet er.

Ich bin richtig stolz auf mich.

Das war ich tatsächlich nach dem ersten, riesengroßen Abenteuer am Äquator in Afrika!

Meine zweite Reise nach Ghana: Gloria und was eine Lesung auslösen kann (ab 2008)

Auf meiner zweiten Reise nach Afrika besuchte ich das *Kinder Paradise* in Prampram in Ghana, das von Silke Rösner gegründet und aufgebaut wurde.

Dort lernte ich Gloria kennen und schrieb ein Buch über sie, weil ihr Schicksal mich erschüttert hat. Und weil ich mir wünsche, dass Kinder, Jugendliche und Erwachsene in Deutschland lesen können, wie Kinder in Afrika jeden Tag zu überleben versuchen.

Die Geschichte beruht auf wahren Begebenheiten.

Gloria wurde von Silke Rösner in einem Krankenhaus in Accra gefunden: Verwahrlost, mit schweren Verbrennungen, abweisend und sprachlos vor Angst. Kinder wie Gloria gibt es zu Tausenden. *Gloria und ihr roter Löwe* wirbelte viel Staub auf. Verlage, bei denen ich bereits mehrere Titel im Programm hatte, trauten sich nicht, mein Manuskript zu veröffentlichen.

Die Illustratorin Birte Müller war mit mir in Ghana unterwegs und so erschüttert von Glorias Schicksal, dass sie mir abends Zettel unter der Tür des Hotelzimmers schob mit Texten wie: »Mariechen, das MUSST du aufschreiben! Ich mache die Bilder dazu, für umsonst. Unsere Kinder in Deutschland MÜSSEN Gloria kennenlernen!«

Sie gestaltete den Umschlag und auch die Vignetten im Buch, und wir schenkten Terre des Hommes das Manuskript und die Bilder.

Nicht immer werden Lesungen aus bestimmten Büchern positiv angenommen. Danach gibt es böse Briefe an die Lehrkräfte, die es wagten, mich einzuladen mit einem derartigen Buch.

Zu diesem Reiseroman zeige ich Fotos, als Dokumentation, vor Ort von mir aufgenommen.

In den Antworten auf Beschwerdebriefe von besorgten Eltern, deren Kinder über dreizehn Jahre alt sind und Gymnasien in Lübeck und in Hamburg-Othmarschen besuchen, lasse ich mich leider dazu verführen, ab und zu ein bisschen heftig und auch polemisch zu werden. Aber es dabei geht nicht um mich, sondern um die Kinder.

Gloria und ihr roter Löwe
Romanauszüge (2008)

Gloria wird auf dem Makolamarket in Accra geboren. Accra ist die Hauptstadt von Ghana, mitten in Afrika, fast am Äquator. In Accra leben Tausende Kinder auf der Straße. Nicht alle haben das Glück, irgendwann ein Dach über dem Kopf zu haben. Nicht nur in Accra, sondern auf der ganzen Welt sind Kinder einsam, können nicht zur Schule gehen und sterben früh an Hunger und schlimmen Krankheiten. Doch Gloria hat Glück und sie erzählt von sich und der Bonbonfrau Emilia, die sie als Baby zu sich genommen und erzogen hat und mit der sie auf dem Markt lebt.

»Gloria!« Emilia kommt angerannt und verliert vor Aufregung eine Menge Bonbons aus ihrem Bauchladen.

»Pass auf, die Bonbons!«, rufe ich und raffe blitzschnell zusammen, was auf den Boden gefallen ist, ehe streunende Kinder alles stibitzen.

»Gloria!«, ruft Emilia wieder. Sie ist völlig aus der Puste. Es muss etwas Wichtiges passiert sein, sonst würde sie sich nicht so anstrengen bei der Hitze heute. Der Schweiß steht ihr auf der Stirn, unter ihren Armen entdecke ich große Schweißflecken, die den hellblauen Stoff ihrer Bluse dunkelblau färben. Ihre Rastazöpfe beben vor Aufregung.

»Komm, setzen wir uns«, sagt sie und wir suchen uns einen Platz im Schatten, auf einem Haufen alter Autoreifen, die dort aufgestapelt liegen.

»Ich habe Nachrichten von deiner Mutter.«

Ich spüre einen scharfen Stich im Bauch. Eigentlich möchte ich gar nichts von meiner Mutter wissen. Emilia bedeutet mir alles. Sie ist meine Mama, meine Oma, meine Freundin, mein Zuhause. Ich kenne meine Mutter nicht und möchte sie auch nicht kennenlernen. Sie hat mich als Baby fallen lassen, auf die Bonbons von Emilias Bauchladen, und ist verschwunden. Einfach so. Ich weiß, dass Emilia seitdem nach ihr sucht. Nicht weil sie mich loswerden möchte, dafür hat sie mich zu lieb. Nein, sie möchte, dass ich weiß, wer meine leibliche Mutter ist, wie sie das immer nennt.

»Du willst sie doch sehen, oder? Vielleicht magst du sie ja, wer weiß?« Immer wenn sie das gesagt hatte, hat sie mich angeschaut und ich konnte die Angst in ihren schwarzen Augen sehen.

»Emilia, ich bleibe bei dir, ganz egal, wie ich meine leibliche Mutter finde«, sagte ich dann immer. »Sie kennt mich überhaupt nicht, sie weiß noch nicht mal, wie ich aussehe!«

Und jetzt wird es ernst, ich spüre es im Bauch. Es ist kein schönes Gefühl, es tut mir weh und das ist nicht gut. Ich will nichts hören und halte mir mit beiden Händen die Ohren zu.

»Gloria, ich muss es dir erzählen. Du hast ein Recht zu erfahren, wo deine Mutter ist. Seit damals sind mehr als acht Jahre vergangen. Vielleicht hat sie sich geändert?«

»Ich will es nicht wissen!«, schreie ich und fange an zu

weinen. Ich möchte bei Emilia bleiben, bis ich alt genug bin, um für mich selbst zu sorgen. Bis es so weit ist, möchte ich mich jede Nacht an ihren runden Bauch ankuscheln dürfen und mir Geschichten von ihr erzählen lassen. Geschichten von sich, von ihren Kindern, von der Spinne Ananse und anderen sprechenden Tieren aus Afrika. Sie schaukelt mich in den Schlaf und singt wunderschöne Lieder. Ich mag ihren Geruch und ich helfe ihr nachmittags und am Wochenende, Bonbons zu verkaufen. Außerdem hat Emilia mich mit sechs Jahren zur Schule gebracht, wo ich fünfmal die Woche hingehe.

Viele von uns Straßenkindern können keine Schule besuchen. Sie müssen arbeiten, um zu essen. Manche gehen auch deshalb nicht hin, weil sie die Straße spannender finden. Dort sagt ihnen selten jemand, was sie zu tun und zu lassen haben. Dort kann jeder machen, was er will: klauen, sich eine Schlafstelle für die Nacht suchen, sich prügeln und wieder vertragen, mit Freunden spielen. Nur bei manchen Sachen, die nicht ganz okay sind, darf man sich nicht erwischen lassen.

Emilia zieht mich auf ihren Schoß und streichelt mich. Ihre großen, molligen Hände streicheln meinen Rücken, mein verweintes Gesicht, meine Arme und Beine. Ob meine Mutter das auch tun würde?

Meine echte Mama ist Emilia, das kann meine andere Mutter nicht mehr werden.

Ich habe Angst, dass meine andere Mutter mich mitnimmt zu diesem Präsidenten, den Soldaten und dem Mann, den ich gar nicht kenne. Ich will aber hierbleiben, in Accra und bei Emilia. Und bei den Kindern in meiner Schule und überhaupt. Es geht mir doch gut hier! Ich habe jeden Tag etwas zu essen und muss dafür nicht stehlen, wie eine Menge andere Kinder auf der Straße. Ich habe eine Schuluniform und Schuhe und sogar ein Schreibheft, einen Stift und einen Schulbeutel. Ich kann schon ein bisschen schreiben und lesen. Emilia hat mir etwas versprochen: Wenn ich richtig lesen kann, zum Beispiel, was auf der ersten Seite der Zeitung *Daily Graphic* steht, dann schenkt sie mir aus dem Bücherladen am Marktplatz ein echtes, gebundenes Buch mit afrikanischen Märchen. Aus dem und auch aus der Zeitung soll ich ihr dann abends vorlesen.

Emilia kann nämlich nur lesen, was auf den Cedi-Geldscheinen steht: die Zahlen. Kopfrechnen kann Emilia richtig gut. Ich leider nicht. Deshalb hilft Emilia mir ab und zu beim Rechnen, und Mango Mama Grace hilft mir manchmal beim Schreiben. Wir sind wie eine Familie, und ich gehöre dazu. Fertig, aus.

»Damals, nach deiner Geburt, habe ich vor dem Krankenhaus ein Foto von Martha, dir und mir machen lassen.« Das verschlägt mir die Sprache. Es gibt ein Foto von meiner anderen Mutter?

»Du hast ein Foto mit mir und Martha und dir drauf?« Ich kann es nicht fassen.

»Ja, Gloria, das habe ich. Ich habe es für dich aufgehoben und wollte es dir zeigen, sobald ich mir sicher war, wo Martha ist und dass du sie kennenlernen kannst.«

Wieder kommen mir die Tränen. Das ist zu viel für einen Tag. Dabei hat er so schön angefangen …

In der Schule bekam ich heute früh zur Belohnung für meine Schönschrift einen kleinen Stempel mit einem roten Löwen in mein Heft. Der Löwe sieht stark aus, und ich habe mir vorgenommen, genauso stark zu werden wie er.

Den Löwenstempel wollte ich Emilia noch zeigen, aber jetzt fühle ich mich eher wie einer von den kleinen, schmutzigen Straßenhunden, nach denen immer mit Steinen geworfen wird, weil keiner sie haben will und weil sie stinken und überall herumschnüffeln und nach Essen suchen und sich ständig kratzen und beißen, weil die Flöhe sie pieken.

»Meine kleine Gloria«, sagt Emilia und drückt mich so fest, dass mir die Luft wegbleibt.

Emilia besteht darauf, dass Gloria ihre leibliche Mutter kennenlernt. Sie bereiten sich gemeinsam auf das Treffen vor.

Drei Tage später. Zusammen sind wir zu den öffentlichen Toiletten am Markt gegangen, meine liebste Mama Emilia und ich. Dort gibt es eine Dusche mit einer Tür davor, in der wir uns von oben bis unten ungestört abschrubben können. Jede Woche einmal stellen wir uns zusammen unter den lauwarmen Wasserstrahl. Unsere schmutzigen Kleider und die Unterwäsche legen wir neben uns auf den Boden. So wird alles gleichzeitig gewaschen. Wir haben ein duftendes Stück Seife dabei, in einer froschgrünen, durchsichtigen Plastikdose. »So riecht Jasmin!«, sagt Emilia jede Woche, wenn sie mich einseift. »Jasminblüten gibt es ganz viel in Indien!«

Emilia und ich haben Reservekleider, die wir so lange tragen, bis die anderen Sachen in der Sonne getrocknet sind.

Meistens habe ich meine Schuluniform an: eine beigegelbe Bluse und einen braunen Rock. Die trocknen schnell, weil da Kunststoff drin ist. Man braucht sie nicht zu bügeln, das ist praktisch, findet Emilia. Zum Bügeln der Baumwollsachen geht sie zu einer Freundin, die in einer Wäscherei arbeitet. In der Mittagspause darf sie dort bügeln, und es kostet fast gar nichts.

Meine Rastazöpfe, die so aussehen wie die von Emilia, glänzen vom vielen Wasser.

»Ich mache dir die unteren Enden mal auf, dann flechten wir neue, bunte Perlen ein.«

»Warum gibst du dir so viel Mühe für diese Martha?«

»Weil ich möchte, dass sie sieht, was für ein schönes Kind sie hat.«

»Für sie will ich aber nicht schön sein!«

»Für wen dann?«

»Für dich, nur für dich!«

Schon wieder kommen mir die Tränen. Wenn das so weitergeht, werde ich noch eine echte Heulsuse. Aber mein Bauch sagt mir, dass etwas auf mich zukommt. Seit ich weiß, dass ich heute meine andere Mutter sehen soll, habe ich Panik.

Um zwei Uhr wollen wir uns vor dem *Tourist Office* treffen, ganz in der Nähe vom *National Museum*.

In ein Handtuch gewickelt warte ich auf einem Hocker im Toilettenblock, bis Emilia zurückkommt. Ich zupfe an den neuen bunten Perlen und möchte sie am liebsten wieder aus meinen Rastazöpfen rausziehen. Aber das würde Emilia bestimmt nicht gefallen. Sie hat sich viel Mühe gegeben mit meiner Frisur.

Während ich warte, sehe ich mir immer wieder das Foto an: Ein schönes Mädchen mit ernstem Gesicht und dicken Locken hält ein winziges Baby auf dem Arm, daneben steht Emilia. Emilia lacht. Sie ist die Einzige, die ich wiedererkenne. Ich weiß nicht, wie ich als Baby ausgesehen habe. Emilia hat für Martha und mich die Untersuchungen im Krankenhaus bezahlt und sich sogar Papiere für mich geben lassen. Deshalb weiß ich, wann ich Geburtstag habe. Meine Papiere trägt Emilia immer bei sich, unter den vielen Tüchern in einem kleinen Beutel.

»Man weiß nie, Gloria«, sagt sie und streicht mir übers

Gesicht. »Man sollte auf alles vorbereitet sein, wenn man auf der Straße lebt.«

Manchmal glaube ich, Emilia lebt nur deshalb auf der Straße, weil sie für mich sorgt. Von dem Geld, das sie für mich ausgibt, könnte sie sich bestimmt ein Zimmer leisten …

Gloria wird von ihrer leiblichen Mutter Martha entführt. Sie soll als Drogenkurier arbeiten. Gloria wehrt sich, und das Unglück nimmt seinen Lauf. Sie wird entsetzlich misshandelt und dabei fast getötet. Ihr Leidensweg wird nur durch Zufall beendet durch den Gärtner Yaw Josh. Sie schaffen die gefährliche Flucht, fort von der Mutter. Nach einem langen Klinikaufenthalt wird Gloria in ein Kinderheim aufgenommen. Für sie fängt ein neues Leben an. Gloria fühlt sich wie im Paradies, im Kinderparadies.

Gloria steht ohne Schuhe im hellgelben Sand. Am weiten Meer. Der weiche Sand ist sauber und warm und fühlt sich gut an. Sie sieht auf ihre Füße herunter. Hellbraune Haut. Die Narben sieht man kaum noch. Auch ihre Hände sind gut verheilt. Sie kann sogar mit der linken Hand wieder ein wenig schreiben.

Von den Striemen am Körper sieht man fast gar nichts mehr. Die Schmerzen sind gegangen. Sie sind weit weg. Irgendwo. Vielleicht am anderen Ende der Welt.

Das wäre gut, und dort können sie irgendwo bleiben. Für immer. Das blaugrüne Wasser ist kristallklar und wirft mit schneeweißen Schaumkronen um sich.

Die Wellen wiegen sich gegenseitig. Auf und ab. Hin und her. Am Horizont sieht Gloria die glitzernde, untergehende Sonne. Rot wie eine Tomate und rund wie eine Apfelsine.

Gloria dreht sich um.

Dort ist der Garten, ein großer Garten. Und ein großes Haus. Gleich gibt es Abendessen, mit all den anderen Kindern, die da zusammen mit ihr wohnen. Mama Emilia ist auch da. Sie kocht für alle Kinder köstliches Essen. Tag für Tag.

Ihre Haare hat sich Gloria von Mama Sylvia abschneiden lassen, und die Kinder haben im Kreis um sie gestanden und dabei geklatscht, gesungen, getanzt, und Yaw Josh, der ihr das Leben rettete, hat getrommelt. Für ihre abgeschnittenen Haare.

»Jetzt ist deine Seele, die schon weggehen wollte, auch wieder da«, hat Yaw Josh gebrummelt und weiter getrommelt.

»Jetzt bin ich neu«, sagte Gloria mit der neuen Frisur. »Ich bin ein ganz neues Mädchen mit einem echten Zuhause.«

Heute Morgen bekam sie zwei dicke, rote Löwenstempel ins Heft, für ihre Schönschrift, die sie mit der linken Hand geschrieben hatte.

Auch der rote Löwe ist zurückgekommen und macht sie stark.

Für immer.

Exposee: Der realistische Reiseroman
Gloria und ihr roter Löwe

Die vierzehnjährige Martha lebt in Ghanas Hauptstadt Accra als Prostituierte auf der Straße. Nach einer brutalen Vergewaltigung durch einen Weißen wird sie schwanger, lässt das Kind aber nicht abtreiben, weil sie dafür kein Geld hat. Als das Baby geboren wird, nennt sie es Gloria, nach dem Lied *Gloria in excelsis Deo*, das sie bei den Nonnen in der Schule gelernt hat.

Als Mutter völlig überfordert, legt sie das Baby einfach auf den Bauchladen der Bonbonverkäuferin Emilia und flieht nach Lomé in Togo, um sich dort das Geld für ihre ›Vergiss-doch-alles-Pillen‹ zu verdienen.

Gloria findet in Emilia eine liebevolle Mutter. Beide leben zwar auf der Straße, aber das Kind darf zur Schule gehen und ist stolz darauf, vor allem auf die Schuluniform.

Doch dann – Gloria ist acht Jahre alt – taucht ihre leibliche Mutter wieder auf. Sie und ihr Zuhälter entführen das Kind nach Lomé, um es dort als Drogenkurier und Prostituierte ›abzurichten‹. Weil Gloria sich wehrt, prügelt Martha, vollgepumpt mit Drogen und Alkohol, das Kind in blinder Wut fast zu Tode.

Zwei Angestellte des Hauses können es trotz der Gefahr für ihr eigenes Leben retten und nach Accra in ein Krankenhaus bringen.

Sylvia, Mitarbeiterin des Heims *Kinder Paradise*, schafft es, Gloria aus ihrem Koma zurückzuholen. Nachdem Sylvia ein paar Tage nicht hat kommen können, sind die ersten Worte, die

Gloria wieder spricht: »I missed you!« Heute lebt sie in diesem Kinderheim in Sicherheit und darf wieder zur Schule gehen …
Die Geschichte beruht auf wahren Begebenheiten.
Zielgruppe: ab 14 Jahre

Der Autor und Afrika-Kenner Hermann Schulz zu diesem Manuskript: »Es zeugt von großartigem Einfühlungsvermögen, genauen Kenntnissen und ist von von A bis Z spannend und aufrüttelnd. Ich finde, dass alles, was Kinder dieser Welt betrifft, auch unseren Kindern zuzumuten ist.«

Brief aus dem Jahr 2009

Frau …
An den Elternbeirat des
Gymnasiums …
Lübeck

Betr.:
Meine Lesung am 8.5.2009,
mein Buch ›Gloria und ihr roter Löwe‹

Liebe Frau …, sehr geehrter Elternbeirat,
vor gut einem Jahr arbeitete ich auf Einladung des Goethe-Instituts Beirut im Libanon mit Kindern im Alter von 10 bis 12 Jahren in Baaklin, Chouf-Mountains, ungefähr 100 Kilometer von Beirut entfernt. Die 15 Schülerinnen aus 5 verschiedenen Religionen hatten alle eines gemeinsam: Sie waren kriegstraumatisiert.

Das Goethe-Institut in Beirut wusste um meine Spezialisierung für die Arbeit mit Kindern, die trauern, und lud mich deshalb zu einem Workshop von sechs Tagen ein, den ich gemeinsam mit einer libanesischen Kollegin durchführte.

Was hat das mit dem kleinen Buch *Gloria und ihr roter Löwe* gemeinsam?

In beiden Fällen geht es um Kinder im Alter Ihrer Kinder. Diese Kinder allerdings sehen mit eigenen Augen, hören mit eigenen Ohren und müssen am ganzen Körper spüren, was Erwachsene ihnen antun, ohne dass sie darum gefragt haben.

Auch diese Kinder möchten, wie unsere, ohne Angst leben dürfen, in die Schule gehen, ohne sich unterwegs verstecken oder fliehen zu müssen oder ohne darum zu bangen, dass sie morgen nicht mehr in die Schule dürfen, weil es kein Geld mehr gibt für die neue Schuluniform und sie deshalb gezwungen werden zu stehlen, weil sie **lernen und leben wollen.**

Aus meiner 30-jährigen Erfahrung in der Arbeit mit Kindern und Büchern, aus den Fragen, die Kinder mir schreiben oder direkt stellen, weiß ich eins: Kinder wollen viel mehr wissen, als Erwachsene wahrhaben möchten.

Sie möchten über vieles reden, was den meisten von uns Erwachsenen unbequem, unangenehm ist, weil wir antworten müssen, und deshalb glauben wir, dass vieles mit ruhigem Gewissen verschwiegen und unbeantwortet bleiben darf.

Was sehen und lesen unsere Kinder jeden Tag in gedruckten Medien, z. B. an Kiosken oder in Zeitungen?

Was vermitteln ihnen virtuelle Medien, auch zu Hause? Nur die Welt der Feen, Elfen, Häschen, Zwerge und wenn es hochkommt, taucht mal ein Kobold auf?

Und können sie brutale Krimis, Kriegsbilder im TV oder

auf Smartphones und Laptops anhalten und mit Ihnen darüber reden?

Machen Ihre Kinder die Augen zu, wenn schon wieder ganz unverhüllt Sex gemacht wird in einer TV-Soap, die am Nachmittag oder am frühen Abend läuft? Gibt es zu den Programmen eine Altersangabe, zum Beispiel *ab 13 Jahre*? Und schalten Sie den Fernseher dann ab?

»Bitte, hast du auch etwas Trauriges?«, fragen Kinder mich oft, wenn ich wissen möchte, was sie aus meinen Büchern hören wollen.

Erstaunt Sie das? Mich nicht, denn in zwei meiner (Sach-) Bücher bei Rowohlt und dtv habe ich genau dieses Phänomen aufgearbeitet, gemeinsam mit Kindern und Jugendlichen.

Nach der Projektpräsentation in einem Beiruter Theater kamen die Eltern und Großeltern der 15 Kinder und haben sich teilweise unter Tränen bedankt, dass ich mit den Kindern in ihre Gefühlswelt gegangen bin, in die sie sich bis dahin nicht hineintrauten.

Endlich sei all das, was aus Angst zugedeckt worden war, mal ausgesprochen, darüber gemalt und geschrieben. Und die Eltern wollten jetzt endlich mit den Kindern darüber reden. Sie trauten sich! Ausgegangen sind wir von Textausschnitten aus meinen Büchern, die ins Arabische, Französische und Englische übersetzt worden waren.

Kinder wie Gloria aus Ghana, die zunächst glaubten, sie seien glücklich, werden urplötzlich in eine Welt gerissen, die Gloria sich nie wünschte.

Aber Gloria wehrt sich, mit einer bewundernswerten Kraft, die Kinder plötzlich in sich haben. Gloria wächst daran und ist heute ein starkes, glückliches Kind, in einem Heim an der

Küste von Ghana, wo sie sich geborgen fühlt. Gloria ist für viele Kinder ein großes Vorbild geworden.

Kinder brauchen Identifikationsfiguren.

Aus verschiedenen Erzählperspektiven berichtete ich nach sorgfältigen Recherchen in Ghana, mit Unterstützung der Welthungerhilfe und Terre des Hommes, mit der Motivation meines früheren Verlagschefs Hermann Schulz des Peter Hammer Verlags in Wuppertal. Der Verlag wurde gerade für sein Engagement für Afrika geehrt.

Viele unserer Kinder leiden unter seelischer Verwahrlosung, unter medialer Überflutung, ich nenne es ruhig Medien-Vergewaltigung, unter Liebesentzug und dem Fehlen echter Zuwendung, unter vielem mehr, was mindestens genauso schlimm ist wie Glorias Schicksal.

Ein Schicksal, wie Gloria es erlebt, erleben unsere Kinder auch, nur nicht so vordergründig, sondern schleichend und mit großen, seelischen Folgeschäden.

In Deutschland gibt es immer mehr Bibliotheken, die die Kinderbücherei nicht mehr nach Altersangaben sortieren, sondern nach Inhalten. Altersangaben sind egal.

Kinder lesen (und wir sollten froh sein, wenn sie überhaupt noch lesen) das, was sie in die Finger bekommen, und legen es wieder weg, wenn sie es nicht mögen oder verstehen. Manche lesen mit zehn Jahren Kurt Tucholsky, andere mit 18 Jahren *Pippi Langstrumpf.*

Wenn Kinder mit uns darüber sprechen wollen, sollten wir das tun. Auf manche Fragen gibt es keine Antworten, auch das sollten wir ihnen ehrlich sagen.

Zum Schluss eine der beliebtesten Fragen von Schülern, immer wieder:

»Hast du ein Vorbild?«
Bis vor Kurzem sagte ich:
»Ja, der Dalai Lama XIV.«
Jetzt antworte ich: »Ja, Gloria und der Dalai Lama XIV.«

Gloria ist überall.

Mit freundlichen, verantwortungsbewussten Grüßen,
Ihre Marie-Thérèse Schins, Schriftstellerin

Brief aus dem Jahr 2012

Herrn ...
Gymnasium ...
Hamburg

Betr.: Lesung aus meinem Buch *Gloria und ihr roter Löwe*

Lieber Herr ...,
    mein Buch *Gloria und ihr roter Löwe* entstand nach einer
langen Reise durch Ghana und Togo. Ich war nicht das erste
Mal dort und habe Zentralafrika und noch andere Länder dort
intensiv und unter Begleitung von Afrikanern bereist. Teilweise
auch auf Einladung von International Schools und Goethe-
Instituten.
    Ich reise um die ganze Welt, mit Schwerpunkt Indien
und Afrika. Auf all diesen Reisen bin ich immer wieder im
engen Kontakt mit der Bevölkerung und vor allem in Schulen
unterwegs.

Und bin immer wieder erschüttert, unter welchen Umständen Kinder leben müssen.

In Accra (Ghana) habe ich mir das Projekt *Kinder Paradise* (teilweise von Brot für die Welt unterstützt) genauer angesehen, weil ich daraus lernen wollte, wie ich meine eigenen Kinderprojekte in Indien vielleicht verändern, verbessern kann. Das *Kinder Paradise* in Prampram ist vorbildlich, und Silke Rösner wurde dafür mit dem Bundesverdienstkreuz ausgezeichnet.

Als Mitglied von Amnesty International und empfohlene Autorin dieser Organisation setze ich mich schon seit mehr als 20 Jahren für die Rechte der Kinder ein, auch hier in Deutschland.

Auf meiner letzten Reise nach Ghana lernte ich Gloria kennen und war beglückt zu hören, wie dieses kleine, tapfere Mädchen sich im *Kinder Paradise* wohlfühlen darf, aufgenommen wurde und sich unglaublich gut entwickelte. Dieses Glück war nicht immer auf ihrer Seite, das ist in meinem Buch nachzulesen. Mir ging und geht es vor allem darum, Kindern hier bei uns Mut zu machen, sich zu wehren und Gloria als ein Vorbild anzunehmen. Denn sie ist ein wunderbares Vorbild.

Glorias Schicksal spielt zwar in Afrika, aber wenn wir unsere Tageszeitungen aufschlagen und Fernsehen einschalten, hören und lesen und sehen wir fast täglich von ähnlichen Kinderschicksalen hier in Deutschland.

Unseren Kindern werden solche Informationen oft verkürzt und ungefiltert immer wieder vor Augen geführt, in wenigen Sekunden. Und schon ist das nächste Thema da. Im Unterbewusstsein vielleicht gespeichert, aber nicht reflektiert, meistens.

Gloria bietet eine Reflexionsmöglichkeit, auf einer anderen Ebene, in einer anderen Kultur.

Mit Lehrkräften habe ich oft über das Buch vor- und nachher gesprochen, nach Lesungen oder Workshops. Sie gaben fast alle zu, dass es solche Schicksale auch in ihren Klassen gebe und sie hofften, dass die Kinder sich ihnen anvertrauen würden. ›Gloria‹ könnte dabei helfen.

Das ist ein Argument.

Das andere ist, dass wir unsere Kinder nicht nur mit rosaroten Büchern wie *Lillifee* auf die Realitäten im wirklichen Leben vorbereiten können.

Viele Eltern glauben ihre Kinder schützen und schonen zu müssen, sie unter einer Käseglocke aufwachsen zu lassen. Aber das ist nicht mehr möglich in der heutigen Zeit.

Es bedarf Mut, sich mit den Kindern und ihren Fragen, auch zu Gloria, auseinanderzusetzen.

Oft ist es die Angst von uns Erwachsenen, Kinder zu vertrösten und keine ehrliche Antwort auf ihre Fragen zu geben.

Altersangaben auf Büchern werden von Verlagen gemacht, weil die Buchhändler es so wollen.

Erwachsene (auch Eltern) sind oft ein Hindernis für den Erfolg solcher lebensnahen Bücher. Eben weil sie sich selbst dem Thema stellen müssen. Aber Kinder brauchen solche Bücher, egal wie alt sie sind. Sie legen ein Buch aus der Hand, wenn sie es nicht lesen wollen oder nicht daran interessiert sind. Wir sollten vielmehr auf unsere Kinder hören, um von ihnen und ihren Fragen und Wünschen zu lernen. Und uns Zeit nehmen dafür.

Es grüßt herzlich

Marie-Thérèse Schins

Dozentin Kinder- und Jugendliteratur Hochschule für Angewandte Wissenschaften (HAW) Hamburg, Rezensentin, Autorin und Journalistin DJV (Deutscher Journalisten Verband e. V.), Mitglied Amnesty International und Greenpeace, Literaturhaus e. V. Hamburg, Friedrich-Bödecker-Kreis Schleswig-Holstein

Dieses ganze Berufstheater muss ich leider manchmal dazu-schreiben, weil mir sonst von aufgebrachten, wohlmeinenden (Helikopter-)Eltern nicht genug Ernsthaftigkeit entgegengebracht wird. Das Kinder- und Jugendbuch hockt immer noch ›am Katzentisch der Literatur‹ oder sitzt, wie Kollegin Kirsten Boie bei der Verleihung der Ehrenbürgerschaft im Dezember 2019 sagte, ›in der putzigen Ecke‹.

Joe Sam-Essandoh aus Ghana, Ausnahmekünstler und Brückenbauer (2018)

Im Hamburger Museum am Rothenbaum – Kulturen und Künste der Welt war ich unterwegs, ehe die Afrika-Abteilung unter der neuen Leitung umgebaut werden sollte. Während ich durch die Ausstellung ging, kamen so viele Erinnerungen an meine Reisen in diesem gigantischen Kontinent nach oben, dass ich zwischendurch ins Café gehen musste, um mich bei einem Becher Kakao (kommt aus Ghana und der Elfenbeinküste) zu sammeln.

Ein neues Projekt war für 2018 in der Planung: *Schau mal über den Tellerrand: Afrika!* an der Auguste-Viktoria-Schule (Gymnasium der Stadt Itzehoe), eine Schule gegen Rassismus.

Im Rahmen der Aktion *Wörterwelten. Kultur macht stark* des Bundes-ministeriums für Forschung und Bildung.

Traditionelle Kultur mit Amuletten, Ganzkörpermasken, Tanz- und Erzählritualen wollte ich zu einem Teil des großen Projekts machen. Hier fand ich das, was ich brauchte.

In das Museum am Rothenbaum wollte ich unbedingt mit den Kindern gehen, um dort zwischen den bunten, fesselnden Exponaten mit ihnen zu lesen und zu schreiben.

Dennoch fehlte mir etwas ganz Wesentliches und Wichtiges: die Rolle der Kolonialherrschaft in Afrika. Wo und wie sollte ich bei der Suche anfangen?

Als regelmäßige Besucherin des Altonaer Museums fiel mir im Dezember 2017 in der Eingangshalle ein ausgefallenes Plakat auf:

AHOOBAA, den Ahninnen und Ahnen gewidmet. Raum-
installation von Joe Sam-Essandoh zur Kolonialgeschichte
Afrikas

Die Handelsgeschichte zwischen dem Dreieck Europa, Afrika und der Karibik war und ist nicht nur in meiner Heimat, den Niederlanden, sondern auch in Deutschland eine dunkle Seite im Geschichtsbuch, die ungern aufgeschlagen wird. Definitiv stellte ich das im Tropenmuseum in Amsterdam fest, als ich dort zu dieser Thematik recherchierte.

Hier, im Altonaer Museum, gab es eine ungewöhnliche Ausstellung zur kolonialen Vergangenheit, die mich brennend interessierte.

Auf der Route ab Altona …

... wurden Waren aus Europa gegen versklavte Menschen in Afrika gehandelt, die wiederum in der Karibik Zucker, Baumwolle und weitere ›Kolonialwaren‹ anbauen mussten. Der dänische Gesamtstaat reichte Ende des 18. Jahrhunderts von Nordeuropa und Grönland über Indien und China bis nach West-Afrika und in die Karibik. In diesem Kolonialreich war Altona – heute ein Bezirk in Hamburg – die zweitgrößte Stadt. (aus dem Text des Altonaer Museums zu Joe Sam-Essandohs Rauminstallation)

Schon war ich in der Ausstellung im Raum der Handelsschifffahrt im Erdgeschoss unterwegs. Zwischen den alten Schiffsmodellen in Vitrinen waren Masken (zum Anfassen, so nahe) ausgestellt, die mich teilweise erstarren ließen. An der Küste Ghanas war ich an zwei Orten gewesen, an denen Menschen wie Waren aussortiert und auch registriert wurden: mit Nummern statt Namen. Durch kleine Tore wurden sie zu den wartenden Sklavenschiffen geschleppt und dort in den Schiffsbäuchen ›aufgestapelt‹. Schmale, niedrige Tore zum Strand, durch die es kein Zurück mehr gab.

Hergestellt hatte der Künstler Joe Sam-Essandoh Masken aus Gegenständen und Materialien, die mit den ›Besuchen der Colonials‹ in diesem Kontinent zu tun hatten.

Masken aus Kakaobohnen, Bast, Jutesäcken und Holzkisten für den Transport von Kaffee, Masken aus Kokosnüssen, Kalebassen und anderem. Die Masken waren bewusst als Kontrast zwischen den Modellen der Handelsschiffe ausgestellt. Schiffe, mit denen Hamburger Reeder regelmäßig nach Afrika und anschließend in die Karibik mit ›Waren‹ unterwegs waren.

Dass die Ausstellung einigen Hamburger Familien und Handelsfirmen nicht unbedingt gefiel, war mir sofort klar.

Eine mutige, ergreifende Aktion und Intervention, die von der Kuratorin Hannimari Jokinen und Joe Sam-Essandoh aus Ghana gemeinsam vertreten wurde.

Leider wurde die Ausstellung am 31. Dezember 2017 abgebaut. Mein Projekt in Itzehoe fing im Januar 2018 an.

Plötzlich wusste ich, dass ich den Künstler aus Ghana, der in Hamburg lebt, kennenlernen wollte. Ich wollte ihn bitten, an dem Projekt gegen Rassismus und zur Erweiterung des Horizonts für andere Kulturen mitzuarbeiten.

Es dauerte einige Wochen, bis Joe und ich uns begegneten.

Als ich ihn im Café Schmidtchen im Altonaer Museum durch die Tür kommen sah, wurde mir klar, dass Joe eine Bereicherung für das neue Projekt sein würde. Die Ruhe, die er ausstrahlte, der unaufdringliche Stolz auf seine Herkunft, die reiche Kultur, sein Humor und die Lebensbejahung, all das übertrug sich nicht nur auf Kinder. Bei der ersten Besprechung lachten wir viel, weil ich in Ghana gelernt hatte, Witze über mich selbst, aber auch über Afrikaner machen zu dürfen. Zum Beispiel, dass meine Hände neben seinen Händen wie Quarkklöße aussahen.

Joe hat wie ich auch neun Geschwister (selber Vater, selbe Mutter), und schon war Gesprächsstoff ohne Ende da.

Als ich ihn bat, mit den Kindern aus unserem Projekt *Kultur macht stark!* Masken aus ›Kolonialmaterialien‹ (*colonial materials*) zu bauen, stimmte er, ohne zu zögern, sofort zu.

Die Masken-Werkstatt wurde ein Riesenerfolg.

Berge von Materialien schleppten wir in den Kinderolymp nach oben ins Museum: Eine wahre Materialorgie! Auch die Kinder brachten einiges mit, das für sie mit dem Handel zwischen Europa und Afrika zu tun hatte. Alle liebten Joe von der ersten Sekunde an. Er ließ ihnen uneingeschränkte Freiheit in Darstellung und Bau der Masken.

Später stellten wir die verblüffend gelungenen, eindrucksvollen Ergebnisse und Texte dazu bei der Abschlussveranstaltung in der Itzehoer Stadtbücherei aus. (Im Altonaer Museum wären sie auch eine Sensation gewesen!)

Es blieb nicht nur beim Maskenbau. Joe und ich wollten außerdem eine Siebdruckwerkstatt in den Werkräumen der Auguste-Viktoria-Schule in Itzehoe organisieren, und zwar zu Adinkra-Symbolen, die im Akan-Volk in Ghana immer noch eine große Bedeutung haben. Vorher erklärte ich mit Hilfe von Joe diese Symbole, die Kinder schrieben auch Texte dazu, und mir wurde klar, wie wenig ich trotz der Reisen nach Afrika über diese Kultur wusste.

Adinkra-Symbole drücken Lebensweisheiten aus und fassen Erfahrungen, Gefühle und Einsichten zusammen. Sie können auf Stoffe gestempelt werden, aus denen Kleider hergestellt werden.

Zum Bedrucken mit eigenen Texten und Symbolen gab es weiße T-Shirts und Stofftaschen.

Anregend war es zu erfahren, was die Farbsymbolik in der Adinkra-Kultur bedeutet.

Drei Beispiele:

Blau: Liebe, Zärtlichkeit, Morgendämmerung

Rot: Gewalt, Tod, Melancholie, Tod, Trauer, Krieg, Elend, Unglück (in China verheißt Rot großes Glück …)

Grün: Neuheit, Lebenskraft, Fruchtbarkeit

Beim Drucken war Blau war die Lieblingsfarbe der Kinder.

Joe wurde zu einem besonderem Freund für Gottfried und

mich. Er verkörpert für mich das lebendige Afrika mitten in Hamburg. Immer wieder treffen wir uns und tauschen uns aus, nicht nur über Afrika.

Gemeinsam planen wir für Menschen, die an dem afrikanischen Kontinent und der vielseitigen Kultur interessiert sind, um Brücken zu bauen: gemeinsame, kreative Brücken. Denn so lange, wie Joe, der seit mehr als zwanzig Jahren in Hamburg lebt, wegen seiner kunstvollen Rasta-Frisur nicht unbedingt positiv angesprochen wird und deshalb Wollmützen trägt, so lange möchten wir weiter Brücken bauen.

Akwaaba! Sei herzlich gegrüßt, Joe!

Seychellen: Zu Besuch bei einer Familie auf La Digue (2008)

Island-Hopping, das wollten wir unbedingt, als wir zu den Seychellen reisten.

Mit einem kleinen Fischerboot ließen wir uns bald von Praslin nach Bird Island übersetzen, wo die größten Landschildkröten der Welt leben und an Menschen gewohnt sind.

Als ich beim Schnorcheln während meiner ersten Reise nach Sri Lanka an der Südküste fast mit einer riesigen Meeresschildkröte unter Wasser zusammenstieß und mich wahnsinnig erschrak, mich aber anschließend wegen dieser unerwarteten Begegnung zu einem absolut glücklichen Menschen hochstufte, da hatte ich mein Herz endgültig an diese Urzeitgeschöpfe verloren.

In Kumasi in Ghana, wo ich im Jahr 1993 ein Kulturfestival von zwanzig verschiedenen Königsvölkern erlebte, kaufte ich eine Schildkröte aus Bronze, gegossen in der ursprünglichen,

künstlerischen Form der Ashanti-Kultur an der Elfenbeinküste, wie sie bereits vor etwa sechshundert Jahren praktiziert wurde. Die Schildkröte ist Symbol für eine tiefe Verbindung mit Mutter Natur, Symbol der Weisheit und Stärke. Diese Schildkröte aus Bronze, an einem geflochtenen dicken Stoffband hängend, begleitet mich seitdem.

Auf Bird Island, wo ich in einem Naturprojekt zum Erhalt der Riesenschildkröten so dicht an sie herangehen durfte, festigte sich neben meiner großen Liebe zu Elefanten die Liebe zu und der Respekt vor diesen bestaunenswerten Naturwundern aus der Dinosaurierzeit endgültig.

Als wir auf La Digue, eine der schönsten Inseln der Seychellen mit monumentalen Granitformationen, von einer Familie eingeladen wurden, um mit ihnen frische Kokosnüsse zu trinken und zu essen, die ganze Familie fröhlich und freundlich um uns herum, direkt am Meer und im Schatten der Kokospalmen, da wusste ich, dass aus der Begegnung mit der ältesten Schildkröte James Bond auf Bird Island und der Familie aus La Digue eine Geschichte entstehen würde.

Erst zehn Jahre später fügte ich alles zusammen und versuchte die Heiterkeit, das strahlende Licht, die hellen Blautöne des Meeres festzuhalten und vor allem die Sanftheit und Weisheit der Riesenschildkröten.

Kannst du mir eine Kokosnuss pflücken, Opa?
Erzählung (2018)

Marie baumelt in ihrer Hängematte und guckt nach oben. Dort hängen viele Kokosnüsse in der Palme, direkt über ihrem Kopf. Dicke, fette, leckere Kokosnüsse. Nebenan gluckert das türkisblaue Meer gegen das Korallenriff, und Marie denkt nach.

Eigentlich wollte Papa heute früh die reifen Kokosnüsse pflücken. Aber gerade, als die Sonne aufging, kam der Nachbar und bat Papa, mit seinem Boot eine kleine Gruppe Hotelgäste für eine Rundfahrt um die Insel zu übernehmen. Der Nachbar müsste dringend mit seinem Boot in die Stadt, weil er schlimme Zahnschmerzen hatte. Also hat Papa die Bootsfahrt übernommen.

Nicht nur Marie weiß, dass Kokosnüsse schneller sein können als Eidechsen und blitzschnell runterfallen: Rums, und ganz von allein. Zum Beispiel wenn es vom Meer her stark weht. Das wissen alle Menschen auf der Insel La Digue und auch auf den anderen Inseln der Seychellen. Die Seychellen-Inseln liegen neben Afrika, im Osten. Dort scheint am Tag immer die Sonne und wird es nie kalt, auch nicht nachts. Das Meer ist türkisblau und warm wie in einer Badewanne. Überall wachsen Palmen, aber auch viele andere Bäume und Sträucher mit süßen Früchten und Blumen.

Heute weht es aber gar nicht, nur ab und zu ein klitzekleines bisschen. Vielleicht kann Opa wenigstens eine einzige Kokosnuss pflücken? Für Marie, nur für sie? Heimlich? Denn die Kokosnüsse werden gezählt und fast alle an die Hotels auf der Insel verkauft. Damit verdienen Mama und Papa ein wenig Geld extra. Papa ist Fischer. Auch die meisten Fische werden an die Hotels verkauft.

Mama arbeitet morgens in der Grundschule, im Büro vom Schulleiter.

Marie ist fünf Jahre und geht noch nicht zur Schule.
Sie versucht ihren Großvater aus der Hängematte zu locken.

»Opa, kannst du mir eine Kokosnuss pflücken? Eine ganz dicke, bitte?«

Mit weit ausgebreiteten Armen steht sie vor Opas Hängematte, die zwischen zwei Bäumen hin und her pendelt.

Opa ist schon ziemlich alt und döst viel. Auch am Tag.

»Du, Opa, wenn eine Kokosnuss auf mich drauffällt, dann werde ich so flach wie der Blaukopf-Kaiserfisch.«

Marie hat sich den Namen von dem knallbunten Fisch genau gemerkt, als sie vor einer Woche mit Papa getaucht ist, mit der Schnorchelbrille. Eigentlich schwimmt der Fisch sonst weiter draußen. Papa hat sofort auf den blau-gelben Fisch mit den orangefarbenen Flossen und Augen gezeigt. Als sie wieder über Wasser waren, um Luft zu holen, hat er Marie gesagt, wie der Fisch heißt. Papa kennt alle Namen von allen bunten Fischen, die im Meer vor der Insel unterwegs sind, auswendig.

Aber jetzt, gerade jetzt, hat Marie riesig großen Appetit auf die frische Milch und das weiche, weiße Fleisch der Kokosnuss. Manchmal klettert Opa noch auf eine Palme, aber wirklich nur manchmal. Dann säbelt er mit der Machete die Kokosnüsse runter. Danach köpft er mit dem großen Messer eine Kokosnuss. Mit einem Schlag öffnet er sie. Dann darf Marie sofort die köstliche Milch trinken und mit der abgeschlagenen Kappe das Fleisch auslöffeln.

»Dein Papa soll auf den Baum klettern, *sa zonmi y vye*, ich bin zu alt«, grummelt Opa in seiner Seselwa-Sprache.

»Papa ist immer noch nicht da! Er ist doch mit dem Boot unterwegs. Und wenn eine Kokosnuss runterfällt, auf mich, was dann?«

»Es weht kaum, die Nüsse bleiben noch hängen, mindestens so lange, bis dein Papa wieder da ist.«

»Ach Opa, du doch kannst mindestens genauso gut klettern wie Papa, wetten?«

»Na gut, ehe aus dir ein Blaukopf-Kaiserfisch wird, hole ich eine Nuss vom Baum. Aber dann ist Schluss mit lustig, abgemacht?« Marie nickt begeistert und hilft ihrem Großvater, aus der Hängematte zu klettern.

Opa stöhnt ein bisschen.

»Opa, tut Altwerden weh?«

»Manchmal schon«, antwortet Opa und steigt nach oben in die Palme. Und stöhnt wieder ein bisschen.

Hoffentlich fällt Opa nicht runter, bloß weil Marie gerade so wild auf eine Kokosnuss ist.

Jetzt hat Marie doch ein bisschen Angst.

Als Opa wieder unten ist, nimmt Marie ihn in den Arm. Zum Glück ist nichts Schlimmes passiert.

»Das erzählen wir niemandem, in Ordnung? Aber das war

das letzte Mal, dass ich für dich eine Kokosnuss geklaut habe, Marie«, flüstert Opa und grinst. Marie grinst zurück.

Da kommt Papa. Blitzschnell versteckt Marie die Kokosnuss unter einem Busch.

»Marie, komm mal. Ich wollte mit den Hotelgästen noch auf das Bird Island, zu den großen Schildkröten, magst du mitkommen?«

»Aber Opa soll auch mit, bitte, Papa!«

»Warum soll ich mitkommen?«

Opa sieht Marie fragend an.

»Weil du mal mit James Bond reden sollst. Die Schildkröte ist schon mindestens hundert und viele Jahre. Frag doch mal, wie das geht.«

»Wie was geht?«

»Du sollst ganz alt werden, so ähnlich wie die Schildkröte James Bond. Die weiß Bescheid, wetten?«

Auf Bird Island kommt Joe angelaufen. Er wohnt dort, um auf die uralten Landschildkröten aufzupassen, und kennt Papa und Marie.

»Mein Opa möchte mal mit James Bond sprechen«, sagt Marie mit ernstem Gesicht. »Wo ist der gerade?«

»Du weißt doch, wie er aussieht, Marie, suche ihn. Ich habe leider keine Zeit.«

Joe dreht sich um zu Papa. »Und du«, sagt er zu Papa, »pass bitte auf deine Gäste auf, dass die keinen Unfug mit den großen Schildkröten machen. Sie sollen sich da nicht draufsetzen und ihnen keine Kekse geben. Nur Bananen und die grünen Blätter, die ich da vorne hingelegt habe.«

Marie nimmt Opa an die Hand und zieht ihn in ein kleines Wäldchen, in dem Farne wachsen.

»Hier versteckt sich James Bond manchmal«, flüstert sie. »Ich glaube, der mag Touristen nicht, weil die ihn immer anfassen wollen und so. Da ist er, Opa, komm, jetzt kannst du ihn fragen.«

Marie streichelt die älteste Schildkröte über den runden Rücken. Sie ist größer als Marie, fast so groß wie der Küchentisch zu Hause. Marie weiß auch, dass James Bond mehr als 300 Kilo wiegt und ab und zu ein bisschen ins Meer geht, um sich abzukühlen. James Bond darf mit all den anderen großen Landschildkröten überall auf der Insel frei spazieren gehen. Opa sagt nichts.

»Opa, nun frag doch James Bond mal, wie der das gemacht hat, so alt zu werden.«

»Warum?« Opa geht zu James Bond.

»Weil ich möchte, dass du auch mindestens so alt wirst wie James Bond.«

»Meinst du, der versteht mich?«

»Klar, wetten? Ich geh an den Strand, okay?«

»Marie, ich möchte nicht immer wetten. Und auch keine Blätter essen oder jeden Tag Bananen.«

Marie geht zum Strand und findet bunte Steinchen und Muscheln, aus denen sie zu Hause Männchen basteln möchte. Oder kleine Schildkröten. Zusammen mit Opa. Die verkauft sie an Touristen und gibt Opa das Geld, der es in ein Sparschwein steckt.

»Für später«, sagt Opa immer, wenn die Münzen klingelnd ins Schweinchen fallen.

Hinter ihr knirscht der Sand. Opa ist gekommen.

»James Bond hat mir erklärt, wie es geht.«

»Wie denn?« Marie ist gespannt.

»Ich brauche keine grünen Blätter zu essen und darf alles tun, was mir Spaß macht. Manchmal hat er auch Schmerzen, so wie ich.«

Marie ist glücklich, weil Opa lächelt und nie lügt.

»Du bekommst nachher die Hälfte von der geklauten Kokosnuss, Opa.«

Er setzt sich zu Marie in den weichen, warmen Sand, und sie legen sich auf den Rücken, schließen die Augen und hören dem murmelnden Meer zu.

Am Abend klettert Marie in die Hängematte, weil sie draußen schlafen möchte. Opa hat ihr versprochen, später zu ihr zu kommen.

»*En fiy erez*, glückliches Mädchen«, sagt Opa und streichelt die schlafende Marie in ihrer Hängematte.

Indien

Incredible India, My Love – Reiseaugenblicke

Sofort nach meiner Ankunft in Indien sauge ich wie ein trockner Schwamm jedes Mal gierig die Farborgien der anmutig wehenden Saris auf, verschlinge mit den Augen schneeweiße Jasminblüten in dicken, von Kokosöl glänzenden, kunstvoll geflochtenen Haarzöpfen der wunderschönen Mädchen und Frauen. Ich gehe unter in einer phonstarken, überschäumenden Kakophonie aus unbekannten Geräuschen. Mir wird schwindlig von undefinierbaren Gerüchen, während ich mich über hinreißende Kinder im Getümmel auf den quirligen, brüllenden Straßen freue. Und darf staunen über Inseln der großen Ruhe, die sich wie eine Fata Morgana nach einem orkanartigen Wüstensturm auftun.

Mit einem Mitarbeiter des Goethe-Instituts, wo ich eine mehrtägige Schreibwerkstatt in deutscher Sprache zur Vorbereitung auf einen dreiwöchigen Schüleraustausch leitete, tauchte ich nach getaner Arbeit ein in ein Mumbai, das mich vor Glück atemlos und sprachlos machte, ja fast taumeln ließ. Im Licht der untergehenden, rosa Sonne wuschen sich Großväter, Väter und Söhne andächtig im Teich eines mittelalterlichen Tempels mit stets fließendem Wasser vor der Kulisse spiegelnder Glasfassaden luxuriöser Büro- und Wohntürme. Anschließend gaben sie sich mit ihrer Familie in der perlmuttfarbenen Dämmerung barfuß den Abendritualen,

den *Pujas,* hin, inbrünstig betend auf der Suche nach der Nähe zum Göttlichen.

Dabei tritt die eigene Persönlichkeit in den Hintergrund und wird von göttlicher Kraft erfüllt. In einer rhythmischen Klangkaskade von Taviltrommeln und hellen, klaren Tönen der langen *Nagaswaran*-Blechhörner warten Gläubige gespannt, wie jeden Abend überall in Indien, auf die kurze Öffnung der goldenen Tür des Allerheiligsten, in dem sich eine Gottheit befindet. Vom ihm erhoffen sie sich betend Unterstützung und Hilfe. Manchmal möchten sie nur danken.

Frauen und Kinder mit Jasminblüten geschmückt und in schönster Kleidung mit goldenen und bestickten Borten standen in Mumbai Schlange, um die Flammen einer Öllampe mit den Händen und danach ihre Stirn zu berühren. Hinterher wurden sie mit geheiligtem Wasser besprenkelt für ihre innere Reinigung. Unzählige Lichter zuckten an den Wänden vor eindrucksvollen Steinreliefs. Auf grünen Blättern lagen die Opfergaben bereit: rosa Lotosblüten, orange-gelbe Blumengirlanden, Kokosnussteile, Räucherstäbchen, kleine Butterkugeln und sorgfältig geglättete Geldscheine. Priester in weißen und orangefarbenen Hüfttüchern nahmen sie entgegen und legten alles dem glückverheißenden Gott zu Füßen.

Vom Priester erhalten die gläubigen Hindus schließlich aus einer sandfarbenen oder roten Paste stets das kreisrunde dritte Auge, *Bindi,* auf der Stirn hingetupft als Zentrum des Alls. Es gilt als sechste *Chakra* und Sitz des geheimen Wissens.

Die Manifestation der überschwänglichen Götterverehrung spitzt sich zu in zahllosen ohrenbetäubenden, pulsierenden Tempelfesten. Rundum die Uhr wird mit knatternden Gewehrschüssen und Feuerwerk, liebevoll geschmückten und segnenden

Elefanten auf Blütenteppichen gesungen, getanzt, musiziert und gejubelt. In langen Prozessionen werden Lieblingsgötter wie *Ganesha* mit dem Elefantenkopf gelobpreist. Die liebevollen, selbstgebauten Statuen aus Pappmaschee, werden begleitet von dröhnender Filmmusik aus vorsintflutlichen, überdimensionalen Lautsprechern und überschwänglich bis zur totalen Erschöpfung in langen Prozessionen durch Dörfer und Städte getragen oder gefahren. In Mumbai und Trivandrum während des *Onams*, Erntedankfest im September, wird Ganesha, der heiß geliebte Gott mit dem Elefantenkopf, am Abend dem Meer würdevoll übergeben.

In Mumbai, kurz vor Einbruch der nimmermüden Großstadtnacht, saßen Familien in malerischen Gassen der Altstadt vor der Tür ihrer winzigen, bunt angestrichenen Einzimmerhäuser, aus denen es nach köstlichen Gerichten und Gewürzen duftete, und grüßten freundlich. Plötzlich hörte ich weibliche Stimmen und Gesänge, die fast wie christliche Choräle klangen. Wie magisch angezogen fand ich schließlich eine weit geöffnete Tür und blickte in einen Raum, durch dessen geöffnetes Fenster die letzten Sonnenstrahlen den Tempel im rötlichen Licht leuchten ließen. Alte Frauen mit traditionellem Goldschmuck, gehüllt in weiche, farbenfrohe Tücher, saßen im Lotossitz auf dem Boden. Sie hielten sich an den Händen und wiegten sich im Rhythmus ihrer gesungenen Balladen. Eine schmale, hohe Öllampe aus Messing warf mit flackerndem Licht leichte, fast durchsichtige, tänzelnde Schatten. Etwas Heiliges fand statt, zu dem ich keinen Zugang hatte. Aber ich durfte innehalten, an Augenblicken teilnehmen, archaisch schöne Bilder in der davongehenden Dämmerung für immer in mir verwahren.

Nur wenige Schritte weiter fiel mir das *Pongal*-Fest der Frauen in Kerala schlagartig ein. Wieder blieb ich stehen, schloss die Augen und ließ die fast unwirklichen Bilder zur Feier der Geburt des Neumonds in Januar und der Verehrung des Sonnengottes *Soorya* kommen. Ich sah, wie Frauen, *Kolams* (*Mandalas*) aus bunten Reispulvern geschickt und kunstvoll mit der rechten Hand vor den Haustüren streuten. Danach suchten sie sich mit anderen Frauen und ihren Töchtern, die stolz als Prinzessinnen mit Goldkrone und im Sonntagsstaat herausgeputzt waren, einen Platz in der Nähe des Tempels, notfalls am Straßenrand. Auf der Sekunde genau zur Geburt des Neumonds wurde gleichzeitig andächtig mit dem rituellen Kochen angefangen. Das Festgericht, *Pongal,* wurde von jeder der Frauen auf der Erde über kleinen, selbstgebauten Feuerstellen zubereitet aus frisch geerntetem Reis, dem *Dhal* aus Linsen, Rohrzucker, *Ghi*-Butterschmalz, und dem eidottergelbem Turmericgewürz. Mit einem pompösen Festakt wurde das *Pongal* als Büße und zur Vergebung von Sünden im Tempel geopfert und nur teilweise selber gegessen.

Die Rauchschwaden der Holzfeuer lösten sich auf, und ich war wieder in Mumbai, irgendwo mitten in der übervölkerten Millionenstadt und Metropole, dem aufstrebenden, glitzernden, internationalen Handelszentrum, wo die Schere zwischen Arm und Reich, wie fast überall in Indien, immer weiter auseinanderklafft.

Wer sucht, wird das alte Mumbai mit seinen verwunschenen, fast surreal anmutenden Plätzen und Ereignissen nur noch mühsam finden. Aber auch das abgrundtiefe, unheimliche ›India-Obscura‹ von Aravind Adiga, dem gottbegnadeten Autor des Buches *Der weiße Tiger*, ist überall.

Auf einer meiner vielen Reisen ließ ich mich zum Entsetzen

meines Fahrers im historischen Teil von Delhi irgendwann um Mitternacht an einem ausrangierten, heruntergekommenen Bahnhof absetzen. Genau dieses Indien reizte mich, ich wollte es unbedingt riechen, sehen, hören und spüren, mit jeder Faser. Ein gefährliches Unterfangen.

Ganz allein betrat ich die Bühne einer Hölle, einer düsteren Apokalypse fern jeglicher meiner Vorstellungen. Eine bestialisch stinkende Aufführung, in der sich Männer hinter vorgehaltenen, fransigen Wischlappen Schamhaare abrasieren ließen, Kindern im Vorschulalter von Zuhältern Rauschgift per Spritze verpasst bekamen, schmuddelige Mädchen und Frauen am nackten Boden auf Kundschaft warteten. Daneben dreirädrige Holzkarren, auf denen in großen Töpfen mit siedendem Öl knuspriges Gebäck, Fladenbrote oder Gemüse frittiert wurden. Alte und kranke Menschen, in schäbige Lumpen gehüllt, streckten mir bettelnd ihre Hände entgegen. Pakete und Jutesäcke wurden in eine löchrig überdachte Halle geworfen, in der Obdachlose und zusammengerollte Straßenkinder ihren Rausch ausschliefen. Brennender Müll und dazwischen wildernde, räudige Straßenhunde in dunkelbraunen, modrigen Pfützen tapsend. Metaphern und Bilder, die mich in Träumen nachhaltig besuchten.

Diese Welt wollte ich nicht nur aus dem Roman oder dem Film *Slumdog Millionär* verinnerlichen. Niemand belästigte mich.

Auch das ist Indien: die Kehrseite der goldenen Medaille von Bollywood-Scheinwelt und Superreichen.

Harijans, die Unberührbaren, von Ghandi ›Kinder Gottes‹ genannt, sind nach den vier Kasten ganz unten eingestuft. Die Kasten wurden zwar auf Papier abgeschafft, aber die

›Kinder Gottes‹ erledigen immer noch dreckigste Arbeiten wie Latrinenreinigung.

Die *Harijans*, Straßen- und Slumbewohner, geben sich dem Schicksal hin, weil ihr *Karma*, auferlegt aus einer vorherigen Existenz, es so bestimmt hat und es im nächsten Leben vielleicht besser wird.

Varanasi, die heilige Stadt Shivas, Gott der Zerstörung und der Erneuerung, hoch im Norden am heiligen Ganges gelegen mit mehr als tausend Shiva-Schreinen und unzähligen *Yogis*, mit den mittelalterlichen *Ghats* – Hunderte Steinstufen zum Flussufer –, diese Stadt veränderte mein Leben.

Vergessene Werte rückten in den Vordergrund, und ich versuchte beim Anblick der tief verwurzelten Rituale, die ich auch vom unserem Ruderboot aus eine Woche lang am Ganges beobachtete, mich in Demut zu üben, zusammen mit meinem tiefgläubigen, jungen Reiseführer.

Noch im morgendlichen Dunkeln sah ich Pilgern bei ihren Körperwaschungen im Fluss zu, später das Gesicht der aufgehenden Sonne zugewandt.

Seit Jahrhunderten gibt es in Varanasi Sterbehospize.

Am Ufer, unter sternenklarem Himmel, wohnte ich ergreifenden Verbrennungen der Verstorbenen bei, die nur dort Tag und Nacht eingeäschert werden. Nach der rituellen Leichenverbrennung wird die zurückgebliebene Asche von *Harijans* der heiligen Strömung und ihrer Göttin *Ganga* übergeben. Überall spürte ich den unerschütterlichen Glauben auf ein besseres *Karma* nach der nächsten Wiedergeburt.

An majestätischen Ganges lernte ich wieder zu beten, auch in Moscheen und buddhistischen Tempeln fielen mir Gebete ein, aus der Kindheit.

Arrangierte Ehen sind in ganz Indien und in allen Schichten üblich. Was für ein Glück hatte ich, in Srinagar, Kaschmirs Hauptstadt, zusammen mit fünf weiteren Europäer*innen Gast auf einer fünftägigen Liebeshochzeit zu sein. Die Vorbereitungen im orientalisch anmutenden Hochzeitszimmer durch die Brautmädchen für die Braut mit ihren kostbaren, bestickten Gewändern, funkelnden Juwelen und mit Henna bemalten Händen und Füßen waren ebenso atemberaubend wie die tagelangen, üppigen Festmahlzeiten, die von professionellen Köchen im Hof der alten Häuser der Braut und des Bräutigams am Lake Dal auf Holzfeuern zelebriert wurden.

Jeden Morgen weckten und überraschten uns Händler mit ihren kleinen Holzbooten in unserem riesigen alten Wohnboot mit kunstvollen Schnitzereien aus Rosenholz in jedem Zimmer. Sie fuhren bis an den Treppensteg und boten frische Gartenblumen in handbemalten Tonkrügen an, Kräuter und landestypische, duftende Gebäcksorten für das Frühstück im plüschigen Salon, ehe die Hochzeitsfeier weiter ihren Lauf nahm.

Grenzenloses, märchenhaftes, idyllisches Indien?

Indien ist für mich nach wie vor die absolute Konfrontation mit mir selbst, eine nicht zu Ende gehende Ekstase. Der Subkontinent und seine Bewohner mit ihrem beharrlichen Glauben und Überlebenswillen berühren meine Seele zutiefst.

Je mehr ich über Indien weiß, umso weniger verstehe ich es.

Indien, Mythos, vielleicht verstehe ich dich irgendwann einmal. Im nächsten Leben.

Varanasi – City of Learning and Burning

Meinen ersten und meinen zweiten Besuch in Varanasi verarbeitete ich im sechsten und letzten Doro-Buch (2016).

Inzwischen ist Doro achtzehn Jahre alt und ganz allein in Indien unterwegs. Sie verliebt sich in Sergej, der sie mitnimmt nach Varanasi am Ganges, zum Ort, an dem rund um die Uhr Tote verbrannt werden.

Doros Mutter verstarb bei ihrer Geburt. Sie ist auf dem Friedhof *Zorgvliet* in Amsterdam beerdigt. Dort und auch im Anne-Frank-Haus hatte Doro das Gefühl, in der Nähe der verstorbenen Mutter sein zu dürfen. Immer wieder versucht sie Kontakt mit der Mutter aufzunehmen.

Doro glaubt hier, am heiligen Ganges, diese kostbaren Augenblicke wieder aufnehmen zu können.

Back to India – with love. Ein Road-Movie. Romanauszug (2016)

Wir wohnen im vierten Stock. Wieder haben wir zwei Zimmer nebeneinander. In diesem heiligen Ort wollen Sergej und ich mit verschiedenen Nachnamen in unseren Pässen nicht wegen eines gemeinsamen Zimmers provozieren. Es wird sich alles ergeben.

In der Dusche steht unter dem Wasserhahn ein Plastikeimer, in dem eine kleine Gießkanne liegt, das Klo hat keine Brille. Es ist, wie es ist. Auf dem Bett liegt eine geblümte, braune Kunststoffdecke, die Fenster sind aus Milchglas, auch die Balkontür. Ich reiße sie auf und falle vor Schreck rückwärts auf das Bett. Draußen hängt am Gitter ein Affe. Rajesh, der uns hochgebracht hat, sagt: »Keine Angst, die können nicht ins Zimmer kommen, wir haben alle Balkons vergittert, auch die Fenster.« Na Klasse, wenigstens das. Ich rapple mich hoch, der Affe verschwindet. Ich wage mich auf den Minibalkon, und dort unten ist der Ganges, *Mother Ganga* ... Der Blick ist überwältigend. Der Fluss glänzt silbrig in der milchigen Sonne, die sich durch die grauweiße Wolkendecke kämpft. Unter dem Balkon, nach rechts und links, sehe ich flache Dächer in zarten Pastellfarben und in unterschiedlicher Höhe. Kinder spielen, Mütter hängen Wäsche auf, Männer liegen schlafend auf dem Boden, und Jungen lassen selbstgebastelte Drachen aus Plastiktüten und Papier steigen, wobei sie versuchen, die Drachen gegenseitig abstürzen zu lassen. In der Ferne, weiter nach links, steigen Rauchsäulen nach oben.

»Dort sind die die Verbrennungsplätze«, sagt Rajesh, der neben Sergej und mir steht. »Varanasi is the City of Learning and Burning«, erklärt er. »This place is also known as Mahasmashana, the holiest cremation ground in all India.« Mir wird schwindlig, ich möchte mich hinsetzen. Und tu es auch. Die beiden Männer sprechen Hindi miteinander, ich packe meine Wasserflasche aus und trinke in gierigen Schlucken. Das wird heftig und hart sein, der Aufenthalt hier. Aber ich wollte es ja so. Und jetzt ist es so weit.

»Oben auf der Dachterrasse ist die Aussicht viel besser«, erklärt Rajesh. »Dort gibt es *Chai* und einen frischen, leichten Wind.«

Er fragt, ob wir weiter noch seine Hilfe brauchen, nein, brauchen wir nicht, und er verabschiedet sich.

»Sergej«, sage ich leise, »das wird nicht einfach.«

»Es gibt nicht nur die Verbrennungsplätze, Doro, die Stadt
quillt über vor Kultur, alten Tempeln, Pilgern. Überall sind
heilige Priester unterwegs, die allem Weltlichen abgeschworen
haben, die *Sadhus*. Ja, und dann zahllose Schreine und Tempel,
und vor allem die Abendrituale, direkt am Ganges mit alter,
indischer Musik und riesigen Kandelabern und Fackeln,
getragen von Tempelpriestern.« Er nimmt mein Gesicht in
seine Hände, »du wirst dich verzaubern lassen, ich bin mir
ganz sicher. Hab keine Angst, du bist eine starke, junge Frau.
Varanasi wird dir alles geben, was du brauchst.« Er küsst mich
und nimmt mich an die Hand. »Ich lade dich zum *Chai* ein,
oben auf der Terrasse. Dort siehst du dich in Ruhe nach allen
Seiten um und entscheidest dich, was du als Erstes aus der Nähe
sehen möchtest.«

Als wir oben auf der Terrasse der Pension stehen, beruhige

370

ich mich, denn die Aussicht ist grandios. Ich sinke ein in Bilder, die an alte Aquarelle erinnern. Der verwaschene Himmel und die Szenerien auf den rosafarbenen, hellblauen, gelben, sandfarbenen und weißen, flachen Dächern sind wie kleine Theaterstücke, zu denen ich Texte schreiben darf. Verzaubert halte ich inne. Diesen Teil von Varanasi kann ich jeden Tag sehen und genießen, denn das Schauspiel ist von einmaliger Intensität und Schönheit.

Sergej hält sich zurück, er lässt mich mit meinen Gedanken zur Ruhe kommen. Ich weiß, dass er abwartet, was mein Wunsch sein kann für die restlichen Stunden von diesem ersten Tag in Varanasi.

Der Wind bäumt sich immer mehr auf, die Wolken werden dicker und bauschen sich zu dunklen Türmen über der Stadt und dem Ganges zusammen. Ich stelle die leere *Chai*-Tasse auf dem kleinen Tisch ab, neben dem Sergej sitzt und geduldig wartet.

»Jetzt möchte ich zu den Verbrennungsplätzen, dann weiß ich vielleicht, wie es weitergehen kann.«

Er steht auf, umarmt mich und flüstert in mein rechtes Ohr: »Zusammen schaffen wir das.«

Es gibt eine Abkürzung zu dem *Manikarnika Ghat*, wo sich die Hauptverbrennungsstätte befindet. Das dünne Regencape aus Plastik raschelt im Wind, schützt mich aber vor dem feinen warmen Regen. Ich halte Sergej an der Hand, und mir ist egal, dass ich das in Indien in der Öffentlichkeit eigentlich nicht tun soll. Wir schliddern auf rutschigen Pfaden und Trampelwegen bis zu einer Stelle, von der aus wir das erste Mal die Trauerzeremonien am Fluss *Holy Mother Ganga* sehen. Wir halten an und schweigen. Worte sind unangebracht und überflüssig. Dicht am Ufer schwimmen im Wasser Blumenblüten in den Farben Orange, Weiß, Rot und Gelb, von der Strömung zu kunstvollen Teppichen gewebt. Auf Bambus-Bahren werden die Toten im Fluss kurz eingetaucht und neben Feuerplätze gestellt, wo der Scheiterhaufen aus Holz mit einem Bündel aus Gräsern angezündet wird. Die Blumenketten werden zu den bunten Blütenteppichen ins Wasser gegeben, und die funkelnden, schillernden Tücher auf den Körpern spiegeln die züngelnden Flammen wider. Von einem verbrannten Körper wird die Asche aus der abgekühlten Glut gesammelt und zum Ganges gebracht, dort ins Wasser gestreut. Auf den Treppenstufen vom *Ghat* sitzen und stehen männliche Familienmitglieder und Freunde, um Abschied zu nehmen. Sie schweigen. Nur die Stimmen der schuftenden *Untouchables,* der Unberührbaren aus der untersten Kaste, sind zu hören. Ihre Bewegungen sehen leicht und fließend, wie eingeübt aus, sind aber bestimmt alles andere als das. Holzblöcke werden immer wieder nachgeholt und gewogen für neue Feuerstellen. Die Flammen dürfen auch bei diesem feuchten Wetter nicht ausgehen. Es ist die Aufgabe der *Doms,* der Unberührbaren, dass das ewige Feuer brennt, mit dem durch Grasbündel für jeden Verstorbenen unablässig angezündet werden. Nur in Varanasi ist es erlaubt, rund um die Uhr die Toten zu verbrennen, woanders in Indien nur vom Sonnenaufgang bis zum Sonnenuntergang.

Der zunehmende Wind bläst nach links, der Geruch vom Verbrannten bleibt uns erspart. Trotzdem brennen meine Augen, fangen an zu tränen, und ich zittere am ganzen Körper. Kühe gehen gelassen und ungestört auf den Treppenstufen auf und ab, auch bis dicht an die Zeremonienplätze. Niemand schickt sie weg, sie ziehen von allein weiter. Hier bin ich die einzige

Frau, denn die trauernden Frauen und Mädchen bleiben zu Hause, ich werde aber geduldet und nicht angesprochen oder angesehen. Priester rasieren in unserer Nähe die Kopfhaare von Jungen und Männern ab, die in weißen Tüchern vor ihnen im Lotossitz auf dem nassen Boden hocken. Ich sehe keine weinenden Menschen, höre keine Klagelieder, nur der Wind singt, und die Flammen unter den toten Körpern knattern und knacken. Was ich hier sehe und höre, erinnert mich an ein Bild vom Maler Hieronymus Bosch, der vor mehr als fünfhundert Jahren den Übergang vom Hier ins Jenseits malte. Ich befinde mich in diesem unwirklichen Bild und erlebe mit eigenen Augen den Übergang, während der Körper zerfällt und die Seele sich einen Weg sucht. Asche wird durch Windböen nach oben und wieder nach unten gewirbelt und streift das Wasser vom Ganges. Ich falte wie von allein die Hände und warte, warte auf ein Zeichen. Warte auf die Stimme meiner Mutter.

Irgendwann spüre ich eine Hand auf meiner Schulter. »Doro?«

Es dauert, bis ich mich gelöst habe von dem, was ich fühlte und sah. Ich nicke, und wir gehen langsam zurück zu einer Gasse. Ein Mann spricht uns an, zeigt auf ein Gebäude und sagt: »*Hospice for the terminally. You want to see this?*« Ich wehre ab und möchte nicht reden. Mit niemandem. Und auch kein Sterbehospiz besichtigen, von dem ich weiß, dass Sterbenden zum Schluss ein Kräuterblatt unter die Zunge gelegt wird, mit dem sie angeblich leichter in den Tod gleiten können.

Wieder Hand in Hand gehend, werden wir in Ruhe gelassen und finden einen Weg zurück zum Flussufer, vorbei an Läden, die alles für einen würdigen Abschied anbieten.

Reinheit in Indien – eine Ansicht (2014)

Reinheit und Indien. Woran denkt man dabei?

Diese Frage habe ich Schülern mehrfach gestellt. Die Antwort war oft: »Gibt es das überhaupt in Indien?«

Auch ich hatte vor meiner ersten Reise nach Indien so wenig Ahnung. Nun, nach mehr als zwanzig Jahren Reisen durch diesen Kontinent, ist der Fluss Ganges für mich ins Zentrum der spirituellen und körperlichen Reinheit Indiens gerückt.

Anfänglich war es mein erster alter und weiser Yoga-Lehrer, der mich geduldig die ersten Schritte zu den *Asanas* im *Hatha*-Yoga lehrte. Nichts begriff ich von all diesen anstrengenden Körperhaltungen aus dem zehnten Jahrhundert, die das Ziel haben, durch Atemkontrolle (*Pranajamas*) zur inneren Reinigung zu führen.

Zwei weitere Lehrer führten mich auf den Weg der spirituellen Reinigung durch Meditation. In der Grundstruktur des Dreiecks *Jantra* (Instrument), das als Hilfe für die Meditation genommen wird, steht der optische Mittelpunkt *Bindu* (Punkt) für die Quelle der Schöpfung. Intensive, körperliche Behandlungen der uralten indischen Medizin *Ayurveda* öffneten mir eine neue Tür zur Reinheit in Indien.

Während ich diese Sätze schreibe, tauchen andere Reisebilder auf. Bilder aus dem alltäglichen Leben der Menschen in Indien, die für sich und in ihrer Welt eine eigene Reinheit ausüben.

Ein alter Mann geht Schritt für Schritt gelassen neben seiner mageren Kuh zu einem kleinen See. Er führt sie langsam in das sich kräuselnde Wasser, auf dem weiße Seerosen dümpeln. Im Licht der untergehenden Sonne öffnet er sein Lendentuch, taucht es ins schimmernde, rosafarbene Wasser ein. Das feuchte

Tuch legt er auf den Widerrist der Kuh. Mit behutsamen Bewegungen fängt er an, das Tier und später sich selbst zu waschen.

Mit einem einheimischen Boot bin ich am frühen Morgen auf den Kanälen im Norden von Kerala unterwegs. Der altersschwache Motor stottert und protestiert hin und wieder leise. Im Palmenwald treten die Dorfbewohner aus ihren Hütten und Häusern in die noch klare, frische Morgenluft. Vorsichtig gehen sie vom Ufer aus ins ruhige Wasser. In Tüchern gewickelt baden sie andächtig und scheinen ganz versunken in ihren Ritualen. Ein bunter Vogel fliegt mit flatternden Bewegungen hoch.

Am Ende des Flussbetts möchte ich auf der schmalen Landzunge zwischen dem dröhnenden Meer und dem ruhigen Lagunenwasser aussteigen. Mehr als zehn Jahre ist es her, dass ich morgens an dieser Stelle wie verzaubert auf dem warmen, hellgelben Sand stand. Die schwerfällig anmutenden Boote aus uraltem Tropenholz sind bereits an Land gezogen. Vögel ziehen kreischend ihre Runden über den Fischern, die sich hingelegt haben. Sie teilen sich *Toddy*-Schnaps und schreien mir mit rauen Stimmen Worte zu, die ich nicht verstehe. Ungläubig starre ich auf sie und auf die Müllberge, die sich überall ausgebreitet haben wie beängstigende Krebsgeschwüre. Es riecht nach Menschenkot, Fäulnis und Verwesung. Nur wenige Minuten brauche ich für dieses Bild einer enthüllenden Zeitenwende, einer zerstörenden Apokalypse meines Bildes von der Reinheit Indiens.

In der kniehoch überschwemmten Stadt taste ich mir watend den Weg zu einer Hochzeitsfeier und hoffe, nicht in irgendeines der vielen Schlaglöcher zu treten. Von oben macht der erfrischende Monsun gerade eine kurze Pause. Von unten quillt er aus unzähligen Quellen blubbernd nach oben. Trotzdem möchte ich die Einladung zur Hindu-Hochzeit nicht verpassen. Der Festsaal liegt auf einem kleinen Hügel. Die Gäste klettern fröhlich schnatternd zum geschmückten Eingang. Von einer Frau neben mir erfahre ich, dass es Einschränkungen bei den Einladungen gibt. Alle, die ihre Menstruation haben, schwanger sind, Fleisch gegessen oder Alkohol getrunken haben, sollen nicht an der Hochzeit teilnehmen, weil sie rituell als unrein gelten. Das gilt auch für Ehepaare, deren Kind jünger als vier Wochen ist, und für Trauernde auf Zeit.

Die Braut lässt am Tag vor der Hochzeit rituelle Reinigungen über sich ergehen. Kurz vor der Trauung sieht sie noch einmal in einen Spiegel. Sie ist sich bewusst, dass sie in der kommenden Nacht ihre Reinheit und ihre Familie verliert und Eigentum der Familie des Bräutigams wird. Den ersten Hochzeitssari, den sie am diesem Tag trägt, hat die Farbe Weiß, die Farbe der Reinheit. Während der Zeremonie legt sie ihre Hand in die des Bräutigams. Die Hände werden mit einem weißen Shawl bedeckt. Danach kleidet die Braut sich in einem roten Sari. Rot, die Farbe der Fruchtbarkeit.

Ein Baby liegt im Schoß der Mutter, während ein alter Mann mit einer Rasiermesser ruhig und konzentriert die pechschwarzen Haare des Kindes entfernt. Unter dem blühenden *Bodhi*-Baum der Erleuchtung, unter dem Buddha einst meditierte, steht und hockt die Familie ergriffen und stolz im Kreis um den Mann und das Kind.

Gemeinsam tragen sie das gereinigte Kind in den großen, buddhistischen Tempel von Sarnath. Dorthin, wo Buddha seine erste Predigt, *Die erste Drehung des Rades der Lehre*, hielt.

Buddhas Worte waren die Erkenntnis der Ursachen des Leidens, die Grundlage und die Essenz seiner Lehren: Ablehnung von Askese, Kasten und Klassenunterschieden. Den Priester und die Familie darf ich in den Tempel begleiten.

Varanasi (auch Banaras genannt) ist die hinduistische Nachbarstadt von Sarnath. Es ist die Stadt von *Shiva*, Gott der Reinigung und Zerstörung am heiligen Fluss Ganges und Buddhisten ebenfalls heilig.

Vor sieben Jahren streifte ich mit Yajantha, einem jungen Journalisten, vor Sonnenaufgang durch die engen, noch stillen Gassen der mittelalterlichen, spirituellen Hauptstadt Indiens: Varanasi. Wir waren unterwegs zum Gangesufer, um dort mit gläubigen, badenden Pilgern die aufgehende Sonne zu begrüßen. Zum ersten Mal würde ich die Verbrennung von Verstorbenen am Ufer des Ganges erleben. Flammen und

Rauchschwaden des ewigen Feuers in Varanasi trug ich sieben Jahre lang in mir herum.

Nun bin ich nach einigen Tagen in Delhi wieder am Ganges. Fort von Glitzerboulevards und Prachtpromenaden Delhis, wo in Nebenstraßen und Slums Menschen und Familien zwischen Müllbergen ihr Zuhause haben, wo die tiefe Kluft zwischen Arm und Reich rasant und unaufhaltsam größer wird.

Nach sieben Jahren stehe ich neben Yajantha hoch über der Shiva-Stadt auf der Terrasse meines Guest-House mit atemberaubendem Blick auf die bunte Dächerlandschaft und den glitzernden Fluss Ganges. Yajantha ist Brahmane und inzwischen verheiratet mit einer Frau aus einer niedrigeren Kaste. Er hält nichts von der Einteilung nach ritueller Reinheit und Aufgabenbereich.

Durch Yajantha begreife ich, dass die indische Kultur der Reinheit so weitgreifend, so umfassend, so unbegreiflich für mich bleiben wird, dass ich auf der Dachterrasse am heiligen Fluss entscheide, mich von ihm durch diese Stadt des ewigen Lichts (*Kashi*) führen zu lassen. *Sadhus*, heilige Männer, die wie mittelalterliche Gaukler aussehen, überall Bettler, spielende Kinder, die am Rande der Verbrennungsorte für obere und untere Kasten spielen und ihre Drachen steigen lassen, Sterbende, mitten auf der Straße. Kühe, deren Hörner mit gesegneten Blumengirlanden aus dem *Linga-Shiva*-Tempel geschmückt sind, trommelnde Priester im gleißenden Licht der Kerzen und Fackeln bei reinigenden Abendritualen am Flussufer: Himmel und Hölle sind überall und gleichzeitig da. Diese Symbolik und Tragweite sind allgegenwärtig in diesem rätselhaften, geheimnisvollen Ort der Verneigung vor der Göttin *Ganga*. Dort spielt am frühen Morgen zwischen zerfallenen Palästen und bröckelnden Fassaden das Kastenwesen im Wasser keine Rolle mehr. An den fünf wichtigsten *Ghats*, den Badeplätzen, wird der Kern des klassischen Reinigungszyklus zelebriert. Gleichzeitig jedoch baden ›Unberührbare‹ einige Schritte weiter Verstorbene noch einmal im Gangeswasser, ehe sie dem erlösenden Feuer übergeben werden. Wenn die Toten sich im Radius von fünf Meilen des *Panchakroshni*-Tempels befinden, gibt es für die Seele die Chance, ins *Nirwada* zu kommen.

In Indien lernte ich zu akzeptieren, dass Religion und Wissenschaft dort zwei Wege auf der großen Suche nach der Erleuchtung sind. Dass die Zeit weder einen Anfang noch ein Ende hat und es somit nicht nur einen einzigen Schöpfer gibt. Und dass ein anderes Verständnis als unser westeuropäisches für das Göttliche und die Reinheit praktiziert wird.

Als Beraterin beim Aufbau von Schulen (seit 1997)

Auf meinen zahlreichen Reisen nach Indien und durch die intensiven Kontakte dort entstand die Idee, sich mit örtlichen Partnern wie Round Table India um Projekte für Kinder zu kümmern, die Hilfe bei ihrer Schulausbildung brauchen, aber diese vor allem aus finanziellen Gründen nicht erhalten.

Die Finanzierung der Projekte wird von einer Hamburger Reederei getragen, die anonym bleiben möchte und deren Vertrauen ich bei der Verwaltung und Durchführung habe. Ich lasse mich von den indischen Partnern in sämtliche Projekte einführen und bin öfter vor Ort, um gemeinsam alles zu überlegen und zu planen. Fünfzehn Schulen konnten auf diese Weise gebaut werden.

Berichte, Reportagen und Zahlen liegen vor von all dem, was wir gemeinsam planen und in die Tat umsetzen, zum Beispiel der Aufbau von drei Schulbibliotheken, einer Audiothek in der Blindenschule, einem Therapiezentrum mit Geräten, Computerräumen an drei Schulen inklusive Software, Stromleitungen etc. Ein Film von Matthias Wittkuhn zu den Indien-Projekten liegt auf DVD vor.

Der folgende Bericht von 2006 schildert die mich besonders bewegende Einweihung der Schule im Bundesstaat Kerala an der Malabarküste im Südwesten Indiens.

Lernen unter Palmen: Freedom through Education. Ein Bericht (2006)

Bis zu den Knöcheln stehen wir barfuß im roten Schlamm auf dem Schulhof. Wir, das sind die Mitglieder des Trivandrum Round Table 66, deren Ehefrauen (Trivandrum Ladies Circle 22) und ich. Die Round-Table-Gruppen arbeiten weltweit für eine bessere Kindheit für unterprivilegierte Kinder.

Seit Tagen wütet der Monsun und setzt alles unter Wasser. Übermorgen soll die Eröffnung der neu gestalteten staatlichen Grundschule in Kalloor, nördlich von Trivandrum in Kerala, stattfinden. Aber zu meinem Entsetzen sehe ich außer *red mud* nur eine gigantische Baustelle. Die Mauer um das Schulgelände ist noch nicht fertig, vom Eingang nicht zu sprechen. Noch immer versuchen vor allem Lastwagen, durch die Löcher in der Mauer den Schulhof als Abkürzung zu benutzen. In der neuen Bibliothek steht noch kein einziges Regal. Und wo sind die Bücher??? Das morsche, verschimmelte, alte

Schulgebäude ist restauriert, das schon. Ein neues Gebäude mit vier Klassenräumen und klatschnassen Fußböden wartet auf die Schüler. Leider hatten die Arbeiter den Regen außer Acht gelassen und vergessen, die Fenster zu schließen.

»Wo sind die Möbel, die Tafeln und die Pulte?«, frage ich vorsichtig.

»Die haben wir nicht bestellt. Durften wir das?«

Ich übe mich in indischer Höflichkeit und Gelassenheit. Ein Spielplatz mit Wippe, Schaukel, Karussell und Rutsche und auch ein Schulgarten sind zum Glück fast fertig. Arbeiter streichen in Windeseile alles in bunten Farben an. Auch der Schulgarten ist bepflanzt. Ein Trost.

Im Nachbarort Veiloor, nördlich von Trivandrum, eröffneten wir vor einem Jahr in einem Gymnasium mit tausendzweihundert

Schülern eine gut ausgestattete Bibliothek und ein großes Labor, ebenfalls in einem neuen Gebäude. Diese Bücherei ist jetzt der Grundstock, das Vorbild für weitere Bibliotheken. Die Möbel aus Holz werden für alle neuen Büchereien in der Tischlerei des Jungenwaisenhauses/Gymnasiums *Boys Home* in Trivandrum angefertigt. Die Schule verfügt über verschiedene Werkstätten, so auch über eine Tischlerei. In diesem Waisenhaus *Boys Home* konnten wir die Bücherei erweitern und neue Strom- und Wasserleitungen legen. Außerdem wurde ein Klassenraum von einem Informatiker des High-Techno-Parks Trivandrum mit neu aufgerüsteten Computern zum Lern- und Internetcafé umgestaltet.

Dort in Veiloor, wo tausendzweihundert Schüler am Rande einer *Claymine* das Gymnasium besuchen. Direkt neben dem Schulgelände werden Ton und Lehm in großen Mengen für industrielle Zwecke abgetragen. Die Luft ist staubig und ungesund. Zum Glück liegen riesige Kautschukplantagen in der Nachbarschaft, die neben den Monate andauernden heftigen Monsunregen für Sauerstoffausgleich sorgen. In diesem Gymnasium in Veiloor kämpfte ich bei der Planung mit den Architekten für den Erhalt der einzigen Schatten spendenden Bäume auf dem knochentrocknen Schulhof. In dem Augenblick wurde mir klar, dass ich gemeinsam mit den Indern ein besseres Gesamtkonzept für jede Schule, für jedes Projekt entwerfen sollte. Projekte, die wir üblicherweise für einige Jahre ›adoptieren‹ und dann in die Selbstständigkeit entlassen.

Bislang hatten wir vor Ort zwar das Allernotwendigste in unseren Projekten durchgeführt, aber es war doch oft ›Flickwerk‹ an zu vielen verschiedenen Orten gleichzeitig. Seit dieser Grundsatzdiskussion in Veiloor um den Erhalt der Bäume planten wir gezielter, wie wir mit dem Geld, das seit Jahren von einem Hamburger Freund gespendet wird, effektiver arbeiten konnten. Die Mitglieder der Round Table und Ladies Circle sind Fachleute wie Architekten, Ärzte, Psychologen, Logistiker, Informatiker, Diplom-Ingenieure, Betriebswirte und Anwälte. Sie stellen in ihrer Freizeit ihr ganzes Know-how zur Verfügung, und sowohl Planung als auch Umsetzung sind inzwischen erfolgreich. Ihr Motto *Freedom through education* trägt in ganz Indien Früchte.

Wie stolz sind die Lehrer immer, wenn sie mir erzählen, dass es für ihre Kinder an der Schule eine Bücherei gibt. Ob ich sie sehen möchte? Meistens weiß ich schon, was mir gezeigt wird: ein alter, verriegelter Panzerschrank (wegen der hohen Luftfeuchtigkeit) in irgendeiner dunklen Ecke in der Schule, der nur hin und wieder geöffnet wird. Manchmal steht er im Lehrerzimmer oder in einem Verschlag, in dem auch die Motorräder der Lehrer geparkt sind.

Die Leseheftchen sind kreuz und quer, ohne System aufgestapelt, oft veraltet und kaputtgelesen.

Ein Bücherei mit Lesetischen, einer Ausleihtheke, mit Bildern an den Wänden und Regalen, auf denen die Bücher sichtbar und nebeneinander geordnet sind: Das ist eine Utopie, ein Wunschdenken von vielen Lehrkräften. Die Schüler wissen oft gar nicht, dass es solche traumhaften Möglichkeiten geben könnte. Das öffentliche Büchereisystem in Indien steckt zum größten Teil immer noch in den Kinderschuhen.

Bücher sind in Indien eine Kostbarkeit, ein Luxus, ein Besitz, der oft nicht finanzierbar ist. Nicht für Schulen und auch nicht für Schüler. Manchmal bleiben Kinder der Schule fern, weil das

Geld für Uniformen, aber auch das Geld für Stifte, Schreibhefte und für Bücher fehlt.

Buchhandlungen gibt es nur in größeren Städten. Sie sind meistens gut sortiert und bieten Literatur in englischer Sprache und Hindi an, aber natürlich auch in den Muttersprachen, die in dem Ort oder dem Staat gesprochen und geschrieben werden.

Gebundene Bücher sind fast immer in Englisch. Bücher für Kinder in ihren Muttersprachen sind oft aus dem Englischen übersetzt oder befassen sich mit Ratschlägen und traditionellen Themen in erzählender Form. Aus Kostengründen haben die meisten Bücher einen weichen Einband, sind in Heftchenform verarbeitet, und ihr Verschleiß ist groß. Diese Heftchen sind für unsere Begriffe zwar erschwinglich, aber woher das Geld nehmen, wenn der Vater oder die Mutter pro Tag mit zwölf Stunden Arbeit einen Dollar verdient? Die Illustrationen sind dem Geschmack der Inder angepasst und Umschläge und Illustrationen wie bei uns üblich in Verlagen wie Hanser, Peter Hammer, Beltz & Gelberg, Sauerländer, um nur einige zu nennen, sind undenkbar. Sie würden wahrscheinlich auch nicht angenommen oder verstanden werden.

Zur Eröffnung von zwei Schulbüchereien schleppte ich im Handgepäck mindestens zwanzig Plakate mit, die deutschsprachige Verlage gespendet hatten. Ich wollte sie vor Ort aufziehen und mit Plastik (wegen der Luftfeuchtigkeit) überziehen lassen. Niemand konnte mit den Plakaten von Wolf Erlbruch, Manfred Bofinger, Nadia Budde usw. etwas anfangen.

Später hingen Landkarten, aufgeklappte Skelette und Abbildungen aus der Natur an den Wänden. Die anderen Plakate waren verschwunden. Wohin? Danach habe ich nicht mehr gefragt. Am sichersten liegen die indischen Verlage mit

ihren Sachbüchern, wo mit Fotografien wenig ›falsch‹ gemacht werden kann oder auch realistisch gestaltete Illustrationen großen Anklang finden.

»Von einer Schulbibliothek wie dieser habe ich als Kind immer geträumt«, gestand mir ein Englischlehrer, der bei der Büchereieröffnung am Gymnasium neben der *Claymine* in Veiloor dabei war.

»Ich bin als Kind im Nachbarort in Kalloor in die Grundschule gegangen und habe mir geschworen, dass ich als Erwachsener dort Lehrer sein wollte und alles tun möchte, um den Kindern aus diesem armen Dorf beizubringen, dass es noch anderes zu lesen gibt als die Werbeplakate am Straßenrand. Jetzt arbeite ich als Lehrer in meiner Grundschule aus der Kindheit in Kalloor. Wollen Sie bitte unsere Schule mal besuchen?«

Das tat ich, mit Menschen, die sich bislang selbstlos in all unseren Projekten eingesetzt hatten. Zum Beispiel in der Blindenschule in Trivandrum (Audiothek, Computer mit Braille-Software und Braille-Drucker, Unterricht im Tabla-Trommeln mit einem Musiklehrer), in ICCONS, einem Tagestherapiezentrum für behinderte Kinder (Gebäude mit Trainingsgeräten für die Kinder, die Anschaffung von kostspieligen, aber notwendigen Psychologietests aus den USA und Großbritannien, Anschaffung einer Buchbindemaschine für die jungen Behinderten usw.), in der Montessorischule für mehrfachbehinderte Kinder (ein neues Gebäude mit Materialien von Montessori sowie ein angepasster Spielplatz), in verschiedenen Waisenhäusern und in Schulen, in denen Kinder aus ärmsten Verhältnissen Unterricht bekommen (Uniformen, zusätzliche Mahlzeiten, Toilettenblöcke). Aber in jedem Projekt bestand ich auf einer Bibliothek bzw. auf Ergänzungsmaterial für Computer.

Und jetzt stehe ich zwei Tage vor der Eröffnung im roten Schlamm in Kalloor mit diesem engagierten Lehrer und dem Architekten und kann kaum glauben, dass übermorgen alles fertig sein soll …

Matthias Wittkuhn, Kameramann und Filmemacher aus Hamburg und zum allerersten Mal in Indien, vertröste ich. »Bleib ganz ruhig, die schaffen das«, verspreche ich ihm, denn er möchte die Eröffnung filmen.

Am Tag der feierlichen Eröffnung trauen wir unseren Augen nicht, als wir bei strahlender Sonne durch ein hohes Tor aus buntem Papier ins Dorf fahren. Die Straßen sind geschmückt mit unzähligen bunten Fahnen, und Girlanden aus kunstvoll gefalteten Palmenblättern baumeln im Wind. Alles, aber alles, ist tatsächlich fertig geworden. Matthias Wittkuhn und die Hamburger Illustratorin Birte Müller, die ihm bei den

Dreharbeiten zur Hand geht, und ich werden stolz überall
hingeführt, und mir wird gezeigt, wo ich wann und mit wem
die Bänder durchschneiden soll. Die Begeisterung der Lehrer
rührt mich zutiefst, und der Kloß in meinem Hals will nicht
weggehen.

Dann, endlich, kann ich fragen: »Wie haben Sie es geschafft,
dass alles fertig wurde?« Der Englischlehrer antwortet: »Wir
Lehrer haben alle, auch mit Menschen aus dem Dorf, Tag
und Nacht weitergearbeitet. Und es ist uns gelungen! Bitte
kommen Sie mit, ehe die Feierlichkeiten anfangen. Wir haben
eine Überraschung, ein Geschenk für Sie.« Ich erwarte einen
Blumenkranz oder eine kleine Bananenstaude. Aber es kommt
ganz anders. Tempelmusikanten in schneeweißen Lungis,
Hüfttüchern, kommen mit Tabla-Trommeln und Hörnern um
die Ecke und spielen klassische, religiöse Musik, die ich über
alles liebe. Ich bin fassungslos vor Glück und werde gebeten,

mit ihnen ein Stück durchs Dorf zu gehen. Begleitet von allen Lehrern, den Mitgliedern des Round Tables Trivandrum und von Kindern in Sonntagskleidern mit Jasminblüten im Haar, gehen wir über die Dorfstraße. Und dort, in einem schattigen Palmenhain, steht meine Überraschung: ein geschmückter Tempel-Elefant, der mir einen ganzen Tag ›gehört‹. Mir ist es egal, dass ich weine, denn das ist echt *too much*. Die Lehrer und Dorfbewohner haben das Geld zusammengelegt, um mir ein riesiges Dankeschön zu bescheren. Sie wussten, dass Elefanten meine Lieblingstiere sind.

Als ich später mit einer Vertreterin des Ministeriums das Stoffband für die Bibliothek durchschneide, sehe ich die Stapel Bücher, die alle noch rechtzeitig einen festen Einband bekamen und plastifiziert wurden. Schulhefte, gebunden im Therapiezentrum ICCONS, liegen bereit als Geschenk für die fünfhundert Kinder dieser Schule. So greifen die Projekte ineinander. Und die Holzmöbel für die Bücherei sind rechtzeitig im Jungenwaisenhaus/Gymnasium *Boys Home* in Trivandrum fertig geworden.

Die Möbel für die vier neuen Klassenräume werden in einigen Wochen geliefert, verspricht mir der Architekt Eldo.

Bislang konnten wir fünf Bibliotheken eröffnen. In all diesen Bibliotheken findet Unterricht statt, Diskussionsgruppen treffen sich dort, es ist aber ein auch Ort der Stille, um zu lesen und Hausaufgaben zu machen, ein Ort, um gemeinsam Bücher anzusehen, darüber zu reden und sich auszutauschen.

Kreatives Schreiben wird inzwischen in Kleingruppen angeboten. Bücherei Nummer sechs und sieben sind für 2007 in der Planung. Ich weiß, es ist ein Tropfen auf dem heißen Stein, aber wir geben nicht auf.

Solange der Sponsor aus Hamburg uns wohlgesonnen ist und meine indischen Freunde weiterhin unter oft schwierigen Umständen für *Freedom through Education* kämpfen, werde ich den glückbringenden Elefantengott Ganesha jedes Mal im Tempel grüßen und mit Lotosblüten schmücken. Das bin ich ihm schuldig.

Mit Bruno-Clown in Indien und wie es dazu kam (2010)

Mit meinem neuen Manuskript *Marit, John und ein Traumschiff* trat ich auf der Stelle. Die Recherchen waren abgeschlossen. Aber mir fehlte die erzählende Kraft einer *wirklichen* Geschichte zu John, der mit zwei Jahren an Neuroblastom erkrankte. John ist inzwischen elf Jahre alt und ein großer Kämpfer. Mein Buch *Ich übe für den Himmel* (Sauerländer, 2007) war eine Hommage an die Arbeit von Klinik-Clowns, aus der Sicht der elfjährigen Isha, die auch Klinik-Clown werden möchte, genau wie ihre Eltern. All das spielt in Hamburg-Blankenese und im Kinderkrankenhaus Hamburg-Altona. Jetzt wollte ich aus der Sicht von betroffenen Kindern schreiben.

»Schreiben Sie doch mal ein Buch, in dem die Kinder *nicht* sterben.« Darum hatte mich der psychologische Dienst des UKE, des Universitätsklinikums Hamburg-Eppendorf, gebeten. »Bücher, in denen Kinder sterben, gibt es schon genug.«

Sie hatten recht.

Hier in Hamburg kam ich durch John, den ich im UKE traf, auf die Idee, aus der Sicht von kranken Kindern zu erzählen.

Als ich aus dem Buch *Ich übe für den Himmel* an der Grundschule Altwarmbüchen in Isernhagen bei Hannover

vorlas, stand die neunjährige Marit auf und sagte mit klarer Stimme: »Ich heiße Marit, und ich hatte Krebs. Jetzt bin ich gesund, und dabei hat mir Bruno-Clown geholfen.« Marit und ich blieben in Kontakt, ich besuchte sie zu Hause. Ihre Eltern waren, genauso wie Johns Mutter Ilka, damit einverstanden, dass ich das, was die Kinder über sich und über das, was sie während und nach der Erkrankung erlebten und aushielten, für meinen neuen Kinderroman *Marit und John. Das Leben geht weiter* verwenden durfte.

Während Marit und John sich bei mir in Blankenese an einem schönen Sommertag trafen, kamen wir auf die Idee, Bruno-Clown anzurufen. Als Marit sich meldete, war er richtig überrascht. Er erinnerte sich genau an sie und freute sich mit ihr, wie gut es ihr ging. Als ich den Hörer übernahm, fragte er, was ich sonst noch so plane. »In drei Wochen fliege ich nach Indien und arbeite dort mit Kindern.« Davon wollte er mehr hören, und ich versprach ihm, abends noch mal anzurufen, nachdem meine Gäste wieder nach Hause gefahren seien.

Ich erzählte ihm, dass ich seit mehr als fünfzehn Jahren versuchte, in Kerala, mit Schwerpunkt in der Hauptstadt Trivandrum, den Alltag von benachteiligten Kindern zu erleichtern. Vierzehn staatliche Schulen und zwei Therapiezentren wurden erneuert und komplett saniert. Zweihundert Patenkinder, die teilweise durch Krebserkrankung der Eltern Halb- oder Vollwaise sind, Straßenkinder und Kinder aus den untersten Bevölkerungsschichten wurden in das Projekt *Godfatherchildren* (Patenkinder) aufgenommen und erhalten eine vollständige Unterstützung für das, was sie dringend zum Leben brauchen.

Davon berichtete ich Bruno, und er war sofort Feuer und Flamme. »Kann ich mitkommen?«

Bruno kannte ich nur von der Website der *Clinic-Clowns Hannover* und der Stimme am Telefon und durch Marit, die mir von ihm vorgeschwärmt hatte. Ein großes Wagnis *ja* zu sagen, aber ich sagte mir auch: Jemand, der mit neunundfünfzig Jahren sein Geschäft verkauft, die Ausbildung als Klinik-Clown macht und von Kindern geliebt wird, da kann eigentlich nichts schiefgehen.

»Warum nicht«, antwortete ich und war voller Zuversicht. Bruno besuchte mich, und wir besprachen die Details. Ein bisschen Angst hatte er schon, denn die Damen unserer *Deepana*-Stiftung in Indien, mit denen ich vor Ort seit Jahren erfolgreich zusammenarbeite, wollten Bruno unbedingt vor großen Gruppen *auftreten* lassen.

Und genau das mag Bruno nicht. Seine Spezialität ist der Besuch bei einzelnen Kindern, am Krankenbett oder im Spielzimmer der verschiedenen Abteilungen. Ich versuchte

Bruno zu trösten, und er ließ sich kurz vor der großen Reise nach Indien von drei Kollegen aus Hannover für alle Fälle noch ein paar Tricks zeigen, falls er *auftreten* müsse. Und dann gab es noch ein anderes Problem: Die englische Sprache, in der Bruno nicht so gern unterwegs ist ... »Macht nichts«, tröstete ich. »Kinder sind Kinder, auf der ganzen Welt. Und Clowns sind Clowns, egal wo.«

Obwohl in Indien ›unsere‹ Clowns unbekannt sind, war ich mir sicher, dass Bruno sich nur umzuziehen und zu schminken brauchte. Dafür wünschte er sich eine Generalprobe. Also lud ich den Projekt-Architekten Eldo P. Joseph mit seiner Frau Neena und ihren drei Kindern am zweiten Abend ins Resort-Hotel *Thapovan*, südlich von Kovalam, ein. Dort stellte ich ihnen Mr. Reinhard Kabus-Duprée aus Hannover vor. Es wurde nichts verraten. Er war ein Gast wie die anderen auch. Die Kinder mochten Mr. Kabus-Duprée, aber sie gingen, genau wie er, ein wenig auf Abstand. Dann verschwand Reinhard, wie geplant, in das *Bruno-Zimmer*, das ich extra für alles, was er in einem riesigen Koffer mit nach Indien schleppte, reserviert hatte.

»Wer ist das denn?«, flüsterten die Kinder mit großen Augen, als Bruno, auf seiner Flöte spielend, in seiner knallbunten Kleidung und mit Propeller-Mütze auf dem Kopf, mit kleinem Lederköfferchen vor ihnen stand. In der Ferne rauschte das Meer, die Situation war unwirklich, wie aus einer anderen Welt. Vorsichtig standen die Kinder vom Tisch auf und gingen zu ihm. Ihr Staunen verwandelte sich in pure Freude, in das, was Kinder tun, wenn sie sich selbst vergessen und sich bedingungslos einlassen auf das, was gerade geschieht. Sie gingen mit Bruno hinein in die verzauberte Welt der Musiktöne, der schillernden Seifenblasen, der Glückskäferchen und der Maus, die hüpfte und sprang und gar nicht so dusselig war, wie sie aussah. Im Hintergrund hatte sich das komplette männliche Hotelpersonal aufgebaut und verfolgte mit glänzenden Augen alles, was Bruno und die Kinder machten. Ich versuchte leise zu erklären, was dieser bunt geschminkte und verkleidete Mensch nur durch Ausstrahlung, durch kleine Gesten, Mimik und Körpersprache bei kranken *und* gesunden Kindern bewirken konnte.

Am liebsten hätten die erwachsenen Männer mitgespielt in dieser Welt von einem anderen Stern.

»Die Generalprobe ist gelungen«, ermunterte ich Bruno, als die Kinder ihn baten, mit zu ihnen nach Hause zu kommen. Trotzdem hatte er noch Bedenken, nicht gut genug gewesen zu sein … Es gelang mir nicht, ihn davon abzubringen, seine Angst über Bord zu werfen.

Wir fingen im *Alice Divine Home* an. Dort warteten mehr als vierzig Kinder in einem dunklen Raum auf Bastmatten sitzend auf ihn. Da wollte Bruno erst gar nicht rein, was ich gut verstand. Sekunden später standen sie gespannt draußen vor dem Kinderheim, und Bruno zog sie in seinen Bann, von der ersten Sekunde an.

Zwei Schulen für mehrfach behinderte Kinder standen außerdem auf unser Programm, und auch dort waren die Kinder hin und weg von diesem anderen Wesen, das sie mitriss und auf eine völlig andere Ebene führte ... Und als Bruno in einem Blechtopf auch noch in zerfetzten Zeitungen rührte, sie tatsächlich anzündete und anschließend in bunte Tierchen verwandelte, kamen sie aus dem Staunen kaum heraus ... Überall wurde Bruno mit offenen Armen empfangen und gebührend gefeiert. Die größte Kraftprobe stand noch bevor: Das große *Cancer-Hospital* in Trivandrum, die Abteilung für Kinder.

Hier, in einem hellen Raum zum Entspannen und Spielen, erlebte ich vor ungefähr fünfundzwanzig Müttern mit ihren schwerkranken Kindern den großartigen Klinik-Clown Bruno, der wusste, wie er die Kinder mitnehmen konnte. Sie entführen, weg von ihren Schmerzen, den Sorgen, den Ängsten. Einige schoben ihren Mundschutz nach unten, weil er beim Lachen oder Sprechen störte. Auch die skeptischen Mütter ließen sich verzaubern und vergaßen den harten, anstrengenden Klinikalltag. Als die Kinder, die schreiben konnten, zum Schluss Brunos sonnengelbes T-Shirt signierten, während er auf allen vieren hockte, da fragte er mich: »Kann ich auch auf die Abteilung?« Er konnte, und ich durfte mit. Ohne Formalitäten begleiteten uns die Ärztinnen in einen großen, freundlichen Saal, wo jetzt die Kinder mit den Müttern auf den Betten saßen und ihr Mittagessen zu sich nahmen. Ich schätzte, dass in diesem Raum mindestens vierzig krebskranke Kinder bis etwa zwölf Jahre lagen. Jedes Kind hatte ein breites Bett, auf dem auch die Mama zusammen mit ihm schlafen und es trösten und liebhaben konnte.

Ich war überwältigt von der ruhigen Atmosphäre und sah plötzlich Bruno an dem Bett eines kleinen, schwer kranken Jungen stehen, der mit letzter Kraft versuchte, Brunos Fingerspiel zu folgen und seinem Flötenspiel zuzuhören. Er schaffte es mit seinen Fingern zu winken, zitternd, wie die Flügel eines verletzten, kleinen Vogels. Die Kamera steckte ich in meine Tasche und ging irgendwo hin, um meine Tränen freien Lauf zu lassen. Das Fernsehen durfte nicht mit hierher, und ich war froh darüber. Es hätte es wahrscheinlich geschafft, das wunderbare Band zwischen Bruno und den Kindern zu stören.

Falls Bruno es schafft, mich noch mal zu begleiten, dann werden wir nur dorthin gehen, wo die Kinder ihn am dringendsten brauchen: ins Kinderkrankenhaus, und dann sofort in die Zimmer und auf die Abteilungen.

Ich danke Klinik-Clown Bruno, Marit, John und vor allem den Kindern in Indien und meinen indischen Freunden, die es ermöglicht haben, dass uns Flügel wachsen konnten für Augenblicke, leicht wie Glücks-Seifenblasen, die ich nicht mehr missen möchte.

Mit Fredrik in Indien (2012)

Als Freund Fredrik Vahle im International Airport in Trivandrum (Kerala, Südindien) in den Menschenmassen auftauchte, trug er seine Ukulele unter dem Arm, im Rucksack weitere Instrumente, ein wenig Handgepäck fürs Allernötigste.

Ein Freund aus Deutschland, der in Indien lebt, und ich holten ihn ab. Der Freund, in frisch gewaschene traditionelle indische Gewänder gehüllt, glaubte, dass ich die falsche Person mit »Hallo Fredrik! Gute Reise gehabt?« ansprach. Fredrik war allerdings nach fast zweiundzwanzig Stunden nicht unbedingt in frisch gebügelter Bekleidung unterwegs. So what?

Umarmen durfte ich Fredrik nicht, das ist in Indien verpönt. Man umarmt sich nicht, man geht nicht Hand in Hand, höchstens *nach* der Eheschließung in einer Liebespause draußen vor der Hotelzimmertür, während der achtundvierzig Stunden Honeymoon. Als Frau in Indien einen Mann um den Hals zu fallen: peinlich und unmöglich!

Es war also wirklich Fredrik, der aus La Gomera kam, und er wollte auf einem Umweg zurück nach Deutschland mich vorher in Indien treffen und gemeinsam einige meiner Projekte vor Ort besuchen. Fredrik sucht und findet Quellen für seine Lieder, Gedichte und Bücher überall auf dieser Welt, so wie auch ich für meine erzählten Reisegeschichten. Fredrik war das erste Mal in Indien.

Wir mussten uns im Resort des Freundes ein Minihäuschen mit zwei Türen zu den Zimmerchen, zwei eigenen Toiletten mit provisorischer Dusche teilen. Aber Fredrik ist Welten-Reisender, und ich war mir sicher, dass er sich wohlfühlen würde: Allein schon der Blick auf das Meer, direkt vor der Tür!

Normalerweise bewohnte ich das Häuschen allein. Der Raum nach vorne, zum Meer, in den Fredrik ziehen würde, war bis dahin mein Arbeits- und Materialzimmer, mehr oder weniger auch noch mein begehbarer Kleiderschrank. Ich räumte ihn leer, es wurde eine Matratze für den weiteren Gast auf den Boden gelegt, fertig.

Fredrik und ich kennen uns schon seit einer Lesereise in Hessen, vor Urzeiten. Zusammen haben wir 1990 bis 1992 die gestalttherapeutische Ausbildung nach Frederick S. Perls gemacht und sind in Kontakt geblieben.

Wir trafen und treffen uns immer wieder, wenn er zum Beispiel in der *Fabrik* in Hamburg-Ottensen auftritt, vor drei Generationen, die Konzerte sind lange im Voraus ausgebucht, alle Gäste bestehen auf Lieblingslieder wie *Anne Kaffeekanne,* *Der Hase Augustin* und *Der Katzentatzentanz* und singen mit. In der Mittagspause tauschen wir uns aus, schräg gegenüber der *Fabrik* beim Vietnamesen, und alles ist wie früher und eigentlich doch nicht: Es gibt Neues und wieder Altes, schon sind wir mittendrin in Plänen und Erinnerungen. Eine bunte Mischung, stets anders als beim letzten Mal.

Sein Repertoire an Liedern ist umfangreich: Mitmachlieder, Mitsinglieder, Bewegungslieder. Die Texte sind pure Poesie und teilweise mit leichten, treffsicheren politischen Pointen, niemals aufdringlich, sondern mit einem Augenzwinkern.

Nun war ich gespannt, wie indische Kinder auf seine Instrumente, die Lieder, auf die Musik reagieren würden: im Waisenhaus, in der Krebsabteilung im staatlichen Krankenhaus, in Schulklassen, Internatskinder der Montessorischule für behinderte Kinder.

Indische Kinder sind Bollywood-Musik gewohnt, weil

diese Art von Filmmusik Tag und Nacht irgendwo in einem Fernsehapparat laut vor sich hin dudelt.

Im geräumigen Geländewagen, auf dem Weg vom Flughafen ins Resort, fragte Fredrik sofort, was wir hören möchten. Wir überließen ihm die Wahl. Ich wusste, dass Fredrik für Überraschungen immer gut ist. Also spielte er auf der Ukulele einen meiner Lieblingssongs von Marilyn Monroe und sang mit hoher, sanfter Stimme, genauso wie Marilyn. Augen zu, schon sah ich sie vor mir, im sexy Badeanzug, stehend am Rand eines Swimmingpools, die Ukulele in der Hand, singend. Ich applaudierte, der Freund drehte sich sichtbar irritiert um und wusste nicht so genau, wie das Intermezzo ›einzuordnen sei‹. Ich genoss es jedenfalls in vollen Zügen.

Morgens wurde ich von Fredriks Flötenmusik durch die dünne Wand zwischen unseren kleinen Klo-Duschbädern geweckt. So einen ausgefallenen Morgengruß bekam ich zu Hause nicht vor dem Frühstück. Aber schließlich war ich in Indien und nicht in Hamburg.

Nach einer Eingewöhnungszeit besuchten wir zusammen verschiedene Einrichtungen, die zu meinen Projekten gehörten.

Wieder durfte ich Gast sein in der onkologischen Abteilung im *Sree Chitra Tirunal Institute For Medical Sciences & Technology, Thiruvananthapuram Medical College*, wo schwerkranke Kinder ihre Sorgen und Schmerzen durch Fredrik für eine kurze Zeit vergessen und ganz in die Musik aufgingen durften. Fredrik und seine Ukulele, die anderen, kleinen Instrumente neben sich auf einem Tisch. Alle warteten gespannt. Die Kinder und ihre Mütter mit Mundschutz, der von den Kindern später einfach abgenommen wurde, weil sie mitsingen wollten. Fredrik wählte genau die richtige Dosierung für schwerkranke Kinder: in leisen Tönen, im ständigen Augenkontakt mit allen, die im Raum waren.

Egal, in welcher Sprache er singt: Kinder strahlen und genießen.

(Erwachsene auch.)

Seine ruhige, unaufdringliche Art ist für das Publikum, egal in welcher Stadt oder welchem Land, wie eine Oase, in die man hineingehen darf. Das mag sentimental klingen, aber so empfinde nicht nur ich seine musikalischen Auftritte.

Im Goethe-Institut in Chennai sangen Gymnasiasten, die Deutsch lernten, nach einem Workshop mit mir das Lied, geschrieben und komponiert von Fredrik Vahle:

Abschiedslied
Ciao, es war schön,
euch hier zu seh'n,
doch einmal kommt die Zeit
zum Auseinandergeh'n.

Der Text und auch die Musik dazu sind auf einer CD, und die hat einen festen Platz in meinem Handgepäck, egal wo ich gerade unterwegs bin.

Danke, Fredrik.

China

Hongkong, Beijing, Chengde, Beijing, Shanghai,
Sanya Isle of Hainan, Hongkong (Herbst 2005)

Bereits im Oktober schickte mir die Lehrerin Sabine Schwarz
Daten: Ob ich eine Woche lang Gast sein möchte in der German-
Swiss-School in Hongkong. Genaues Programm würde noch
kommen. Was für eine ungewöhnliche Einladung …

Ein Hamburger Reisebüro an der Wandsbeker Allee,
spezialisiert für China-Reisen stellte unsere Reise zusammen,
denn es sollte noch weitergehen nach Beijing, Chengde,
wieder Beijing, Shanghai, Sanya Isle of Hainan und schließlich
nochmals Hongkong. Das war für die Abrechnungen nicht
einfach, denn die International Schools in Hongkong und
Shanghai übernahmen natürlich nur meinen Anteil für die
betreffenden Tage vor Ort. Alles Weitere finanzierten Gottfried
und ich selbst, aber wann bekam man so eine Gelegenheit,
nach Hongkong und China zu fliegen? Bestimmt höchstens ein
einziges Mal im Leben!

Hongkong ist eine atemberaubende, rund um die Uhr
pulsierende Stadt, und wir waren froh, dass die Lehrerin Sabine
Schwarz im gigantisch großen Flughafen *Hong Kong Chek Lap
Kok* am Gate stand und uns bis ins Hotel begleitete. Reiseführer,
Bücher über Hongkong und China hatten wir mitgeschleppt.

Abends war ich sofort und allein in der Umgebung des Hotels
unterwegs. Allein, den außerordentlichen und besonderen

Geruch vom Abendmarkt noch in der Nase, stolperte ich fast über einen alten Mann, der gerade seinen Hund flöhte. Er hockte auf einem winzigen Hocker vor seinem Geschäft und verkaufte Hunde, und zwar für den Kochtopf. Das stand auch auf einem Schild im Schaufenster, in englischer Sprache zu lesen. Das war der Anfang eines wochenlangen Abenteuers, das bis zum Rückflug nach Hamburg dauern würde.

Wieder zurück im Hotel und während der ganzen Reise machte ich mir Notizen.

Herr Yu (Dtschüü) sollte in meinem Reisebuch eine Rolle spielen. Er war für mich ein Trostpflaster in Beijing, wo sofort nach Ankunft meine Mailadresse gesperrt wurde, wir unter Beobachtung standen und eine Frau Long Lee genau wusste, wo wir uns befanden, und sich per Telefon ziemlich oft meldete.

Nach Wochen, wieder zurück in Hamburg, versuchte ich einen Reiseroman des kompletten Aufenthalts in Hongkong und China für Leser ab etwa zehn Jahre zu schreiben.

Einer meiner ersten Tanzpartner in den Niederlanden war Siong Tjen. Sein Vater war Herzspezialist und arbeitete damals schon mit Methoden aus der traditionellen chinesischen Medizin in Venlo und später in Rotterdam an der Universitätsklinik. Siongs Schwester hieß Litju, auch ihr Name taucht in meinem Buch *Hühnerkrallen und Glücksstäbchen* auf.

Die Chinareise hatte mich in den Grundfesten meiner bis dahin hauptsächlich positiven Reiseerfahrungen so erschüttert, dass ich anschließend nur ein Kind davon erzählen lassen konnte: Siong. Ich schlüpfte in seine Haut, Gottfried ist in der Figur des Großvaters aus Rotterdam vertreten. Er möchte Siong aus Hamburg seine ursprünglichen Wurzeln in China zeigen. Alles Weitere in dem Roman erlebte praktisch ich, als das Kind

Siong. Ich schlüpfte in ihn hinein (das ist ja das Wunderbare für uns Autoren), reicherte die Reiseerfahrungen hier und da mit einigen Passagen aus meiner Fantasie an, aber das meiste stammte direkt aus meinen Tagebüchern, die ich während der Reise führte.

KulturSchock VR China/Taiwan von Hanne Chen hatte ich immer dabei, und dieses ›Reise Know-How‹ half mir, das zu verstehen, was mir unbegreiflich, absurd, unvorstellbar vorkam, was mich traurig machte. Auch weil ich sonst auf all meinen Reisen immer sofort Kontakt mit den Menschen aufnehmen konnte. Nur in China nicht, fast nie. Und das hatte so gut wie nichts mit der Sprache zu tun, die wir nicht lesen und schreiben konnten. Es waren die Menschen, die vielleicht auch aus Unsicherheit oder anderen Gründen, uns gegenüber verschlossen waren.

Am Ende von Gottfrieds ausführlichem Reisebericht, wie er ihn über jede gemeinsame Reise schrieb und aus dem ich auch im Folgenden Ausschnitte zitieren möchte, steht ein Satz von mir:

»Wäre Gottfried nicht gewesen, ich wäre ausgerastet.«

Das galt allerdings nur für einen Reiseteil in China, zu siebzig Prozent würde ich sagen. Und mein Humor sollte beim Schreiben nicht auf der Strecke bleiben.

Auf dem Peak in Hongkong.
Auszug aus Gottfrieds Reisebericht

Nach rund zwölf Stunden Flug (Frankfurt/Main–Hongkong) landeten wir auf der größten Insel Lantau Island, dem neuen Airport, wurden von Sabine Schwarz abgeholt, haben gleich Geld gewechselt und sind dann mit einer Art Untergrund-/ Hochbahn nonstop zur Central (Station) nach Hong Kong Island gefahren. Von da aus weiter mit dem Taxi nach Wan Chai, dem alten Suzie-Wong-Stadtteil, wo unser Hotel *Charterhouse* gelegen war. Es wuselt dort in kleinen Sträßchen und Läden, in denen man alles bis dahin für uns Unvorstellbare kaufen kann, wie zum Beispiel nackte, von den Flossenzehen bis zur Schnabelspitze braungebratenen Enten, in einem Stück senkrecht im Schaufenster aufgehängt und feilgeboten. Und all das oft nur wenige Meter von einem hypermodernen Shopping-Tower-Center entfernt. Noch gegensätzlicher ist das kaum möglich.

Marie-Thérèses Lesungen, Workshops und Lehrerfortbildung an der German-Swiss-International-School (GSIS) waren ein

Erfolg – und die Lehrerschaft davon so beeindruckt, dass wir mit ihrer Hilfe und Einladung jeden Tag ein komplettes und sehr individuell ausgedachtes Sightseeing-Programm auf dem Zettel hatten. Natürlich haben wir bei Weitem nicht alles sehen und bestaunen können – Hongkong besteht ja immerhin auch noch aus zweihundertfünfunddreißig Inseln –, aber von den gewaltigen Flächen der New Territories haben wir so viel kennengelernt, wie uns das allein gar nicht möglich gewesen wäre: Stanley Market, Repulse Bay, Peak, Central und Umgebung, Soho (steht für »South of Hollywoodroad«) mit dem Escalator (= längste Rolltreppe der Welt!) und seinen nicht enden wollenden Bars und Restaurants rechts und links, drei Bootsfahrten zur Kowloon-Halbinsel, nach Lantau und Tsing Yi, um nur einiges zu nennen. Das war alles sehr beeindruckend und überwältigend, so dass wir abends manchmal nicht mehr wussten, wie wir heißen. Aber das war natürlich Nebensache. Wann wird man schon mal so umfassend, so höflich, so familiär und so liebevoll betreut?!! Das tat richtig gut, und wir sind sehr, sehr dankbar dafür.

Beijing. Auszug aus Gottfrieds Reisebericht

Inzwischen sind wir in Peking gelandet im mehrere Hundert Jahre alten Gebäude des Lu Song Yuan Hotels. Von da aus sind es rund drei Kilometer bis zur Verbotenen Stadt, die wir gleich am ersten Tag nach unserer Ankunft zu Fuß erkundet, dabei aber den Platz des Himmlischen Friedens nicht mehr geschafft haben – holen wir nach!

Vorgestern sind wir mit einem Taxi und in Begleitung

eines deutschsprechenden Chinesen, dem überaus netten und fachkundigen Herrn Yu (sprich: Dtschüü) auf der großen Mauer (Great Wall) und im kaiserlichen Sommerpalast gewesen. Gestern dann die Duftberge mit dem Biyun-Tempel, einer Anlage mit lachenden, sorglosen und gigantisch großen Buddhas nebst fünfhundert Jüngern, geschnitzt aus Holz und gegossen in Messing. In der Nähe anschließend im dreihundert Jahre alten botanischen Garten mit dem berühmten, liegenden Buddha auf dem Weg ins Jenseits.

Wir indessen blieben unverdrossen im Diesseits und schlemmten in einem unscheinbaren Straßenrestaurant sieben verschiedene Köstlichkeiten, die uns noch minutenlang an unseren Stühlen festkleben ließen, pappsatt – so war das!

Hühnerkrallen und Glücksstäbchen
Romanauszug (2009)

Herr Yu ist unser Reiseführer und wartet auf einer Bank in der Rezeption. Er lächelt freundlich, grüßt auf Deutsch und reicht uns die Hand. Er sieht aus, als wäre er ganz in Ordnung, hat genauso eine Igelfrisur wie Opa, allerdings schwarz. Ich freue mich, dass ein Chinese Deutsch spricht und sogar mit uns redet! Wir stellen uns vor.

»Ich heiße Dtschüü.« Er zeigt mir seine Visitenkarte. Da stehen nur zwei Buchstaben drauf. Ein Ypsilon und ein U. Wird wohl stimmen, was er sagt.

»Guten Tag, Herr Dtschüü, ich heiße Siong und mein Opa heißt genauso. Haben Sie ein chinesisches Fahrrad?«, ist meine erste Frage.

Er sieht gar nicht erstaunt aus, sondern lächelt wieder.

»Habe ich, aber draußen wartet ein Taxi auf uns. Heute Abend zeige ich dir mein Rad. Es steht hinten im Hof.«

»Darf ich das ausprobieren? Bitte«, schiebe ich noch hinterher. Yu sieht Opa an, und der nickt. Ich mache ein paar Luftsprünge vor Begeisterung und folge den beiden zum Taxi. Siong auf dem Rad in Beijing, das wird garantiert ein Abenteuer! Aber es soll noch spannender werden, denn heute geht es zur großen Mauer, zur Super-Wall, wie in einem Prospekt zu lesen war.

»Wow!«, schreie ich vor Begeisterung im Taxi und hüpfe auf den Polstern auf und ab. Ich kann es kaum erwarten, über diese Mauer zu gehen und davon in meiner Klasse zu erzählen. Denn keiner von denen war in China! Da bin ich mir ganz, ganz sicher.

Herr Yu dreht sich zu uns um:

»In China sagt man ›Wer nie an der großen Mauer war, ist kein ganzer Kerl‹.«

»Auch nicht schlecht«, finde ich. »Ist gut, dann bin ich heute Abend ein ganzer Kerl. Schade, dass ich erst zwölf bin.«

»Das hat mit dem Alter nichts zu tun«, antwortet Herr Yu, »deine Persönlichkeit ist wichtig.«

Aha. Dann wollen wir mal sehen, was sich heute vielleicht in mir ändert.

Wir fahren bis nach Mutianyu, und als wir ungefähr fünf Minuten gefahren sind, dreht sich Herr Yu wieder um und sagt: »Wan li chang cheng.«

Huch? Was ist das denn schon wieder, denke ich. Ich sehe ihn und Opa fragend an.

Yu grinst. »OK. Die Chinesen nennen sie wan li chang cheng, also zehntausend Li lange Mauer, das sind etwa fünftausend Kilometer. Das ist wahrscheinlich zu wenig, doch wan bedeutet auch ›unendlich‹, was wiederum zu viel wäre. Die meisten Schätzungen liegen bei rund sechstausendachthundert Kilometer, auch ganz schön lang.«

»Herr Yu, darf ich noch was anderes fragen?«

Herr Yu nickt. »Klar.«

»Wer hat die Mauer gebaut? Warum? Und wie lange dauerte das?« Klingt zwar fast wie im Fernsehquiz, aber ich will das unbedingt wissen, ehe ich da raufgehe.

»Das ist eine große Frage, Siong, und leider kann ich nur eine kleine Antwort geben.«

Ich staune, wie vornehm Herr Yu manchmal spricht. Ab und zu benutzt er altmodische Worte. Klingt aber toll bei ihm. Vielleicht lernt man in China altmodisches Deutsch?

»Du, Opa«, fällt mir gerade ein, bevor Herr Yu weiter antworten kann, »wie viele Kilometer müssen wir über diese Mauer gehen?« Mir ist doch ein bisschen mulmig geworden. Fast 7000 Kilometer …

»Mal sehen, wie weit wir kommen. Hab keine Angst, Siong. So gut bin ich auch nicht mehr im Klettern.«

»Klettern? Wieso denn das? Und warum gibt es überhaupt diese Mauer?« Jetzt bin ich echt fertig.

Herr Yu sieht mein ängstliches Gesicht und sagt:

»Also: Die Super-Wall ist gebaut worden, weil vom Norden die Barbaren aus der Mongolei auf ihren schnellen Pferden immer wieder ins Chinesische Kaiserreich eindrangen und sich mit Gewalt alles holten, was sie nicht hatten: zum Beispiel Eisen für Waffen, Getreide, Juwelen, Gold, Stoffe und unsere berühmte Seide.«

»Wieso hatten die das nicht?«

»China war damals im Gegensatz zu den Menschen im Norden einfach in vielen Dingen viel weiter. Und sie beschrieben ihre Grenzen so: Hier endet die eigene Welt, dort beginnt die fremde Welt.«

»Das verstehe ich nicht.«

»Die natürlichen Grenzen waren für sie Berge und Flüsse und so weit das Auge reichte, gehörte das zu China. Der Kaiser und sein Volk fühlten sich als Mittelpunkt der Welt. Es gab Handelskarawanen, die Seide und andere Kostbarkeiten schon damals in fremde Länder transportierten. Die Barbaren nahmen sich mit Gewalt alles: Sie überfielen und plünderten die Menschen gnadenlos aus. Die Mauer wurde gebaut, weil die Chinesen sich schon mehrere hundert Jahre vor Christus gegen diese wilden, einfallenden Völkerstämme aus dem Norden schützen mussten. Der Kaiser versuchte, die Eindringlinge mit kostbaren Geschenken wie Wein, Seide, Juwelen zu besänftigen. So war das im Grunde ein gekaufter Frieden, der nicht lange dauerte. Die Barbaren stellten nämlich immer größere und härtere Forderungen: Sie verlangten sogar die Töchter von Adligen als Ehefrauen. Bildschöne, junge Frauen wurden in den Norden gebracht und mussten das Bett mit Männern teilen, die weder lesen noch schreiben konnten, noch nicht mal eine Schrift für ihre eigene Sprache hatten. Sie kleideten sich nicht in weichen Stoffen, sondern in grobe Tierfelle, und verschlangen gekochte, übelriechende, fette Hammel. Die Frauen haben unsäglich gelitten, und viele wurden krank vor Heimweh.« Wir sind still, Opa, Yu und ich. Dann muss ich doch fragen:

»Also waren die Frauen so was wie Geiseln?« Ich bin echt geschockt.

»Ja, so kann man das ruhig nennen. Die Männer glaubten, dass sie durch diese vornehmen Frauen sofort ebenbürtig mit den adligen Chinesen würden, denn sie wollten genauso viel Macht und Reichtum wie die Nachbarn im Süden. Die Frauen schrieben über ihr tiefes Leid Gedichte und Lieder auf Schilfblätter, deren Texte zum Teil noch bis heute erhalten sind.«

Opa murmelt: »Viele Menschen schreiben, wenn sie in großer Not sind. Es kann ihnen helfen, ihr Schicksal besser auszuhalten.«

Heute Morgen war ich noch völlig aufgedreht vor Glück über den Ausflug an die große Mauer. Vielleicht, weil ich viel zu wenig von der Geschichte der Mauer wusste. Jetzt bin ich mir nicht mehr so sicher, ob es mir noch Spaß macht, mit Opa gerade dort spazieren zu gehen.

»Die Chinesen hatten immer mehr Angst vor diesen unberechenbaren, raubenden Menschen. Dann kam endlich jemand auf die Idee, eine große Mauer zu bauen, damit die Barbaren sie in Ruhe ließen. Die Beamten am Hof waren außerdem sehr verärgert, dass so viel Geld und Geschenke an diese feindlichen Krieger gingen. Statt dankbar zu sein, führten sie immer mehr Kriege gegen die Chinesen.«

Wieder schweigen wir, und Herr Yu nimmt einen Schluck grünen Tee aus seiner kleinen Thermosflasche.

»Das Material für die Mauer bestand aus gestampfter Erde, und die Mauer war meist nur drei Meter hoch und vier Meter breit. Leider mussten Soldaten, Gefangene und mittellose Bauern diese schwere Arbeit in der Nähe der gefährlichen Grenze leisten. Sie wurden dazu gezwungen. Wenn sie nicht gehorchten, erwartete sie der Tod. Man weiß nicht genau, wie viele Menschen den Bau der Mauer mit ihrem Leben bezahlten. Es war ein hartes Leben mit Entbehrungen und in Armut. Jede Nacht kontrollierten Soldaten die kleinen Hütten, ob auch alle Bewohner noch da waren und nicht etwa geflohen. Es gab wenig zu essen. Für viel Geld wurden große Kornspeicher gebaut, damit die Sklaven und ihre Familien nicht verhungerten und wenigstens Brot backen konnten. Im Sommer war es im Norden so heiß wie in einem Backofen, im Winter bitterkalt.«

Herr Yu sieht nachdenklich aus. Wir hören nur das Brummen des Motors und das Rauschen der Klimaanlage.

»Ungefähr zwei Millionen Menschen haben an der Mauer gebaut. Die weißen Gebeine der Gestorbenen wurden, auch als Abschreckung, in der Nähe der Baustellen einfach aufgestapelt.«

Ich sehe Opa an, aber der verzieht keine Miene. Will ich da überhaupt noch hin?

Als wir am Eingang zur Mauer aussteigen, muss ich fürchterlich pinkeln.

»Opa. Ich muss mal.«

»Dann such' dir mal selbst die Toilette«, sagt Opa.

»Ich kann aber nichts lesen.« Ich bin richtig wütend und gleich mach ich mir noch in die Hose.

»Aber das gemalte Männchen auf den Schildern wirst du doch wohl noch erkennen.« Opa zeigt irgendwo hinter mich. Ich drehe mich um, und Gott sei Dank, da ist das Schild mit dem Männchen. Ich renne in Richtung Toilette und möchte mir am liebsten die Hand auf den Schlitz pressen, damit nichts vorher in die Hose geht. Ich öffne die Tür und erstarre auf der Stelle. Was ist das denn? Im Boden sind mindestens zwölf Löcher nebeneinander, über denen Männer hocken und ihre Geschäfte erledigen. Türen oder Wände sehe ich nicht. Oh nein, das darf doch nicht wahr sein! Sie sitzen alle mit dem Gesicht zu mir und wundern sich, warum ich stehen bleibe. Da ist doch noch ein Loch frei! Ich muss so doll, dass mir nun alles egal ist. Aber komisch ist mir trotzdem. Es ist das erste Mal, dass ich auf einem Stehklo pinkeln soll. Ich versuche so zu tun, als sei das ganz normal für mich, über so einem Loch zu hängen. Ganz gelingt es mir aber doch nicht. Leider geht etwas über die Hose, und Klopapier sehe ich nirgends. Dumm gelaufen. Nächstes Mal stecke ich mir Papiertücher ein.

Draußen strahle ich Opa an. »Das war eine fast perfekte Uraufführung. Heute war ich zum ersten Mal auf einem Stehklo. Und ich fand es gar nicht so schlimm.«

Zur Belohnung gibt es ein paar chinesische Kekse und einen Schluck grünen Tee aus Opas Thermosflasche. Dann liegt die Mauer vor mir.

»Sollen wir da etwa hoch?«, frage ich erschrocken.

»Wenn du etwas sehen möchtest und den schönen Blick genießen willst, dann bleib dir nichts anderes übrig«, antwortet Herr Yu. »Ich warte hier unten.«

Ist der gemein, denke ich. Lässt uns allein da hochkraxeln.

Das erste Stück der Mauer schaffen Opa und ich noch ganz locker. Aber dann, nach einer Kurve, geht es steil bergauf. Hilfe! Die abgewetzten Steine glänzen in der Sonne und sind spiegelglatt. Links und rechts sitzen Händler auf bunten Stoffen und bieten alles Mögliche an: Postkarten, chinesische Strohhüte gegen die pralle Sonne, Briefmarken mit Sonderstempeln von der Großen Mauer, Kimonos aus Seide und die passenden Pantoffeln dazu, Drachen, Buddhas und andere Figuren aus grünem Stein, Kekse und Getränke und vieles mehr. Opa und ich keuchen schon, und dabei brauchten wir hier nichts hochzuschleppen wie die Händler.

Wir stöhnen und schließlich kriechen wir auf allen vieren die glatten Steine hoch, weil wir nicht sofort aufgeben wollen. Dabei werden wir von alten Chinesen überholt. Männer und Frauen, die mühelos an uns vorbeispazieren und sich wundern, was wir da unten am Boden machen. Zum Glück gibt es manchmal eine Strecke, wo wir uns ein bisschen erholen können. Nach eineinhalb Stunden sage ich zu Opa: »Willst du noch weiter?«, und hoffe, dass er Nein sagt. Aber leider sagt er das nicht.

»Wir schaffen es bestimmt noch bis zum höchsten Punkt«, und er zeigt auf eine breitere Stelle der Mauer, wo mehrere Leute mit Ferngläsern und Fotoapparaten stehen. Und tatsächlich. Als wir da oben stehen, sind wir stolz und glücklich. Und wir können sehen, wie sich die Mauer wie eine Riesenschlange durch die Landschaft schlängelt. Bis sie irgendwo auf beiden

Seiten hinter Bergen im Dunst verschwindet. Wir bleiben lange hier oben stehen und brauchen uns gar nichts zu sagen. Als wir runtergehen, rutscht eine Touristin aus, weil sie Schuhe mit Ledersohlen anhat, und fällt bös auf ihren Po. Sie weint. Opa geht zu ihr und erzählt, dass er Arzt ist. Er fragt, wo es weh tut. Nach einer Weile kann sie aufstehen und wieder ein bisschen gehen. Opa hat ihr empfohlen, die Schuhe auszuziehen und barfuß weiterzugehen. Gut, dass wir Turnschuhe anhaben.

Herr Yu bringt uns zum Hotel, und schon fällt mir sein Fahrrad wieder ein.

»Herr Yu? Darf ich einmal auf Ihrem Rad fahren?«

»Ja. Das habe ich doch zugesagt.«

»Opa, du kannst mal im Internet nachsehen, ob Mama und Papa geschrieben haben. Ich gehe mit Mr. Yu Rad fahren.«

Hinten im Hof steht das sauber geputzte Fahrrad von Herrn Yu. Er führt es mir stolz vor und erzählt, dass er sechzig US-Dollar dafür bezahlen musste.

»Das ist für mich eine Menge Geld, aber weil ich mehrere Hotels in Beijing betreue, die weit auseinander liegen, und mir die Zentrale kein Fahrgeld gibt, spare ich viel Geld und Zeit, wenn ich mein Fahrrad nehme. Mir ist zum ersten Mal mein Rad gestohlen worden, und das ist neu in Beijing. Vor einigen Jahren wäre das niemals passiert.«

Er schiebt sein Rad durch eine schmale Gasse hinter dem Hotel. Unterwegs sehe ich eine geöffnete Pforte in einer der vielen Mauern.

»Oh, Herr Yu. Wohnen da viele Familien?« Ich sehe Wäscheleinen, mehrere Tische, Stühle, eine Kochstelle, auf der Töpfe stehen, blühende Sträucher und ganz viele Bäume.

»Ja«, sagt Herr Yu, »das ist ein typisches altes Haus, und

hier wohnen meistens Großfamilien, die sich den Innenhof teilen. Es gibt vier Häuser rund um den Innenhof, die die vier Jahreszeiten darstellen. Wir Reiseführer hoffen, dass diese alten Hutongs erhalten bleiben und nicht abgerissen werden für Wohntürme. Denn wir haben festgestellt, dass viele Touristen wegen der Hutongs kommen, nicht wegen unserer langweiligen Betonburgen.«

In einem kleinen Park in der Nähe darf ich auf ein echtes chinesisches Rad steigen. Es ist so schwer wie ein Moped. Meine Beine sind zu kurz für den Sattel, also fahre ich im Stehen und muss kräftig in die Pedale treten. Ich rufe: »Herr Yu, guck mal!«, und fahre übermütig im Kreis. Als ich mich nach Herrn Yu umsehe, kippe ich fast um, weil ich einen großen Stein übersehen habe. Herr Yu fängt mich auf. Zum Schluss stellen wir das Rad an einen dicken Baum, und Yu schließt es sorgfältig ab.

Hinter dem dicken Baum und hohen Büschen höre ich Gekicher.

»Was ist da los?«, frage ich.

»Gehen wir doch hin und sehen nach.« Yu nimmt mich an die Hand.

Ich reibe mir die Augen, kann kaum glauben, was ich sehe. Auf so einem Platz sitzen bei uns schnatternde Mütter oder ein paar Väter und spielen mit ihren Kindern. Hier aber hängen an den Klettergerüsten eine Menge alte Menschen, die kichern und locker turnen. Einige winken sogar.

»Magst du?«, fragt Yu.

»Heute ist mein Sporttag«, beschließe ich, und schon hänge ich mit Herrn Yu und den lustigen alten Leuten an den Turnstangen.

»Jetzt weiß ich, warum die uns auf der Mauer so locker überholt haben«, gestehe ich nach einigen Minuten keuchend. »Siehst du. Sind halt chinesische Opas und Omas.«

Resümee. Auszug aus Gottfrieds Reisebericht

Wieder zuhause, bin ich oft gefragt worden: »Wie hat es dir in China eigentlich gefallen?« Hier meine Antwort:

Eine kreuzseriöse Dame, die schon seit vielen Jahren in Hongkong lebt, Deutsche und Lehrerin obendrein, hat das für sich kurz und bündig in den Satz gekleidet: »Und wenn ich als Kulturbanause abgestempelt werde, ich kann mit den Menschen hier nichts anfangen, da springt kein Funke über, die sind einfach nicht meine Welt, tut mir leid, aber so ist es nun mal!«

Ich kann das für mich *so* nicht behaupten, obwohl ich mich die ersten achtundvierzig Stunden dabei ertappt habe zu glauben, ich sei in irgendeiner Chinatown, etwa in New York, in Vancouver, San Francisco oder London, und ich brauchte nur drei Blocks weiterzugehen und käme ins ›normale Leben‹ zurück. Die achtundvierzig Stunden haben gereicht, mehr Zeit brauchte ich nicht, und es wurde mir schlagartig klar: Du bist hier in einer fremden Welt, einem kommunistisch regierten Land dazu, und da kann es ja gar nicht anders sein als so, wie es eben ist.

All die gewohnten, westlichen Annehmlichkeiten, unser ganzes freiheitlich-demokratisches Denken, das in unseren Köpfen wohnt – ja, woher soll das hier denn eigentlich kommen? Ein Wunder, wenn es denn so wäre!

Als mir das bewusst war, hatte ich mit Land und Leuten bedingungslos ›die Friedenspfeife geraucht‹.

Von da an war Ruhe eingekehrt, keine Missverständnisse, keine Aufregung, keine Irrtümer mehr. Nur noch Neugier, gespannt sein auf das, was kommt, hellwach, mit Augen und Ohren alles wie gefesselt in mich aufsaugen. Das hat gutgetan und richtig Spaß gemacht, bis zum letzten Augenblick!

China, ein faszinierendes Land mit lern- und wissbegierigen Menschen, die uns oft genug natürlich skeptisch gegenübertraten. Wie sollte es auch anders sein? Ein Wunder, wenn es so gewesen wäre. Man darf nicht vergessen: Den Menschen dieses Landes ist seit 1949 der Kommunismus eingepaukt, sind davon dirigiert und infiltriert worden, liefen – Gleichmacherei total – bis vor wenigen Jahren noch sämtlich im Blaumann rum. Da lässt sich nicht erwarten, dass sie uns mit offenen Armen aufnehmen nach der Devise: *Wie schön, dass ihr endlich da seid, warum seid ihr nicht viel früher gekommen!?*

Und die viel zitierte Öffnung nach Westen? Etwas mehr Geduld, und die hatte ich reichlich!

Australien – Down Under

Der Uluru und ich

Die weiten Reisen rund um die Welt inspirieren mich immer wieder, darüber zu schreiben, wie es ist, individuell unterwegs zu sein, ganz auf sich gestellt.

Jetzt kommt Doro, inzwischen fünfzehn Jahre alt, unterwegs mit ihrem Vater, wieder zu Wort. Es sind nur kleine Abschnitte der längeren Reise ans andere Ende der Welt, eine unvergessliche Reise zu einer Kultur, die bis noch vor Kurzem von ›Colonials‹ gnadenlos und im wahrsten Sinne des Wortes mit Füßen getreten wurde.

Auf Traumpfaden unterwegs. Romanauszug (2004)

Seitdem ich über Australien und ihre Ureinwohner las, dass sie die älteste Kultur der Welt haben, nämlich mindestens vierzigtausend Jahre alt, will ich hin. Nachdem ich gelesen hatte, dass ihnen, wie bei den Indianern, von den Weißen ihr Land und ihre Kultur weggenommen wurden, sie fast alle misshandelt und auch ermordet worden sind, habe ich immer weiter geforscht. Um 1770 herum betraten der Entdeckungsreisende James Cook und einige seiner Landsleute wahrscheinlich als erste Weiße Australien für längere Zeit. Was ist seitdem mit den Aborigines passiert? Fast nur Trauriges.

Neulich lief in unserem Puschen-Kino um die Ecke der Film *Long walk home*.

Davon muss ich jetzt einfach erzählen, weil mich der Film nicht mehr loslässt. Also: Drei Aborigine-Mädchen wurden in den Zwanzigerjahren von den britischen Kolonialherren aus ihren Familien geraubt. Das passierte bis 1976 fast immer noch täglich in ganz Australien. Die Regierungsbeamten, die Australien in ihr United Kingdom einverleibt hatten, wollten aus den ›Wilden‹ richtige Menschen machen. Sie umerziehen. Familien wurden gnadenlos auseinandergerissen, Kinder in Camps gesteckt, die wie Konzentrationslager waren. Zucht, Ordnung, gehorchen, Mund halten, Prügel. Sie durften ihre eigene Muttersprache nicht mehr sprechen, nur noch Englisch, nicht mehr ihre Kinderlieder singen, gar nichts mehr. Zwei von den drei Mädchen schafften es, nach ungefähr einem Jahr grauenhafter Flucht durch die glutheiße, blutrote Wüste Australiens, zu überleben und ihr Volk und ihre Familien wiederzufinden. Ihr Umherirren und ihre Angst vor den Verfolgern haben mich völlig fertig gemacht.

Ich habe laut »Scheiße« gerufen ins dunkle Kino hinein, mehrmals. Mich kennt dort sowieso keiner. War mir ohnehin egal. Ich musste einfach die Wut aus dem Bauch weghaben.

Papa war zum Glück nicht mit, er hätte mir was gehustet.

Kinder, denen es gelang zu fliehen, wurden sofort von ihren eigenen Leuten gejagt. Die Briten nutzten die Kenntnisse der Aborigines aus, weil sie wie kaum anderer Erdbewohner Spuren in der Natur lesen und deuten können. Diese einheimischen Fährtensucher wurden unter schwersten Strafdrohungen gezwungen, Kinder auf ihrer Flucht und in ihren Verstecken aufzuspüren und zu verraten. Weigerten sie sich, wurden sie in stinkende Löcher geworfen, gefoltert oder sogar getötet. Die regierenden Briten bestanden darauf, dass alle Aborigines in richtigen Häusern zu wohnen hatten, genau wie sie. Doch Aborigines sind, wie viele Indianer, Nomadenvölker, die weiterziehen, unter freiem Himmel ganz im Einklang mit der Natur leben und sich von dem ernähren, was sie unterwegs finden. Aborigines kann man nicht einsperren.

»In unserem Vereinigten Königreich hat es keine Wilden zu geben«, sagten die Briten. »Sie sollen an unseren Gott und nicht an ihren primitiven Hokuspokus glauben und sich vor allem uns unterwerfen.«

Für sie waren die Aborigines keine Menschen, sondern dumme, völlig unterentwickelte Wesen, weniger wert als Vieh. Sie interessierten sich nicht für einen Cent für die alten Traditionen der Ureinwohner und fragten oder baten sie um nichts. Sie handelten nur, fast ausschließlich zum eigenen Vorteil. Zum Beispiel gruben sie an heiligen Orten der Aborigines nach Gold und anderen Bodenschätzen. Daraufhin wollte ich noch mehr wissen über die letzten zweihundert Jahre der australischen Geschichte.

Ich fand heraus, dass Australien und Tasmanien im neunzehnten Jahrhundert Strafkolonien für Schwerst-verbrecher aus Europa wurden, weil die Gefängnisse in Großbritannien überfüllt waren. Auch in Nordamerika, wo die Briten regierten, gab es keinen Platz mehr für die Gefangenen aus dem United Kingdom. Also weg mit dem Pack ans Ende der Welt, ins neue eroberte Land. Dort war noch genug Platz …

Gründe genug für mich, an dieses andere Ende der Welt fahren zu wollen.

Vor allem aber wünschte ich mir das heilige Herz der Aborigines zu besuchen, mitten in dieser korallenroten Glutwüste, den gigantischen Felsen und Monolithen Uluru und die Kata Tjutas in seiner Nachbarschaft.

Meistens wird der Uluru immer noch Ayers Rock genannt. Aber der Name stimmt schlichtweg nicht.

William Christie Gosse erreichte am 19. Juli 1873 nach einer mühsamen Expedition als erster Europäer den Uluru und hat ihn nach dem höchsten Regierungsbeamten in Australien, Henry Ayers, umbenannt.

Dabei ist der Uluru seit Urzeiten eine der heiligsten Stätten der Aborigine-Völker, an der sie sich immer getroffen und ihre Rituale abgehalten haben. Vor allem dort möchte ich hin! Das musste ich erst einmal loswerden, ehe ich erzähle, wie ich tatsächlich nach Australien kam.

Die kurze Einführung war nötig für mich, um wieder in die Stimmung zu kommen, die ich während der Reise oft empfand: Trauer, Wut und Entsetzen über das, was den Ureinwohnern des roten Kontinents angetan wurde. Einer der Höhepunkte der Reise war für mich, allein zum Uluru zu gehen und die Atmosphäre dieses magischen, heiligen Ortes tief auf mich wirken lassen zu dürfen. Doch vorher eine kleine Sequenz, die sich in der Nähe der Oper in Sydney abspielte.

Papa und ich beschließen, zu Fuß ins Hotel zu gehen.

»Na, Doro?«, fragt mein Vater, als wir auf dem Weg dorthin die 103 Stufen zum Hafen runterstolpern vor Müdigkeit.

Papa erzählt und erzählt, und es scheint ihm gut zu tun, nur herumzualbern und für mich eine besonders blöde Bienengeschichte zu erfinden.

Wie früher höre ich während unseres Spaziergangs in der warmen Abendluft andächtig seiner krausen Gute-Nacht-Erzählung zu, als wir plötzlich vom lauten Gekreische aus irgendeiner Ecke in der Nähe vom Hafen, dicht vor unserem Hotel, aufgeschreckt werden.

Es ist der Aborigine, der noch Geld von mir bekommt, weil ich gestern seiner Musik lauschte.

Er schlägt sich heftig mit einer molligen Aboriginefrau.

Eine weiße Obdachlose, die ich gestern schon im Eingang eines Bankgebäudes mit ihrer ganzen Habe und einem mopsähnlichem Hund in einem Einkaufswagen gesehen hatte, kommt eilig angerannt. Ihr ganzer Körper schwabbelt, als sie die quietschende Karre scheppernd hinter sich herzieht. Der Mopshund unterstützt den Krach mit heiseren Höhöhöh-Tönen. Der ist nachher garantiert fix und fertig mit seinem Gebelle.

»Nun mal ganz ruhig«, sagt die Dame ohne festen Wohnsitz mit tiefer Stimme und versucht die beiden Streithähne auseinanderzuziehen. Dabei kullern leere Bierdosen klirrend, ratatata, übers Pflaster.

Zwei Aborigineskinder stehen in der Nähe neben einem Müllcontainer und sehen Hand in Hand den kreischenden Erwachsenen zu.

»Meine Güte«, seufzt Papa. »Hier scheint eine ganze Aboriginesfamilie zwischen den Mülltonnen zu wohnen. Davon gibt es bestimmt noch mehr, die in den Großstädten so leben wie diese hier. Ich hoffe, wir sehen sie auch noch dort, wo sie herkommen: im Busch.«

»Der Mann bekommt noch Geld von mir«, sage ich. »Ich habe es ihm neulich versprochen.«

»Dann musst du dich daran halten«, sagt Papa und gibt mir einen Geldschein.

Mir schlägt das Herz bis zum Hals, aber ich bewege mich trotzdem mit langsamen Schritten vorsichtig auf die Gruppe zu.

»Ich schulde Ihnen noch Geld«, sage ich. Die weiße Schminke in seinem Gesicht und auch am Körper sieht bröckelig und verschmiert im blassen, kalten Licht der Straßenlaternen aus. Seine Augen sind rot unterlaufen. Er sieht mich überrascht und dann mit düsteren Blicken an.

»Stimmt«, bestätigt er, aber lächelt nicht, als ich ihm den Geldschein hinhalte. Er reißt ihn mir fast aus der Hand.

»Ich bin Tjakamarra. See you!«

Er dreht sich ohne Dankeschön um und geht schwankend mit der Frau zu den beiden Kindern neben dem Abfallcontainer. Sie setzen sich alle auf eine alte Wolldecke und ein Kängurufell und er öffnet eine neue Bierdose.

Es schnürt mir die Kehle zu.

Aborigines sitzen jeden Tag am Hafen in Sydney und versuchen mit ihrer Musik der Didgeridoos den Lebensunterhalt für sich und ihre Familien zu verdienen.

Mehrere Tage später dann ein Ausflug zum Uluru, dem Heiligtum der Aborigines.

Ich bin gerade mit meinem Vater im Cultural Centre in der Nähe vom Uluru. Das Gebäude wurde in enger Zusammenarbeit mit den Einheimischen gebaut aus Naturmaterialien der Wüste. Wir werden durch Filme eingeweiht in die Flora und Fauna der Wüste, in einige Geschichten der Tjukurpa, der Zeit, als die Vorfahren die beiden Monolithen und auch andere Landschaften geschaffen haben. Wichtig sind die Schlangen Kunia, eine Woma-Python, und die Lirus, Giftschlangen. Der

Kampf zwischen den Lirus und der Kunia sind am Uluru zu sehen.

Löcher in den Felsenwänden sind von den Speeren der Lirus zurückgeblieben, und die Schlange Kunia ist auf einer Felswand zu sehen, als sie die Lirus jagte und ihnen hinterherschlich.

Das ist eine der vielen Geschichten, die es zu Wänden des Ulurus gibt. Ich finde sogar in deutscher Sprache ein dünnes Heftchen mit Uluru-Geschichten.

»Doro, komm mal.« Mein Vater steht an einem Lesepult, auf dem ein dicker Ordner liegt.

»Briefe aus der ganzen Welt. Ich dachte erst, dass es Dankeschön-Briefe sind von Gästen, die hier durch die Anangu-Ranger geführt wurden. Aber sieh dir mal genau an, was für Briefe das sind.«

Wir blättern langsam die einzelnen Briefe durch aus Japan, Frankreich, Deutschland, China, Tasmanien, Malaysia, Italien, eben aus der ganzen Welt. Es sind Entschuldigungsbriefe von Besuchern des National Parks, die sich alle Steine, Erde oder Felsbrocken vom Uluru eingesteckt hatten und diese per Post mit einem Brief reumütig zurückgeschickt haben.

Die Steine haben denen allen Unglück gebracht. Dieser Brief aus Frankreich ist einer der eindrucksvollsten.

Die Mutter der Familie, die mit ihrem Mann am Uluru war, hatte den Stein als Souvenir mitgenommen und zu Hause im Wohnzimmer ins Bücherregal gelegt. Von dem Augenblick an kam Unglück über die Familie. Sie wurden alle nacheinander schwer krank, auch die beiden Kinder, die gar nicht mit dabei waren in Australien.

»Am schlimmsten traf es mich«, schreibt die Frau, »ich bekam Krebs und wurde operiert. Dann, irgendwann, als die

424

Therapie nicht half, kam mir der Gedanke, dass dieser Stein vom Uluru nicht bei uns bleiben, sondern an die heilige Stelle zurückgeschickt werden sollte. Seitdem geht es mir und meiner Familie wieder besser, und wir bitten die Anangu um Vergebung, dass wir ein Stück ihrer heiligen Erde gestohlen haben.«

Alle Briefe sind mit vollen Adressen, Daten und Unterschriften. An einem Schreibtisch, direkt neben dem Lesepult sitzt eine junge, blonde Bush-Rangerin.

»Kommen immer noch Steine zurück?«. frage ich.

»Jede Woche mindestens acht Kilo insgesamt. Einmal hatten wir sogar ein einziges Paket von vier Kilo aus Japan. Irgendwann merken die Gäste, dass diese Art von Souvenirs ihnen nicht gut bekommt, und schicken sie zurück.«

»Jede Woche acht Kilo?«

»Im Schnitt ja. Dann gibt es welche, die uns die Steine und Erdbrocken nicht zurückschicken. Die Touristen werden von den Anangu-Rangern, denen der Park hier gehört, ständig darauf hingewiesen, keine Steine oder andere Andenken direkt vom Uluru mitzunehmen. Aber sie tun es trotzdem. Genauso die Bitte der Anangu, den heiligen Hügel am Mala nicht zu besteigen. Die Anangu sagen inzwischen ganz klar: ›Bitte geht nicht hoch.‹ Aber die Gäste hören nicht auf sie und jeden Morgen steigen sie hoch und verursachen Unfälle durch Abstürze, Angstattacken, weil sie nicht schwindelfrei sind, Kreislaufzusammenbrüche durch die Hitze, umgeknickte Füße, weil sie auf dünnen Sandalen klettern, Herzinfarkte, weil sie nicht gesund sind, schwere Sonnenbrände. Wir haben alle Hände voll damit zu tun und auch die Flying Doctors.«

»Dann haben die Steine magische Kräfte?«, frage ich gespannt.

»Ich bin zwar keine Anangu, aber wir arbeiten eng zusammen hier im Park, und ich glaube schon, wenn du dir die Briefe alle ansiehst, die in der Mappe sind. Wir haben noch viel mehr davon, aber nur die abgeheftet, aus denen deutlich hervorgeht, dass die Steine dort hätten bleiben sollen, wo sie waren. Manche Briefschreiber erklären uns genau, wo sie die Steine weggenommen haben. Wir bringen sie dann auch wieder dorthin. Damit es ihnen hoffentlich besser geht.«

»Das ist mir richtig unheimlich«, sage ich zu Papa. »Stell dir vor, ich hätte nachher so ein Steinchen eingesteckt. Wer weiß, was da passiert wäre. Bin ich froh, dass du die Mappe gefunden hast!«

Papa und ich fahren mit unserem Mietwagen zum Mutitjulu-Parkplatz, wo wir beim Aussteigen sofort von Fliegenwolken überfallen werden. Daran muss ich mich gewöhnen. Die sind richtig widerlich.

»Darf ich ein paar Schritte ganz allein am Uluru entlang gegen?«, frage ich ihn.

»Warum, Doro?«

»Ich möchte mal wissen, was für ein Gefühl es für mich ist, ganz allein an diesem heiligen Ort zu sein.«

»Dir ist klar, dass es nicht ungefährlich ist. Hier leben Giftschlangen. Man sollte immer zu zweit gehen, das weißt du doch aus dem Faltblatt ›Riskieren Sie nicht Ihr Leben!‹, das ich gerade bekommen habe. Punkt zwei: ›Wandern oder klettern Sie immer zu zweit.‹«

»Bitte Papa, nur ganz kurz. Wenn ich in dreißig Minuten nicht zurück bin, kannst du nachkommen. Ich gehe nicht vom Wanderweg ab.«

Papa zögert, er hat Angst um mich.

»In einer halben Stunde bist du zurück, versprich es mir. Hast du die Wasserflasche dabei? Kekse und Traubenzucker? Und deine Trillerpfeife? Hast du dich genügend eingerieben gegen Sonnenbrand und Insektenstiche?« Mein Vater hat mir mal eine Schiedsrichterpfeife gekauft, die ich immer trage, wenn ich allein unterwegs bin, auch in Hamburg. Die hört man noch auf einem Kilometer Abstand.

»Habe ich gemacht. Auch meine Kamera habe ich dabei. Ich nehme keine Steine mit und fasse den Uluru auch nicht an. Bin gleich wieder da, versprochen.«

Ihm ist nicht ganz wohl, das sehe ich. Trotzdem möchte ich mich durchsetzen. Ich will dieses Gefühl kennenlernen, als echte Entdeckungsreisende durch Australiens Wüste zu wandern, und wenn es nur für eine halbe Stunde ist. Wir vergleichen unsere Uhren.

»Hab keine Angst, Papa, nur eine kleine Strecke, und dann bin ich wieder da.«

Ich atme langsam ein und wieder aus, schnalle meinen kleinen Rucksack um und mache mich auf den Weg. Meinen großen Strohhut mit der breiten Krempe habe ich gegen die gnadenlosen Sonnenstrahlen tief ins Gesicht gezogen, den Bambusfächer halte ich in der einen, die Kamera in der anderen Hand. Ich drehe mich noch einmal um und winke fröhlich mit dem Fächer. Papa winkt nur zögerlich zurück.

Ich bin allein unterwegs. Doro als Forscherin, das hat es in meinem Leben noch nicht gegeben. Die Strecke ist wunderbar ausgeschildert. Ich finde die Wasserstelle vom Wanampi, eine Schlange der Vorfahren. Als ich die schönen, über 30 000 Jahre alten Felsenmalereien mit den Händen und der berühmten Schlange Kunia ansehe, habe ich eine Gänsehaut. Vor Ehrfurcht?

Hier spüre ich die Vorfahren und halte respektvoll die Luft an. Ich bin selig und glaube, mir wachsen sechs Flügel, wie auf dem Felsenbild im Australian Museum. Ich entschuldige mich während des Fotografierens leise beim wuchtigen Uluru, der die gleichen Farben auf seiner rauen Felsenhaut trägt wie auf den Gemälden: Schwarz, Ockergelb, Rostrot in allen Schattierungen und auch Weiß. Vor Glück möchte am liebsten singen, aber auch, weil ich eigentlich doch auch ein bisschen Angst habe. Doch die Stille ist so still, dass ich mein Blut im Körper, vor allem in den Ohren rauschen höre. Also bleibe auch ich still.

Ich finde die tiefen Löcher, die die Speere der Liruschlangen beim Kampf hinterließen. Ich stehe andächtig vor diesem Koloss mit tiefen Furchen, schrägen Linien, mit Zacken und Rillen, die so beeindruckend sind, dass ich wieder kaum zu atmen wage. Ich vergesse die sirrenden Fliegen um mein Gesicht. Mit einem Mal glaube ich, dass ich beobachtet werde von Anangu, die hier in der Nähe im Busch leben. Vielleicht passen sie auf mich auf, weil ich allein unterwegs bin und noch nicht ganz erwachsen. Ihre Anwesenheit gibt mir das Gefühl von Sicherheit.

Jetzt kann ich mir gut vorstellen, warum dieser Ort für sie heilig ist. Hier holen sie sich also Kräfte und Energien, die ihre Vorfahren hinterlassen haben, ehe sie wieder in die Erde zurückgingen. Ich möchte es auch versuchen: mir hier Energie holen. Mal sehen, ob es bei mir wirkt.

Ich stelle mich aufrecht hin, finde einen Platz, wo der Uluru ein kleines Dach bildet und Schatten spendet. Dann sehe ich mir die roten Felsenwände an, die ihre Farben immer wieder ändern durch das wechselnde Licht der Wolken am Himmel.

Nach einigen Augenblicken beschließe ich umzukehren, damit mein armer Vater vor Angst keinen Herzanfall bekommt. Er war so besorgt um mich.

Es dauerte eine Weile, fast ein halbes Jahr, bis ich meine Reiseeindrücke des überwältigenden Australienkontinents zu Papier bringen konnte, weil ich zunächst nicht wusste, wie ich der unerfreulichen, tragischen Geschichte der Aborigines einen gebührenden Raum geben konnte im fünften Reiseroman, der wieder von Doro erzählt wird. Inzwischen ist das Besteigen des heiligen Ulurus für Touristen verboten.

Libanon und Syrien

Sehnsucht nach Damaskus

Wie sehr habe ich mir gewünscht, diese Stadt in Syrien irgendwann mal besuchen zu dürfen.

Mit Rafik Schamis Buch *Der Wunderkasten* (1989) fing alles an. Schamis Text, aber auch die Illustrationen von Peter Knorr elektrisierten mich, mit der Folge: Sehnsucht.

Zum Buch: Kinder versammeln sich aufgeregt und neugierig auf einem kleinen Platz in der Altstadt von Damaskus.

Der Geschichtenerzähler kommt! Mit seinem Wunderkasten, in dem auf einer Papierrolle von links nach rechts Bilder vorbeiziehen, darauf freuen sich alle Kinder. Und dann erst die Stimme des Erzählers … Sie klingt durch die Bilder hindurch, wie von Zauberhand.

Die Kinder in der Altstadt lieben den Märchenmann mit dem schweren Holzkasten und der kleinen Sitzbank, die er auf seinem Rücken trägt, dann abstellt und langsam aufbaut. Zu langsam für die wartenden Kinder, die es vor Spannung kaum aushalten. Erst dann dürfen sie sich hinsetzen und für eine Piastermünze spannende Abenteuer erleben. Die große Magie der Wörter mit Bildern ist da und lässt alles ringsum vergessen!

Nicht nur Knorrs Illustrationen aus der Altstadt von Damaskus, sondern die Tradition des Erzählens, die hier kongenial vermittelt werden, faszinierten mich.

Vom großen Erzähler Rafik Schami besorgte ich mir noch mehr Bücher über seine Geburtsstadt. Ich verschlang sie alle.

Wann konnte ich endlich nach Damaskus?

(Inzwischen durfte ich Rafik Schami am 4. Dezember 2019 im Magazin-Filmkunsttheater in Hamburg endlich aus der Nähe erleben. Ein atemberaubendes Erlebnis mit einem großen Präsentator orientalischer Erzählkunst. Zwei Stunden lang bewegte er sich auf der Bühne im Theater-Kino hin und her, ohne sein neues Buch *Die geheime Mission des Kardinals* in die Hand zu nehmen oder aufzuschlagen. Ohne Pause bot er ein schillerndes Wortabenteuer – niemand hustete –, ein grandioses, unvergessliches Erlebnis.)

Der große Wunsch, irgendwann zu Fuß durch Damaskus gehen zu dürfen, wuchs ständig weiter in mir, zu den Plätzen und Orten, in denen uralte Traditionen, Rituale und Geschichten noch hautnah spürbar waren.

Vielleicht könnte ich sogar das berühmte *Café Al-Nawfara* besuchen? Dort einen Tee trinken und dabei sein, wenn am Nachmittag die Männer kommen, ihre Wasserpfeifen rauchen und den Erzählern zuhören, die alte Geschichten und Märchen wieder aufleben lassen?

Leider fand ich niemanden, der mich begleiten wollte.

Vorbereitungen für Libanon – Beirut

Plötzlich war eine Einladung vom Goethe-Institut in Beirut in der Post.

Ich konnte mein Glück kaum fassen: Libanon!

Libanon grenzt an Syrien, vielleicht, und wer weiß …

Fünf libanesische und fünf deutschsprachige Künstler und Autoren waren eingeladen, um mit Kindern und Jugendlichen eine ganze Woche lang an verschiedenen Orten in Libanon zu schreiben, zu malen, Filme zu drehen, Theaterstücke zu improvisieren, je nachdem, welche Form der kreativen Arbeit bevorzugt wurde.

Die Orte: Beirut, Halba-North, Zahle-Beekaa Valley-East, Baaklin – Chouf-Mountains, Bint-Jbeil-South.

Mehrmals rieb ich mir die Augen und nahm dann Kontakt auf mit der libanesischen Kollegin Fatima Sharafedinne, die ebenfalls Kinderbuchautorin ist und mit der ich zusammen eine Gruppe von Kindern in Baaklin in den Chouf-Mountains, in der Nähe der syrischen Grenze, begleiten durfte.

Wir korrespondierten intensiv miteinander, ich schrieb ein Konzept für sechs Tage nach der Gestalttherapie des deutsch-amerikanischen Analytikers Frederick S. Perls, mit dessen Methode ich bereits in der Trauerarbeit, in Vollzugsanstalten, an der Hamburger Hochschule mit Studenten und mit unzähligen Kindergruppen, auch im Ausland, gearbeitet hatte.

Fatima und ich bereiteten monatelang die Woche in Libanon per E-Mail-Korrespondenz sorgfältig vor.

Im Mittelpunkt stand vor allem das Aufarbeiten von Verlustängsten, Abschiednehmen, Angst vor dem Krieg, Angst davor, neue Kulturen kennenzulernen.

Fatima hatte bis dahin noch keine Erfahrungen mit ›solchen‹ Workshops und war eine fleißige ›Studentin‹, die gute Ideen einbrachte, später alles sorgfältig protokollierte. Ich hatte wahnsinniges Glück mit ihr, wir ergänzten uns von der ersten Minute an.

Fatima und ich hatten zu mehreren Themen passende

eigene Bücher geschrieben, die vom Goethe-Institut für alle Kinder bei den Verlagen bestellt wurden.

Happy Sad und *There is war in my city* waren Fatimas Bücher, meine hatten die Titel *Zuckerguss für Isabel* und *Eine Kiste für Opa*.

Auch das Thema Abschiednehmen, Sterben und Tod wollten wir behutsam mit den Kindern zu besprechen versuchen, sie dazu schreiben und malen lassen. Ein großes Experiment, denn nicht immer dürfen Kinder in ihren Schulen an interaktiven Aktionen teilnehmen.

Auf den Reisen rund um den Globus erlebte ich in vielen Schulen immer noch Frontalunterricht.

Die fünfzehn Kinder, die am Workshop teilnahmen, durften die Bücher später für sich behalten. Sämtliche Texte waren ins Arabische, Englische und Französische übersetzt worden.

Ein letzter Brief aus dem Beiruter Goethe-Institut von Institutsleiterin Dr. Irene Bark bestätigte unsere inhaltlichen Ideen.

The topic of your workshop is not yet decided, we propose that you discuss together a concept, the general subject could be the ›creative‹ treatment of feelings which are connected with the experience of war, for example ›fear‹, ›conflict‹, or also the idea of ›friendship‹ and ›confidence‹.
One aim would be to create objects, which could be presented to the public by the children themselves (this can be paintings, sculptures, photos, a documentation, a book, … etc.).

All das war bereits im Konzept von Fatima und mir, ein Glück! Der Raum, in dem wir arbeiten sollten, sei die Bücherei im historischen Rathaus von Baaklin, ungefähr anderthalb Stunden von Beirut entfernt, in den Chouf-Mountains.

In diesen Bergen wächst das Wahrzeichen von Libanon: die Zeder. Der Baum symbolisiert Frieden, Helligkeit und Ewigkeit und steht in der Mitte der Flagge auf weißem Untergrund. Die Farbe Weiß symbolisiert Reinheit und Schnee. Die Farbe Rot auf den Balken oben und unten steht für das Blut der Märtyrer, die für die Freiheit Libanons kämpften.

Ankunft und erste Tage in Beirut (2007)

Im Flughafen von Beirut wurde mein Gepäck sofort vom Zoll auseinandergenommen.

Herzklopfen meinerseits, die weichen Pastellkreiden waren notwendig für das Gelingen und das Ziel des Workshops.

Drei große Kästen lagen im Koffer und sahen auf dem Kontrollbildschirm der Zollbeamten aus wie Munition.

Die Angst wuchs, dass mir dieses Material weggenommen werden konnte. Ich versuchte ruhig zu bleiben, denn meine Erfahrungen mit indischen, chinesischen und afrikanischen Zollbeamten hatten mich einiges gelehrt, vor allem höflich, freundlich und auf keinen Fall aufsässig zu werden (wozu ich manchmal gern neige, als siebentes von zehn Kindern).

In einer großen Aktenrolle, die ich über der Schulter trug, steckten Malbögen mit rauer Oberfläche, weil die Kinder mit den Händen darauf mischen und malen sollten. Auf glattem Papier würde die Puderschicht der weichen Kreiden sofort wieder runterfallen, sobald man das Bild anhob.

Außerdem ist das Malen mit den Händen eine wichtige,

sinnliche Erfahrung, die die meisten Teilnehmer meiner Workshops vorher nicht erlebten und die sie fast alle begeistert.

Hoffentlich musste ich die Bögen nicht auseinandernehmen, denn ich hatte den dicken Stapel mit großer Mühe in die Rolle geschoben, es durften keine Knicke ins Papier kommen!

In Beirut gab es das Material in keinem einzigen Geschäft, also brachte ich es mit aus Hamburg.

Im Handgepäck hatte ich mehrere Briefe in englischer Sprache vom Goethe-Institut griffbereit. Weil ich schon öfter für das Goethe-Institut unterwegs war, unter anderem in Indien, China und Afrika, zeigte ich den Beamten die Briefe, und sofort war ein gewisser Respekt da. Die gute Fügung war auf meiner Seite, und der Zoll im Beiruter Flughafen *Rafiq al Hariri* winkte mich durch.

Das *Mayflower-Hotel*, unsere Bleibe in Beirut, lag mitten im beliebten Altstadtviertel Hamra, in der Nähe der Universität und der berühmten Boulevards am Meer.

Ausgelaugt fiel ich in meinem Zimmer aufs Bett dieses charmanten britisch anmutenden Hotels (hat sich inzwischen leider komplett geändert durch ›Modernisierung‹) und wollte mir gerade im Liegen die Schuhe ausziehen, als das Telefon klingelte.

Ein Kollege aus Köln meinte, wir könnten doch noch zusammen einen trinken. Den Wein hatten sie um die Ecke besorgt, und dort saßen wir fünf dann in Hotellobby, alle müde und mit vielen Fragen, Erwartungen und Gesprächen, an diesem Tag noch in deutscher Sprache.

Ab dem folgenden Tag sollte es weitergehen, bei den letzten Vorbereitungen für uns alle im Goethe-Institut, aber dann in arabischer, französischer und englischer Sprache.

Am nächsten Morgen fand das große Treffen mit Dr. Irene Bark und allen Mitwirkenden statt.

Was für ein Glück hatte ich mit Fatima!

Obwohl Fatima und ich bereits eine gute Struktur entwickelt hatten, waren wir beide offen für Veränderungen in unserer Planung. Bei einigen der libanesischen Kollegen sah ich exakte Vorgaben in ihren Papieren, sogar minutenweise durchgetaktet, eben so, wie sie sich den Workshop mit den ausländischen Gästen vorstellten.

Hoffentlich geht die Zusammenarbeit mit den Gästen aus Europa gut, überlegte ich im Stillen.

(Einiges ging tatsächlich gründlich schief, aber nicht bei Fatima und mir!)

Am Sonntagvormittag gab es noch ›Freizeit‹ für uns.

Mit einem Stadtplan machte ich mich allein auf den Weg, um mir das im Bürgerkrieg (1975 bis 1990) schwer beschädigte Hotel *Holiday Inn Beirut* am Boulevard anzusehen. Am Anfang des langen und furchtbar blutigen Bürgerkriegs war es das Zentrum der nationalen und internationale Presse. Dieses Hochhaus mit sechsundzwanzig Stockwerken wurde schwer beschädigt durch Einschüsse und Granateinschläge. Das, was nach militärischen Angriffen vom Hotel noch übrig war, hatte man als Kriegsdenkmal so stehen lassen, als Symbol und Wahrzeichen gegen den Krieg.

Irgendwann verlor ich die Orientierung und kroch durch eine Lücke in einem Stacheldrahtzaun. Aus den Wänden einer düsteren Häuserruine wuchsen gelbe und rote Blumen. An einer Leine wehten farbige Wäschestücke im Morgenwind. In der Ferne hörte ich das leise, regelmäßige Geräusch der Meereswellen.

Eine unwirkliche Situation, die ich festhalten wollte, und ich zog meine kleine Kamera aus der Hosentasche.

Eine harsche Stimme neben mir ließ mich zusammenfahren. Ein Soldat hielt mir einen Gewehrlauf entgegen und fragte, was ich da mache. Ich erklärte ihm erschrocken, dass ich mich verlaufen habe, Kinderbuchautorin sei, vom Goethe-Institut eingeladen, mehr fiel mir gerade nicht ein.

Ich solle die Kamera *sofort* einstecken.

Machte ich sofort.

Ohne Worte brachte er mich zur befahrenen Straße, wo er ein Auto anhielt, das mich ins Hotel bringen sollte.

Verwirrt stieg ich ein und betete, dass ich von dem jungen Mann, der am Steuer saß, wirklich ins *Mayflower-Hotel* gebracht wurde. Was er tatsächlich tat.

Dieses unvernünftige Abenteuer hätte ganz anders ausgehen können, erklärte man mir an der Rezeption.

Die Idee, mich in Sperrgebieten im Alleingang umzusehen, war wirklich nicht klug.

Oben im Hotelzimmer stellte ich mich mit einem noch immer zu schnell und laut klopfenden Herzen unter die Dusche, wechselte meine verstaubte Kleidung und wartete danach in der Lobby auf Fatima.

Fatima holte mich um elf Uhr ab und lud mich zu ihrer Familie ein, die in einer großen Altbauwohnung in Hamra wohnte. Dort erlebte ich das erste Mal die außergewöhnliche Gastfreiheit der Libanesen, die ich später in den Chouf-Mountains noch öfter genießen durfte und die mich immer wieder zutiefst rührte.

Es gab Kaffee *Baharat*, der aus feinem, frisch gemahlenem Kaffee, grünen Kardamomkapseln, ein wenig Zucker, geriebener

Muskatnuss mehrfach aufgekocht und sofort vom Herd serviert wurde.

Dazu feinstes, selbst hergestelltes Gebäck wie Blätterteigteilchen gefüllt mit süßem Grieß oder pikantem Frischkäse, gewürzt mit Rosenwasser und Pistazien, dazu Orangen- und Nussröllchen. Solche delikaten Köstlichkeiten hatte ich noch nie probiert.

Gepflegte, höfliche und freundliche Gespräche mit Fatimas Eltern: Ich genoss in vollen Zügen und überlegte, wie wir in Deutschland uns völlig fremde Gäste aus Libanon spontan betreuen und empfangen könnten.

Überall in der Altstadt: aufgeschlossene, behilfliche Menschen. Im Internet-Café oder bei kleinen Einkäufen in den Shops, die teilweise rund um die Uhr geöffnet hatten, überall bekam ich Hilfe.

Die Düfte aus den Gewürz- und Kräuterläden, aus den Bäckereien und den Restaurants: Das vorzügliche, libanesische Essen ist ein Hochgenuss für Feinschmecker. Schnell lernte ich, dass die riesigen Platten mit Vorspeisen erst der Anfang von genussvollen, langen Mahlzeiten waren.

Die gefüllten Fladenbrote, die es überall zu kaufen gab, wurden meine Lieblingsspeise für zwischendurch. Die *Manouche Zaatar*, eine Mischung aus wildem Thymian, Sesam und Sumach, aus der roten Sumach-Blume und Olivenöl. Diese Paste ins aufgeklappte Fladenbrot, danach belegt mit Minze, Gurke, Tomaten und Oliven. Unbeschreiblich.

Während ich all das notiere, läuft mir das Wasser im Mund zusammen und ich bin wieder ganz da, in Beirut und in Baaklin.

Baaklin – Chouf-Mountains

Nach anstrengenden, aber auch anregenden Vorbereitungen und Diskussionen im Goethe-Institut fuhren Fatima und ich am Sonntagnachmittag mit einem Taxi nach Baaklin. Das Zeitgefühl hatte ich inzwischen verloren.

Vororte von Beirut rauschten vorbei, irgendwann waren wir in den Bergen, und ich sah die grünen Zedern, das Wahrzeichen von Libanon.

Als wir in Baaklin am Hotel vorfuhren, hatte ich den Eindruck, irgendwo im Krieg zu sein.

Fast alle Fenster waren mit Brettern vernagelt, das Gelände ungepflegt, niemand weit und breit zu sehen.

Im Erdgeschoss fing der Fahrer an, gegen alle zugenagelte Fensterläden zu klopfen, bis endlich irgendwo eine Tür aufging.

Ein Mann begrüßte uns mit *Namaste*, und ich glaube mich verhört zu haben. Auch dem Äußern nach stammte er aus Indien, schnell fügte er noch *Marhaba* hinzu.

Er zeigte Fatima und mir zwei Zimmer, die er sogar geheizt hatte, weil die Nächte kalt waren in den Bergen.

Die Bretter vor unseren Fenstern hatte er abgenommen. Die standen im Flur, neben den Zimmertüren. Ich bat ihn, weitere Nägel aus dem Holzrahmen zu entfernen, damit ich das Fenster zum Lüften öffnen könnte.

Dicke Pferdedecken, harte Handtücher, eine Flasche Wasser, ein freundliches Lächeln, und weg war er.

Fatima und ich mussten lachen, und sie entschuldigte sich.

Ich winkte ab: »Ach was, das hier ist der reinste Luxus, verglichen mit dem, was ich in Afrika und Indien an Unterkünften erlebt habe.«

Zum Glück hatten wir vom üppigen Buffet im Goethe-Institut einen Vorrat an Leckereien eingesteckt und picknickten in der kühlen Dämmerung draußen auf einer Mauer. Stühle gab es nicht.

Nach einem Telefonat mit dem Goethe-Institut in Beirut wusste Fatima zu berichten, dass es keinen Tourismus mehr in dieser Gegend gab, der Inder hier kostenlos wohnen durfte und mit seiner Frau aufpasste.

Tiefe Nacht. Einige Male wachte ich auf, die harten Leinentücher und die Pferdedecke kratzten. Gegen fünf Uhr morgens schlief ich endlich wieder.

Dann wurde ich wach von Schüssen, von vielen Schüssen.

Sofort saß ich senkrecht im Bett und dachte: Jetzt hat der Bürgerkrieg wieder angefangen ... Jetzt kannst du den Workshop und eine Reise nach Syrien vergessen. Wie kommst du wieder nach Hamburg?

Ich flog am ganzen Körper und wollte wissen, was los war.

Fatima mochte ich nicht wecken und ich wollte selber herausfinden, was draußen gerade geschah.

Dann laute Stimmen in Stakkato, über Lautsprecher in schneller, arabischer Sprache.

Mit meiner Taschenlampe suchte ich im langen, dunklen Flur nach dem Treppenhaus und der Lobby, denn die hatte ich am Abend zuvor noch gesehen, als wir nach unserem Picknick auf unsere Zimmer gingen.

Endlich war ich unten, dort brannte in der Lobby eine einzige Glühbirne an einem langen Kabel, das von der Decke baumelte. Es war kurz nach sechs, und der Inder stand unter dieser Funzel an einem Bügelbrett und bügelte Wäsche.

Ich glaubte mich verlaufen zu haben, obwohl in Indien viele

Nancy aus Libanon, Chouf-Mountains

Männer Bügelarbeit für reiche Familien annehmen, das hatte ich oft genug beobachtet. Eine absurde Situation.

»Sorry, Sir«, fing ich an, begleitet von knatternden Schüssen in der Ferne, und fragte ihn, ob ein Krieg angefangen hätte.

Inder können herrlich lachen – ganz anders als Afrikaner –, kichernd, in höheren Tönen. Er konnte sich gar nicht mehr einkriegen.

Mir schlotterten inzwischen die Knie, weitere Gewehrsalven klangen von draußen bis ans Bügelbrett, und die Glühbirne wackelte am Ende des langen Kabels hin und her. Es wurde ununterbrochen geschossen.

Endlich brachte er hervor: »Die Wildschweinjagd ist eröffnet.«

Gott sei Dank einerseits, anderseits waren die armen Wildschweine an der Reihe, getötet zu werden.

Kein Krieg.

»Und die Stimme aus den Lautsprechern?«, wollte ich unbedingt wissen, diese ratternde Stimme, die inzwischen immer näherkam?

»Das ist Werbung von den Bauern, für ihre Kartoffeln. Die neue Ernte ist da.«

Fatima kam um die Ecke gerannt, im Nachthemd, und wieder mussten wir lachen. Sie war in meinem Zimmer gewesen, wo die Tür sperrangelweit offenstand, und hatte nach mir gesucht.

Die Kartoffelernte hatte sie verstanden, aber die endlosen Schusssalven waren ihr noch ein Rätsel, das schnell gelöst wurde.

Wieder legten wir uns aufgerüttelt noch eine Stunde aufs Bett, um uns auf den Tag einstimmen zu können, der bestimmt nicht einfach sein würde.

Frühstück gab es beim Inder nicht. Beim Bäcker besorgten wir uns warme, gefüllte Fladenbrote, saßen in der frischen Morgenluft bei aufgehender Sonne wieder auf der Mauer vor dem ›Hotel‹, tranken Wasser aus Flaschen, und dann kam May, die uns abholte für den ersten Workshoptag in ihrer Bücherei. Sie umarmte uns, freute sich riesig darüber, dass das Goethe-Institut ihre Bücherei für dieses Großereignis ausgewählt hatte.

Die Kinder würden gegen Mittag mit einem Kleinbus aus der Schule abgeholt und in die Bücherei im historischen Rathaus gebracht werden.

Unterwegs sah ich vom Auto aus ein Kalb auf dem Bürgersteig liegen. Der abgeschlagene Kopf lag daneben, Blut floss in den Rinnstein. Hastig trank ich einen Schluck Wasser aus meiner Flasche und versuchte ruhig ein- und auszuatmen.

Schließlich war ich in Libanon und nicht in Hamburg.

May unterhielt sich mit Fatima lebhaft auf Arabisch

und es war mir recht. Schüsse, Wildschweinjagd, neue Kartoffelernte, Frühstück mit Wasser statt Kaffee auf der Mauer, einen abgeschlagenen Kalbskopf: schon ein bisschen gewöhnungsbedürftig.

Und dann die Kinder! Sie waren genauso aufgeregt wie Fatima und ich.

Vorher gab es für alle noch einen Lunch, zubereitet von May, und dann versammelten wir uns in einem Vorraum der Bücherei.

Ich erklärte den Kindern (sie verstanden auch Englisch, Fatima übersetzte zusätzlich simultan ins Französische oder Arabische), dass wir für sechs Tage ein Programm für sie entworfen hatten, bei dem es keine Zensuren gab. Sie sollten das machen, was ihnen gefiel, nur für sich selbst.

Von Tag zu Tag würden wir etwas mehr in die Tiefe gehen. Aber wir wollten ganz behutsam anfangen, langsam und Schritt für Schritt.

Islamische Schiiten, Alawiten und Christen-Kinder, alle fünfzehn friedlich in einer Gruppe bei Fatima, May und mir vereinigt.

Den Turmraum der Bibliothek hatten wir gemütlich umgestaltet mit Kissen, in der Mitte zwei Teddybären und Stoffblumen, die vorher irgendwo in der Ecke standen.

Die Mädchen und Jungen machten sofort mit.

Sie erklärten ihre Rufnamen und warum sie so hießen (dieses Experiment ging bei einer Gruppe meiner Studenten an der Fachhochschule Hamburg total in die Hose), und gestalteten wunderschöne Namensschilder für ihren Platz am Fußboden, und danach erklärte ich ihnen die Technik des Malens mit der weichen Pastellkreide. Ich hatte Entspannungs-

CDs mitgenommen und bat sie, die Farben, die gerade in ihnen waren, aufs Papier zu bringen, im Rhythmus der Musik, mit den Händen. Begeistert verteilten sie die Puderfarben auf den Papierbögen und freuten sich, auch, weil es etwas ganz Neues für sie war.

Anschließend ging es sanft in ihre Gefühlstiefe mit Fatimas Buch *Happy Sad*.

Was macht man, wenn man glücklich ist, was, wenn man traurig ist?

When I am happy
I smile, even laugh
When I am sad
I feel lonely
and sometimes cry ...

Die ersten Zeilen las Fatima vom Blatt ab, denn die Kinder sollten versuchen, eigene Bilder dazu zu zeichnen. Die Illustrationen wollten wir ihnen erst später zeigen.

Es wurde gemalt, geschrieben, wir tauschten uns aus.

Selten hatte ich so eine konzentrierte, glückliche und zufriedene Kindergruppe in einem Workshop.

Ein Teil der schweren Sorgenlast fiel mir von den Schultern, und ich fasste großes Vertrauen in diese begeisterungsfähigen Mädchen und Jungen, die bereit waren, mit Fatima und mir einen Weg zu gehen in persönliche Empfindungen, die in der Schule und auch zu Hause wahrscheinlich meistens ein Tabu waren.

Fünf Tage intensivste Arbeit, und an den Abenden wurden Fatima und ich in Familien zu üppigen libanesischen Diners

444

eingeladen, in alten Häusern, im traditionellen libanesischen Stil gebaut. Unvergessliche Augenblicke für mich.

Erschöpft und zufrieden fielen wir auf unsere Betten.

Vorher fotografierte ich die Arbeiten der Kinder Blatt für Blatt auf einem wackeligen Stuhl im Hotelzimmer.

Diese einzigartigen Dokumente wollte ich in Vorlesungen und Seminaren für Pädagogen, Sozialarbeitern, Trauerbegleitern in Europa zeigen.

An einem Tag fuhren wir morgens in die Schule der Kinder, außerhalb von Baaklin. Auf dem Hinweg hatte Fatima mich in einen Laden geführt, in dem säckeweise getrocknete Blüten standen. Der Duft der wilden und gezüchteten Blumen aus den Bergen war umwerfend, und ich ließ mich gern beraten und mehrere Säckchen aus Batist mit diesen wohlriechenden, betörenden Schätzen füllen.

Der Schulleiter empfing uns enthusiastisch und war ungemein angetan von der besonderen Aktion in der Baakliner Bibliothek.

Er zeigte uns die eigene Schulbücherei, die ein Franzose komplett gespendet und eingerichtet hatte: Bücher in mehreren Sprachen, kleine, bunte Sitzecken und Tische, lustige Bilder an den Wänden.

Der Schulleiter platzte vor Stolz.

In einem Klassenraum spielten die Kinder aus unserer Gruppe in ihrer Schulkleidung (hellblaue Schürzenkittel) auf verschiedenen Flöten libanesische Lieder, extra für uns einstudiert.

Der Musiklehrer begleitete sie munter auf seiner Gitarre, und ich brauchte ständig ein Taschentuch.

May erklärte mir, dass diese Schule hochmodern in der

Methodik sei, dass die Eltern zunächst schwer zu überzeugen gewesen waren von Interaktionen, aber inzwischen stolz auf die Ergebnisse, die die Kinder mit nach Hause brachten.

Insgesamt erinnerte mich das Interieur der Schule und der Klassen allerdings an indische Schulen: karg und puristisch, bis auf die Bücherei. Wenigstens hatten die Schüler hier Tische, Stühle und eine Tafel, die in Indien und in vielen Ländern Afrikas in den staatlichen Schulen fast überall fehlen.

Die Kinder und wir weinten an den Nachmittagen gemeinsam über Ängste vor dem Krieg, über Verstorbene, über das Sich-verstecken-Müssen in Kellern, wenn Soldaten kamen, und wir trösteten einander. Die Folgen des brutalen libanesischen Bürgerkriegs, über den Fatima auf der Hinreise nach Baaklin im Taxi erzählte, waren vor allem in den gemalten Bildern, später auch in den Texten des Workshops schmerzhaft spürbar.

Gemeinsam schrieben wir alles auf. Die großformatigen von den Kindern gemalten Bilder waren erschütternd und aufklärend gleichzeitig.

Die Texte, die sie auf Englisch schrieben bzw. die ins Englische übersetzt wurden (es gab einen Dolmetscher vom Goethe-Institut) waren verblüffend ehrlich und oft kaum auszuhalten.

Am Schluss gab es kleine Aufgaben, die Hoffnung machten und Fröhlichkeit verbreiteten.

Sie alle bekamen am fünften Tag ein eigenes geschriebenes und illustriertes, gebundenes Buch, das wir in einer Nacht-und-Nebel-Aktion in einem Fotoladen kopierten, scannten und mit einem persönlichen Einband verstärkten.

Selten sah ich solche glücklichen und zuversichtlichen

Kinder, die nach tiefschürfender, emotionaler Arbeit an sich selbst mutig Dinge sagten, malten und aufschrieben. Ich hatte großen Respekt vor ihnen und sagte es ihnen auch.

Vor der aufregenden Präsentation unserer Baaklin-Gruppe in Beirut machten wir am letzten Abend noch mal Musik in der Bücherei, aßen Schokoladenkuchen, tanzten miteinander und sangen.

Wir fielen uns immer wieder in die Arme, weinten und lachten, alles gleichzeitig.

Am sechsten Tag durften alle Kinder der fünf Gruppen in Beirut in einem vom Goethe-Institut gemieteten Theater die Ergebnisse vorstellen. Es wurden Busse organisiert, Großeltern, Eltern, Tanten und Onkel, Geschwister, alle durften miterleben, was diese tapferen Kinder geleistet hatten.

Nancy, elf Jahre alt, hatte sich bereit erklärt, ihren Text vorzutragen:

Nancy's War Story

One day I was going to school and all of a sudden fire broke out in the woods. I felt very sad and said to myself: Why should innocent people suffer the wrath of war?

I am sad because many people are leaving the country because of war. I dream one day when I grow up to be able to put out all the fires that war causes. I don't want to say that war is horrible.

Why should innocent people and young children die?

I want all people to have a lucky life.

Im Scheinwerferlicht stand sie allein auf der Bühne, sprach selbstbewusst mit klarer Stimme vor Hunderten von Gästen im imposanten Theater den Text auf Arabisch und Englisch, und die Menschen im Zuschauerraum hielten den Atem an.

Unsere Gruppe war davon überzeugt, dass sie die besten und schönsten Ergebnisse vorzuzeigen hatte. An Stellwänden waren alle Bilder und Kopien der Texte zu sehen. Der stolze Schuldirektor stand strahlend daneben und führte durch die Ausstellung ›seiner‹ Kinder.

Die Tage mit diesen bezaubernden Mädchen und Jungen zwischen zehn und zwölf Jahren werde ich nie in meinem Leben vergessen.

Mit Hilfe des Goethe-Instituts hatte ich meine Reise um einige Tage verlängert und den Rückflug nach Hamburg verschoben. Ich wollte endlich nach Syrien und Damaskus.

Syrien – endlich Damaskus (2008)

Annette Herzog (Autorenkollegin mit Muttersprache Deutsch, lebt in Dänemark) und ich (Muttersprache Niederländisch, lebe in Hamburg) entschieden uns für eine Fahrt nach Damaskus.

Noch in der Dunkelheit starteten wir von Hamra in Beirut zur Grenze nach Syrien.

Unterwegs sah ich in der Morgendämmerung mehrere zerstörte Brücken und Highways, die irgendwann mal, vor all den Kriegen, eine Verbindung zwischen Libanon und Syrien bildeten.

Wir mussten große Umwege fahren. Der Fahrer wusste nicht, wie lange man uns an der Grenze bei Anjar nach Syrien festhalten konnte. Mit einem Schreiben des Goethe-Instituts wollten wir versuchen, schnell über die Grenze zu kommen.

In meinem alten Marco-Polo-Reiseführer stand, dass wir ein Visum brauchten.

Es funktionierte tatsächlich, auch ohne Visum.

Und nun möchte ich zurückgehen in die damalige Zeit und erzählen. Erzählen von dem, was ich sah, hörte, roch und spürte und empfand.

Ich bin in Damaskus.

Es überwältigt mich.

Als Annette und ich vor dem Nationalmuseum aus dem Auto steigen, sagt ein Mann in deutscher Sprache:

»Herzlich willkommen. Wir sind glücklich, denn wir haben Frieden.«

Er möchte uns ins Nationalmuseum bringen, sechstausend Jahre Kultur, später die Altstadt zeigen.

Wir können ihm nach kurzer Zeit vorsichtig und behutsam erklären, dass wir einen Stadtplan haben und uns getrennt und allein umsehen möchten. Und uns zum Lunch wieder treffen möchten.

Es ist gegen alle Regeln des Respekts, ich weiß es, aber ich möchte allein in die Souqs, in die berühmte Omayyaden-Moschee, und danach kann er uns sagen, was wir unbedingt noch besuchen sollen.

Die Souqs in Damaskus.

Genau hierhin wollte ich.

In Gedanken höre ich den alten Mann aus Rafik Schamis *Wunderkasten* sagen: Kommt, Kinder, kommt alle her, und hört meine Geschichten. Kommt alle her! Zuhören kostet nichts …

Wie ein neugieriges Kind wandere ich langsam durch dieses unvorstellbare Gewirr aus überdeckten Gassen, angefüllt mit

Hunderten Läden, ziehe genussvoll Gerüche, Geräusche und Düfte mit allen Poren und auch mit meiner Seele ein und staune.

Schmuck und Juwelen, Säcke und Körbe voller Gewürze, Blumen, Tee und Kaffee, Öle und Parfums, Süßigkeiten, zu kunstvollen Bergen aufstapelt, Stoffe in umwerfenden Farben und Mustern, Kleidung, zarte Dessous, glitzernde Damenschuhe, Haushaltwaren, Kinderspielzeug, feinste Schokolade. Ich weiß gar nicht mehr, wo ich hinsehen soll vor Begeisterung.

Dazwischen Händler, die lauthals versuchen, Kunden in ihre Läden zu locken. Als ich erotische Schuh- und Dessous-Läden entdecke, glaube ich zunächst nicht, was meine Augen sehen. Das sollen die Frauen unter ihren bodenlangen Mänteln tragen? Unter der pechschwarzen Ganzkörperverschleierung, mit dicken, schwarzen Fingerhandschuhen aus Wolle, inklusive Sonnenbrille mit breiten Bügeln an den Seiten, damit bloß nicht eine einzige Stelle der Haut zu sehen ist?

Ganz vorsichtig ziehe ich die kleine Kamera aus der Tasche, schaue nach links und nach rechts.

Ich setze alles auf eine Karte, wage es und fotografiere schnell zwei Geschäfte, in der Hoffnung, dass niemand mich beobachtet hat. Noch kann ich nicht im Display sehen, ob die Bilder gelungen sind. Normalerweise frage ich immer um Erlaubnis, ehe ich irgendwo ein Foto mache, auf dem auch Personen zu sehen sind. Aber ich bin so elektrisiert von dieser wirbeligen, aufregenden orientalischen Welt, dass ich es einfach riskierte, Bilder zu machen.

In den Läden stehen überall Männer, Verkäuferinnen sehe ich nirgends.

Wenn ich diese Bilder später in europäischen Schulen zeige,

werde ich vorher fragen, ob Schüler aus Syrien in der Klasse sind, um sicherzustellen, ob sie die Bilder sehen möchten und ich niemanden damit verletze.

Männer kaufen und verkaufen tatsächlich diese raffinierten hauchdünnen Utensilien für ihre Frauen. Ringsum sehe ich nur Männer, zumindest in diesen Geschäften.

In meinem kleinen Buch *Ich will keinen Krieg! Shady aus Damaskus* (2015) versuche ich diese Gewohnheiten aus Kindersicht zu beschreiben:

An einigen Geschäften zieht mich Papa immer ziemlich schnell vorbei. Dort gibt es knallbunte Schaufenster für Frauen. Geheimnisvolle Frauensachen werden in diesen Läden verkauft, mit denen sie sich nicht nur für ihre Männer, sondern auch für sich selbst sehr schön machen. In diesen Schaufenstern hängen Kleidersachen, von denen ich nicht so genau weiß, wo die genau hingehören an den Frauen. Wenn Mama ihre Freundinnen einlädt, dann probieren sie diese Anziehsachen aus. Meine Schwester Shereen darf zugucken, ich nicht. Ich soll in meinem Zimmer bleiben und höre die Frauen lachen und kichern. Diese bunten glitzernden Dinge mit Federn, Spitzen, glänzenden Stickereien und bunten Perlen und Schuhe mit Glitter und hohen spitzen Absätzen tragen sie nie auf der Straße, nur im Hause. Auf der Straße sind Frauen meistens ganz oder fast ganz verschleiert. Was sie draußen unter den langen Kleidern und schwarzen Mänteln tragen, dass darf ich sehen, wenn ich ein Mann geworden bin, haben Mama und Papa mir versprochen. Mama trägt aber zu Hause keinen Schleier oder ein

schwarzes, langes Kleid, sondern lustige bunte Hauskleider.
Ihre glänzenden, schwarzen Haare trägt sie offen. Ich
darf sie auch anfassen, wenn Mama mich umarmt. Meine
Mama riecht immer gut und nach vielen Blumen.
Sie verwöhnt mich mit Muhallabiye, während die
Freundinnen Minztee trinken und über alles Mögliche
reden und eine Damen-Modenschau machen. Der süße
Milchpudding mit Rosenwasser, Pistazien und Nüssen
soll mich trösten. Manchmal schenkt Mama mir noch ein
kleines Lesebuch über Tiere, weil ich Tiere so gern mag. Also
ist es gar nicht schlimm für mich, in meinem Zimmer zu
bleiben.

Vor einem Laden mit kleinen Glasflaschen und Holzfässern
bleibe ich stehen. Der alte Herr im Hintergrund steht auf. Er
grüßt freundlich, lässt mich mehrere Duftproben seiner Öle
genießen. Schließlich entscheide ich mich für Jasmin, Moschus
und Amber, die er in kleine Glasbehälter abfüllt.

Ich lasse mich treiben und nach einer Weile beschließe ich,
in die große, weltberühmte Moschee zu gehen, die *Omayyaden-*
Moschee. Im vierten Jahrhundert war sie eine Basilika, und es
sollen darin die Überreste vom Gebein des Apostels Johannes
in einem Schrein aufbewahrt sein. Bis Anfang des achten
Jahrhunderts teilten sich Muslime und Christen die Gebetsstätte.

Barfuß, auf weichen, handgewebten Teppichen und in eine
lange, graue Kutte gehüllt, bewege ich mich voller Ehrfurcht
in einer der berühmtesten Moscheen der Welt. Niemand stört
mich. Ich darf sogar fotografieren und bin überwältigt von der
Atmosphäre und der Stille dieses großartigen Gotteshauses, das
eine dramatische und wechselvolle Vergangenheit hat.

Draußen im Innenhof stelle ich mich auf die schneeweißen, sonnenwarmen Marmorplatten und schließe die Augen, möchte den Zauber dieses eindrucksvollen und geschichtsträchtigen Bauwerks mit den drei verschiedenen Minaretten in mir nachwirken lassen.

Dann höre ich einen dumpfen Knall und zucke erschrocken zusammen.

Später erfahre ich, dass es irgendwo in den Souqs einen Bombenanschlag gegeben hat.

Beim Lunch treffen Annette, der Fahrer, der Guide, der uns beim Nationalmuseum angesprochen hat, und ich uns wieder.

Im gemütlich eingerichteten historischen Restaurant *Omayyad Palace* brechen die Tische unter den syrischen Speisen fast zusammen. Wieder genieße ich mit allen Sinnen die Raffinessen der Kochkunst dieses Landes und wundere mich, dass in Deutschland darüber so wenig bekannt ist.

Als die männliche Bedienung mir den nächsten Teller hinstellt, fällt mein Auge auf den roten, breiten Stoffgürtel, den der junge Mann zur schwarzen, plissierten weiten Pluderhose und zum weißen Leinenhemd trägt.

Ich frage ihn, ob seine Kleidung zu bestimmten Anlässen getragen wird. Er freut sich, dass es mich interessiert, und erklärt, dass sie zu feierlichen, besonderen Anlässen üblich ist.

Ich erzähle ihm, dass ich Bücher für Kinder in Deutschland schreibe über Menschen aus der weiten Welt. Und dass ich versuche, aus den Ländern ausgefallene Erinnerungsstücke mitzubringen, um sie dann in Schulen zu zeigen.

»Die Kinder dürfen sie auch anfassen«, ergänze ich. »Ihr Gürtel ist besonders hübsch. Wo gibt es den vielleicht zu kaufen?«

»Alles, was wir hier im Restaurant tragen, wurde speziell für uns angefertigt. Aber vielleicht versuchen Sie im Souq Ihr Glück?«

Ich möchte eigentlich keinen ähnlichen Gürtel, sondern genau den.

»Fragen Sie mal meinen Chef, der ist gerade gekommen«, und er zeigt auf einen Mann in Anzug und Krawatte, der nach Chef aussieht. Ich trage ihm meine Bitte vor.

Er lacht schallend, ruft den jungen Mann ... ich darf den Gürtel haben! Nach kurzem Feilschen sind wir uns handelseinig, und ich sinke selig auf meinen Platz.

Später, auf dem langen Spaziergang durch Gassen, am berühmten Erzählcafé *Al-Nawfara* vorbei (es ist noch zu früh für die Märchenstunde), gehen mir wieder die Augen über.

Bei Yusuf kaufe ich einen kleinen Gebetsteppich und eine Umhängetasche in den warmen, dunklen Rottönen, die an all den kunstvoll handgewebten Produkten zu finden sind. Auf einem alten VW-Käfer hängen und liegen Kissen, Teppiche und Taschen. Ich darf alles fotografieren, auch Yusuf.

In vielen Vierteln, durch die wir anschließend gehen, leben seit Jahrhunderten Juden, Moslems und Christen friedlich zusammen. Blühende, stille Innenhöfe mit Springbrunnen, versteckt hinter hohen Mauern und Toren, der Guide zeigt ungeahnte Schätze.

In der Grotte, in der Saulus zu Paulus wurde, zünde ich eine Kerze an, ergriffen von den reichen Kulturen dieser Stadt.

2015 in Hamburg – Der Krieg soll gestorben werden!

Wieder in Hamburg, versuche ich mich bei Dr. Irene Bark in einer langen E-Mail zu bedanken. Die richtigen Worte fehlen mir aber, und ich entschuldige mich dafür.

Die erschütternden Bilder und Berichte über die Flüchtlinge aus den Medien veranlassten mich 2015 sofort aufzuschreiben, was es für Kinder bedeutet, ihre Heimat verlassen zu müssen, obwohl sie eigentlich gar nicht fortmöchten.

Shady, der neunjährige Junge aus meinem Buch, steht mit seiner Familie stellvertretend für alle, die versuchen, im eigenen Land zu bleiben. Nicht immer gelingt das.

Kinder aus der vierten Klasse der Grundschule Marschweg in Hamburg-Rissen haben mir im Gespräch über dieses Buch bestätigt, wie wichtig es ihnen ist, dass es *Ich will keinen Krieg! Shady aus Damaskus* gibt, um darüber reden, schreiben und malen zu können. Vor allem aber auch, um den Kindern zu helfen, die zu uns gekommen sind. Kinder sind begeisterungsfähig, erfindungsreich und werden sich vieles einfallen lassen, um ihre Ideen auch in die Tat umzusetzen. Dafür brauchen sie aber auch Unterstützung von uns, den Erwachsenen.

»Ich habe einen großen Wunsch. Der Krieg soll gestorben werden!«, sagt eine Schülerin im Namen der ganzen Klasse.

In Workshops mit kriegstraumatisierten Kindern in den Chouf-Mountains lernte ich von ihnen, wie wichtig es für sie ist, Schritt für Schritt sprechen zu dürfen über das, was ihnen angetan wurde. Sie trauten sich endlich auch zu weinen, als sie über die von ihnen gemalten Kriegsbilder sprachen. Diese seelisch verletzten Kinder brauchen unendlich viel Liebe, Geduld und Zuwendung. Die sollten wir ihnen geben. Jetzt.

Die andere Seite in Beirut, Libanon

Mir wurde bewusst, dass ich eine heitere Geschichte über eine Familie in der Altstadt Hamra von Beirut schreiben wollte, als Ergänzung zum kleinen Buch *Ich will keinen Krieg! Shady aus Damaskus.*

Hier ist die Geschichte, ich bin wieder da, in dieser Altstadt, in der ich mehrere Male wohnen durfte.

Eine Gazelle auf dem Balkon. Erzählung (2018)

Heute wird ein aufregender Tag werden. Da ist sich Ali ganz sicher. Deshalb mag er nicht mehr neben seinem kleinen Bruder Mustafa bis zum Frühstück still im Bett liegen bleiben.

Vorsichtig steht er auf, zieht schnell seine Unterwäsche, die kurze, dunkelblaue Hose und das weiße Hemd für die Schule an. Gestern Abend hat Mama seine Schulkleidung oben auf der großen Dachterrasse gebügelt, als Papa und er dort Backgammon gespielt haben. Mustafa ist fast fünf Jahre alt und schaut noch zu. Ali geht in die dritte Klasse. Er freut sich jeden Tag auf die Schule, denn später möchte er so werden wie sein Vater. Papa arbeitet in einem Internet- und Handyshop in der Rue Hamra. Papa sagt ihm oft, dass er nicht nur beim Backgammonspiel mit den schwarzen und weißen Steinen auf dem Holzbrett aufpassen soll, sondern auch in der Schule.

Nachdem Ali leise auf die Dachterrasse geschlichen ist, schaut er nach unten in die noch stille, schmale Straße von Hamra. Das ist die Altstadt von Beirut, und das ist die Hauptstadt von dem Land Libanon am Mittelmeer.

Mal sehen, ob Mama merkt, dass er sich nicht gewaschen hat. Vielleicht riecht sie es? Wetten, dass er dann die Schulkleider bestimmt noch mal ausziehen und sich hier oben auf der Terrasse ganz einseifen soll? Auch hinter den Ohren? Mama begießt ihn anschließend wie die Pflanzen in den Blumenkübeln aus einem großen Eimer mit kaltem Wasser. Am frühen Morgen mag Ali das nicht so gern.

Abends aber, wenn die Luft und die Fliesen noch warm sind von der Sonne, dann freut er sich über Mamas Abkühlung. Danach streift er sich das große Baumwollhemd über, das Mama genäht hat, und setzt sich mit Papa an den Tisch, um Backgammon zu spielen.

Ein zarter, hellblauer Streifen am Himmel kündet den neuen Tag an. Köstliche Düfte der frisch gebackenen Fladenbrote ziehen von der Bäckerei unten im Haus bis nach oben zu Ali auf der Terrasse und kitzeln seine Nasenlöcher. Leider muss er heute noch Geduld haben. Mama bereitet jeden Morgen Zater frisch zu. Sie füllt die warmen Fladenbrote mit der Zater-Paste, die ein bisschen aussieht wie Erdnussbutter, aber ganz anders schmeckt. Sesam- und Salzkörner, Thymian und andere Kräuter werden mit Öl vermischt, und fertig! Mmmm, lecker!

Er holt sein Mathe-Heft aus der Schultasche, setzt sich an den Tisch. Papa hat gesagt, dass Mathe wichtig ist für später. Und Englisch. Ali spricht auch Französisch. In Libanon sprechen die meisten Kinder nicht nur Arabisch, sondern auch Französisch.

Heute soll ein neuer Schüler in die Klasse kommen. Aus dem großen Nachbarland Syrien, wo Krieg ist. Der Lehrer hat erzählt, dass Yassan mit seinem Vater nach einer schwierigen Reise bis nach Beirut geflohen ist. In Alis Schule sind schon viele Kinder aus Syrien, aber in Alis Klasse ist Yassan der erste

Syrer. Ali ist wahnsinnig gespannt. Er will unbedingt alles über Yassan und die Flucht wissen.

»Sabah el-cheer, guten Morgen, lieber Ali, schon so früh wach? Und schon so fleißig?« Plötzlich steht Mama neben ihm. Sie trägt ihr hübsches geblümtes Hauskleid. Mama duftet, nach Rosen und anderen Blumen. Die schwarzen Haare hat sie zu einem langen Zopf geflochten. Sie streichelt Ali über seine dicken Locken und fragt: »Hast du dich gewaschen und die Zähne geputzt?« Alis Wangen werden rot. »Heute kommt ein neuer Junge zu uns in die Klasse. Er ist Syrer und heißt Yassan. Neben mir ist noch ein Platz frei. Der Lehrer hat gesagt, dass Yassan dort sitzen soll.« Hoffentlich hat Mama jetzt ihre Frage vergessen. Nein, hat sie leider nicht.

»Dann solltest du ganz frisch gewaschen sein und nicht nach Schlaf riechen.« Ali seufzt tief. Schade. Mama merkt aber auch alles.

»Okay«, sagt er, zieht Schulkleider und Unterwäsche aus. Mama gibt ihm Seife, die nach Jasmin duftet. Er stellt sich in die Ecke neben dem Abfluss, taucht das Seifenstück ins Wasser und seift sich ein. Mama kippt das kühle Wasser über Ali und rubbelt ihn mit einem Leinentuch ab, bis die Haut wie Brausepulver kribbelt, auch hinter den Ohren. Sie gibt ihm einen Kuss und sagt: »Anziehen, mein Schatz, und nun darfst du die Brote beim Bäcker abholen.«

Die Klassentür geht auf. Der Schulleiter hält einen Jungen an der Hand, der nach unten schaut. Er trägt keine Schuhe und auch keine Schulkleidung, sondern eine zerknitterte Jeans und ein T-Shirt mit Löchern.

Die Kinder murmeln und staunen. »Ahlan wa Sahlan, herzlich willkommen!«, sagt der Lehrer. Die Kinder singen auf

Arabisch und Englisch das Lied: *Thank you, you are welcome!*
Danke, du bist willkommen! Der Lehrer hat gestern außerdem
noch gesagt, dass sie freundlich zu Yassan sein sollen.

Als Yassan neben Ali sitzt, riecht Ali etwas, das er nicht kennt.
So riecht ... vielleicht ein Tier? Aber was für eins? Die Katze von
Oma und Opa riecht fast gar nicht. Nachbar Imad hat einen
Hund. Wenn Ali den gestreichelt hat, schnuppert er lange an
seinen Händen. Die riechen wunderbar nach dem Hund, der
Chieni heißt. Ali wäscht sie möglichst gar nicht, weil er sich
sehnlich einen eigenen Hund wünscht. Aber Papa, Mama,
Mustafa und er wohnen im dritten Stock in einer schmalen,
alten Straße ohne Gärten, Bäume und Sträucher. Zwar gibt es
die große Dachterrasse, aber wenn der Hund dort Pipi macht
oder Häufchen fallen lässt ... Nicht auszudenken.

Ali schiebt sein Englischbuch zu Yassan in die Mitte der
Schulbank. »Marhaba, hallo Yassan, du kannst in meinem Buch
mitlesen«, flüstert er auf Arabisch.

Yassan lächelt, und als der Lehrer ihn etwas fragt, kann er
alles auf Englisch beantworten. Da staunt die ganze Klasse!
Ali ist stolz, dass er neben Yassan sitzt. Auch wenn der etwas
merkwürdig riecht.

Nach der Schule rennt Ali um halb fünf nach oben
zur Terrasse. Papa ist da, Mama schneidet Gemüse für das
Abendessen. Mustafa dreht kleine Runden in seinem knallroten
Tretauto. Er möchte Rennfahrer werden.

»Mama«, ruft er, »Yassan riecht nicht nach Schlaf, sondern
nach Gazelle!« Er ist wahnsinnig aufgeregt und lässt sich auf
einen Hocker fallen. Die Schultasche baumelt noch auf dem
Rücken. »Er hat mir erzählt, dass er mit seinem Papa von Syrien
aus über den höchsten Berg in Libanon gekommen ist. Zu Fuß.

459

Der ist mehr als dreitausend Meter hoch, und da lag Schnee. Und da leben Gazellen. Sie haben eine kleine Gazelle gefunden, die war verletzt. Sein Papa hat sie auf dem Rücken bis nach Beirut getragen und …«

»Ganz langsam, Ali«, sagt Papa, und legt seine Hand auf Alis Schulter. Aber Ali ist so durcheinander, dass er sogar stottert. »Die Gazelle ist fast wieder gesund. Mama, kannst du für Yassan Schulkleider nähen? Darf ich Yassan und die Gazelle mal besuchen? Sein Papa und die kleine Gazelle und er wohnen bei Freunden auf dem Balkon.«

Nach nur einem Schultag mit Yassan erzählt Ali mindestens eine halbe Stunde. Dass der neue Schüler gar nichts mehr hat, nur das, was sein Vater in einem kleinen Koffer tragen konnte. Er hat kein Spielzeug mehr und keine Bücher, aber er hat eine Gazelle! Fast vergisst Ali, die knusprigen Falafel-Bällchen aus Bohnenmus und Kichererbsen zu essen.

Als er neben Mustafa im Bett liegt, weiß er, dass Yassan sein neuer Freund wird. Sein Bruder flüstert: »Er darf auch mal in meinem Rennauto fahren, versprochen.« Mama wird Schulkleider nähen, Papa kauft Schuhe und eine Schultasche. Für seinen neuen Freund. Und eine kleine Gazelle ist viel spannender als ein Hund!

»Heimat ist dort, wo meine Mutter mir Milch gab«
(Ibrahim, 16 Jahre, Afghanistan): Was Kinder
und Jugendliche über die Flucht schreiben

Den folgenden kurzen Text schrieb Dyat, zwölf Jahre, am 25.
Januar 2016:

> *Ich bin Dyat. Ich lebte in Syrien. In Syrien ist Krieg, da*
> *ist ganz viel Gewalt. Wir haben uns dazu entschieden zu*
> *flüchten. Die anderen Menschen haben eine andere Kultur.*
> *Und das ist das große Problem.*

Nach der Flucht von mehreren Monaten über Land besuchte er
bald ein Gymnasium in Itzehoe. Von seinem Lehrer erfuhr ich,
dass seine Mutter und er als einzige Überlebende einer großen
Familie allein hier in Deutschland wohnen. Er nahm Teil an
dem ersten Workshop mit meinem kleinen Buch *Ich will keinen
Krieg! Shady aus Damaskus* (2015).

Seine Worte, die er vor der ganzen Klasse laut vortrug, kann
ich nicht mehr vergessen.

Seitdem arbeite ich regelmäßig mit Kindern und Jugendlichen zu der Thematik und bin verwundert und erstaunt
darüber, was sie aufschreiben, welche Bilder sie malen und wie
groß ihre Ängste vor Krieg, vor Flucht und Verlust sind, und
wie groß auch ihre Trauer um den Krieg in Syrien, Afghanistan,
Iran und Irak, um Kriege auf der ganzen Welt ist.

Inzwischen gehen immer mehr Flüchtlingskinder in unsere
Schulen und versuchen sich mit Hilfe der Lehrer zu integrieren.
Ein Kraftakt für beide Seiten, denn es fehlt fast überall an
spezialisiertem Personal, an Psychologen, an Dolmetschern.

In einer Hamburger Stadtteilschule, wo der Flüchtlings- und Migrantenanteil achtzig Prozent beträgt und in der ich mehrere Workshops in der siebten und achten Klasse durchführte, stehen für die Schüler achtzehn Stunden Deutsch pro Woche auf dem Plan.

Die Lehrer konnten bislang erst drei Fortbildungen über Traumata besuchen.

»Es ist unfassbar, was für Schicksale es in einer einzigen Gruppe gibt!«, erzählte mir die Lehrerin. Schüler aus dem Irak, Iran, Eritrea, Syrien, Afghanistan, Guinea hielten beim Schreiben und Malen, beim Austausch und in der Diskussion zusammen, weil alle das gleiche Schicksal haben: Verlust der Heimat, teilweise auch der Familie.

Ein Junge, er ist körperlich der kleinste in der Gruppe, trägt ein T-Shirt mit einer Nummer hinten auf dem Rücken und einen abgewetzten Fußball unter dem Arm, den er selten ablegt. Die Schulleiterin erzählte mir:

»Esat kommt aus Syrien, ist mit seinem Vater mehrere Monate unterwegs gewesen, bis die beiden hier in Hamburg-Hamm in einer Flüchtlingsunterkunft einen Platz bekamen. Seitdem ist sein Vater sehr krank und liegt meistens in einer Klinik. Esat stand jeden Tag vor dem Schuleingang und sah sich die Kinder genau an. Eines Tages hat er sich getraut, ein Mädchen anzusprechen, das auch aus Syrien kommt. Er hat sie gebeten, einen Zettel für sie auf Deutsch zu schreiben mit dem Text: *Ich möchte bitte in die Schule gehen.*

Dann ist er in die Eingangshalle der Schule gegangen und hat genau aufgepasst, welche Erwachsene durch welche Türen gehen. Und sich langsam, aber sicher schlau gemacht, bis er wusste, dass ich die Schulleiterin bin. Irgendwann hat er an die

Tür geklopft, zufällig hatte ich kein Telefonat, keinen Besuch von Eltern und Lehrkräften. Er kam rein, in abgerissenen Kleidern und legte mir den Zettel hin. Ich versuchte ihm zu erklären, dass ich dann seine Papiere brauchte, zum Beispiel einen Pass, und zeigte ihm meinen. Die hatte er nicht. Er kam wieder, am nächsten Tag, legte den Zettel erneut hin. Ich musste ihn wegschicken und war gerührt von der Hartnäckigkeit dieses kleinen Jungen. Als er das dritte Mal vor mir stand, habe ich gesagt: ›Okay, ich kümmere mich.‹«

Ich liebe mein Land. Es ist meine Heimat. Aber wann kann ich zurück?

Diesen Text schrieb Esat mit Hilfe seines Deutschlehrers in meinem Workshop und malte einen Fußball dazu. Und kannte ein wichtiges Wort in deutscher Sprache: Löwe. Denn sein syrischer Name Esat bedeutet ›Löwe‹. Kleine Texte mit großen Inhalten und Sehnsüchten entstanden.

Das, was nicht in Worte gefasst werden kann, wird gemalt. Mit weicher Pastellkreide und manchmal mit großer Wucht. Fröhliche Farben werden plötzlich mit heftigen Bewegungen pechschwarz übermalt. Die Workshops sind intensiv, tun auch weh, wenn es gezielt um Heimat, Flucht und Zukunft geht. Hoffnung und Sehnsucht stehen dennoch im Mittelpunkt.

»Durch den Workshop habe ich vieles erfahren, was ich vorher noch nicht wusste«, sagte eine Deutschlehrerin.

An einem Gymnasium in Hamburg-Othmarschen schrieb ich mit Schülern aus der sechsten Klasse sechs Stunden lang zum Thema ›Flucht‹. Die Texte wurden auf der Bühne präsentiert, eingebettet in überarbeiteten Stücken aus Homers *Odyssee*.

Im Publikum war es still, als Schüler Texte sprachen wie:

Hoffnung ist, wenn du nicht aufgibst.
Hoffnung ist, wenn du glaubst, alles wird gut.
Hoffnung ist, wenn du dir selbst vertraust.

Oder:

Hass und Trauer liegen in der Luft.
Verzweiflung macht sich breit.
Tod oder Träume, Rache oder Sehnsucht?
Flüchtling bin ich jetzt.

An dieser Schule gibt es, soweit ich informiert bin, keine Flüchtlingskinder, keine materiellen Probleme.

Schritt für Schritt ging ich mit ihnen in eine Welt hinein, die sie sich kaum vorstellen konnten: Alles zu verlieren, was einem lieb und wichtig ist, und unter unvorstellbaren Entbehrungen hierher zu kommen.

In einer Lesung und anschließender Schreibwerkstatt im *Kinderbuchhaus* im Altonaer Museum waren zwei erwachsene Syrer als Gast mit dabei. Abdullah und Yazan lasen Texte auf Arabisch und versuchten, sich mit den Kindern zu unterhalten.

Yazan nahm spontan die plissierte, schwarze Hose, die auf dem Tisch vor uns lag, und zog sie über seine Jeans an. Diese Hose für festliche Anlässe hatte ich in der Altstadt von Damaskus in Yussufs Laden gefunden.

Yazan knöpfte den roten Stoffgürtel zu. Alles passte perfekt. Was für ein Glück hatte ich gehabt, dass ich diesen Gürtel im Restaurant in Damaskus kaufen konnte.

Dazu hatten die Kinder viele Fragen, denn plötzlich sah Yazan ganz anders und so feierlich aus.

Eine Schülerin sprach Arabisch und Deutsch und war eine patente Übersetzerin.

Als die Kinder nach der Lesung Stichworte aufschreiben und daraus Sätze bilden durften, waren sie kaum zu halten. Nach kurzer Zeit brachte die Post mir einen dicken Umschlag mit Briefen der Kinder:

»Es hat mir bei der Lesung sehr gefallen, weil Syrer dabei waren. Und ich weiß jetzt, wie es früher in Syrien war, als noch kein Krieg war.«

»Abdullah und Yazan waren nett, und ich fand es mutig von den beiden, dass die Deine Bilder aus Damaskus angeguckt haben und nicht geweint haben.«

»Was ich witzig fand war, dass auf der Straße vor dem Krieg Backgammon gespielt wurde. Das spiele ich auch gerne mit meiner Familie.«

»An den Syrern fand ich gut, dass sie nach acht Monaten schon so gut Deutsch können und so viel erzählt haben.«

Eine Veranstaltung wie diese war ein Experiment: Lesung, Bilder ansehen, Fragen, Schreiben, Austausch. Und das mit zwei Schulklassen und zwei syrischen Gästen auf engem Raum. Wieder wurde mir bewusst, wie riesig das Interesse bei Schülern ist, aus erster Hand zu erfahren, wie es sich anfühlt, hier nach langer oder kurzer Flucht anzukommen.

Der Kreis schließt sich, indem nun die sprachliche Integration angefangen hat, endlich. Aber nicht immer dürfen Kinder aus Flüchtlingsunterkünften bald in unseren Schulen am Unterricht teilnehmen. Weil sie noch nicht genügend Deutsch sprechen, weil die langwierigen, mühsamen Behördengänge noch nicht abgeschlossen sind.

Wie unvorstellbar viele Erkenntnisse habe ich seit meinen Workshop an der syrisch-libanesischen Grenze vor dem Krieg und im Januar 2016 gewinnen dürfen von all den Kindern und Jugendlichen, die genaue und kreative Vorstellungen haben von dem, was eine Welt friedlicher macht und wie wichtig Heimat ist.

Eben dort, wo die Mutter den Kindern ihre Milch gibt.

Aufbrüche, Abschiede und: Danke

Meine Reisen mit Doro, ein Abschied (2019)

Nach meiner aufregenden, nicht ungefährlichen Reise mit zwei Freunden durch Togo und Ghana (1993) trat Doro als neugieriges, unvoreingenommenes Buchkind in mein Schriftstellerleben.

Wie es dazu kam?

Politische Unruhen in Togo und die ständige Präsenz des Militärs wurden am Ende der abenteuerlichen Reise sogar lebensbedrohlich.

Man wollte uns, weil wir Kontakte zu aufsässigen Studenten hatten, vertreiben. Wenn nötig, mit Gewalt.

Eines Abends, unterwegs zu der Familie des Organisten der Bremer Church, wurde in der Dämmerung auf unser Taxi geschossen.

Der Fahrer konnte rechtzeitig ausweichen. Die Kugel durchschlug den rechten Kotflügel hinten.

Dann fiel in der Nacht darauf eine Bombe auf das Haus neben dem von uns gemieteten in Lomé-Tokoin.

Die KLM ließ inzwischen Diplomaten und andere ›wichtige Personen‹ ausfliegen. Dazu gehörten wir nicht. Der Leiter des Büros meinte fröhlich: »Solange mir hier keine Panzer in den Laden rattern, ist es eigentlich noch nicht gefährlich.«

Er empfahl uns aber, nach Kpalimé zu fahren. Dort seien wir sicher.

Kurze Zeit später stand das frisch renovierte Goethe-Institut in Lomé in Flammen. Übrig blieben Schutt und Asche.

Schließlich warteten wir zwei Wochen in dem sicheren Ort Kpalimé, nördlich der Hauptstadt Lomé, auf unseren Rückflug.

In unserer Unterkunft empfingen junge Afrikanerinnen ihre Freier im Halbstundentakt und wuschen sich kichernd im Flur an einem winzigen Waschbecken.

Draußen, auf einer großen Wiese, jubelten Anhänger der Pfingstkirche und sangen sich die Seele aus dem Leib, lautstark unterstützt von unzähligen Mega-Lautsprechern. Ohne Unterlass, bis in die frühen Morgenstunden flogen uns die *Halleluja, Yes, Halleluja*-Wünsche um die Ohren.

Nach einer langen Zeit mit Schreibblockaden durch die schockierenden Erlebnisse in Togo entschied ich, dass über meine Reiseerfahrungen nur ein Kind erzählen konnte.

Plötzlich war dieses Kind da: Die elfjährige neugierige und vorwitzige Doro. Sie brachte ihren liebenswerten Papa, einen Reisejournalisten, und Michel aus Togo gleich mit. Und so führte sie mit Schwung meinen Stift übers Papier und lieh mir ihre kindliche Seele, ihre Begeisterung für alles Fremde und Andersartige, ihre unvoreingenommene Haltung und den Respekt vor anderen Kulturen. Aber auch für ihre tiefsten Ängste und Hoffnungen verlangte sie Raum.

Sie reiste mit mir durch Nord-, Mittel- und Südafrika, die Weiten der USA, West- und Ostkanada, folgte mir oft durch Indien und Sri Lanka und flog mit nach Singapur. Sie machte sich mit mir auf in das australische Outback entdeckte vorher ihre Liebe für meine verrückte Heimatstadt Amsterdam.

Vorbilder und Inspiration für erzählende Reiseberichte waren für mich Bruce Chatwin (GB), Mary Kingsley (GB), Michael Ondaatje (Sri Lanka) und Ilija Trojanow (geboren in Bulgarien) sowie Lieve Joris aus Belgien, Adriaan van Dis und Cees Nooteboom aus den Niederlanden.

In Afrika war ich nie allein war das erste Ergebnis meiner Tagebuchaufzeichnungen, die ich zum Buch umarbeitete.

Das fertige Manuskript schickte ich an zwei mir bekannte Verleger, die den Reiseroman kategorisch ablehnten, weil er in keines der Schubfächer ihres Verlagsprogramms passte. Reiseromane für junge Leser waren damals noch ein Novum und unbequem.

Enttäuscht ließ ich das Manuskript in meinem Schreibtisch verschwinden, bis zwei Kolleginnen es bei Peter Hammer empfahlen. Drei Tage später hatte ich vom Verlagsleiter Hermann Schulz den Vertrag auf dem Tisch. *In Afrika war ich nie allein* wurde ein Bestseller, Doro war ein Mädchen, mit dem junge, aber auch ältere Leser sich sofort ins nächste Reiseabenteuer stürzen wollten, wie mir in zahllosen Briefen, Zeichnungen und E-Mails geschildert wurde.

Nach drei Wochen war die erste Auflage ausverkauft und ich als Autorin so glücklich wie selten zuvor.

Die erste Buchkritik kam von einer jungen Ethnologin und Afrikanologin, Dr. Larissa Förster aus Köln. Sie beschrieb genau das, was mich dazu bewegt hatte, dieses Buch zu schreiben:

Neben natürlich überwältigenden Eindrücken von der Andersartigkeit des Lebens in Straßen und Häusern ist auch viel Befremdliches und Ekliges dabei: grässliches Ungeziefer und Getier, unglaubliche Toiletten ... ein Nie-alleine-

*Sein, die ganze Palette an Kleinigkeiten, die zusammen
einen kleinen Kulturschock ergeben. ... Falsche Romantik
kommt da nicht auf. ... Ein Mosaik aus komischen, schönen
und auch unangenehmen Begegnungen, aus Verblüffung,
Begeisterung, Hilf- und Ratlosigkeit ...*

Doro reiste trotz Unkenrufen einer Rezensentin, die den ersten
Doro-Band als rassistisch empfand, weiter mit mir. Das reiselusti-
ge Kind und ich saßen zusammen auf dreckigen Ladeflächen
stinkender Lastwagen, hockten in winzigen, ungefederten,
motorisierten Rikschas, eingepudert vom Straßenstaub. Wir
kauerten im Schneidersitz auf durchgesessenen Plastikpolstern
der vollgepackten, klapprigen Taxen ohne Fensterscheiben und
Bodenbleche. Wir schlingerten eingeklemmt wie Ölsardinen in
stickigen, knatternden, schrottreifen Uraltbussen.

Manchmal fuhren wir luxuriös im Mietwagen oder mit dem
Motorrad oder in offenen Jeeps. Und manchmal wagten wir
es, in übervölkerten Zügen mit vergitterten Fenstern zu reisen
oder mit der Straßenbahn.

Wir flogen in großen und kleinen Flugzeugen. Wir waren
auf dem Fahrrad unterwegs oder einfach nur zu Fuß.

Doro hielt durch in der Gluthitze der australischen Wüste
am Uluru, sie war mittendrin im peitschenden, feuchtwarmen,
indischen Monsun, aber auch im beißenden Sandsturm an der
tasmanischen Westküste.

Auf einem schaukelnden Schiffchen in der Nähe von
Nova Scotia in Nordostkanada wehrte sie sich tapfer gegen
Seekrankheit, versuchte ihre Enttäuschung im dicken Nebel
und strömenden Regen im Grand Canyon wegzustecken und
betrat im Schneegestöber die ewigen Gletscher im Nordwesten

Kanadas. Sie saß mucksmäuschenstill im offenen Jeep in der staubigen, südafrikanischen Savanne und ging entsetzt durch völlig zugemüllte und stinkende Millionenstädte.

Doro wuchs unentwegt an den vielseitigen, ungewöhnlichen Erfahrungen, im Austausch mit Papa und all den Menschen, die ihren Reiseweg kreuzten. Gedankenbuch, Anspitzer und Bleistift hatte sie immer dabei.

Doro wurde mein liebstes Buchkind, mein Schatten, mein zweites Ich. Die Identifikation wurde so stark, dass ich auf meinen Reisen immer versuchte, alles mit ihren Augen und aus ihrem Blickwinkel zu sehen: möglichst ohne Vorurteile, immerzu gespannt auf das, was im nächsten Augenblick passieren könnte.

Nach sieben Reisen durch Indien und drei misslungenen Anläufen schaffte ich es am Indischen Ozean, dem Arabischen Meer, nachts und bei Kerzenschein, beschützt von den Einwohnern eines kleinen Fischerdorfes, die endgültige Fassung *Ein Elefant kommt selten allein. Doro in Indien* (2000 und 2005) mit der Hand zu schreiben.

Nach sechs Monaten Reisen durch die USA und Kanada schrieb ich mit Doros Feder weiter, und zwar: *Und wo sind die Indianer? Doro in Nordamerika* (2002). Ich bemühte mich vor allem, nicht meine Wut im Bauch in den Text einfließen zu lassen. Die Wut, die mich auf der mühsamen Suche nach den Ureinwohnern, den Indianern, immer trauriger und fassungsloser machte. (Aus Kostengründen wurden im Manuskript leider hundertsechzig Seiten meiner Recherchen zu deren Schicksalen gestrichen.)

In meiner Heimat durchlitt ich beim Recherchieren und Schreiben für *Die allerverrückteste Stadt und ich. Doro in*

Amsterdam (2003) gemeinsam mit meinem Buchkind Doro, wie es ist, in der einen Kultur geboren zu werden und aufzuwachsen, später in der anderen, neuen Kultur zu leben und Wurzeln in *zwei* Kulturen zu haben, nämlich in den Niederlanden und in Deutschland.

Das fünfte Buch über die große Reise nach Australien erschien im Frühjahr 2004: *Auf Traumpfaden unterwegs. Doro in Australien.*

Buchkind Doro, mittlerweile fast fünfzehn, stellte fest, dass Papa nicht allein der große Held ist, dass sie ihre tiefsten Gefühle nicht nur mit ihm, sondern auch mit anderen teilt, dass sie sich allmählich vom ihm löst, auch wenn es furchtbar schmerzt. So wie bei mir.

Sie nimmt mit einem großen Reisebogen um die halbe Welt vorläufig Abschied von Papa und mir: Nach Singapur, Südindien, Australien und Tasmanien, und schließlich kehrt sie zu dem Kontinent zurück, auf dem alles angefangen hat: nach Afrika.

Es tat mir unendlich weh, während des Schreibens am fünften Buch zu spüren, dass Doro andere Wege gehen möchte, allein oder mit Freunden, ohne den Vater.

Ein kleiner Fan schrieb:

Doro muss immer weiter reisen. Ich war mal auf der Insel Ameland. Kann Doro das nächste Mal mit mir kommen? Dann zeige ich ihr Ameland, und sie kann für mich Niederländisch reden.

Adieu Doro, mach es gut. Wir sehen uns wieder, irgendwann, auf Ameland oder in Neuseeland, Polynesien oder China.

473

Ja, wir trafen uns noch wieder. Doro, inzwischen achtzehn Jahre alt, wollte allein und heimlich nach Indien fahren, Freunde besuchen, mit vagen Plänen und öffentlichen Verkehrsmitteln durch Indien bummeln. Ohne ihren Vater, der irgendwo Reportagen über verschollene Völker machte.

Alles kam ganz anders, als Doro es sich vorgestellt hatte.

Das Resümee der mehr als zwanzig Jahre, in denen ich in Indien durch die Hilfsprojekte unterwegs war, fand Raum in: *Back to India – with love. Ein Road-Movie* (2016).

Doro darf danach endgültig gehen. Sie hat es geschafft.

Zitate aus Kinderbriefen (Auswahl)

»Machen Sie so weiter!«

»Ich habe eigentlich noch kein weiteres Buch von Ihnen gelesen, aber ich weiß, dass alle anderen Bücher, die Sie geschrieben haben, toll sind!«

»Gibt es ein blondes Mädchen in Hamburg, dass sie getroffen haben oder kennen und das Doro heißt?«

»Kennen Sie noch mehr Kinder, über die Sie Bücher schreiben?«

»So ein Pech, dass Sie so weit weg sind. Ich würde Sie gerne einmal sehen. Ich muss jetzt leider aufhören.«
»Bitte schreiben Sie bald zurück und beantworten Sie alle meine Fragen.«

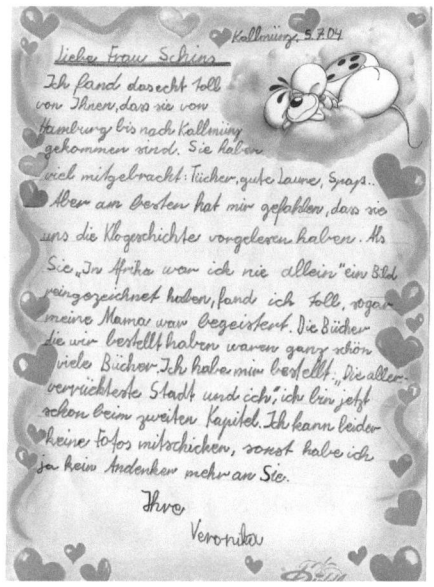

»Was war eigentlich das Peinlichste in Ihrem Leben? Worüber haben Sie am meisten gelacht? Am besten fand ich Kapitel 8 über Afrika. Haben Sie Kinder?«

»Und wer weiß, vielleicht spaziere ich einmal in Ihren Buchladen und kaufe mir das Buch *Ein Elefant kommt selten allein*.«

»Haben Sie eigentlich auch ein Lieblingsbuch von Ihren geschriebenen Büchern?«

»Was mir besonders gut an dem Buch gefallen hat, war das, wo Doro nie allein aufs Klo gehen konnte.«

»Waren Sie selbst in all den Ländern und gibt es Doro wirklich? Ich finde, wenn Sie nicht in den Ländern waren, dann haben Sie eine tolle Fantasie!«

»Was für ein Buch haben Sie geschrieben, als Sie klein waren?«

»Die verrückteste Stadt und ich. Doro in Amsterdam. Solche schöne Geschichten können bestimmt bloß Sie schreiben.«

»Haben Sie Ihre Geschichten selbst erfunden oder aus anderen Büchern? Ein paar Menschen haben Sie sich bestimmt ausgedacht.«

»Ich finde Bücher über Menschen in anderen Ländern toll. Aber es sind nicht so viele Bilder drinnen, und das gefällt mir nicht so gut, dass nur bei der neuen Überschrift immer welche da sind.«

»Ich finde es gut, dass Sie für jedes Buch in ein anderes Land reisen. Das machen bestimmt nicht alle, oder?«

»Ich finde, Sie sollten jetzt noch Applaus hören nach der Lesung, wenn nicht hier dann woanders. Am liebsten würde ich Ihnen den ganzen Tag applaudieren, deswegen applaudiere ich in mir weiter für Sie!«

»Die Reisen mit Ihnen klangen sehr verlockend!«

»Wenn Sie an mir vorbeigingen, kroch mir so ein wunderbarer Duft in die Nase. Ich würde weiterhin empfehlen, solche Bücher zu schreiben.«

»Sie haben mit Sicherheit einen aufregenden Beruf. Und erleben mit Sicherheit viele Abenteuer.«

Einige Vorschläge von Kindern, wo Doro noch hinfahren kann: London, in die Geisterbahn, China, Griechenland, Mexiko, zu den Cowboys in Amerika und den Eskimos in Alaska, nach Russland und Ameland.

Für Gottfried (1935–2021)

Am 13. Januar 2021

Gestern Morgen, am 12. Januar, ist Gottfried um halb neun Uhr morgens im Asklepios-Krankenhaus in Hamburg-Rissen allein gestorben.

Ich durfte nicht bei ihm sein, weil das Ergebnis des Corona-Tests zu spät für uns beide kam: Er war negativ. Gottfried durfte vorher nicht in die Palliative, dort, wo ich ihn angemeldet hatte.

Ab viertel vor zehn habe ich zwei Stunden bei Gottfried an seinem Sterbebett gesessen und neben ihm gestanden, habe ihm alles gesagt, was es noch zu sagen gab. Vor allem um mich bei ihm zu bedanken für die grenzenlose Liebe, die er mir in seiner besonderen Art immer wieder gab und mich spüren ließ.

Alles, was ich noch sagen wollte, habe ich mit Gottfried besprochen.

Seine schönen Hände habe ich immerzu festgehalten und gestreichelt. Seine schmalen Hände mit den langen Fingern, die ich so liebte, und nicht nur seine Hände.

Die letzten Stunden und Tage hier zu Hause waren innig, intensiv und auch schmerzhaft. Gottfried konnte nichts mehr ohne fremde Hilfe.

Seine Augen waren so traurig, so fragend an mich.

Ich habe versucht, ihm alles an Liebe zu geben, was noch möglich war, und ihn am letzten Montag während des noch dunklen Morgens vier Stunden lang gehalten, ihm immer wieder Mut gemacht und gesagt, dass er gehen darf.

Nun ist Gottfried irgendwo zwischen Himmel und Erde.

Nach schwerer Krankheit, seit dem 3. November, und einem Todeskampf, der hier in seiner eigenen Umgebung zwei

Tage dauerte, darf er jetzt irgendwo ankommen, wo es ihm wieder gut geht. Wo alle Schmerzen und Qualen und Sorgen verschwunden sind.

Wer weiß, vielleicht steht er schon irgendwo auf einem malerischen Golfplatz am Meer, mitten in der Sonne, wer weiß.

Freunde werden mir in den nächsten Tagen, in der kommenden Zeit helfen.

Meine Familie und Freundinnen aus den Niederlanden dürfen nicht kommen.

Und irgendwann treffen wir, die Gottfried liebhatten, uns unten am Elbstrand und nehmen in einem besonderen Ritual Abschied von ihm.

Vielleicht bringen wir Picknickkörbe mit und stoßen zusammen auf ihn an. Wir essen leckere Sachen, zum Beispiel

479

Gottfrieds Lieblings-Fisch- oder Fleischfrikadellen mit Brat-kartoffeln.

Vielleicht lassen wir seine Drachen steigen, die mit uns auf Reisen waren in Südfrankreich, bis nach Fuerteventura, nach Sylt oder zum Elbstrand hier in Blankenese am Falkensteiner Ufer, wo wir neun Drachen in allen Regenbogenfarben und Schwarz und Weiß im Wind drehen und tanzen ließen.

Am Samstagabend habe ich ihm auf Wunsch noch knusprige Bratkartoffeln mit einem Spiegelei und einer Avocadocreme zubereitet: eines seiner Lieblingsgerichte.

Tieftraurig bin ich, ja, aber Gottfried und ich hatten zusammen ein langes, schönes und abwechslungsreiches Leben: in Hamburg ab 1972, mit allen *ups and downs*, die zu so einem Leben gehören.

Für mich war er immer ein Fels in der Brandung, in der Parkstraße 32, an der Elbchaussee 285, in Pepers Diek 6 d und 8 und überall dort, wo wir gemeinsam irgendwo auf der Welt unterwegs waren.

Ich hatte großes Glück, dass ich in all den Jahren so einen wunderbaren, loyalen und humanistisch denkenden und lebenden Mann an meiner Seite hatte, der mir die Freiheit ließ, all das zu machen, was ich mir wünschte, was mir Freude bereitete.

Ich habe ihm unendlich viel zu verdanken, weil ich mich entwickeln durfte zu einem freilebenden Menschen. Dadurch konnte ich nach Herzenslust schreiben und malen und allein auf kleinen und großen Reisen unterwegs sein.

Wenn ich nach Hause kam, stand er immer am Flughafen oder im Bahnhof Altona, um mich strahlend abzuholen.

Farewell, liebster Gottfried, treuester, aufrichtigster, geliebter

Freund und mein Ehemann. Dein unvorstellbarer Humor war in den letzten Tagen Deines Lebens immer noch da.

Das Seelenfenster in Richtung Sonnenaufgang, hoch oben über unserer Wohnung, habe ich seit gestern weit geöffnet.

Sei glücklich dort, wo Deine Seele und Dein Esprit jetzt sind.

Gottfried sagte stets, wenn ich mal wieder besondere Pläne, Wünsche und verrückte Ideen hatte:

»Wenn es dich glücklich macht, dann ist es gut.«

Marie-Thérèse, Treesje, in großer Liebe für alles, was Du mir in all den Jahren gabst, von der ersten bis zur letzten Minute unseres gemeinsamen Lebens.

Schließlich

Im eigenen Leben nochmals unterwegs zu sein ist riskant. Karton- und kistenweise habe ich Briefe, Tagebücher, Fotoalben, USB-Sticks, eigene Beiträge in Presse, Archiv-Unterlagen und aus anderen Quellen wieder in meinen Schreiballtag geholt und bin mehrere Monate lang mehr oder weniger darin abgetaucht.

Erstaunlich war, wie viel ich doch irgendwo aus meinem Leben, bewusst oder unbewusst, verdrängt hatte. Oder es war verschwunden und kam nun wieder in voller Wucht zum Vorschein. Die nächtlichen Träume während der Schreibphase von ungefähr neun Monaten mochten bunt, aber oft auch verwirrend sein. Morgens wusste ich oft nicht mehr, wo ich mich gerade befand. Es galt zu sortieren und zu strukturieren.

Das, was übrigblieb, habe ich zum Teil neu geschrieben oder aus bestehenden Veröffentlichungen überarbeitet, gekürzt, in andere Kontexte gebracht, zusammengefügt. Die Rechte für einige Beiträge waren schon bei mir bzw. es wurde genehmigt, sie im Rahmen der Lebens Entdeckungsreise zu übernehmen.

Auch wenn ich manchmal beim Sortieren und Aufschreiben der Verzweiflung nahe war, so merkte ich immer mehr, wie gut es mir tat, auf ein reich gelebtes und erfülltes Leben zurückblicken zu dürfen. Es war eine erfreuliche, aber auch schwierige Reise, die am Ende noch viele Lücken aufweisen wird, zumindest in diesem Buch. Ich beschloss die Kapitel nach Schwerpunkten zu ordnen, anders war es mir nicht möglich, die Erfahrungsschätze zu strukturieren, und innerhalb der Schwerpunkte dann chronologisch.

Mich wunderbar begleitet und mir immer wieder Mut gemacht haben Ulrike Diek-Rösch, ehemalige Oberstudienrätin

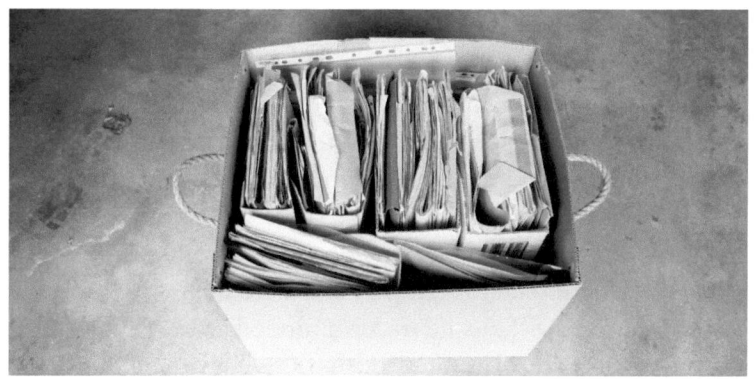

Deutsch aus Itzehoe, und die Kolleginnen Karin Baron und Brigitte Blobel aus Hamburg.

Vor allem auch Gottfried, der in dieser Zeit viel aushalten musste. Für seine endlose Geduld und sein Verständnis für mich danke ich, immer und immer wieder. Er kannte mich ja, wenn ich an einem Schreibprojekt ›dran‹ bin. Und das war nicht immer angenehm. Für uns beide nicht.

Nun denn, vielleicht wird aus den vielen Lücken, die es in diesem Lebensbuch garantiert gibt, irgendwann mal ein anderes Buch. Aber jetzt ist es an der Zeit, ein wenig zu verharren, auch im Zusammenhang mit den Veränderungen unserer globalisierten Welt.

Während ich die Beiträge wiederholt las, fiel mir auf, dass ich, vor allem als Kind, in einem völlig anderen Zeitalter gelebt habe. Manchmal fühl(t)e ich mich wie aus der Zeit gefallen.

Wenn Sie mögen, suchen Sie sich einen Reiseabschnitt aus und begleiten Sie mich auf einem Stück meiner Lebensreise.

Marie-Thérèse Schins,
im Jahr 2021

Über die Autorin und Malerin

Siebtes von zehn Kindern, Niederländerin. Abitur und Ausbildung zur Kinderbibliothekarin. Leitung der Zentralen Kinder- und Jugendbibliotheken in Nijmegen und Hannover. Seit 1974 freie Autorin, Journalistin (u. a. »Die Zeit«, »Brigitte«, »Buchmarkt«, »Eselsohr«, »1000 & 1 Buch«, a-tempo) und Malerin in Hamburg, mit Lehraufträgen für Kreatives Schreiben im Fach Sprache und Kommunikation, Kinder- und Jugendliteratur am LI Landesinstitut für Lehrerfortbildung und der Hochschule HAW Hamburg. Weiterbildung Freie Malerei in Nijmegen und in Poesie- und Schreibtherapie am Fritz Perls Institut Düsseldorf. Mitbegründerin des ITA Institut für Trauerarbeit in Hamburg. Schreib- und Malwerkstätten rund um den Globus mit Kindern, Jugendlichen und Erwachsenen. Mehr als 40 Bücher zu Themen wie Interkulturalität, Abschiednehmen und Trauer, Clinic-Clowns, Alt und Jung.

Danksagung

Allen, die das Erscheinen dieses Buchs möglich machten durch ihre großzügige, finanzielle Unterstützung: herzlichen Dank.

Es sind: Helga, Juul und Franz, Marina, Guido, Andreas und Sonja, Joachim, Renate, Jan, Dörte und Knut, Anne, Angelika, Elke, Eckart, Ingo, Carola, Rainer, Hildegard, Klaus und Cornelia, Jens-Peter und Hanna, Dagmar, Jens und Volker, Ulrike und Gabriele.

Abbildungsverzeichnis

Privat: 19, 21, 25, 27, 33, 49, 55, 75, 91, 164, 233–235, 238, 248, 266, 269, 288, 295, 381, 391, 403, 407, 475, 481, 485

Anna Afijan: 45, 61, 83, 97, 101, 104, 105, 107, 166, 192, 237, 292, 317, 473, 479, 483

Marie-Thérèse Schins: 117, 121, 123, 127, 135, 149, 151, 162, 181, 241, 245, 353, 370, 387, 441, 497

Petra Koch: 321

Birte Müller: 329, 385, 485

Olaf Plotz: 349

Peter Budweg: 361, 388

Joseph P. Isaac: 377

Anne Batisweiler: 393

Literaturlisten

Zu den einzelnen Beiträgen

Abeking, Hermann: Das Mampampe-Buch (Abel & Müller, 1921)

Adiga, Aravind: Der weiße Tiger (C. Beck, 2008)

Aitmatow, Tschingis: Der erste Lehrer (Weismann Verlag, 1980)

Adler, Peter and Nicholas **Barnard**: Asafo! African flags of the Fante (Thames & Hudson,1992)

Altmann, Andreas: Notbremse nicht zu früh ziehen! Mit dem Zug durch Indien (rororo, 9. Aufl. 2017)

Ausländer, Rose: »Mutterland Wort«. 1901–1988 (Rose Ausländer-Stiftung, 2. Aufl. 1999)

Balmes, Hans Jürgen (Hrsg.): Chatwins Rucksack. Porträts, Gespräche, Skizzen (Fischer Taschenbuch Verlag, 2002)

Baßler, Margit und Marie-Thérèse **Schins**: Warum gerade mein Bruder? Trauer um Geschwister. Erfahrungen, Berichte, Hilfen (rororo Sachbuch, 1992)

Biegel, Paul: Das große Buch vom kleinen Kapitän (Urachhaus, Neuauflage 2011)

Biegel, Paul: Hase (Arena, 1984)

Biegel, Paul: Das Schlüsselkraut (Bertelsmann, 1991)

Biegel, Paul: Virgilius Tulle auf Tortenjagd (Freies Geistesleben, Neuauflage 2015)

Binder, Franz: Seychellen. Tausend Meilen außerhalb der Welt (Bucher, 2007)

Bittermann, Klaus (Hrsg.): Auf Lesereise. Was unterwegs alles schiefgehen kann. Wahre Geschichten (Edition Tiamat, 2004)

Breeden, Stanley: Sharing Culture Uluru (Steve Parsih Publishers, 2001)

Brown, John: Reise in die Wüste (Beltz & Gelberg, 2002)

Burnett, Frances Hodgson: Der geheime Garten (Urachhaus, 3. Aufl. 2009)

Chambers, Aidan: Wer stoppt Melanie Prosser? (Arena, 1984)

Chang, Jung und Jon **Halliday**: Mao. Das Leben eines Mannes, das Schicksal eines Volkes. (Karl Blessing, 2005. In China verboten)

Chatwin, Bruce: Auf Reisen (Hanscr, 1993)

Chatwin, Bruce: Traumpfade (S. Fischer, 11. Aufl. 2001)

Chen, Hanne: KulturSchock VR China/Taiwan (Reise Know-How Verlag, 6. Aufl. 2004)

Collodi, Carlo: Pinocchio (Dressler Klassiker, o. J.)

COBRA. 40 jaar later. 40 years after. Collectie J. Karel P. van Stuijvenberg (Sdu Publishers, 1988)

Diekmann, Miep: Geen enkel verdriet duurt honderd jaar (Querido, 1982)

Diekmann, Miep und Dagmar **Hilarová**: Ik heb geen naam. Uit het dagboek van een vijftienjarige (Leopold, 1980)

Dis, Adriaan van: Het beloofde land. Een reis door de Karoo (Meulenhoff, 3. Aufl. 1991)

Dis, Adriaan van: In Afrika (Meulenhoff, 1991)

Engelmann, Reiner: Keiner hat was gesehen! Texte über Gewalt an der Schule, cbt 2007

Formenti, Laura (ed.): The Dianoia Project. Handbook (Education and Culture Leonardo da Vinci, 2004)

Fröhlking, Andrea: Jenseits des Meeres. Fantastische Särge aus Ghana (SSP, 2003)

Furth, Gregg M.: Heilen durch Malen. Die geheimnisvolle Welt der Bilder (Walter-Verlag, 1991)

Gellhorn, Martha: Reisen mit mir und mit ihm (rororo, 1990)

Gercken, Günther und Christoph **Eissing-Christophersen**: Die Schlumper. Kunst ohne Grenzen (Springer, 2001)

Godden, Elaine und Jutta **Malnic:** Rock Paintings of Aboriginal Australia (New Holland Publishers, 1997)

Härtling, Peter: Alter John (Beltz & Gelberg, 1981)

Henzler, Christa und Ingrid **Riedel**: Malen um zu überleben. Ein kreativer Weg durch die Trauer (Kreuz Verlag, 2003)

Henzler, Christa und Ingrid **Riedel**: Maltherapie. Eine Einführung auf der Basis der Analytischen Psychologie von C. G. Jung (Kreuz Verlag, 2004)

Hergé (Georges Prosper Remi): Kuifje in Afrika. (Casterman, 1946)

Heydlauff, Lisa: Going to School in India (Random House India, 2009)

Huber, Gerhard und Oskar **Stocker**: Mystik der Wüste (Styria, 1997)

Ihimaera, Witi: Aroha. Maori-Geschichten aus dem Jadeland (Edition Isele, 1999)

Imhasly, Bernard: Indien. Ein Länderporträt (Ch. Links Verlag, 2015)

Joris, Lieve: Dans van de luipaard (Meulenhoff, 2001)

Joris, Lieve: Mali blues en andere verhalen (Meulenhoff, 1996)

Joris, Lieve: Op de vleugels van de draak. Reizen tussen Afrika en China (Augustus, 7. Aufl. 2014)

Joris, Lieve: De poorten van Damascus (Meulenhoff, 4. Aufl. 1994)

Joris, Lieve: Terug naar Kongo (Meulenhoff, 2. Aufl. 1988)

Julien, Paul: Kampvuren langs den evenaar (Mingus, 1998, Neuauflage von 1940)

Kakar, Katharina: Frauen in Indien. Leben zwischen Unterdrückung und Widerstand (C.H.Beck, 2015)

Kingsley, Mary: Die grünen Mauern meiner Flüsse. Aufzeichnungen aus Westafrika (dtv sachbuch, 1992)

Krack, Rainer: KulturSchock Indien (Reise Know-How, 5. Aufl. 1998)

Lindgren, Astrid: Die Brüder Löwenherz (Oetinger, 1973)

Lundgren, Gunilla, Lars Jacobsson und Militta Wellner: Der Baum, der nicht sterben wollte (Carlsen, 1983)

Morgenstern, Christian und Jutta Bauer: Schnigula, schnagula (Fischer Schatzinsel, 1996)

Müller, Birte: Auf Wiedersehen, Oma (Michael Neugebauer, 2003)

Muermans, A.: Het huis aan de kade. De roemvolle historie van het Rijksmuseum en van al die zaken, waarin een klein volk groot kan zijn (Nederlandsche Keurboekerij N.V., 1941)

Mustacchi, Claudio (ed.): Nel corpo e nello sguardo. L'emozione estetica nei luoghi della cura e della formazione (Unicopli, 2001)

Nangara. The Australian Aboriginal Art Exhibition from the Ebes Collection (Stichting Sint-Jan, Brugge, o.J. [1996])

Ottmann, Klaus: Karel Appel. A gesture of color. Paintings and Sculptures 1947–2004 (Sieveking, 2016)

Perls, Frederick S.: Was ist Gestalttherapie? (Peter Hammer Verlag, 1998)

Prévert, Jacques: Gedichte und Chansons, Französisch und Deutsch (rororo, 90.–92. Tausend, August 1991)

Rani, Varsha: Banaras. The Eternal City (Prakash Book Depot, 2001)

Renner, Erich: Andere Völker – andere Erziehung. Eine pädagogische Weltreise (Edition Trickster im Peter Hammer Verlag, 2. Aufl. 2002)

Rico, Gabriele: Von der Seele schreiben. Im Prozeß des Schreibens den Zugang zu tiefverborgenen Gefühlen finden (Junfermann, 1999)

Schami, Rafik: Die geheime Mission des Kardinals (Hanser Literaturverlag, 2019)

Schami, Rafik und Peter **Knorr**: Der Wunderkasten (Beltz & Gelberg, 1990).

Und weitere Titel von Rafik Schami.

Secretan, Thierry: Going into Darkness. Fantastic Coffins from Africa (Thames & Hudson, 1995)

Seggelke, Ute Karen: Schwestern (Gerstenberg, 2002)

Siblewski, Klaus und Hanns-Josef **Ortheil**: Die ideale Lesung (Dieterich'sche Verlagsbuchhandlung, 2017)

Sijie, Dai: Balzac und die kleine chinesische Schneiderin (Piper, 15. Aufl. 2005)

Snunit, Michal: Der Seelenvogel (Carlsen, 1. Aufl. 1991)

Spyri, Johanna: Heidi. Vrij bewerkt naar Johanna Spyri en de gelijknamige film door Annie Winkler-Vonk. 4. druk (Ploegsma, 1954)

Stern, Arno: Wie man Kinderbilder nicht betrachten soll (Zabert Sandmann, 3. Aufl. 2015)

Syria & Lebanon (Lonely Planet, 2004)

Syrien. (Marco Polo)

Trojanow, Ilija: Der entfesselte Globus. Reportagen (Hanser, 2008)

Trojanow, Ilija: Gebrauchsanweisung für Indien (Piper, 4. Aufl. 2008)

Tucholsky, Kurt: Sprache ist eine Waffe. Sprachglossen (rororo, 1989)

Vahle, Fredrik: Bewegliche Lieder oder Musik macht Beine (rororo, Mit Kindern leben, 2002)

Vahle, Fredrik: Guck, der kleine König kommt. Meine schönsten Lieder (Patmos, 2002)

Vahle, Fredrik: Der Himmel fiel aus allen Wolken. Gedichte (Beltz & Gelberg, 1995)

Vahle, Fredrik: Schräge Lieder, schöne Töne. Erinnerungen und Denkausflüge zwischen Anne Kaffeekanne und Cowboy Jim (Gütersloher Verlagshaus, 1. Aufl. 2019)

Verroen, Dolf, mit Nannie **Kuiper**: Een broodje wesp (Leopold 1985)

Verroen, Dolf, mit Nannie **Kuiper**: Ons Surinaamse ik (Leopold, 1984)

Vos-Dahmen von Buchholz, Tonny: De geur van de Macchia (Westfriesland, 1984)

Vos-Dahmen von Buchholz, Tonny: Het recht van de ander (Westfriesland, 1979)

Welskopf-Henrich: Liselotte: Die Söhne der großen Bärin. 6 Bde (inzwischen in einer Neuausgabe im Palisander-Verlag, 2019)

Werder, Lutz von und Barbara **Schulte-Steinicke**: Schreiben von Tag zu Tag. Wie das Tagebuch zum kreativen Begleiter wird (Patmos, 2008)

Willemsen, Roger: Die Enden der Welt (S. Fischer, 2010)

Wilpert, Clara B.: Südsee. Inseln, Völker und Kulturen (Christians, 1987)

Zum Thema Abschiednehmen, Sterben, Tod und Trauer

Eigene Titel

Du bist noch da. Ein Erinnerungsalbum. Mit Fotos von Joachim M. Huber (Walter, 2010)

Es geschah an einem Sonntag (Rotfuchs, 1. Aufl. 1988 – 12. Aufl. 1999, Neuauflage 2019 – Plötzlicher Tod des Bruders durch Herzmuskellähmung)

Ich übe für den Himmel (Sauerländer, 2007, Neuauflage Patmos, 2012 – Roman, Tod eines Kindes, Arbeit von Klinik-Clowns, in Würde alt werden)

Eine Kiste für Opa. Zusammen mit Birte Müller (Aufbau Verlag, 2008 – Abschiedsritual in Afrika)

Marit, John und ein Traumschiff (Allitera, 2010 – Arbeit von Klinik-Clowns mit kranken Kindern)

Und wenn ich falle? Vom Mut, traurig zu sein (dtv pocket reader, 2001 – gemeinsam mit Jugendlichen, kreative Bewältigung der Trauer)

Warum gerade mein Bruder? Trauer um Geschwister. Erfahrungen, Berichte, Hilfen. Mit Margit Baßler (rororo Sachbuch, 1992 – Erfahrungen mit Jugendlichen, Schreibwerkstätten)

Zuckerguss für Isabel. Zusammen mit Birte Müller (Ills.) (Peter Hammer, 2005 – Seelenfest in Mexiko)

Kurzgeschichten

Bucheckern vom Friedhof mag ich nicht. In: Schins, M.-Th.: Großvater hat Schwarzbrot im Koffer (Sauerländer, 1987)

Frau Meyer, wo ist denn dein Herr Meyer? In: Robert und Frau Meyer (Allitera Schatzkiste, 2012)

Hallo Mama, ich habe dir etwas mitgebracht. In: Schins, M.-Th.: Die allerverrückteste Stadt und ich. Doro in Amsterdam (Peter Hammer, 2003)

Ich wünsche mir eine Coca-Cola. In: R. Engelmann: Die kleinen Riesen im Alltag (Rotfuchs 807)

Die karierte Tasche vom Friedhof. In: Schins, M.-Th.: Mädchen sind stärker (Omnibus XL)

Das Leben ist wichtiger. In: Auf und davon (Rotfuchs 664)

Lisa kommt nicht mehr. In: Schins, M.-Th.: Jetzt reicht es aber, sagte mein Vater (Sauerländer, 1985)

Plötzlich ist es von einem zum anderen Augenblick ganz still. In: Schins, M.-Th.: Ein Elefant kommt selten allein (Peter Hammer, 2. Aufl. 2004)

Plastiksärge und ein Mercedes für das Jenseits. In: Schins, M.-Th.: Hühnerkrallen und Glücksstäbchen (Sauerländer, 2009)

Der Tod saß auf der Terrasse. In: Schins, M.-Th.: Großvater hat Schwarzbrot im Koffer (Sauerländer, 1987)

Literatur zum Thema Flucht

»Heimat in der Fremde«, Bundesprojekt initiiert vom Bundesverband Friedrich-Bödecker-Kreis e. V., mit Fördermitteln des Bundesministeriums für Familie etc. Die Projekt-Module mit Manfred Schlüter und Marie-Thérèse Schins wurden vom FBK Schleswig-Holstein e. V. organisiert (2016).

»Ich will keinen Krieg! Shady aus Damaskus«, von Marie-Thérèse Schins, Herbst 2015, BoD.

Rezensionen und Fachaufsätze u. a. in:

A Tempo, Brigitte Dossier, Die Zeit, Buchmarkt, Bulletin Jugend & Literatur, Eselsohr, Börsenblatt für den deutschen Buchhandel, Hits für kids, Buchjournal, Standpunkt sozial, Alfa-Rundbrief, Convergence, Informationen Arbeitskreis für Jugendliteratur München e. V., Unterrichtsmaterial für Ausstellungen in den Niederlanden, Saarländische Beiträge zur pädagogischen Praxis: literarisches Leben in Schulen, Tausendundeinbuch etc.

Beiträge u. a. für:

ARD, ZDF, N3, NDR, WDR, RBB, Hessischer Rundfunk, Saarländischer Rundfunk, WDR, Niederländischer Rundfunk

Alle eigenen Veröffentlichungen auf einen Blick

Jetzt reicht's aber, sagte mein Vater (Sauerländer, 1985)

Strandgut (Rowohlt 1985–1987) (Herausgeberin)

Großvater hat Schwarzbrot im Koffer (Sauerländer, 1987)

Es geschah an einem Sonntag. Ein Abschied (Rowohlt, 1988–1998, Neue Ausg. 2019)

Hallo Charlie, Tag Miakind! (Rowohlt, 1990)

Die Truhe – Ich bin ein Zigeuner (Klett, 1991–1999–2003, 2006)

Warum gerade mein Bruder? Trauer um Geschwister. Erfahrungen, Berichte, Hilfen / mit Margit Baßler (Rowohlt, 1992)

Vergitterte Jugend. Innenansichten aus einem Jugendknast (1994 u. Herbst 2004, 2., erw. Aufl. 2007)

2 x Papa, oder: Zwischenfall auf dem Pausenhof (Rowohlt, 1995)

In Afrika war ich nie allein. Doro in Afrika (Peter Hammer, 1. Aufl. 1999, 3. Aufl. 2001, ab Juli 2003 auch als dtv-Taschenbuch, 11. Aufl. 2016, Lehrerhandreichung im Internet)

Mädchen sind stärker. Anthologie (Bertelsmann, 2000) (Herausgeberin)

Ein Elefant kommt selten allein. Doro in Indien (Peter Hammer, 2000, 2. Aufl. 2005)

Und wenn ich falle? Vom Mut, traurig zu sein (dtv pocket reader, 2001)

Und wo sind die Indianer? Doro in Nordamerika (Peter Hammer, 2002)

Luises wilder Landhaussommer (dtv junior, 2002)

Die allerverrückteste Stadt und ich. Doro in Amsterdam (Peter Hammer, 2003)

Auf Traumpfaden unterwegs. Doro in Australien (Peter Hammer, 2004)

Zuckerguss für Isabel. Illustrationen von Birte Müller (Peter Hammer, 2005)

Ich übe für den Himmel (Sauerländer, Januar 2007, Neuauflage Patmos, 2012)

Eine Kiste für Opa. Illustrationen von Birte Müller (Aufbau Verlag, 2008)

Gloria und ihr roter Löwe. Eine Kindheit in Ghana. Umschlag und Vignetten von Birte Müller (Terre des Hommes, 2008)

Hühnerkrallen und Glücksstäbchen. Eine Reise durch China (Sauerländer, 2009)

Marit, John und ein Traumschiff (Allitera Schatzkiste, 2010)

Du bist noch da. Ein Erinnerungsalbum. Fotos von Joachim Huber (Walter/Patmos, Herbst 2010)

Akhil Kakerlake und Neena Stinkefisch. Zwei Schulkinder in Südindien (Freies Geistesleben, Frühjahr 2012)

Robert und Frau Meyer, Fotos Joachim M. Huber (Allitera Verlag, 2012)

Ich will aber ins Bett! Jetzt! (Allitera Verlag, Oktober 2013)

Shibus größter Wunsch (Freies Geistesleben, Herbst 2014)

»Ich will keinen Krieg!« Shady aus Damaskus (BoD, 2015)

Werden Elefanten so steinalt wie du, Frau Meyer? Didaktik, Methodik, generationsübergreifend (BoD, 2016)

Back to India – with love. Ein Road-Movie (BoD, 2016)

Ich bleibe in Ghana! Amas Reise (Vonjournalisten, 2018)

Alte Menschen sind von ganz früher (Vonjournalisten, 2018)

Schau mal über den Tellerrand: Afrika! Texte schreibender Schüler*innen für den Bundesverband der Friedrich-Bödecker-Kreise e. V. im Rahmen des Projektes »Kultur macht stark. Bündnisse für Bildung II« des Bundesministeriums für Bildung und Forschung (Mitteldeutscher Verlag, 2018) (Herausgeberin)

Wie geht es dir, so weit von hier? Wahre Geschichten über Kinder aus der fernen Welt (Vonjournalisten, 2019)

Kurzgeschichten u. a. bei: Arena, Bertelsmann, Carlsen, Fischer, Horlemann, Rowohlt, Sauerländer, Terre des Hommes

Seit acht Jahren Beiträge in RBB, WDR, NDR für den ›**Ohrenbär**‹ (bitte in öffentlichen **Büchereien** oder in der **Buchhandlung** nachfragen)

Lesungen, Vorträge, Workshops, Werkstattgespräche und Fortbildungen zu den Themen:

Familie, Geschwister, Jung trifft Alt, Gefühle, Klinik-Clowns, Umwelt, Sterben, Tod und Trauer, Drogen, Knast, Gewalt, Rechte der Kinder. Reiseerlebnisse (Afrika, Indien, Australien, Nordamerika, Mexiko, Asien, Polynesien, China und Neuseeland, Seychellen). Interkulturelle Text-, Mal- und Schreibprojekte (Goethe-Institute, International Schools)

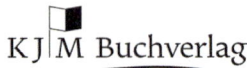

KJM Buchverlag

Monika Lühmann
Ach was Paris ... Blankenese!
168 Seiten, 13,5 x 20,4 cm
Klappenbroschur
15,00 € (D)
ISBN 978-3-96194-130-8

Georg Winter (Hrsg.)
Der Schüler mit dem
Wegerich – Loki Schmidt
zum 100. Geburtstag
184 Seiten, 15,5 x 23 cm
Hardcover mit Schutzumschlag
mit vielen Abbildungen
16,00 € (D)
ISBN 978-3-96194-069-1

KJM Buchverlag

Rainer Kolbe
Meine Tage als Herr Pastorin
*Das Kind, das Dorf
und der Hund*
Kurzgeschichten
Illustrationen von Sina Arlt
144 Seiten, 13,5 x 20,4 cm
Softcover, 16,00 € (D)
ISBN 978-3-96194-123-0

Eckart Brandt
**Die erste Hälfte
meines Lebens**
*Vom Land in die Stadt –
und wieder zurück*
168 Seiten, 13,5 x 20,4 cm
Hardcover, 15,00 € (D)
ISBN 978-3-96194-117-9

Mona Harry
DIE DINGE & wir
Zeichnungen und Texte
36 Seiten, 20 x 20 cm, Hardcover
15,00 € (D), ISBN 978-3-96194-159-9

Mona Harry
**NORDEN und andere
Richtungen**
Zeichnungen und Texte
152 Seiten, 14,5 x 21,8 cm
Hardcover, 16,00 € (D)
ISBN 978-3-96194-094-3

Mona Harry
**Hamburg und andere
Gelegenheiten**
128 Seiten, 13,5 x 19,8 cm
Hardcover, mit vielen
Abbildungen
15,00 € (D)
ISBN 978-3-96194-065-3

Jan von der Bank
Die 7 magischen
Klabauterknoten
Pikkofintes erste Reise
Illustrationen von Lena Winkel
128 Seiten, 13 x 20 cm
10,00 € (D)
ISBN 978-3-945465-03-5

Jan von der Bank
Die magische
Flaschenpost
Pikkofintes zweite Reise
Illustrationen von Lena Winkel
144 Seiten, 13 x 20 cm
10,00 € (D)
ISBN 978-3-945465-17-2

Jan von der Bank
Der Schatz des schwarzen Kla-
bauters
Pikkofintes dritte Reise
Illustrationen von Lena Winkel
152 Seiten, 13 x 20 cm
10,00 € (D)
ISBN 978-3-96194-015-8

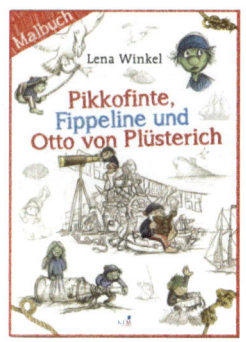

Lena Winkel
Pikkofinte, Fippeline und
Otto von Plüsterich
Malbuch, 16 Seiten
21 x 29,7 cm, 4,50 € (D)
ISBN 978-3-945465-29-5

K J M Buchverlag

Mehr zu den Büchern des KJM Buchverlags:
www.kjm-buchverlag.de